让
我
们
一
起
追
寻

[法]让－皮埃尔·克雷蒂安（Jean-Pierre Chrétien）著

晨枫 译

尼罗河的源头

非洲大湖地区两千年

L'Afrique des Grands Lacs

Deux mille ans d'histoire

社会科学文献出版社
SOCIAL SCIENCES ACADEMIC PRESS (CHINA)

致我从前的学生们

致我布隆迪大学的同事们

他们不顾一切，努力克服那段令他们饱经磨难的历史……

关于班图语前缀的说明 *

班图语中，同一个词根由指示类别的前缀引导，意义不同。

例如：

Bu-rundi（布-隆迪），指布隆迪这个国家或者布隆迪王国

Ba-rundi（巴-隆迪），指这个国家的居民，即布隆迪人

Mu-rundi（穆-隆迪），指布隆迪的一个居民，即一个布隆迪人

Ki-rundi（基-隆迪），指隆迪语

---

* 在班图语中，各类名词前带有不同前缀，如表示单数的 mu-，表示复数的 ba-，表示语言的 lu-、ru-、gi-、ki-，以及表示国家或王国的 bu- 等。在国内目前的非洲研究中，有将表示单数的前缀 mu-、表示复数的前缀 ba- 和表示语言的前缀省略的趋势，故本书遵循此惯例，省略这两类前缀，例如，将"巴干达"或"穆干达"译作"干达人"，将"卢干达语"译作"干达语"。——编注

目 录

在非洲书写历史

"非洲的大湖地区，东非的辽阔腹地，挣脱了历史与地理的束 9
缚，但我们仍像利文斯敦、斯皮克、贝克和斯坦利一样，沉浸其
中。"[1]这种充满异域情调的遐想，是 20 年前法国出版的罕见的有关
非洲大湖地区的著作的基调。1950 年上映的电影《所罗门王宝藏》
（*Les Mines du roi Salomon*）也是如此。在该片中，卢旺达的山丘被
描绘成另一座神秘的亚特兰蒂斯，[2]一个真正的《一千零一夜》中的
世界，迷失在撒哈拉以南非洲的黑暗中。事实上，自古以来，"尼
罗河的源头"地区就孕育了后来在基督教和伊斯兰教的世界中被广
为传播的各种民间传说。然而，在此期间，法国在地理学、语言
学、人类学、社会学和历史学等领域的科学研究迅速发展，改变了
最初的落后于卢旺达、布隆迪、刚果①、乌干达和坦桑尼亚等国的
前殖民者比利时、英国甚至德国的状况。而在一代人已经独立了的

---

①　即刚果民主共和国（République démocratique du Congo），简称刚果（金），其名称
几经更改：13—14 世纪，它是刚果王国（Royaume de Kongo）的一部分；1885 年起被称为
刚果自由邦（État indépendant du Congo）；1908 年被比利时政府接管，更名为比属刚果
（Congo belge）；1960 年 6 月 30 日独立，定名为刚果共和国（République du Congo），简称
刚果（利）；1964 年改用现名；1971 年改名为扎伊尔共和国（Zaïre）；1997 年恢复国名为
刚果民主共和国并沿用至今。为便宜行事，本书按原文译出。——编注

非洲国家里，尽管政治与经济领域局势风云变幻，但学术研究也得以确立。

近年来，悲剧性事件确实驱使全世界的媒体对这些国家进行再发现，而这种关注所带来的，更多的是"人道主义"情感，而不是科学层面的质疑。我们甚至多次目睹媒体介入的真正倒退。报纸头版上的大屠杀暴行，特别是 1994 年在卢旺达发生的大屠杀事件，重新唤起了人们对野蛮非洲的想象，并引出了西方殖民时代关于种族（race）的老生常谈。这个地区的全部不过是"矮人和高人"之间的古老对抗，"班图人"（Bantous）和"尼罗特人"（Nilotes）以这种方式被形象地定义下来，他们之间的差别，被认为"像芬兰人和西西里人之间的一样大"。[3] 似乎只要涉及非洲，普及工作就很容易变成讽刺画。

长期以来，殖民者、传教士和后来的发展领域的专家都把非洲的这一地区变成一种天堂：乌干达从 20 世纪初就是英帝国的"明珠"；1945 年后，刚果的基伍地区（Kivu）似乎成了供被冷战困扰的比利时资产阶级喘息的避难所；20 世纪 80 年代，卢旺达则比以往任何时候都更像一个"非洲的瑞士"。此外，这片绿色风景中的居民被描述成智慧而勤劳的人，借用 20 世纪 30 年代在布隆迪流行的说法，圣灵"像龙卷风一样"在这里吹过。突然间，在评论家笔下，20 世纪 80 年代中期的乌干达、1993 年的布隆迪、1994 年的卢旺达以及 1997 年的扎伊尔的乱葬岗和数十万死者唤起的只是地狱般的想象。一个加拿大记者问道："上帝到过卢旺达吗？"[4]

在这种情况下，似乎很难重新回到现实，也就是说，很难为这些处于东非①和十字路口的人民重构具体的历史维度，更何况从黑格尔到费尔南·布罗代尔（Fernand Braudel），以全球史的眼光来看，非洲社会似乎一直无法引起丝毫兴趣，或最多引起边缘的兴趣。[5]

"湖间"非洲

首先要提出的问题是，在我刚才提到的幻象之外，"非洲大湖地区"是否存在?[6]这一称呼本身是 19 世纪盎格鲁-撒克逊"探险家"创造的。理查德·伯顿（Richard Burton）的《中非湖区探险记》②（*Voyage aux Grands Lacs de l'Afrique orientale*，1862 年被翻译成法语）出版后，一系列游记开始重复使用这种陈词滥调。根据亚历山大的地理学家的著作对尼罗河源头的探寻，尤其推动了发现大湖地区山脉与湖泊的探险活动。此外，当时所有的地理记录显然都是从确定水文地理开始的。因此，该区域很快被白尼罗河（Nil Blanc）上游的一圈湖泊所界定：东南方是维多利亚湖（lac Victoria），西边是艾伯特湖（lac Albert）和爱德华湖（lac Edouard），西南方是位于刚果盆地的基伍湖（lac Kivu）和坦噶尼喀湖（lac Tanganyika）。[7]20世纪初，研究东非的德国专家创造了 *Zwischenseengebiet*（即"湖间地区"）[8]一词，后来法语和英语的形容词"湖间"都借鉴了这个

11

---

① 本书中的"中非"指中部非洲，为与同名国家区分，后者统一以"中非共和国"的形式出现。——编注

② 此处使用已出版的中译本的书名，见理查德·F. 伯顿《中非湖区探险记》，李宛蓉译，上海文艺出版社，2013。——编注

词，伦敦的国际非洲研究所（International African Institute，IAI）、比利时特尔菲伦（Tervuren）的中非皇家博物馆（Musée royal de l'Afrique centrale）出版的丛书以及巴黎的《非洲研究》（*Cahiers d'études africaines*）中都可以找到这个词。[9]在过去 20 多年里，"大湖"这一说法又被重新提起，之后在报刊上被普遍使用。[10]

大湖地区的重要自然特征是其地形：这是一个高原地区，呈平台状或圆形，海拔 1000—2000 米，位于南纬 5°和北纬 2°之间，是热带地区的"中央山脉"。在周边地区，甚至还有海拔 3000—5000 米的山峰：埃尔贡山（mont Elgon）、维龙加火山（volcans Virunga）、鲁文佐里山脉（monts Ruwenzori）。该地形塑造了其他自然特征，特别是高降雨量，这与地势对来自印度洋的季风的影响有关，最大降雨量大致处于二分点。年降雨量至少为 1000 毫米，与西部湖链（所谓的"西部大裂谷"）[11]接壤的山脊上和维多利亚湖北岸的年降雨量甚至近 2000 毫米。旱季很少超过两个月。雨量最少的地区是横跨乌干达西部以及今天的坦桑尼亚、卢旺达和布隆迪的边境地区的中海拔高原（海拔约 1200 米）。

12　　另一个基本特征是人文层面的：大湖地区的人口密度是"亚洲型"的，如今每平方公里居住着接近 200 人，比一个世纪前的人口密度高四五倍，但该地区那时的人口密度似乎还是比周围地区高得多。即使居住分散，高人口密度也致使这里的丛林比非洲其他地方退缩更多，只留下最高峰上的森林群以及某些山谷低地上的芦苇和纸莎草区域。大湖地区的环境往往与周边形成鲜明对比，例如，西部的刚果盆地中的森林，坦桑尼亚和肯尼亚高原上树木或稀疏或茂密的草原，以及今天的苏丹边境上干旱与沼泽相混合的地带，那里的人口密度是大湖地区的 1/10。[12]

19 世纪下半叶，第一批欧洲观察者都被这些风物与人文的反差所震撼：他们在东部干燥荒芜的森林或西部茂密的森林中穿越数月后，发现了清新的、有人烟和耕地的景象。香蕉园、种植着谷物的田野以及牛群构成的迷人景象，强化了已经被尼罗河源头的古老神话所滋养的想象力。此外，这些湖泊之间的高地居民似乎逃脱了许多典型的非洲地方病，特别是锥虫病。将一个区域与欧洲某个地区做理想化的比较并非起于昨日。处于撒哈拉以南非洲的中心地带，大湖地区简直令白人眼花缭乱。

一系列因素在专业文献中反复出现：我们已经看到的自然和人文地理特征，农牧业综合体及其社会、文化和经济作用，以及强大的君主制。还有一些其他因素，即使不那么明确，但也被更隐晦地感受到或被尴尬地承认：被口口相传的神话滋养的精练的口述传统、非象形的几何化艺术形式、晚期与伊斯兰教和东方商业网络的接触、白衣神父（Père blanc）在景观中和精神上留下的明显烙印。此外，种族意识形态盛行，且连续的入侵仿佛形成了千层酥，当地人夹在其中并被建构。比利时人类学家马塞尔·德赫特费尔特（Marcel D'Hertefelt）在为中非皇家博物馆 1962 年出版的汇编所作的序言中重提了这一现象："湖间地区的特点是……在黑人种族的旁边或之上，埃塞俄比亚种族并列或叠加……"[13]

然而，从历史上看，这种断裂并不那么明显。如果真的有"湖间文明"，它更像是一种与周边地区相互影响和接触而形成的中间过渡层。在今天的坦桑尼亚中部、刚果（金）东部和乌干达北部的社会中至少可以看到一部分类似的社会、政治和宗教现实。最重要的是，这一区域在几个层面上呈现出断裂和衔接：断层崖地形主导的西部湖链，或者马拉加拉西河（Malagarazi）、卡盖拉河（Kagera）、卡通加河（Katonga）和白尼罗河流域的一连串宽阔山谷里的沼泽，将整体景观分为若干部分，在雨水充沛期，各部分之间的交通可能变得非常困难；班图语被细分成若干语言，[14] 居民间沟通有障碍；农业体系被一分为二，其一是位于东部维多利亚湖沿岸低海拔高原和坦噶尼喀湖洼地的香蕉种植业和渔业，其二是西部山区，即卢旺达、布隆迪、乌干达西南部和基伍地区高原附近的混合种植业和牧牛业；最后，殖民分治造成的分裂与古老的政治边界重叠，这些边界正是充满冲突的历史遗留下来的，见证了布干达和卢旺达这两个古老王国的全面扩张。正如我们将看到的，这两极权力在该地区过去三个世纪的演变中发挥了决定性作用。

"非洲学"的关键

14 这片人类的家园——读者无疑已经开始察觉其复杂性——自20世纪50年代以来一直是非洲政治人类学学者热衷于研究的对象。它提供了中央集权、社会等级制度、政治神圣性和依赖关系的独特例证。此外，其非洲大陆中心的位置和最近与外界的接触（几乎不到一个世纪）似乎可以让人直接观察到其古老的形态。

比利时方面，其位于卢旺达阿斯特里达（Astrida），即现在的布塔雷（Butare）的中非科学研究所（Institut pour la recherche scientifique en Afrique centrale, IRSAC）因雅克－热罗姆·马凯（Jacques-Jérôme Maquet）于 1954 年出版的社会学汇编而闻名，该汇编在此后大约 20 年里一直是"卢旺达学"（rwandologie）[15]的"圣经"。英国方面，同时期乌干达马凯雷雷大学①的东非社会研究所（East Africa Institute of Social Research, EAISR）由美国人类学家劳埃德·法勒斯（Lloyd Fallers）领导，他在 1956 年和 1964 年出版了两部著作，将布索加（Busoga）和布干达作为"班图官僚制"研究的典型例子。[16]早在 1940 年，伦敦的国际非洲研究所就出版了一本关于"非洲政治制度"的文集，其中的一个例子就是安科莱（Ankole）②。[17]在 20 世纪 60 年代的相关经典著作中，大湖地区王国的社会分层模式占有特殊地位。社会学家乔治·巴朗迪耶（Georges Balandier）是位于巴黎的法国社会科学高等研究院（École des Hautes Études en Sciences Sociales）非洲研究中心"政治人类学与社会学研究小组"的负责人，他侧重探索的是整个湖间地区：他于 1967 年出版了一部综述性著作，提出了"非洲封建主义"（féodalisme africain）这一新思路，[18]引起了广泛讨论。雅克－热罗

---

①　马凯雷雷大学（Makerere University）位于乌干达首都坎帕拉（Kampala），成立于 1922 年，当时名为乌干达技术学院（Uganda Technical College），此后几次更名：1922 年更名为马凯雷雷学院（Makerere College），1949 年成为伦敦大学的附属学院，1963 年成为东非大学（University of East Africa）的一部分，1970 年成为独立的国立大学，更名为马凯雷雷大学。本书按原文译出。——编注

②　安科莱是位于今乌干达西南部的王国。在前殖民地时期，其名为"恩科雷"（Nkore）。1901 年，英国殖民者将其西部几个邻近公国划入其中，并将其命名为安科莱。遵循国内相关研究，本书将该王国统一称作安科莱，不再特意区分。——编注

姆·马凯与这一研究小组关系密切，在 1970 年出版了一本概论，其灵感来自他在卢旺达的实践。[19]但巴朗迪耶的"动态社会学"（sociologie dynamique）的优点是强调需要使用历史方法，[20]而传统社会人类学对此几乎无感。

15　　然而，该地区很快就成为并将一直是一个关于"非洲权力"的理论辩论的封闭领域，不乏关于"传统"与"现代性"的种种误解。具体历史往往在意识形态的对抗中消失，成为意识形态对抗的借口。戈比诺式①的种族解读并没有真正消失，[21]其他的评价体系步其后尘：从德国传播主义继承下来的"矛与牛的文明"（la civilisation de la lance et de la vache）[22]主题下的"文化圈"（aires culturelles）模式；[23]马克斯·韦伯（Max Weber）关于权力行使和权力合法化的社会形式的视角；[24]20 世纪六七十年代在法国占主导地位的关于农村环境中的阶级斗争的辩论；[25]结构主义，特别是比利时人类学家吕克·德豪胥（Luc de Heusch）对仪式和神话的重新解读。[26]

　　在 20 世纪七八十年代，围绕这一地区的研究热度明显下降。这是否受到该地区当时正经历的危机的影响？乌干达、布隆迪、卢旺达和扎伊尔的混乱、专制和暴力行为时而猖獗，有时甚至持续多年，阻碍了实地研究。频繁发生的悲剧性事件使族群争端成为焦点，这似乎让所有其他问题都变得不值一提，有时妨碍了分析。至

---

　　① 阿蒂尔·德戈比诺（Arthur de Gobineau, 1816—1882），因在《人种不平等论》（*Essai sur l'inégalité des races humaines*）中提出"雅利安人优越论"而广为人知。他带强烈偏见的思想后来成为德国纳粹意识形态核心的主要来源之一。——译注

于 20 世纪 90 年代的重大灾难，除了少数例外，它们引起的更多的是对暴力、人道主义政策和冲突预防的反思，而不是对该地区的过去提出新问题。

　　然而，在过去的几十年里，历史研究低调但飞速地发展，这与独立后产生的文化与政治期望一致，非洲大湖地区的高等教育中的研究也在这一时期快速发展，即使它是从比利时方面开始的。大湖地区的历史研究是在大学中进行的，如马凯雷雷大学（1971 年至 1986 年由于政治原因陷入瘫痪）、卢旺达大学、布隆迪大学、位于扎伊尔的卢本巴希大学（Université de Lubumbashi）和位于坦桑尼亚的达累斯萨拉姆大学（Université de Dar es-Salaam），位于内罗毕的英国东非研究所（British Institute in East Africa）自然也是其中之一。第一代真正的研究者已经成长起来，他们将本国的历史编纂学从"习俗"领域的专家、西方殖民时期的编纂者、传教士和著名学者的重压下解放出来。这种努力得到欧洲和北美国家的非洲学中心的支持，这些中心的部分成员在非洲的大学或长或短地从事教学和研究工作。一系列论文得以发表，特别是在伦敦大学亚非学院、剑桥大学、牛津大学、巴黎第一大学的非洲研究中心、巴黎第七大学、天主教鲁汶大学、威斯康星大学麦迪逊分校、魁北克的拉瓦尔大学……他们的研究成果将出现在本书的参考文献中。

16

　　这些研究得益于口述传统的实地收集、殖民地和传教士档案的逐步开放、考古工作的启动和语言学的进步。每一种类型的资料都提出了值得注意的特定问题。

追根寻源

关于大湖地区王国的最早的文字记载只能追溯至 19 世纪中叶。首先是在伦敦，商人和传教士从印度洋海岸收集到了神秘的"月球之国"的传言，从那里回来的斯瓦希里人（Swahili）或尼亚姆韦齐人（Nyamwezi）中的商贩谈到了湖泊和国王。后来的盎格鲁-撒克逊"探险家"[27]令所谓的"扶手椅地理学家"[28]黯然失色，前者在英国皇家地理学会（Société royale de géographie）等机构资助下，利用商队路线，成为欧洲第一批亲眼见证这些王国的存在的人。1858年，理查德·伯顿首次描述了布隆迪；1862 年，约翰·汉宁·斯皮克（John Hanning Speke）描述了布干达。这些旅行者间接提到了卢旺达，特别是亨利·莫顿·斯坦利（Henry Morton Stanley）在1885 年柏林会议（Berliner Kongress）[①]上提到了卢旺达。但直到1894 年才有人真正深入卢旺达，他便是德国的冯·戈岑伯爵（comte von Götzen）。19 世纪 70 年代末，来自伦敦传道会（London Missionary Society）和英国圣工会差会（Church Missionary Society）的新教徒，以及非洲传教会（Missions d'Afrique）的天主教徒（即白衣神父）在大湖地区定居。从此，他们从那里定期发布报告。[29]接着是 19 世纪 90 年代的殖民占领：英国占领了乌干达，德国占领了维多

17

---

① 柏林会议是由俾斯麦主持，在柏林举行的列强瓜分非洲的会议，于 1884 年 11 月开始，持续 104 天。会议以解决刚果河流域的归属问题为主题，但实际上讨论的更多的是瓜分非洲的一般原则。——译注

利亚湖和坦噶尼喀湖之间的地带，比利时（和其他一些国家）接管了基伍湖以西的刚果。第一次世界大战后，比利时人和英国人瓜分德国领地，卢安达-乌隆迪（Ruanda-Urundi）成为前者的委任统治地。

这些不同国家的行政机构要么把档案留在原地，那里的国家档案馆运转正常，如坎帕拉附近的恩德培（Entebbe）、达累斯萨拉姆（Dar es-Salaam）和布琼布拉（Bujumbura）；要么把档案分散在世界各地，如布鲁塞尔的非洲档案馆（Archives africaines de Bruxelles）、伦敦的英国公共档案馆（Public Record Office）、德国中央档案馆（Deutsches Zentralarchiv，档案曾存放于波茨坦，现存放于柏林、波恩、科布伦茨和汉堡）、罗马的白衣神父之家档案馆（Archives de la Maison des Pères blancs）。除此之外，还有英国、德国和斯堪的纳维亚国家保存的新教传教士档案，以及分散在法国、美国和瑞士（负责"委任统治"的国际联盟曾设立于日内瓦）的资料等。这些资料通常从 20 世纪 70 年代开始才对外开放，有些甚至更晚，而且根据解封时间规定，我们刚刚得以接触截至独立时期的资料。这些资料的目录详略不一，[30]我们在这里只能描述概况。值得强调的是，我们当然要批评和解释这些经常被诟病的殖民者的资料，但这些资料往往令人意想不到地丰富。殖民者带有偏见，但不一定消息不灵通。[31]独立国家保存的档案肯定没有被如此悉心地保管着，且不说前面提到的危机导致的破坏或消失。

最后应指出的是，自 20 世纪初以来，非洲的这一地区产生了大量的文献：[32]外国或本国作者的书籍和文章，包括论文、回忆录、官方报告和活跃在当地的报刊，如 1934 年创办的《乌干达杂志》　18

（*Uganda Journal*）和 1936 年创办的《坦噶尼喀实录》（*Tanganyika Notes and Records*），以及用当地语言编写的受天主教或新教启发的官方活页与报刊。

该地区的行政与政治分裂给研究带来不可低估的困难。在研究乌干达之外的国家时，研究者往往不得不深入研究更广泛的资料，涉及整个"东非"（从今天坦桑尼亚的角度看）或刚果，比如布隆迪和卢旺达就先后属于这一区域。与边境两边有关的同一个问题可能出现在标题明显不同的文件中，被淹没在笼统的资料里，这些资料如今相隔数千公里。如果历史学家想在所有层面重建相关的非洲的历史，就必须超越这些太过真实但具有误导性的划分，把线索衔接起来。

在与文字出现有关的历史编纂学经典观点中，东非内陆的历史只能从外国征服者的到来开始。1938 年，牛津大学的教授雷金纳德·库普兰（Reginald Coupland）正是这样断言的。[33]但半个世纪以来，在非洲和世界其他地方，使用口述资料不再是民族学家的专属。正如让·范西纳（Jan Vansina）和克洛德-埃莱娜·佩罗（Claude-Hélène Perrot）发表的已成为经典的论文所证明的，[34]在"历史学家的职业"中使用口述资料的方法论，尤其是在研究大湖地区王国的过去时形成的。首先需要了解记忆的标记，以及以口述文化为特征的社会的交流方法和条件，以便更准确地确定"信息提供者"和收集他们陈述的内容的方式。如今所有严肃调查都采用以下审慎方法：使得交叉引用资料成为可能的多样化的陈述、平衡问卷框架和言论自由的半结构式访谈，以及便于回归文本形式的录音。

收集到的资料多种多样。真正的"口头文本"，或者说真正意 19
义上的口述传统，被嵌入一种叙事，近乎诗歌的语言节奏保证了稳
定性。最好的例子是题为《智慧的锻造》（*Ubucurabwenge*）的王朝
诗，它讲述了卢旺达王位的传承。其他一些从上一代流传下来的信
息，可以通过更自由的形式呈现出来：从祖父母那里听到的故事，
有关技术、社会或宗教实践的非叙事元素，对古代术语的解释，以
及来自目击者或父母记忆的特别是关于西方殖民时期的见证。尽管
人们在收集信息时很谨慎，但基本问题显然是这些信息是否可靠。
经验使我们能够排除一些过于简单化的怀疑：首先，叙述者不断重
塑他们祖先的遗产这一想法应被质疑，收集信息时更应注意的是叙
述者忠实于传统，根据过去解释新事物，[35]这是在这些文化中构思历
史的一个重要方面；其次，叙述者会轻易将传说与事实混为一谈，
将传说当作事实叙述出来的这一想法也应被质疑，[36]我们应该欣赏这
类补充，而不是将其排除在外。（难道《奥德赛》应该被排除在历
史学家的参考范围之外吗？）

但仍有两个问题，即关于建构口述传统的记忆工作和年表的问
题。"过去的事情"［隆迪语（kirundi）为 ivya kera］、"权威的东
西"［卢旺达语（kinyarwanda）为 amateka］的结晶被翻译为"历
史"，它是一种选择的结果，这种选择不仅是一种教学纲要，也是
当时关于所涉事实的主流观点、谣传以及某个权力阶层或世家的官
方看法的产物。因此，口述传统不是古代事实的写照，而是忠实于
当时"社会宪章"的已经达成共识的话语。在严重的危机时期，这

种记忆工作可能会产生令人难以置信的转折：在被描述为灾难性的氛围中涌现出了英雄豪杰。这种转变尤其通过所谓的起源故事展现

20 出来。口述传统越久远，诠释就越微妙。而无论如何，它们提供的关于古代文化的信息要比其提供的关于真实数据的信息更多，这一点已经是不可忽视的。[37]

至于年表，它主要基于家谱和王朝表的计算结果，我们要尽可能广泛地将其加以比较。假设平均 25—30 年为一代，我们有理由确定可以将历史追溯到 17 世纪。[38]鉴于早期的名称具有象征意义，那时的年表往往值得怀疑。涉及某些王朝时，人们试图利用天文学和日全食将估算日期与确切日期对照，[39]或根据 8 世纪以来在开罗附近的罗达岛（île de Rôdah）安置的河流洪水标记，借助尼罗河的水文情况来判断，并将这些数据与大湖地区传说中关于干旱和饥荒的描述相对照。[40]我们可以想象，这种对照具有随机性，因为尼罗河整个流域的河流状况涉及多种因素。不仅如此，在最古老的传说中，日食与洪水这两种灾难是反复出现的。[41]因此，民族历史学家在不考虑大概值的情况下试图确定确切日期，是非常轻率的。

口述传统引起的大多数误解，实际上是因为"有文化的传统主义者"在口头和书面不平等交流的情况下利用了这些口述传统。[42]在早期的殖民统治下，出现了第一代受教育的非洲人，他们是在白人学校受教育的贵族，行政人员或人类学家的翻译，慕道者。这个由所谓"开化人"（évolués）组成的文化人小圈子中产生了第一批历史编纂者，他们急于通过自己来提高他们的面积有限的祖国（即他们出身的王国）在殖民者眼中的地位，尽可能提供最古老和最

"文明"的视角，同时迎合殖民者的要求和偏见。他们尤其将自己的叙述塑造成一种带有强烈种族特征的民族志。而且鉴于传教士对　21他们的教育产生的重要影响，为了更好地强调人类这个物种的统一性，他们还按照《圣经》东拼西凑，根据《创世记》中的"万国表"，将该地区的人口与来自"含"（Cham）的这样或那样的血统相关联。在很长一段时间里，这些"文化人"撰写的编年史是充实这些国家的历史的唯一资料，独立后的学校里教授的就是这样的历史。正是在他们的倡议下，19 世纪之前经常变动或相互矛盾的王朝年表被按照统一标准确定下来，他们关注的是自己所在的王国要比邻近王国更古老。

　　这些作者中有几位在 20 世纪初很有名气。弗朗西斯科·卢瓦姆吉拉（Franzisko Lwamgira）是驻布科巴（Bukoba）的德国高级官员冯·施蒂默（von Stuemer）的翻译，后来成为英国人的土著管理顾问，直接启发了好几本关于布哈亚（Buhaya）的出版物。在布尼奥罗（Bunyoro），受过教育的酋长约翰·尼亚卡图拉（John Nyakatura）致力于捍卫其国家失去的辉煌，毕竟它曾被干达人征服。干达酋长阿波罗·卡格瓦（Apolo Kagwa）是新教党的领袖，在英国庇护下成为王国的"首相"，他与英国圣工会差会的传教士关系密切，于 1901 年用干达语（luganda）撰写了一部题为《布干达的国王》（*Basekabaka be Buganda*）的民族史。在卢旺达，神父亚历克西·卡加梅（Alexis Kagame）在培养他的白衣神父和穆塔拉（Mutara）的保护下，于 1943 年在国王受洗时出版了第一部王朝史书，题为《得胜的卡林加》（*Inganji Kalinga*）。卡加梅在 20 世纪 50

年代成为图西君主制时代的理论家，是卢旺达大学的教授（矛盾的是，这是在胡图人统治下的共和国时期），并且是联合国教科文组织非洲历史国际委员会（Comité international de l'histoire de l'Afrique de l'Unesco）的成员，他长期以来强调用"含米特"视角看待他们国家的古老历史。[43]他既是历史学家，又是资料提供者，他成功地让人们相信，他与深谙永恒的卢旺达的"神秘法典"的比鲁（biru）关系紧密，与他的导师路易·德拉克杰（Louis de Lacger）司铎的古典中世纪史学一脉相承。德拉克杰是来自阿尔比（Albi）的博学的神父，于1939年"临摹"法国卡佩王朝史，编写了一部卢旺达历史。[44]最后，我们不应忘记，重建关于"传统"的卢旺达的认知影响了重读布隆迪（与卢旺达类似孪生兄弟，在殖民地时期有相似经历）的历史，就如20世纪30年代朱利安·戈尔瑞（Julien Gorju）主教在一些有学问的知名人士的帮助下所做的那样。[45]

在有关神话和历史在非洲"口述传统"中的相对作用的辩论里，人们经常忘记神话往往是在这种口头与书面的交汇中形成的。正如马塞尔·德蒂安（Marcel Detienne）指出的，在古希腊，是"最初的历史学家的笔尖……在传统中刻下了逼真的微妙文身……把'muthos'（秘索思）和'logos'（逻各斯）、书写与讲述交织在一起"，铸造了"神话"。与其说神话来自口述，不如说它来自图像。"在被思考、被讲述之前，希腊'神话'是被书写的。"[46]这一结论适用于大湖地区各王国的口述传统，但有一个重要的区别：这里的撰写者是在外国殖民主义者的阴影下被"指导"着书写的。1920年，王子戈莫托卡（Gomotoka）在天主教报纸《友人报》

（*Munno*）上写道，神话中布干达的建立者金图（Kintu）既不可能从天而降，也不可能像传说中那样与蛇争斗，而应该把他看作抵抗外来征服者的克洛维（Clovis）。这个例子完美地说明了写作特有的手法，即通过伪装文化和抹去其氏族或宗教方面的内容来传承一种文化，但这些方面比广为传播的被"合理地"重构出的历史更接近现实。[47]在此必须强调白衣神父在重新建构统一的政治文化中的突出作用：他们遍布整个大湖地区，在初修期就相互认识，在教会的杂志上互读文章并交换意见，通常会讲几种语言，包括所在国的语言。他们甚至从一个教区转到另一个教区，如朱利安·戈尔瑞，他在成为布隆迪教区的主教之前是乌干达的传教士。大湖地区与上沃尔特（Haute-Volta）一样，是这些宗教人士的宠儿，他们陪伴着大湖地区的"现代化"，共同前进。

口述资料也可以与天然或人造物品等物质参考资料、惯例、仪式，特别是遗址有效地联系起来。记忆依附于一些有特殊意义的地点：岩石、泉水、牲畜饮水处、矿物采石场，还有圣林。[48]虽然不能保证叙事中事件的真实性，但仔细观察这些遗址，我们得以了解其持久的意义、承载的重要信仰和权力，以及它们所见证的历史中人口的迁移。在某些情况下，如此发现的"记忆之地"揭示了另一种历史深度，考古学及其技术推断出的日期将其展现出来。非洲历史研究的这种新视野实际上逐渐取代 17 世纪初以来的口述资料。美国考古学家彼得·施密特（Peter Schmidt）提供了很好的例子。在布科巴南部的基亚穆特瓦拉（Kyamutwara）的发掘工作中，他在一片与 17 世纪国王有关的神圣丛林附近发现了一个铁器时代早期的岩层，该时代至少可以追溯到公元后初期。[49]

　　在同一地点出现的古代铁匠的铁砧证明了这一地区冶铁业的古老历史，尽管考古学本身无法确定这一生产活动与稍后建立的政治势力之间的确切联系。因此，不同类型的资料来源部分重叠，但不容易相互补充，因为书面文字、口述传统和出土文物都有自己的逻辑，历史学家不得不做出假设。乌干达西部的遗址在 20 世纪 50 年代被发掘后，有些人根据考古工作中发现的物质资料提出有关所谓的契韦齐（Bacwezi）① 英雄传说所支撑的"帝国"假说，考古学家约翰·萨顿（John Sutton）指出这种解释是靠不住的。[50]

　　简而言之，我们面对的是在当地保留的传说和信息资料，是 20 世纪上半叶欧洲或非洲的神职人员撰写的王朝编年史，也是考古学家为时过早的欢呼——他们在还只是零星开展的勘探工作中，梦想着发现新的津巴布韦。[51]除此之外，我们要面对的是外国当局制作的大量档案和数不清的良莠不齐的出版物。对这一切持理性的怀疑态度是可靠地重现过去的先决条件之一，即便自以为掌握历史真相的人认为这样是不妥的。但必须承认，这些古代非洲的政治架构留下了一整套了不起的资源，使得历史学家能够在其他空间和时代从事研究工作。我们会明白，这预示着我们正在走出记录习俗的民族志

① 契韦齐人建立了一个传奇王朝，出现在非洲大湖地区国家的班图语口述传统中。——译注

和图尔的格雷瓜尔（Grégoire de Tours）① 风格的王储或王室编年史的双重陷阱，既不会像巴兹尔·戴维森（Basil Davidson）那样陷入把古代国家理想化的"自由主义历史"（histoire libérale），也不会陷入首先对帝国主义的影响感兴趣的"激进"历史，这种"激进"历史甚至可能给殖民前的历史涂上封建主义色彩，从而再次把它抛入黑暗。[52]

一个热点新闻的核心

在结束这些开场白前，我不能不提到某些对于今天这个领域的知识进步来说最可怕的障碍：与当代悲剧有关的激情和宣传的力量，以及各种活动家为了突出表象的政治社会学而放弃历史方法的倾向。目前撕裂该地区的社会和政治层面上的对抗的关键确实很清楚：对土地、金钱和权力的控制权的争夺。但独特的是，这些斗争中意识形态占有很大分量，尤其是人们热衷于寻找斗争的历史根源、从过去找到斗争的基础，许多参与者以及他们之后的外部观察者都为这种追根寻源所困扰。只要关注涉及这个问题的媒体报道就能迅速感觉到这一点。从这个角度来看，大湖地区的危机让人联想到其他重大悲剧，但无论在哪里，这些悲剧似乎都带有异常沉重的历史所留下的命运的烙印。

25

---

①　图尔的格雷瓜尔（538—594）是高卢－罗马史学家，为了配合当时的教育程度，他选择使用通俗拉丁语写作，他最有名的传世作品为共有 10 卷的《法兰克民族史》（*Histoire des Francs*），该书是现存研究法兰克人早期历史的最重要史料之一。——译注

从这个角度来看，我们在大湖地区尤其能观察到所谓的"族群原教旨主义"（intégrisme ethnique）的纵深发展。对过去的参照几乎一直存在于政治行动的各个层面，人们声称它是不可避免的：总统们在国际机构发表演讲，声称他们国家的历史长达 5 个世纪；乌干达新闻中反复出现契韦齐传说；[53] 卢旺达两任总统［朱韦纳尔·哈比亚利马纳（Juvénal Habyarimana）和随后的巴斯德·比齐蒙古（Pasteur Bizimungu）］为令难民要求听起来不合理或呼吁举办第二次柏林会议而操纵殖民地时期前的大卢旺达历史地图；[54] 政党固执地在治国方案中回归历史；大规模屠杀中民兵喊出相关口号……[55] 最近的一项研究表明，找回纯粹的族群归属感几乎成了救世法宝，依照这一观点，这种由殖民民族学的陈旧参照滋养的复古倾向，在很大程度上已成为难民营中的官方意识形态。[56]

喀麦隆历史学家阿希尔·姆贝姆贝（Achille Mbembe）所说的"匮乏时代"（temps de disette）的这种意识形态，受利益之争与恐惧和仇恨交织下的暴力的驱使，尤其在极端主义的圈子里滋长。这种意识形态在巨大的思想混乱中发挥作用，因为民族学被用于非洲领域的研究后，立即悄无声息地与自由、民族和民主的话语混合在一起，这些话语自非殖民化以来已经确立，并以一种摩尼教的方式被运用。尽管这些来自欧洲的理念受到族群主义者的操纵，但我们确实是处在20 世纪的政治辩论中，而不是面对着古老的历史的简单重现。

这些国家的西方伙伴也同样感到困惑。历史不仅在卢旺达或刚果的内阁或歌舞厅中被提及，也出现在世界银行、法国外交部、无国界医生组织或各种基督教传教会的前厅。在这种背景下，该领域研究的学术资助越来越少，一种奇怪的历史编纂学辩论发展起来，经济学、社会学、政治学、医学或农学领域的专家参与其中。遗憾的是，他们这样做往往不是出于对长期或短期进程的特殊性的关注，而是希望获得多用途的专门知识、推进"非政府"或非官方磋商，甚至是进行狂热且激进的煽动。在巴黎、布鲁塞尔或华盛顿特区，"大湖地区"难道不是定期出现在议程中和报纸头版上吗？从这种彻底的实用主义中产生的历史概念是报告的介绍性说明，在维持金融和地缘战略宏观平衡的世界视野中，过去成为一种民俗风情，充其量是"社会资本"的元素。非洲大湖地区的人口就像这个棋盘上的许多棋子。但这种玩世不恭的态度呼应了一种经常被称为后现代的时髦的思想倾向：各群体对过去的表述或"认知"占据首要地位。上文提到的关于布隆迪难民的研究明确地呼应了这种做法：

> 至于它［神话-历史］所展开的"事实"，无论它们是真是假，只是用来建构一个历史-道德宏伟远景的积木……不存在"上帝之眼"的历史观。通过对过去的叙述，"编造世界"总是处于历史之中的……而人们总是相信这些对世界的编造，因为他们感知到其意义……对于不同的历史参与者来说，存在不同的真理体系。[57]

把这种逻辑推向极致，就会阻碍对差异的理解，包括遥远的群体之间的差异和遥远的时期之间的差异，而对差异的理解正是历史活动的基础。这个逻辑确实是我们在关于非洲大湖地区的著作中充

27 满的所谓学派论战和争吵中所看到的。历史被不断提及，但事实
上，对历史的批判被摒弃了，取而代之的是对过去的纪念和党派对
过去的看法。正如马克·布洛赫（Marc Bloch）在谈到类似的中世
纪的概念时写道，过去被设想为"未来的影子"，但"只有尊重过
去，人们才能重现其本来面目"。[58]因此，在这场为非洲历史而战的
斗争中，真正凸显的正是"历史学家的职业"渎神的一面。

"谁有权改变国家的历史？"1990 年 11 月，支持种族和侵略意
识形态的卢旺达极端主义喉舌《唤醒》（Kangura）如此攻击当地
学术界。被偶像化的"权威的过去"就是这样为另一个时代中某些
理论和幻象的奇怪回归辩护的。从纳粹主义理论家们如何利用亚特
兰蒂斯的神话也可以看到这样的手法。[59]我记得我在 1964 年到达布
隆迪时，该国没有历史老师，甚至在中学阶段也没有历史老师，一
本小小的传教士手册写道，"第一批班图人在洪水时期从亚洲来到
这里"，"图西人是闪米特化的含米特人，他们的摇篮在西亚，他们
从那里出发，通过曼德海峡（Bab el-Mandeb）进入非洲"。[60]现在国
际媒体再次附和"含米特人"、"希马帝国"（empire hima）和"班
图气质"（tempérament bantou）等说法。[61]

希望以下的章节能够表明，作为历史学家，我们能够从非洲大
湖地区国家的人民日常生活的断裂与矛盾的角度，而不是从谱系和
所谓的自然连续性的角度提出疑问。

第一章

一个古老的定居点及其谜团

我们已经看到，关于定居的假设与"族群"划分问题有内在联
系，自古以来，"班图农民"和"尼罗-含米特牧民"正是因为族
群划分而对立。如今这些假设已经完全成为意识形态问题。然而，
研究自然或文化人类学、与环境的关系以及技术的演变需要不同科
学方法（借助生物学、语言学、生态学、考古学），这些方法与20
世纪末政治研究的热点相去甚远，因此值得我们做一个盘点。此
外，古代王国的政治文化确实是在特定的自然和人文环境中发展起
来的，因此应该对这个环境加以了解。即使维钦托利
（Vercingétorix）① 已经成为一个民族神话，但在介绍法兰西空间的
长时段历史时不提及凯尔特人（Celtique）② 定居的阶段，也会令人
惊讶。因此，向后退一步并不是一个简单的形式问题。

在深入研究公元前 2000 年至 15 世纪前后这段古老历史之前，
必须注意到两点，它们分别涉及文化领域的概念和历史时间的观

---

① 维钦托利（前82—前46），高卢阿维尔尼人（Arverni）的部落首领，曾领导高卢
对恺撒的征服做最后的抵抗。——译注

② 凯尔特人在罗马帝国时期与日耳曼人、斯拉夫人一起被罗马人并称为"欧洲的三
大蛮族"，也是现今欧洲人的代表民族之一。——译注

念。在所谓的非洲传统文明版图中，大湖地区呈现出强烈的统一性：政治集中化、共同的宗教参照、相似的人口密度、相近的语言。这一切使大湖地区与周边地区形成反差。这些特征表现出一种特定的文化个性，至少在 19 世纪实际观察到的状态下就是如此。这个地区现在已经四分五裂，但以其同质性而闻名。这里与具有明显内部差异性的刚果盆地或东非高原形成鲜明对比。但是，历史学家的兴趣在于贯穿这一整体的断层：区域差异，特别是西部山区和维多利亚湖沿岸低海拔高原之间的差异，以及每个政治实体内部的社会文化断裂。如果说这个人类家园的统一性显示其古老，那么悖论在于其内部矛盾似乎经久不衰，且这些矛盾在当代产生不良影响。卢旺达、布隆迪，甚至乌干达的存在，并不像偶然遭遇殖民分治而产生的刚果（金）或喀麦隆那样令人惊讶。真正令人惊讶的是，在这些如此一体化的国家中，内部对立持续存在且根深蒂固。这正是需要对历史提出疑问的地方。

　　还必须注意不要混淆时间尺度，不要像在研究非洲历史时经常做的那样，把漫长的"黑暗世纪"总结为现在的民族志，从而引出各种过分简化的模式，忘记了推动这些所谓的传统社会发展的深刻变化，包括在殖民地时期及其之前的几个世纪中发生的变化。透视历史意味着不要把历史本身与对过去 100 万年来人类在大陆上的进化的思考混为一谈，也不要把过去几万年来的人类（智人）占领的假设与塑造了目前状况的过去 4000 年来的定居历史混为一谈，更不要把这种定居历史与几乎无法追溯到 16 世纪之前的政治形态混为一谈，否则就会像把卡佩王朝的建立与日耳曼人的大举入侵或新石器时代的开端混为一谈般，我们仍经常在欧洲读到这种令人啼笑皆非的想法。本章将讨论的现实是漫长进程的产物。特别要注意的是，所谓的"迁徙"现象不应该被看成布尔人①风格的大迁徙，仿佛跨越几代人甚至几个世纪的远征，就因为我们在地图上画了箭头。

31

这种伟大的人类迁徙是由无数个运动的局部组成的，每个局部都有自己的编年史。[1]而社会史和政治史并不遵循沉淀堆积的逻辑。更重要的是，就非洲而言，其族群特性通常被从生物学角度描述出来，而这种特性的界定和特征具有历史维度，不能被纳入自然科学。[2]我们将尝试从三个角度了解大湖地区定居点的状况：首先是语言学和考古学，然后是景观，最后是被记录下来的殖民地化前夕的社会结构。本章将依次分析对班图语的古老发源地的解释、大湖地区农牧业管理史的重建、关于被作者们描述为卡斯特（caste）或族群（ethnie）的世袭划分（胡图人/图西人等）的辩论。

定居考古学：在语言、"种族"与陶器之间

非洲中部和东部的定居过程通常被概括为"班图人扩张"。然而应该指出的是，在这一通常被认为发生在公元前后的事件之前，该地区并非无人居住。暂且不提非洲史前史的奥秘和切割石器的不

---

①　布尔人（Boer），为居住于南非境内的荷兰、法国和德国白人移民后裔所形成的混合民族。语源为荷兰语的 Boer，意为"农民"。现已基本不再用"布尔人"，改称为阿非利坎人（Afrikaners）。——译注

同方法，如从精心摆放的鹅卵石到小型石制工具和多种类型的双刃石器，我们可以通过景观考古学的不同方法，特别是通过湖沼学和孢粉学[3]了解公元前 3000 年的状况。根据对东非和刚果盆地的气候和植被演变的最新研究，[4]除了那些较高山脉（尤其是鲁文佐里山脉）上的冰川延伸反映出的温度变化外，在过去几千年里，降雨量也有强烈的波动。

从大约 1 万年前到公元前 3000 年，非洲大陆经历了漫长的湿润期。这个阶段在撒哈拉历史中的重要性是众所周知的。那时，大湖地区湖泊的水位比现在高得多，森林在不同的海拔最大限度地蔓延。然后，公元前 2000 年，特别是公元前 1000 年，气候逐渐变得干燥。沼泽和森林逐渐退去，变成了草地。在孢粉图式中，草类变得比树木或芦苇更繁茂。然而，这种演变似乎是降雨量减少和人类行为共同作用的结果。事实上，我们也可以观察到垦荒活动之后的二次造林带来的植物物种的发展，这一过程在西部山区比在维多利亚湖畔发生得更早。公元前后，即 1500 年至 2000 年前，这种生物地理演变加速了，也许就从那时起，树木砍伐导致森林退到高处，空地面积增加，这种变化与长期休耕地和牧场的生产活动，以及用于制铁和木炭烧制的树木的采伐有关。因此，公元 1000 年前后，该地区呈现出目前的景观。也有证据表明，那时已经存在布局稀疏，但已经相对密集的定居点。

在过去的 5000 年里，低地和高地的逐步开化的总体演变，使我们远离了把人类文明可能零星存在且脆弱的"石器时代"与文明可能以某种方式被引入的"铁器时代"截然对立起来的模式。因此，"新石器时代"是否存在是关于大湖地区史前史的开放性问题之一。然而，自湿润期以后，一群渔民使用独木舟和鱼叉，制作装饰有"点状波浪"的陶器，定居在爱德华湖附近的伊尚戈地区（Ishango），更晚些时候生活在维多利亚湖岸边和卡盖拉河谷［坎索尔遗址（site de Kansyore）］。根据考古学家约翰·萨顿的说法，[5]这种"非洲中部的水生文明"会在气候干燥的时期让位于在高原上日臻完善的农牧业文明，这种农牧业文明尤其在东非大裂谷肯尼亚段的发掘中为世人所知。从那时起，所谓的湖间空间见证了一种与捕鱼分道扬镳的文明的发展，鱼经常被禁止食用。然而，山谷和湖泊一直是值得更广为人知的活动和信仰的所在地，尽管3000年来它们处于主流文化的边缘，而且往往是被轻视的群体的所在地。

　　大湖地区的居民讲不同的班图语言。我们还会谈到这一文化事实与公元后种植业、畜牧业和冶金业技术变革之间的联系。首先要提醒的是，这是严格的语言学术语。附录中关于大湖地区班图语不同语言分布情况的地图呈现出相关研究资料。这里是班图语区的北部界线，与喀麦隆或中非共和国不同的是，语言断裂很明显，以至于这里就像一张照片，展示了从公元前1000年到15世纪交织在一起的古老而错综复杂的人口迁徙和相互影响。尼罗河上游地区显然是人类历史上一个长期存在的十字路口。班图语群体和讲不同方言的完全不同的群体的分界线从西到东贯穿了今天的乌干达。[6]

　　后者来自5个语族。今乌干达东部是零星分布的"库希特人"（Couchitique），肯尼亚边境（埃尔贡山以北）是一些卡伦金人

33

（Kalenjin，即"南尼罗特人"），除此之外，西北部基本上是典型的古代"中部苏丹人"［卢格巴拉人（Lugbara）和马迪人（Madi）］，稍晚到来的"平原尼罗特人"［类似马萨伊人（Massaï）］在东部［特别是卡拉莫琼（Karamojong）牧民］或北部［与南苏丹的巴里族（Bari）相近的"水生"群体］建立定居点。最后是"河湖尼罗特人"，主要是卢奥人（Lwo）［还有阿乔利人（Acholi）和白尼罗河北岸的兰吉人（Langi）］。大湖地区的王国虽然是在班图语区发展起来的，但我们会看到，从艾伯特湖到埃尔贡山，它们与那些具有极其不同的传统的相邻族群并不缺乏经济、政治和文化联系（甚至达到相互融合的程度）。

至于大湖地区的班图语言，比利时特尔菲伦的语言学家认为它们形成了特定的区域（J区），而盎格鲁-撒克逊专家则将其分为D区和E区，并将这两个区细分为若干部分。[7]这些语言并不因为在词汇和形态上接近就自然而然被相互理解。如果做个比较的话，那就是当我们从乌干达到布隆迪，我们遇到的语言与葡萄牙语、西班牙语和意大利语一样不同（也一样接近）。

从东到西，这些语言大致有5个"子集"。在维多利亚湖以北地区，干达语与索加语（lusoga）的两种主要方言相近。然后，从艾伯特湖到维多利亚湖的西南部有一条长长的语言走廊，其中有乌干达西部的尼奥罗语（runyoro）和托罗语（rutoro）、维多利亚湖西岸的哈亚语（ruhaya）、卡盖拉河以东高原的尼扬博语（runyambo）和津扎语（ruzinza）。正如有人在19世纪所观察到的那样，大湖地区整体的政治割裂促使方言衍生，但这也让人质疑原有的统一性的历史缘由。在乌干达西南部与卢旺达交界的地区，安科莱语（runyankore）有其自身的特殊性，接近今天的基盖济（Kigezi，爱德华湖和火山之间）的不同方言。从维龙加火山到马拉加拉西河有最大的语言互通群体，他们可以毫无困难地相互理解，这里有卢旺达语、隆迪语和哈语（giha）［在一定程度上也包括温扎语（kivinza）和舒比语（gishubi）］：这些卢旺达、布隆迪和布哈（Buha，在坦桑尼亚）的语言的相似性让人联想起马赛与列日的法语，或巴黎与魁北克的法语。最后，在坦噶尼喀湖、基伍湖和爱德华湖以西，一系列方言从南到北扩散开来，多少与这一地区的割裂相仿，它们是富里鲁语（kifuriru）、希语（mashi）、哈武语（gihavu）、洪德语（gihunde）、孔乔语（rukonjo）和南德语（runande）。[8]所有这些地区差异与悠久的文化历史相吻合，也与政治裂痕相一致。彼此抗衡的权力催生对比鲜明的"传统"方言，同时也是原有语言区域的一部分。正如我们将要看到的，布隆迪已经向东扩展到哈语区，而卢旺达从未真正覆盖卢旺达语区，特别是其西北部。这些历史辩证关系在这里和在其他地方一样，警告人们不要把"自然"边界或语言简单地设想为国家在纯学术层面的建构。但这个地区的语言和种族变幻莫测，具有特殊的重要性，值得关注。

　　我们刚刚看到"班图"这个词在大湖地区的使用，如今它已经进入日常语言。1982 年，加蓬总统奥马尔·邦戈（Omar Bongo）在利伯维尔（Libreville）成立了一个"班图文明中心"（Centre des civilisations bantoues, Ciciba），刚果危机使公众熟悉了"班图"一

35

词。这个词源于非洲，在许多语言中指"人"的复数，这使它呈现出一种带有异域情调的真实性。1958 年，一位支持"黑人精神"（négritude）的非洲学者将其专著命名为《蒙图》（*Muntu*），仿佛词根 -ntu 应该是所有非洲智慧的核心所在。然而，"班图"这个词是 19 世纪的德国语言学家威廉·布列克（Wilhelm Bleek）用来指代非洲中部、东部和南部的所有语言的，这些语言因 17 世纪以后天主教或新教传教士在沿海地区收集的文件而被人知晓，1850 年前后，德国东方学家和地理学家将这些文件汇编。[9]布列克在 1851 年于波恩答辩的一篇约 60 页的拉丁文论文以及随后几年用德语和英语发表的文章中，将这些语言的特点总结为没有性的分别而有一个类别体系：这些语言的名词没有阳性，没有阴性，也没有中性，而是根据一系列类别（算上单数和复数，共有 16 个）组织起来，由前缀标明。这些前缀都有代词的功能，因为它们在形容词和动词之前，与名词性主语保持一致。

这只涉及基础语法，但值得注意的是 1858 年布列克在定义这个由他提出的"班图"时所作的文化评论。他认为与有性的变化的语言（尤其是印欧语）相比，类别体系是"不自然的"，把使用者卡在缺乏条理的阶段，不适合诗歌与哲学。他写道：

> 他们的语言的语法形式并没有为他们的想象力提供更大的推动力，而有性的变化的语言的语法形式却以不可抗拒的力量传递说话者的思想。[10]

直到 20 世纪中叶，19 世纪的德国语言学家［从雅各布·格林（Jakob Grimm）到奥古斯特·施莱歇（Auguste Schleicher）］与卡尔·迈因霍夫（Carl Meinhof）的《语法》（*Grammaire*）主导了班图语研究。[11] 从这些语言学家的角度来看，这些非洲语言处于较低的进化阶段，处于"孤立语"和"有词形变化的语言"之间，被确定为"黏着"模式，"马来-波利尼西亚语系"（famille malayo-polynésienne）也在此列。根据这一分类，布列克——自 1855 年起就生活在南非，后来成为开普敦总督的图书管理员——给出了自相矛盾的分析：大多数黑人在当时很自然地被称为"卡弗尔人"（Cafre），他们确实被认为比其他"黑人"更开化，至少比与他们一起生活的所谓"野蛮人"，即布须曼人（Bochiman）和霍屯督人（Hottentot）更开化，但他从后者的语言中存在的性看到了高级文化的原型语言的一个失落的南方分支，并在他们那里发现了印欧人或闪米特人（Sémite）的远亲！

因此，"班图人"的贬义形象从这些文化-历史假设中凸显出来。为非洲的一个族群命名，似乎隐隐约约地导致对这一群体的普遍思考根深蒂固，好像这是一个单一的部落。事实上，这个名字很快就有了种族的内涵，特指一个种族群体、一种农牧业经济-社会生活方式，甚至是一种身体类型。英国人类学家查尔斯·塞利格曼（Charles Seligman）在他的书中强调了这一观点，该书从 1930 年到 1966 年不断再版：

> 尽管班图人是按语言标准被定义的，但可以发现，在班图

部落与非班图部落的交界处，每个语言群体的某些身体特征非常明显，以至于对于特定区域，基于语言的术语对于区分体质群体也是有效的。[12]

然而，由于欧洲人在如此广阔的区域内的经验相互矛盾，班图人的形象在过去一个世纪中一直不断变化。居住在刚果盆地的森林中的群体、非洲南部的祖鲁人（Zoulou）和大湖地区王国的居民有什么共同之处呢？最后，一个常见的说法，即农业活动至上成为纽带：人们可以在许多百科全书中读到"班图人"是农民。至于差异，则根据19世纪末以后非洲学界流行的模式被解释出来，即差异是迁徙和异族通婚的结果。"班图人"被看作"混血儿"，是古代从美拉尼西亚（Mélanésie）涌来的大批尼格利罗人（Négrille）[13]与来自非洲之角（Corne de l'Afrique）或尼罗河流域的文明元素相交融的结果。不同的交融程度被认为可以解释西部的"森林班图人"和东部的"草原班图人"之间，或"老"班图人和"年轻"班图人之间的巨大差异，[14]历史被简化为对这些交融程度的观察，人们得以寻找人口迁徙浪潮的某种层次。

主导的解释是含米特假说（后面还会谈到）：所有的文明特征被归因于中东的影响，无论是来自原始社会，还是后来通过大陆东北部传播而来的。第一个英国驻乌干达保护国代表哈里·约翰斯顿（Harry Johnston）是这种"扩散主义"（diffusionnisme）种族观点的最有影响力的代言人之一。他认为可以通过颅骨学来识别班图农民，他们得益于"一个优越的人种迁徙到非洲中东部"，这些人带有"半高加索"基因。[15]上文引用过的塞利格曼的经典著作毫不含糊地肯定,非洲文明是含米特征服者的产物,"高加索人"比"皮肤黝黑的黑人农民"更优越。我们将看到,这一解释模式在大湖地区找到了其首选应用领域,甚至是实验室。直至今日,对于许多观察者来说,社会和政治结构直接反映了这种定居浪潮的叠加,特别是在卢旺达和布隆迪,人口被不厌其烦地描述为一种沉淀物,基础是遗留下来的俾格米人(Pygmée),底层是班图农民,顶部是占主导地位的含米特牧民。这些社会和它们提供的似乎有关种族的解释所产生的魅力甚至让人们质疑:这种班图语文化的班图特性到底是什么?湖间地区基本上被认为是"含米特"或"含米特-闪米特"地区。[16]根据这种观点,"班图人本身"被描述为"黑人",所有的负面特征都被强加在他们身上,"班图"这个词被用来形容所谓的被征服的、低等的农民,即与图西人和希马人对立的胡图人和伊鲁人(Iru)。

然而,关于"班图人起源"的争论并没有止步于这种跨越大洲的种族融合。自19世纪末以后,从语言层面上提出的分类法引发了对在地理上确定班图人不同群体的位置的假设。专家们一边寻找起点,即"原型班图语"(迈因霍夫口中的Urbantu)的摇篮,一边想象塑造了如今的状况的迁徙的阶段和轴线(这是通过连续的分裂完成的)。[17]一系列语言谱系表已经出版,并附有非洲大陆南半部的地图,上面用箭头标出了传播情况。[18]1886年至1919年,约翰斯顿第一次提出了"班图人迁徙"模式。[19]据他所说,他们在喀麦隆

39

附近有了第一个家园，后来基本上离开了大湖地区。这一模式结合含米特假说（作为对这种扩张的动力的解释），几乎被1903年至1962年的《不列颠百科全书》（*Encyclopaedia Britannica*）完整复述。

在非洲民族主义觉醒的影响下，语言学，特别是考古学的进步[20]在20世纪50年代末又引发了辩论，特别是在英国和比利时（对这个问题最关心的殖民国家）。但首先，两名美国研究人员，即语言学家约瑟夫·格林伯格（Joseph Greenberg）和人类学家乔治·默多克（George Murdock）的研究工作，重新确立了非洲大陆东部和西部之间的历史联系：[21]各种班图语被整合在一个被称为尼日尔-刚果语系（Niger-Congo）的整体之下，它们以乍得-贝努埃地区（Tchad-Bénoué）为中心扩张，这与公元前3000年以后撒哈拉的干旱所导致的人口压力以及因此发生的农业向南扩张有关。然后，位于南非的史前学家约翰·德斯蒙德·克拉克（John Desmond Clark）强调了班图语群体的定居、陶器形态（与农业活动促进的定居有关）和冶铁业之间的联系。更重要的是，让·耶尔诺（Jean Hiernaux）在基伍地区和卢旺达的发掘，以及梅里克·波斯南斯基（Merrick Posnansky）在乌干达的考古发掘，显示了冶铁的开始与一种底部呈酒窝状的陶器之间的联系，从那时起，这种陶器成为班图人的名片。[22]同时，曾在赞比亚传教的传教士、伦敦大学亚非学院的语言学家马尔科姆·格思里（Malcolm Guthrie）开始了一项规模庞大的比较研究，区分出班图语世界的15个区域（正如我们之前所看到的，大湖地区被分为D区和E区），并界定了一种"班图共同语"，这在加丹加－赞比亚地区（Katanga-Zambie）最有代表性。因此，与约翰斯顿和格林伯格先后提出的以喀麦隆为最初家园的想法相反，这个地区被认为是班图文化的真正摇篮。[23] 早期对赤道附近热带雨林南部的铁器时代的考古研究似乎也支撑了格思里的假设。

　　正是在这一点上，在伦敦大学亚非学院由罗兰·奥利弗（Roland Oliver）领导的伦敦历史学院也开始了这一研究。奥利弗是1960 年创刊的《非洲历史杂志》（*Journal of African History*）的创始人之一，是东非研究，特别是乌干达研究的专家。他提供了一个多学科综述，整合了格林伯格和格思里的观点。总之，在公元前，第一批可能已经熟悉铁器的猎人-渔民迁徙者离开了乍得-贝努埃地区，沿着穿越刚果盆地大片森林的山谷向上移动。在公元后第一个千纪，这一活动导致南部稀树草原上人口迅猛增长，在那里，已经受益于制铁技术优势的班图人在非洲本土的块茎和谷物中加入了从东海岸传播过来的"马来"元素——主要是香蕉树——从而丰富了他们的农作物种类，提高了农业潜力。因此，格思里的原型班图语发源地成为可理解的历史进程的一部分。然后，观察到的公元1000 年前后的陶器形态的演变使我们区分出第二个铁器时代，与加丹加这个发源地向东部和南部扩张的影响有关。[24] 1968 年，让·耶尔诺在一篇文章中完成了让·范西纳所说的"伦敦范式"（paradigme de Londres），他用体质人类学呈现了"班图人"（农民、铁匠和制作酒窝状陶器的工匠）的新的文化肖像。他认为，喀麦隆的巴萨人（Basa）与坦桑尼亚的尼亚姆韦齐人和加丹加的卢巴人（Luba）之间有明显的体质亲缘关系，仅有的差异是为了适应森林环境或异族通婚造成的（他举了大湖地区图西人的例子）。[25]

在大约 10 年的时间中，让·耶尔诺的这个吸引人的综述主导着非洲历史研究。在法国，它是由历史学家于贝尔·德尚（Hubert Deschamps）和罗贝尔·科纳万（Robert Cornevin）传播的。这一综述提供了看待"班图人"的新眼光，他们是创新者、拓荒者、冶铁术的发明者和原始文明的传播者，称得上是大津巴布韦城墙的缔造者。然而，应该注意的是，在这个历史框架中，大湖地区被边缘化了，因为该地区在公元 500 年后才接触到这种文化。

但到了 20 世纪 70 年代初，人们意识到现实似乎本应更加复杂，必须将大湖地区置于更长的时段理解。语言学家们批评了从比较主义到遗传模式的方法，以及对根据一组近代语言想象出的这一原型班图语的迷信，依照这种想象，互相接触的现象一定与产生差异的过程同样明显。照这么说，冰岛语将成为日耳曼语言的祖先，格林伯格如此打趣道。同样，研究重点在整个班图语群体的西北部，正是由于那里最为古老，那里的语言的变化才最明显（如加蓬）。根据某些技术论证（在此无法展开说明），包括对基础词汇进行词汇学分析、基于形态学和语音学的分析，以及对外来词作用的分析，大湖地区的语言隶属于东非语言的一个子群，与格思里著名的原型班图语处于同一层级，并与前文中其他非班图语言有联系。[26]考古学家们则收集了越来越多的根据放射性碳定年法推断的日期，注意到非洲东部甚至南部的冶铁技术的古老历史以及陶器风格的多样性，[27]并提及了非洲南部自主发明这些技艺的可能性。一般来说，被质疑的是语言、文化、技术与人的类型的巧合。用来指示金

属物品的术语最初可能是用来指示石制工具的，已经成为班图语群
体的典型植物的名称可能是从非班图语邻居那里借用的。[28]1978 年，
罗兰·奥利弗在剑桥大学出版了关于非洲历史的巨著，他从这些批
评中得出以下结论：古代讲班图语者，即那些从西北方向穿越森林
的人，最初仍处于新石器时代的水平，根据推定出的新日期，冶铁
技术的发明应该更接近东北方，即在大湖地区。[29]

　　因此，二十年来的考古综述再次强调了这个地区的重要性。[30]铁　42
器时代似乎是我们上面看到的史前发展的延续，正是从这里开始，
从肯尼亚到赞比西河（Zambèze），从安哥拉到德兰士瓦
（Transvaal），铁器传播至非洲大陆的南部。对于冶铁技术的发明中
当地人的发明和外部的影响分别起了多大的作用仍有争议。古代努
比亚地区（Nubie）的麦罗埃（Méroé）冶铁技术，或来自海岸的影
响是否通过苏丹人或库希特人发挥了作用呢？特别是最近在坦桑尼
亚和卢旺达的发现使我们能够得出结论，这是一个地区性的发明，
可以追溯到公元前 1000 年，即可能比为麦罗埃确定的冶铁技术发
明日期（公元前 3—前 5 世纪）更早。1972 年，历史学家约瑟夫·
基-泽尔博（Joseph Ki-Zerbo）已经对"在非洲地图上画满貌似代
表假设的'冶铁之路'的箭头"的狂热提出警告。[31]这一警告也适
用于班图人带着一系列来自外部的技术迁徙的图景，以及认为在大
陆南部发生的一切都来自大湖地区的想法。

　　1978 年，美国研究员彼得·施密特发表了他在哈亚国家（布
科巴南部）的发掘成果：[32]除了发现能够证明冶铁活动几乎延续到
19 世纪的采石场遗址和矿渣堆，他还在卡图鲁卡（Katuruka）发现

了公元前 5 世纪至公元 1 世纪的熔铁遗迹。这种铁器时代早期的活动在更西边得到了证实：[33] 在卢旺达中部和南部［加西扎（Gasiza）和布塔雷附近］以及布隆迪中部［基特加（Gitega）附近的米拉马（Mirama）和穆布加（Mubuga）］发现了低炉的残渣。这些低炉在公元前 7 世纪至公元 7 世纪被使用，后来基本上被深坑取代，后者的通风和加热技术或多或少更复杂，所以直到后期才被应用。[34] 铁器时代早期的低炉非常引人注目：用来装木炭的坩埚有 20 厘米至 75 厘米深，直径达 140 厘米，其上方有一个由黏土条盘筑成的截顶圆锥体炉，炉体高 80 厘米至 130 厘米，里面装有粉碎的矿石，整个炉子由底部几个与风箱相连的风嘴泵入空气。燃料反映了当时长有树木的大草原环境，这证实了上文提到的自公元前 1000 年以后发生的总体变化，也证实了这种活动在森林退缩中的作用。

43

　　在卢旺达南部的山区，可以观察到公元后初期"密集的人口存在"的迹象。维多利亚湖畔及其岛屿，外加卡盖拉河下游的河谷，也是如此。[35] 铁器时代早期的人口定居通常与一种有特殊几何装饰的底部凹陷的陶器相关联，这种陶器名为"乌雷维"（Urewe），是根据维多利亚湖岸肯尼亚的卡维龙多湾（golfe de Kavirondo）的一个遗址命名的。事实上，陶器的类型更为复杂：就卢旺达而言，弗朗西斯·范诺顿（Francis Van Noten）注意到同时存在两类陶器，一类在基伍湖岸边，与坦噶尼喀湖东南岸的相近，而另一类则在中部山区，外观与乌雷维相同。但是，当地技术和材料的多样性并不一定反映出不同"文化"的存在。[36]

　　这一发现也可以解释公元 1000 年前铁器时代晚期开始时的技

术演变（有人称之为革命）。简单的挖掘促进冶铁技术的发展，这伴随着陶器风格更新，特别是用"植物刻花"（roulette végétale）①装饰的陶器的广泛使用，这些装饰是用扭曲的、编织的或打结的纤维在黏土上印出的特殊纹路。这显然是一种不太精细的技艺。似乎低炉的消失暴露出的所谓艺术颓废和技术倒退之间的同步，启发了入侵理论：来自加丹加-赞比亚地区的新一轮班图人迁徙潮出现，或者来自北部或东部的更野蛮的、非常类似尼罗特人的游牧群体入侵。最近的一个假设将这些陶器归于南尼罗特人，认为他们与如今肯尼亚的卡伦金人有关，是图西人和希马人的祖先。[37]然而，年表和陶器的风格让我们质疑这一假设，这个假设被深深地打上了当代种族痴迷的烙印。在苏丹南部、东非大裂谷肯尼亚段、坦桑尼亚的乌温扎（Uvinza）盐场和乌干达的基比罗（Kibiro）盐场附近、乌干达西部的遗址，以及卢旺达和布隆迪，确实发现了有"植物刻花"装饰的陶器。然而，年代的确定需要谨慎：这些陶器在7世纪就存在于苏丹南部，10—17世纪才在肯尼亚出现，12世纪在乌温扎出现，10—16世纪在乌干达出现，而8—12世纪就已经出现于卢旺达。这些陶器与乌雷维之间的风格断裂并不总是很清楚。总之，风格的比较比表面上更微妙：约翰·萨顿认为，位于东非大裂谷肯尼亚段的南尼罗特人的陶器与乌温扎或比戈（Bigo）的陶器"没有可比性"。[38]他在最近一份关于乌干达西部地区的综述中表明，物质文

44

---

① 本词译法参考凯文·希林顿《非洲通史》（第四版），赵俊译，九州出版社，2021，第129页。——编注

化的这种断裂反映出的并不是新迁徙潮的出现，而是经济和社会的演变，其特点是生产量的增加，特别是金属工具和盐（由于人口和牲畜数量增长）的生产量的增加。[39]数量更多，通常也更大的陶器的出现，应该是对新环境带来的需求的增长做出的反应。这一讨论将扩展到所谓的契韦齐文化，与一系列考古遗址相关，如 13—16 世纪的比戈、11—14 世纪的恩图西（Ntusi）。20 世纪 50 年代以后，人们就发现了这些遗址，最近又重新进行研究。这些遗址由大型壕沟、土丘和人工水坑组成，引出了该地区畜牧业与种植业之间的关系这一关键问题。我们后面再来讨论它。

事实上，正如我们一开始就指出的那样，定居的历史是由分散在不同时段的微观人口流动组成的，而不是由大规模入侵形成的。我们已经看到了"班图人扩张"的不确定性。同样，考古学并不能比口述传统更有力地证明来自埃塞俄比亚的"盖拉人的征服"（conquête galla），[40]尽管这已经成为流行文本中的老生常谈。恰恰相反，文化的延续性是惊人的。考古学家特别强调了冶铁技术在某些遗址中的持久地位，即使这些遗址曾经被不同的宗教或势力入侵。古代的锻造物品（锤子、铁砧）往往是君主王权的一部分，[41]常常被忽视的铁和铁匠在社会中长期扮演的重要角色已经持续了 2000 多年。如果我们考虑到对空间的占用和与环境的关系，石器时代和铁器时代之间的断裂也必须被弱化。现在的民族学也可能凸显了机械地求助于入侵理论的荒谬：卢旺达和布隆迪当代陶器的制造者基本上是特瓦人（Batwa）妇女，即所谓的俾格米群体，它被认为是大湖地区最古老的群体。我们是否应该想象是"特瓦人的迁徙"带来了这种新的陶器风格呢？

　　非洲的古代历史需要一个新的视角：人口流动当然很频繁，但和在其他地方一样，它有很多形式。我们不应该忘记伴随着人口流动而来的联姻和异族通婚、之后或之前的技术或宗教影响、通过默契或明确的契约被联系在一起的不同群体在同一空间内的共存，以及文化之间的相互同化。从这个角度来看，让·范西纳最近根据他对森林社会的研究为班图现象提出的模式尤其具有启发性。[42]我们不能以语言谱系树的形式来看待这种"扩张"，这种谱系树是由繁衍、连续分裂和迁徙轴线形成的。我们必须想象出群体在外围受到了由具有差异的方言和外部影响构成的离心力，长此以往这种离心力造成裂变。这种文化传播无疑意味着连续的土地"蚕食"以及人口和技术压力，但也逐渐把在各个区域环境中以不同程度定居下来的其他人口牵扯进来，而其中的班图语村落已经被接受：

　　　　一些［班图语］群体可能完全由班图化的土著组成。无论　46
　　如何，最终越来越多的迁徙者从体貌上看是早期土著的后代。
　　因此，土著即使经过文化同化，对早期班图语群体的生活方式
　　的贡献也可能比迄今为止被公认的要大得多……
　　　　整个转换过程花了几个世纪而不是几十年，而且大部分参
　　与者是土著本身的后裔。因此，可能从未发生过讲班图语的迁
　　徙者大规模取代土著的现象。

　　我们现在可以理解历史学家所使用的形象：这种扩张是以"波

浪"的形式展开的，就像水面被投掷的石块扰乱，泛起涟漪，但不一定移动位置。根据这个模式，该地区的历史编纂学终于摆脱了文化与生物学之间的混淆。我们开始意识到，专注于班图人扩张和含米特人入侵的人种历史学与其说研究的是非洲的历史，不如说研究的是某种停留在种族先验论上的欧洲人类学的历史。欧洲社会的历史学已经从"历史种族"、"民族迁徙"和印欧模式中解放出来很久了。[43]非洲大湖地区则一直是这些类型的解读情有独钟的地方。对这一地区的历史研究正在进步，关注到过去几个世纪以来该地区的特殊现实及其物质与精神、经济与政治的管理。

景观考古学：作物、牛与人

暂且不谈地理数据，我们先回顾两点：第一，大湖地区享有有利的气候条件；第二，它处于西部大片原始森林和东部高原的稀树草原之间的生态十字路口。[44]这个位置决定了大湖地区农业的最初阶段，即在公元前后，几种农业体系相遇。这段历史的重建基于几类论据的微妙结合：碳化的种子或花粉化石（至少对谷物而言）、与生产或消费有关的手工艺物品（如磨盘）、语言学（注意语义的演变）和古生态演变（如前文所述）。我们应该把该地区置于非洲农业的总体演变过程中，[45]这一演变出现在公元前 2000 年从尼日尔河（Niger）到尼罗河上游的萨赫勒地带（Sahel），与撒哈拉变干燥、森林面积缩减和人口向更适合生存的地区回流同时发生。事实上，从或多或少的选择性采集到真正的农业活动的转变在几个地区发生，每次都基于不同的植物资源（谷物、根茎、蔬菜、树木）。我们已经看到，由于采集者、渔民、牧民、长期休耕地区的农民以及铁匠的共同行动，自公元前 1000 年起，这个地区的定居化在不断加强。

第一批欧洲旅行者在 19 世纪下半叶对大湖地区的描述，让我们能够想象出 2000 年前的农业景观。[46]但在 19 世纪，农业景观又发生了变化。在殖民活动和"发展"行动开始之前，该地区已经呈现出非洲、亚洲和美洲几种种植业传统的交汇。非洲本土的遗产可分为两大类，分别是从苏丹草原和森林地区继承而来的。第一类主要包括高粱，它在尼罗河和乍得之间耕种了近 3000 年，公元后初期播种范围扩展到大陆南部，以卡菲尔（kafir）和高达屯（caudatum）两个品种最有名，这两个品种也存在于大湖地区。这种谷物非常适应不规则的降雨，可以由菜园或小树林的作物补充，如南瓜、一种豇豆属小型豆类（在西非名为 niébé）以及块茎类作物（如非洲南部的卡弗尔甘薯）。[47]第二类来自大面积的森林，主要包括根插作物，如山药和其他块茎［如豪萨甘薯（haoussa）］，也有不同品种的豇豆，还有油棕榈（其东部界限在坦噶尼喀湖的北岸）。还应该在非洲本土作物中加上第三类，特别是在山区种植的作物：布隆迪、卢旺达，特别是乌干达西南部（安科莱和基盖济）的穆，它是一种颗粒很小的谷物，在公元前似乎就已经被发现；"假香蕉"，在埃塞俄比亚被称为象腿蕉（ensete），它是荒年的食物来源；与在埃塞俄比亚种植的阿拉比卡咖啡（arabica）不同的，尤其是在哈亚国家培育的尤金尼奥德斯咖啡树（Coffea eugenoides），[48]它是一种本地灌木；

48

最后，奇怪的是，豌豆在埃塞俄比亚也有很长的历史了。

　　大湖地区的这个古老的农业综合体显然是在公元前 1 千纪的中期逐渐形成的，[49]那时的环境相对干旱，森林退缩，来自刚果盆地东部的班图语群体、在今天的乌干达（甚至远至坦噶尼喀湖）安顿下来的中部苏丹语群体和原型尼罗特语群体，以及维多利亚湖南部和西部（远至今天的卢旺达东部和布隆迪）的南库希特语群体的活动逐步结合。[50]班图语群体的块茎作物（当时主要是山药）和其他群体的谷物（主要是高粱），以及所有这些群体的豆科作物，将会作为主导着大裂谷西支或维多利亚湖沿岸的森林边缘的农业的补充。由于资源种类的增多以及对季节性变化、不规则的年际气候变化和各种小气候的适应，这种农业体系由所谓的大湖地区原型班图语群体逐步发展起来。我们将看到，非班图语群体率先采用牲畜饲养技术。因此，在同一时期发达的冶铁技术的支撑下，这种农牧业系统可以解释这个古代大湖地区文明的成就，这一文明是围绕班图语耕种者的居住地而形成的。从那时起，他们就能够征服各种环境，包括非常潮湿的西部山区和维多利亚湖沿岸，以及比较干燥的中间高原。在公元后初期，该地区的班图语被细分为西部和东部语群，这也反映出这种农业模式的多样化。美国历史学家戴维·舍恩布伦（David Schoenbrun）得出结论：

　　　　我们可以看到，这些非班图语群体在许多大湖地区班图语群体发展牲畜饲养和谷物种植方面发挥了举足轻重的作用，而适合干旱土地的复合农业又是使得班图语在随后几个世纪中更

广泛传播的一个因素。[51]

我们刚才分析了起源的一些作物实际上已经消失，或者在 19 世纪之前已经被边缘化。豇豆属豆类、山药或其他块茎作物就是如此，它们在农业景观中已经被其他作物所取代。[52]这些作物来自远东或拉丁美洲，因其农艺特性或营养价值而逐渐被接受，并融入了该地区的景观、农业实践以及由谚语或谜语反映出的农民的观念，仿佛这些作物一直为当地人所知。

由于古代马来人和印度尼西亚人与非洲大陆东岸之间的联系，两种作物，即芋头和香蕉，早已从东南亚传到这里。前者（也被称为 colocase）是块茎作物，可被种植在其他同类作物中间。真正的革命是由香蕉树带来的，它们从南部的赞比西河谷或非洲之角通过维多利亚湖传播到非洲内陆。[53]语言学再次具有启发作用。起初，这种作物似乎是以已经用于指埃塞俄比亚的"假香蕉"的词 ensete 命名的。然而，从公元后第一个千纪末期（根据舍恩布伦的说法，公元 800—1000 年[54]）开始，香蕉树在维多利亚湖畔和西部山脊的森林高地广为人知。其传播伴随着一种用来修剪香蕉簇的特殊砍刀的使用，显然，也伴随着"啤酒"，或者说是果汁酒（这种饮品流传至今）的酿造。但直到 14—15 世纪，香蕉种植园才在维多利亚湖的西岸和北岸真正发展起来，尤其是在布干达，那里出现了 100 多个用来指品种和种植方法的新术语。香蕉可能取代了山药——因为山药的产量是香蕉的 1/10——成为该地区可以忽略不计的作物。

香蕉树有很多优点：扦插繁殖简单；种植日期灵活；收成期交

50

错；易于处理和烹饪，从而为其他活动腾出时间；有多种用途（叶子可用来做垫子和屋顶）；可在香蕉园中培养基于绿肥的腐殖质，从而扩大土地肥沃地区的面积；可在居住地附近进行间作，如和芋头组合。这种可常年种植的作物已经成为可持续投资（种植一年半后即有收成）和促进定居的代名词。布干达成为发展这种农村经济的典范：[55]维护香蕉种植园是妇女从事的典型活动，男性则从事捕鱼等活动，以提供必要的蛋白质。但是，由此解放出来的男性劳动力也可以被动员起来从事其他工作，我们将看到其在政治上的影响。

　　17 世纪到 19 世纪初发生了一场新的农业革命，甘薯、木薯、玉米、豆子等优良作物从大西洋沿岸传至大湖地区，它们将取代过去的块茎作物，以及（特别是）豇豆属豆类，某些词的转移证明了这一点。[56]尽管这些优良作物已经是日常生活的一部分，但这一变化发生的年代不确定，在口述传统中没有留下任何痕迹，口头文学对这些作物的沉默以及它们在传说和仪式中的缺席（除了在一些禁令中出现）可以证明这一点。矛盾的是，关于王朝建立的记载（可以追溯到 15—17 世纪）提到了高粱或穆的引进（其出现时间要早1000 年），以及香蕉树的引进（一种更合理的联系），但没有提到玉米或豆子，这些作物在各王朝的统治初期肯定已经传入。在谚语中，集体的繁荣作为劳作应得的成果，在农业方面仍然与高粱、穆（有上千个谷粒的植物）或面饼的形象相关联。[57]在更晚期的谜语中才出现关于玉米或豆子的暗喻。较早的书面资料（主要是葡萄牙语资料）只涉及大洋沿岸。这些资料证实，16 世纪中叶，刚果河流域出现了来自墨西哥的玉米；17 世纪，安哥拉出现了来自巴西的甘薯和木薯。1643 年，玉米在桑给巴尔（Zanzibar）被提及；1750 年前后，木薯在莫桑比克（Mozambique）被提及。根据一些语言学的线索，同样来自美洲的豆角（Phaseolus vulgaris）显然是由西向东进入非洲大陆的。此外，还必须提到花生——它们生长在不太潮湿的地区——以及烟草——近几个世纪的考古工作中发掘出的烟斗证实了它们的存在。

虽然木薯主要是在殖民地时期传播的，但第一批欧洲旅行者在 19 世纪中叶到达该地区时，其他优良作物已经广泛存在于该地区的景观中，特别是玉米和豆子。这两种密切相关的作物成熟期短，因此最终主导了西部山区（布隆迪和卢旺达）的作物轮种。我们甚至可以认为，这两种作物促进了一年两熟制的普及，这两个收获季在布隆迪分别被称为 agatasi 和 impeshi，第一次收获在 1 月至 3 月，第二次收获在 6 月至 7 月。因为旱季较短，已经试验过的与其他作物的轮作变得更有条理，确保了对土地更密集的开发，缩短了休耕期。甘薯则尤其在宽阔的沼泽谷地的排水低地被广为耕种。众多证据（来自 20 世纪的发现和语言学）证明了人们对山区水利实践的了解：经过规划的水渠、河流改道、用于引水的被挖空的树干、整修过的山坡上的灌溉系统、沼泽地的排水垄、坦噶尼喀湖周边平原上的香蕉和棕榈种植园的灌溉。所有这些加快种植业生产的方法都有利于发展具有土地财产意义的定居。布隆迪的 itongo、卢旺达的 isambu 和哈亚国家的 kibanja，指的是有限的线性种植（l'exploitation lignagère restreinte），即在一片被圈起来的土地的周围同时种植常年生长作物（香蕉和施过肥的园子中的南瓜及其他蔬菜）、集约耕种的季节性作物（如玉米和豆类组合）和每年耕种的常规作物（生长期大约为 7 个月的谷物）。

大湖地区文明在种植业方面的成功，说明其人口密度尤其高。社会生活也蕴含在一系列的宴饮中，包括用香蕉和高粱酿制的酒精饮品。我们注意到，来自美洲的作物尤其提供了过剩的食物，而饮品则来自更古老的作物：全家与邻居就着一堆豆子喝一壶高粱酒。在这方面，必须提出另一个发现："美洲"体系的加强也进一步把女性劳动力动员起来。[58]事实上，这些优良作物的种植、锄草和收获基本上都是妇女的活计，这与谷物种植以及在西部山区的香蕉种植园的情况不同。最后，我们不要忘记畜牧业，这绝对是男性的活动，这是我们接下来要探讨的。

尽管牲畜在大湖地区的社会历史中很重要，但长期以来，只有不太深入的相关研究。尽管牲畜于公元前几千年就在撒哈拉被驯化了，并且自古以来就存在于远至马达加斯加的非洲南部文化中，[59]但专业文献坚持认为牲畜在大湖地区的存在始于近期，即 13 世纪至 16 世纪，甚至更晚，取决于图西人和希马人"到达"的时间。考古学和语言学帮助我们摆脱了这一老生常谈。在东非，特别是在大裂谷地区，至少从公元前 1000 年就开始有牛群。根据在埃尔贡山附近发现的图像，这些是没有驼峰的长角奶牛，类似于古埃及或塔西利（Tassili）的牛。卢旺达铁器时代早期遗址中发现了可追溯到 3 世纪的牛元素，这种牛的形貌引起了讨论。[60]今天的安科莱种牛是古代长角牛和公元前 100 年前来自亚洲的肩峰牛的杂交品种。[61]这些牛角或长或短的单峰桑加牛分布在非洲大陆的整个南半部，5 世纪至 8 世纪在非洲南部已广为人知。对词汇的研究表明，中部苏丹语群体、尼罗特语群体或南库希特语群体早期已驯化牛群。[62]大湖地区不同的班图语方言中指奶牛和奶牛饲养方式的词根多源于这些群体。这就说明大湖地区班图语群体很可能至少从公元后初期就了解奶牛饲养，因为上述不同文化传统之间的交流也与高粱和穄有关。事实上，这种融合是不均衡的：西部山区的人口当时似乎主要依靠农业资源，而东部高原的人口则把畜牧业和谷物种植作为基本要素。

　　然而，从 11 世纪开始，这方面的考古证据有所增加，如在乌干达西部和卢旺达。从语言学的角度来看，戴维·舍恩布伦认为可以在 10 世纪和 12 世纪之间看出一个转折点，显著的标志是描述牛的皮毛的颜色和牛角形状的术语增多。[63]这种现象在大湖地区"东部"语言区，更准确地说，在当时与维多利亚湖北岸不同的文化空间凸显出来：这一"鲁塔拉"（rutara）空间［该术语来自位于乌干达西部的后来的基塔拉王国（royaume du Kitara）的名称］应该是我们已在上文看到的从艾伯特湖到维多利亚湖西南部的同源语言群的起源地。然后，14 世纪前后，这种畜牧业文化也传播到西部山区的部分地区（卢旺达和布隆迪）。强调桑加牛美学（比如，词根-gaju 指"淡红色的"），似乎表明了这项在铁器时代晚期（"植物刻花"装饰陶器在这一时期兴起）从东向西传播的活动的重要性。如果我们把这一现象与公元后前几个世纪在维多利亚湖畔逐渐扩大的香蕉种植园一并考虑，我们可能会问，是否存在土地使用方面的竞争？戴维·舍恩布伦提出一种假设：人口和社会压力可能推动年轻人为畜牧业和广泛的谷物种植业开辟新的区域，即发展一种不同于后来成为布干达的地区的香蕉种植园的专业化农业。对乌干达中西部（后来的布尼奥罗）的考古似乎证实了这一过程：事实上，这个以草原闻名的相当干燥的地区在 10 世纪以前没有人迹。[64]然后，特别是比戈和恩图西遗址的发掘——上文提到的壕沟出现在 11 世纪至 16 世纪——显示出一个与高粱和穆的种植（在恩图西找到许多磨石）以及牲畜的养殖（和大型水槽）大发展相关的古代文明。[65]

考古学家和人类学家后来发现，从 16 世纪开始，出现了一个重大改变，我们刚才提到的那些人口众多且后来成为大型遗址的定居点被放弃。一些原因已在上文中被提及：气候危机迫使人们放弃过于干燥的地区，过度开发的地区生态崩溃，以及种植业和畜牧业活动对土地的激烈竞争。这种"爆炸"显然导致了其他人口流动和政治崩溃，对此我们必须再进行讨论。[66]

总之，尼罗特人或"含米特人"外部入侵的假设被排除了。我们面对的是一个已经发展了 2000 年的文明的内部运动。我们所讨论的涉及大湖地区班图人中畜牧业的确立，也涉及 10 世纪前这种活动在非洲南部班图语群体中的地位。从这个角度来看，我们可以看到早期种植业和畜牧业活动之间的辩证关系的建立，其中交流与互补并不排除竞争与冲突，特别是在土地使用和男性的时间安排上。互补性尤其基于对动物粪便的使用。然而，与香蕉种植园以及后来的来自美洲的双季作物相比，谷类作物的种植显然更加古老，而且实践效果更好。[67]

既然我们能够总结这些关系的一般演变，我们便可以区分出铁器时代早期种植业和畜牧业的交汇、铁器时代晚期中间高原的谷物种植和牲畜养殖专业化的趋势、卢旺达和布隆迪山区 15 世纪前后无疑导致了种植业和畜牧业之间新关系的危机，以及似乎伴随着人口压力增大的美洲作物的传播带来的新的紧张时期——这次没有可能像 10 世纪前后那样由畜牧业来开辟新的处女地。鉴于人口转型和农村人口的大幅度增长，对土地的竞争问题无疑是当代社会危机的要素之一。但这一长时段的社会历史已经被种族话语所掩盖。

社会–族群划分问题：图西人、胡图人与其他族群

在继续关注这段历史进程，特别是君主制的出现之前，有必要尝试总结一下那些著名族群的性质，它们的名称在有关大湖地区的文献中不断出现。如何界定在布隆迪、布哈、卢旺达、乌干达西部和维多利亚湖西岸高原上发现的胡图人、图西人和特瓦人，或希马人和伊鲁人？胡图人与图西人或伊鲁人与希马人的对立让欧洲观察者感到震惊。他们所传递的印象立即混合了体貌上的陈词滥调、政治参照和迁徙的假设。1861 年，斯皮克抵达卡拉圭（Karagwe）王宫时观察到：

56

我们马上意识到，现在我们身边的人与邻近地区的粗野的土著没有任何相似之处。他们有美丽的椭圆形脸庞、大眼睛、高鼻梁，这些都是阿比西尼亚（Abyssinie）种族精英的特征。[68]

1894 年 5 月初至 6 月中旬，深谙斯皮克之假设的冯·戈岑伯爵访问卢旺达，对他在国王基盖里·鲁瓦布吉里（Kigeri Rwabugiri）的随行人员中看到的情况做出了同样的评论：

> 鲁瓦布吉里国王和他最亲近的人肯定属于太阳下最伟大的那群人，如果他们被带到欧洲，会给人留下非凡的印象……浅棕色的皮肤上精心涂抹着油脂，带着光泽……
>
> 卢旺达的历史混沌不清，充满传奇色彩……我们听说含米特人从阿比西尼亚和盖拉人地区大举迁徙而来，他们带着无数长角牛向西南方向移动，征服了大湖之间的国家。但是，要核实这些动荡是否可以追溯到 200 年、500 年或 1000 年前，是非常困难甚至是不可能的……
>
> 我们发现在这个统治阶层之下，自古以来就有大量当地农民，即胡图人，一个班图黑人部落。[69]

他还写道："在卢旺达本土，领主和臣民在风俗上几乎已经完全同化了。"

因此，以畜牧业见长的希马人和图西人被投射了浓厚的意识形态，如果要恢复大湖地区历史的真实面貌，就必须将这层意识形态剥去。我们可以注意到三个趋势：对他们的描述主要是将他们的特征（相貌、身材甚至肤色）与非洲之角的索马里人或盖拉人的特征进行比较；在大多数情况下，他们只是被看作那些早期旅行者经常造访的宫廷的君主的追随者，因此他们被认为是强大的；他们一再被视为后期来自阿比西尼亚和古代来自中东的入侵者的后代。此外。斯皮克的盖拉起源论（他也把这一观点用于布干达的王朝，然而那里并不存在这些社会类别）成为该地区人种史学的"绝对真理"。我们将在后面讨论这种种族人类学的意识形态与政治背景。总之，这种人类学一直持续到近期。一些文本说明了这种连续性：[70]

除了鲜明的闪米特人甚至犹太人的轮廓，难道在卢旺达和布隆迪看不到高加索人的头骨、令人赞叹的希腊人的轮廓，甚至是有棕红色脸庞的真正的美女吗？

——约翰内斯-米夏埃尔·范德布格特（Johannes-Michael Van der Burgt），位于布隆迪的荷兰传教士，1903 年

因此，希马人是闪米特人的后代，尽管这令哈亚国家的伊鲁人不快，他们只愿意承认他们漂亮的外形得益于保养和食用奶制品。但确实是闪米特人和含米特人的通婚……造就了希马人。

——埃德蒙·塞萨尔（Edmond Césard），位于布科巴的法国传教士，1935 年

他们被称为图西人。实际上他们是含米特人，可能是闪米特人的后代……他们实际上是贵族。含米特人身高约 1.9 米，身材高挑，鼻梁笔直，额头高，嘴唇很薄……我们能从精致的外表下感受到一丝狡黠……其余人为班图人。他们是胡图人，是具有班图人所有特征的黑人：宽鼻子、厚嘴唇、低额头和短头颅。他们具有孩子般的性格，既害羞又懒惰……这是农奴阶层……

——朱尔·萨塞尔拉特（Jules Sasserath），比利时医生，1948 年

图西牧民身材修长，体态优美，是有尼罗特血统的战士。根据一些历史学家的说法，他们是 13 世纪到达布隆迪的，另一些历史学家则认为他们到达的时间更晚。他们很快就把班图人变成胡图农奴，并建立了一种类似封建制的制度。在这种制度中，牛这种受人尊敬的动物被当作奴役契约的抵押品。

——《观点报》（Le Point），1988 年 9 月

他们之间的差别像芬兰人和西西里人之间的一样大。

——《经济学人》（The Economist），1988 年 8 月

大家可能已经注意到这些观点包含审美层面的考量，甚至是幻想。然而，自 20 世纪初以来，一些比较清醒的观察者已经提醒人

们注意这种"双种族假说"的值得商榷之处：[71]

我们决不能忽视这样一个事实，即图西人的迁徙完全是基于人类学和人种学做出的猜想。迄今为止，还没有能够证明这种迁徙的真实传说。

——扬·切卡诺夫斯基（Jan Czekanowski），波兰裔德国人类学家，1917 年

有一些身体上的差异，但不是那么普遍，不是那么恒定，不足以使我们得出结论：种族差异很明显且一直存在。

——阿尔贝·吉勒（Albert Gille），驻布隆迪的比利时高级官员，1937 年

然而，人们可以认为希马人和伊鲁人表现出的明显的身体差异是社会和营养因素造成的，而不必以来自非洲之角的族群迁徙为由。

——梅里克·波斯南斯基，英国考古学家，1966 年

我们已经看到，过去 30 年来考古学和语言学的研究多么强烈地质疑了文明入侵这一模式。大湖地区，特别是其西部，社会内部的类别分化极其明显。关于其遥远起源，我们注意到有两种类型的解释：一是来自不同地区和不同语族的人口的相遇，二是在不同的生态环境中以种植业为主的群体和以畜牧业为主的群体之间的社会

经济差异。但第一种解释可以追溯到 2000 多年前，第二种解释可以追溯到 1000 多年前。因此，我们不能局限于这种遥远过去做出解释，而忽视过去 10 个世纪或 20 个世纪在人口、经济、社会和政治方面可能发生的一切，否则将得出把法国大革命作为凯尔特人和法兰克人之间古老对立的终结的那种诠释！19 世纪流行的这种"历史种族"模式也使"湖间"文献变得杂乱无章——我们无法回避这一点，而与各个王国的建立相关的口述传统恰恰被调动起来支撑这一模式。

但是，使理解这种社会结构的性质如此困难，以至于使之成为一个真正的谜（除非人们赞同某一种意识形态）的是对不同社会类别的定义紧紧依赖两个现实：父系血统，以及社会中的某种功能或地位。

一个人是图西人，因为他父亲是图西人；一个人是胡图人，因为他父亲是胡图人，依此类推。这种遗传因素本身就适合定义种族，更别提常说的体貌特征了。因此，殖民观察者很快就试图用卡尺测得的数据来补充他们的印象。[72]他们在乌干达、卢旺达和布隆迪进行了一系列人体测量研究。最重要的综合研究是 20 世纪 50 年代初由让·耶尔诺在卢旺达和布隆迪进行的。[73]在熟悉当地社会的比利时行政人员和传教士的帮助下，他对不同地区的 879 人进行了抽样测量，得出了和此前公认的看法略有不同的结论：当时通常被称为含米特人、班图人和俾格米人的图西人、胡图人和特瓦人，显然在平均身高和身体比例的各项指标上存在差异，但与老生常谈不同，他们在肤色上没有差异。此外，这些差异在卢旺达比在布隆迪更加明显，而且这两个国家内部各群体之间的"混血"特征很明显。因此，这位人类学家后来在一本历史专著中写道："在生物学上，布隆迪的图西人与这一国家的胡图人接近，没有人会把他们当成含米特人，其接近程度与他们和马萨伊人之间的相似。"[74]

基于血液标志物的遗传学的运用在某种程度上重新引发了辩论。[75]这种方法重新提出了适应环境的过程的问题，其实在研究饮食和生活方式对某些特征的选择作用时，这个问题就已经被提出。事实上，非洲最普遍的血液标志物之一，即镰状细胞血红蛋白，在出现疟疾的地区呈阳性，在胡图人和图西人中都随着海拔的升高而减少。因此，图西人这种基因的相对稀少可能是由于图西人长期选择与畜牧业有关的生态环境。鉴于携带这种基因的两人结合的危险性，为什么不能把这看作是禁止通婚的结果呢？同样，就特瓦人而言，让·耶尔诺支持的是"赤道大森林"中"侏儒进化"的假说，而不是与"侏儒种族"的"联姻"假说。无论如何，在几年时间里，该研究者在这个问题上的立场有了显著变化。在运用人体测量法尝试确定血型分布之后，他提出了一个疑问。1968年，他写道：

> 卢旺达和布隆迪的图西人皮肤黝黑、头发卷曲、鼻子细长，因此，根据从前人类学的类型学研究方法，他们呈现的这些特征使他们既被当作白人，也被当作黑人。然而，他们绝非黑种人与白种人的混合体。正是他们的生物历史使他们成为现在的样子。……这是一个选择的问题。对分类的狂热是人类精神所特有的，也许尤其是近几个世纪的欧洲文化所特有的，长

期以来一直困扰着人类学家，他们现在才开始从这种狂热中解脱出来。[76]

一项关于乌干达的血型研究同样显示，在该国西部海拔较高的地区，一种血液标志物的出现频率较高，但无法确定这是由于环境的影响还是遗传漂变。[77]各种研究表明，文化上相去甚远的群体之间实际上存在基因上的相似性。例如，刚果南部特瓦人中的库巴人（Kuba）与伊托姆博韦山脉（monts Itombwe）的图西人［即今天的穆伦盖人（Banyamulenge）］之间，或者东非和中非的班图语群体与尼罗特语群体之间便是如此。[78]这些发现支撑了范西纳的假设，即班图语文化的扩张呈"波浪"形，重塑了从前的群体。事实上，在构成撒哈拉以南非洲的大约3万年的"现代"定居历史中，进化是通过迁徙、遗传漂变和对不同环境的适应进行的，所有这些都因不断进行的多种形式的异族通婚而交叉，"黑人"和被称为含米特人的所谓亚洲人之间的相遇模式是被虚构出来的。相反，修长的东非人类型在这种进化中似乎尤其古老。[79]

也许应该提醒的是，用体质人类学来回答历史问题会遇到一个超出本书论述范围的认识论障碍。这涉及所研究群体的定义本身和对所谓的"变异"情况的处理，特别是当血液标志物的分布与人体测量不一致并且抽样调查没有事先排除这些情况时。接下来，我们将谈到"混血"，这意味着存在一个所谓更"纯"的过去。因此，"真正的"图西人或胡图人将根据一个古老的理想类型被定义，由此产生退化形式。正如阿涅斯·莱内（Agnès Lainé）观察到的，

"人类学家认为他们有理由重新安排现实中的群体，以重建理论上的原始群体"，而历史学家则"寻找这些群体在特定环境中组织起来共同生活并成为他们现在的样子的动力"。每个学者都以自己的方式追溯时间的进程，历史的逻辑与生物学的逻辑不一样。[80] 也许，我们需要从社会本身对其各个组成部分的构想入手。从根本上说，这是一个社会想象和政治管理的问题，涉及我们可以想象到的所有活动，但遗传活动除外。

这就引出了如何定义这些社会组成部分的问题。在布隆迪，"ubwoko"［在卢旺达指氏族（clan）］一词现在指的是以前的特瓦人、胡图人、图西人和甘瓦（Ganwa，我们将在后面讨论这个王子群体）。这个词的意思是"种类、类型、物种"，即任何形式的分类和归类。至少在某些情况下（联姻和社交方式），族群之间的关系也会受到限制，特别是与特瓦人之间的关系。口头文化反映了对社会经济职业的信仰：图西人或希马人离不开牛，胡图人或伊鲁人离不开锄头，特瓦人则狩猎或制陶。例如，有一个故事似乎在整个大湖地区流传，并衍生出不同的版本。这是一个关于考验的故事。原始时代的神话中国王的几个孩子，如卢旺达的吉汉加（Gihanga）或布尼奥罗的鲁汉加（Ruhanga），都要接受这个考验：[81] 他们或要携带几罐牛奶而不将其打翻，或要从一个时间大师那里获得农业的秘密，或要在几种食品和物品（高粱、金属或木制工具等）中做出选择。在这场考验中，总有人更小心、更用心或更幸运。考验结束后，他们的"父亲"会给这些人的后代分配特定的职业：加图西

63

（Gatutsi）的儿子们负责饲养牲畜，加胡图（Gahutu）的儿子们负责耕种和打铁，加特瓦（Gatwa）的儿子们负责制陶和打猎。在没有特瓦人的乌干达，一般由卡卡马（Kakama）、卡希马（Kahima）和卡伊鲁（Kairu）接受考验，他们是国王、希马人和伊鲁人的名祖。[82]有时，女性也会被纳入这个框架。在某些情况下，挑战是必须杀死一个兄弟，就像亚伯拉罕（Abraham）的祭祀，假如只有加特瓦接受并这样做了，这就说明为什么特瓦人后来被边缘化了。[83]因此，这些故事旨在合理化的社会秩序并不是单一的，包括对人的生命的尊重、农耕日历、任务的分配、妇女的地位、王权、有利于牧民群体的等级制度等。因此，世袭职业的合理性往往与不平等这一基础相关联，但并不总是如此。

从某个角度来看，这些传说为卡斯特的存在奠定了基础，即类似于萨赫勒地带的铁匠或巫师的卡斯特。牧牛的文化作用，尤其是对牛奶的重视，巩固了这一概念：从牛奶的收集到饮用，每个动作都有章法，而且有许多禁令，特别是在饮食方面。只有特殊的木制容器才适合保存牛奶。照顾牛群和挤奶是男性，尤其是年轻男性的活计。只有搅奶油是女性的任务。在安科莱，针对妇女的禁忌尤其多：让畜群远离刚长出第一颗牙的女孩，妇女在月经期间被禁止饮用牛奶等。就好像妇女和牛是生育能手，必须避免这两个群体的生育能力互相抵消。这些做法维系的真正的畜牧业文化在安科莱和卡拉圭的希马人中尤其突出，[84]在卢旺达或布隆迪的古老的图西人中同样引人注目。相反，针对特瓦人的禁令，包括拒绝与他们一起喝酒并进入他们的家，似乎补全了一个迷恋某种纯洁模式的社会的

64

画面。

因此，畜牧和农耕之间的关系就像一个标记，社会合理性是围绕这个标记形成的。当我们联想到其他古代社会围绕着几乎仪式化的部分或"一半"来规范内部关系，也会想到法语中的 rang（指"等级"）一词，或者德语中的 Stände（指"地位"）。[85]但是，当社会学家雅克-热罗姆·马凯在对"传统"卢旺达的描述中加入卡斯特体系下的社会模式时，他指的是法国旧制度下的"秩序"，即区别化和等级化的"状态"，[86]简而言之，更类似于乔治·杜梅齐尔（Georges Dumézil）的有序的"社会三功能"，而不是列维-斯特劳斯（Lévi-Strauss）的结构化角色的扮演。[87]马凯根据建立在图西人和胡图人之间的互惠关系（rapport de clientèle）①之上并植根于古代征服的"不平等的前提"得出结论，他的社会模式是根据一种"封建"社会模式提出的，其实仍然非常接近种族社会模式。牛在各种社会和政治契约（礼物、罚款、依附关系、婚姻补偿）中的功能显然强化了这种"畜牧封建制"概念。图西人或希马人的身份似乎比其他群体更"高贵"。我们难道没有看到，为了"去胡图化"（kwihutura），卢旺达或布隆迪的胡图人在不断提高社会地位的同时放弃了他们最初的身份吗？一个加拿大作者甚至认为，鉴于贵族阶层中的配偶择优现象和某些审美实践，在殖民化之前，种族观念可能伴随着牧民的统治。[88]

然而，从 20 世纪 60 年代开始，人们开始对这些解释持保留意

---

① 本词译法参考赵俊《非洲大湖地区族群政治探源》，《西亚非洲》，2023 第 03 期，第 94-114，158-159 页。

见或产生怀疑，并在我们于前言中回顾的意识形态的氛围中探索其他路径。特尔菲伦的中非皇家博物馆于 1962 年出版的丛书已经在确定和困惑之间摇摆。[89]关于卢旺达，德赫特费尔特几乎毫不犹豫地评论了"三个卡斯特"的"种族"起源。关于布隆迪，阿尔贝特·特劳夫博斯特（Albert Trouwborst）重复了老生常谈，即"不同的种族和社会群体可被称为卡斯特"。关于布哈，J. H. 舍雷尔（J. H. Scherer）同样以"两个多少有些种族差异的群体"这一说法开始，描述"源于班图人的真正的哈人（Ha）"和"所谓的源于含米特人的图西人"。但在"文化差异"的标题下，第一位作者指出，地区差异比"卡斯特"差异更明显；第二位作者强调了这个或那个酋长的重要性。第三位作者直截了当地写道，与"种族群体"有关的差异"无关紧要，甚至可以忽略不计"。

为了走出种族先验论导致的没有出路的悖论，研究走向了更具体的经济和社会分析。这些研究一方面强调了该地区畜牧业与种植业之间的物质互补性，另一方面思考不平等现象是如何出现的。一些研究还注意到饲养牲畜也是劳动，畜牧业带来牛奶、肉类、皮毛和粪便。一位坦桑尼亚社会学家观察到：

> 由于一些作者确信只有农作物来自劳动，所以大湖地区居民赖以生存的物质的另一面很少被提到。事实上，到目前为止，很少有人看到牲畜主人对整个制度的贡献。[90]

最近，农学家于贝尔·科歇（Hubert Cochet）也强调了动物粪便对该地区过去种植业的成功的决定性影响。[91]但互补性无法避免不平等和真正的社会阶层差异的出现。安科莱历史学家萨姆维里·卡鲁吉雷（Samwiri Karugire）在不同的书页中分别写道，"伊鲁人和希马人之间的经济关系建立在交换的基础上"，"而不是基于族群的优劣"，"安科莱社会是一个阶级社会，牲畜的所有权很重要，'统治阶级'是从希马人的富裕阶层中产生的"。[92]20 世纪 60 年代马克思主义者的分析继续强调这种阶级现象，他们或者以牧民和农民的二元性为模型，[93]或者在这两个群体中区分出富人和穷人。按照克洛迪娜·维达尔（Claudine Vidal）的说法，"牛拜物教"（fétichisme de la vache）在文化上促成了图西封建制，即使不是所有的图西人都很强大，即使胡图人也能在依附关系之外获得牛群。[94]1917 年，扬·切卡诺夫斯基已经提出了这一看法。他写道，在少数贵族之下，可以区分出独立农民和服徭役农民，而这与图西人和胡图人的区分并不吻合。[95]应该补充的是，在精神上和物质上，高粱、铁或蜂蜜等产品也带来安逸生活和威望。大牲畜带来社会与政治层面上的成功，这一特殊潜力仍有待重视：这种中期甚至长期的投资（考虑到增长）可以与香蕉种植园相比，但同时牲畜具有流动性，而流动资本恰恰提供了交换与影响的能力（甚至可以说是信贷）。[96]

　　这些辩论往往在地理层面上不够精确。事实上，在所谓的大湖地区，各地区的畜牧业与种植业之间的关系差异很大，并没有统一的对应关系。例如，只有卢旺达、布隆迪、基伍地区有特瓦人，特瓦人在布哈被称为"基科人"（Bakiko）。另一个反常现象是在布隆迪，王室是一个单独的阶层。在布尼奥罗也是如此，因为王子阶层

66

有尼罗特血统，可以追溯到 16 世纪真正的卢奥人入侵。在布干达这片布满香蕉种植园的土地上，所有这些类别都不存在，社会只是通过氏族来构建的，但这并不妨碍探险家们在当地检测出"含米特"血统。在其他一些情况下，如在安科莱和卡拉圭，农民和牧民在不同的生态位共存。在布隆迪，最东部和坦噶尼喀湖沿岸几乎没有图西人居住，今天的卢旺达西部也是如此。在这里，当地人不一定把自己看作伊鲁人或胡图人，而是根据所在的氏族或当地的地名给自己命名。[97] 后来形成的典型的一对身份（胡图人-图西人或伊鲁人-希马人）只在这样的制度框架内起作用：共存的双方紧密相连并被纳入政治集权下的臣服体制。没有图西人就没有胡图人。在这种情况下，"胡图人"这个名称有双重含义，因为在互惠关系中，它也指依附者，即便依附者是一个图西人。[98] 所谓的牧民群体的数量和情况也大不相同：根据比利时政府在 20 世纪 50 年代的估算，图西人占布隆迪和卢旺达人口的 15%—20%，而在今天坦桑尼亚西北部，甚至在安科莱，希马人所占比重几乎不超过 5%。前者是定居群体，从事种植业活动（如果我们没有忘记绝大多数图西妇女的劳动）并融入了每个国家的社会结构；而我们观察到后者具有更大的流动性，他们转场甚至迁徙，或跨越卡盖拉河（在安科莱和卡拉圭之间），或从西到东（从今天乌干达的西南部到布干达边缘地带，或从卡拉圭到哈亚国家），或从南到北（从津扎人地区开始）。[99] 正如我们将会看到的，至少从 18 世纪开始，牧民群体甚至已经迁徙到刚果盆地东部或今天的坦桑尼亚中部。

　　因此，即使大湖地区的社会构成植根于 2000 年来阶段性定居、环境管理和农牧业系统的历史中，不同社会类别的轮廓及其关系的历史仍呈现出许多有待修复的断层和裂痕。在很大程度上，这是一部政治史。1986 年，卢旺达的历史学家埃马纽埃尔·恩泰齐马纳（Emmanuel Ntezimana）在一次学术会议上勇敢地指出，某些胡图人或图西人知识分子声称他们的祖先发明了铁或发现了牛，这相当可笑。[100]他说，在口述传统中，"图西人、胡图人和特瓦人的提法在 18 世纪末大量出现。这些提法'正好'只在……占优势的世系中无处不在"。换句话说，在现在的"族群"被普遍应用之前，划分基本上是从政治角度在"有价值的人"（imfura）的层面呈现出来的，而不是从包括所有"等级"在内的"普通人"（rubanda）的层面。

在卢旺达和布隆迪，1994 年发生种族大屠杀时、1894 年白人到达时、1794 年先前的王国几乎到达顶峰时，以及 1594 年这些王国形成时，作为"图西人"和作为"胡图人"意义不同……而在此之前，这两个提法是从何时开始被使用的？有哪位社会考古学家可以告诉我们，这两个词出现在身份证上之前，是何时首次出现在该地区的人文景观中的？

第二章

王权的出现：权力与宗教

　　正如我们所看到的，大湖地区的历史与历史编纂学是分不开的，这一学科使得历史从土地上、从老一辈的话语中以及从外国的书面资料中浮现出来，其过程不无曲折。丰富的文献有待使用，但又必须识别其中的陷阱，这种矛盾带来的挑战反复出现。大湖地区的政治文化令所有观察者着迷，因为这些王朝能够在没有文字、金钱或车轮的情况下，控制面积庞大的地区，尤其是其规模可观的人口。一切通过口头信息、个人联系、奶牛的重新分配和水罐运送者来运作，简而言之，就是通过腿脚麻利、记性好、能说会道且最好还要忠诚的使者来运作。正如我们所知，在被认为笼罩着"非洲心脏"的"黑暗"中，这种成功被归因于"含米特"征服者，他们使所谓的没有能力达成如此成就的"黑人"开化。显然，给第一批旅行者留下最深刻印象的是那些王朝的首都，其错综复杂程度、富足和礼仪令他们目瞪口呆。我们在这样的描述中难以做出选择。以布干达和卢旺达为例，这两个王国以各自的方式最令人感到惊奇，也带来最多的困惑。

　　1875 年 9 月，美国记者亨利·莫顿·斯坦利在布干达的宫廷受到"卡巴卡"（kabaka，指"国王"）穆特萨（Mutesa）的接见：

> ……您看到一座山丘，上面覆盖着圆锥形大茅屋，屋顶从 70
> 厚厚的香蕉叶和高高的芦苇围墙上显露出来。……人群围着
> 门，一边等待一边交谈……突然，无声无息，一阵长时间的鼓
> 声宣告君主刚刚在御座（bourzah）上就位……
>
> 　借着门外的光线，我们可以看到面前大厅深处，一个人穿
> 着白袍，外面套着猩红色绣花外衣：这就是国王。他的座椅两
> 侧各有两名手持长矛的卫兵和两名手持火枪的卫兵。宫廷大人
> 物们进入……然后各就各位，座次是根据等级分配的。长长的
> 两排人沿着芦苇墙坐在垫子上，面对着中央空地。这块空地正
> 是接见外来访客和申诉人，伸张正义并处理各种事务的地方。[1]

1898 年 6 月，未来的驻卢旺达高级官员理查德·坎特
（Richard Kandt）访问了两年前开始统治该国的"姆瓦米"
（mwami，指"国王"）尤希·穆辛加（Yuhi Musinga）的宫廷：

> 　我们头顶上太阳高照，成千上万的长矛的投影几乎不超过
> 一寸……我独自走向入口。入口前，半遮半掩地站着一个高大
> 的图西人，他有 2 米多高，有泛红的浅肤色，右手紧握着一把
> 做工精细的长矛和一根长杖，左手拿着一面很小的盾牌……我
> 进入干净的大院，不得不从一群站在那里的人当中穿过，一分
> 钟后进入一间大茅屋：大酋长鲁希南基科（Ruhinankiko）在

门口迎接我。在灯光昏暗的入口处，十几位要人紧挨着坐在一起……随从的一声击掌使我意识到，从小屋后面被两个随员抬进来的图西人就是国王。他没有看我，在我右边的凳子上坐了下来……他佩戴着国王的标志，即一条约20厘米宽的由白色珠子制成的头带，上面有6条镶嵌着粉红色珍珠的串珠。大束白色狨猴长毛从这个奇怪头饰的上缘垂到他的颈部，下缘挂着大约15缕精心缝制的白色和红色珠串……他围着一件精致的缠腰短裙……胸前的护身符，非常像布满用双色珠子绣出的弯弯曲曲图案的小瓶子……[2]

作者们对这些宫廷多少带有乡土气息的异国情调感到惊奇，同时又喜欢做历史比较，他们有时强调迷信的奇特之处，有时虚构场景，将其置于他们自己的过去。大湖地区的统治者变成了克洛维、征服者威廉（Guillaume le Conquérant），甚至路易十四（Louis XIV）、法老拉美西斯（Ramsès）或国王塞索斯特里斯（Sésostris）。但是，根据殖民者的说法，历史的录像带从他们到来后才开始转动起来，他们发现的过去就像照片一样定格。但是，不同王国的形成和君主权力的构成并不是一蹴而就的。除了上面提到的物质和人文环境之外，这种历史活动涉及各种因素：扩展的亲缘结构、信仰、军事能力和纯粹的政治控制。我们勉强能追踪的从16世纪到19世纪的历史，显然将我们从半氏族半宗教的权力带向真正的国家机器。"国王们"在成为执政君主和统治者之前以通灵者的身份出现。

氏族

我们固然不奉行"从氏族到帝国"的简单化的进化论，但我们必须认识到，最古老的社会结构超越了家庭和世系限制，是那些自19世纪以来一直被称为"氏族"[3]的群体，结合了亲缘关系、异族通婚、象征性符号和团结的规则。长期以来，它们一直是社会生活的核心。无论是在20世纪30年代还是在20世纪60年代，无论是在布隆迪、卢旺达还是坦噶尼喀，当一个农民被问及"你是什么人"时，他会立刻提到一个氏族。[4]然而，这种归属感的标志似乎非常模糊：有时是一个集体的名字，至少是在名义上确信来自共同的父系祖先，有时是被定为禁忌的"图腾"标志（一般是灌木丛中的动物、野生的或栽培的植物，有时是被宰杀的动物的一部分或特定颜色的牛）。氏族间的实际联系仍然非常松散，因为氏族成员散布在全国各地。布隆迪历史学家埃米尔·姆沃罗哈（Émile Mworoha）举了该国西北部一座山丘上的很常见的例子。1971年，他在那里能够统计出11个不同的氏族，而这些氏族也出现在该国其他地区。[5]因此，这些氏族并不是由承载着真正的家谱记忆并保留最低限度的统一居住地的世系构成，而是由使成员能够将自己与他人联系起来，在各地找到朋友，得到朋友的款待或支持的社会身份构成。[6]这些实体在婚姻中也发挥作用，因为原则上（分支除外）异族通婚主导着配偶的选择。古代传记都强调这种身份的重要性，用来描述它的术语很能说明问题：在布隆迪是 umuryango（也适用于世系），[7]但在卢旺达是 ubwoko（指"类别"），在布尼奥罗和布哈亚是 ruganda，[8]在基伍地区的哈武人（Bahavu）中是 ishanja，[9]在布哈北部是 igise，[10]这些术语指向的均是社会联系而不是血缘关系。英属坦噶尼喀西北部殖民者的翻译人员在斯瓦希里语（东非的通用语言）中使用了 kabila（源于阿拉伯语，指"部落"）一词，这个词也被驻卢旺达的传教士很自然地引入法语使用。

73 　　事实上，如果仅就数量而言，这种社会结构在大湖地区的不同国家以截然不同的形式呈现。布干达的体系独特，分支众多：共有 40 多个氏族（ebika），每个氏族都以被视为庇佑者的动物命名，氏族被分为次氏族（masiga），次氏族再被分为主要谱系（mituba）和次要谱系（enyiriri），每个分支的特点是按辈分划分等级。[11]在从布尼奥罗（艾伯特湖以东）到哈亚国家和津扎人地区（维多利亚湖以西）的高原上，[12]以及在布隆迪、布哈和基伍湖以西的社会中，氏族的数量众多，在布隆迪就超过 200 个，每一个都涉及数量不确定的谱系。相比之下，卢旺达和安科莱的体系更有条理，[13]前者的 20 多个氏族和后者的 4 个氏族被细分为次氏族（mashanga），把各谱系聚集起来。

　　这些氏族和次氏族的有限分割指向它们的社会和历史层面：它们远不是偶然形成的，而是似乎被进行了一种整合。首先，从基伍湖到维多利亚湖、从艾伯特湖到马拉加拉西河，几乎在整个地区都能找到相同的氏族（或次氏族）的名称。这或许可以表明定居的古老历史。要证明这点是一项微妙的工作，因为起源传说因收集地点的不同而不同，而且每个分支都倾向于将自己置于世界的中心，或向地区传说的神奇祖先认祖归宗，我们将在后面讨论这一点。"氏族传说"并没有特定的"防伪标签"以免于被重塑和重新解释。在最好的情况下，结合古老的见证，每个氏族的地理环境可以让我们了解一个氏族在相对有限的空间（如卢旺达的规模[14]）中最多三个世纪的历史。然而，如果像对古老的布尼奥罗-基塔拉经常做的那样，[15]想要在那里追寻可以上溯到公元后初期的历史，那就太幼稚了。最了不起的是在一个超越现代政治边界的空间里维持、维护或建立这种性质的联系，因为这可以表明，接触、交流和迁徙长期以来一直都在继续。即使在布干达与社会组织截然不同的西部邻国之间，如蚱蜢氏族①与松加氏族（clan des Basonga）之间，也找到了某些等同。

　　这些身份也超越了所谓的族群类别。布隆迪的一些氏族将胡图人和图西人或这两个群体之一和特瓦人组合起来。这分别涉及三个族群中的 10%、50% 和 90% 的氏族。在英国政府部门观察到的哈亚国家的 122 个氏族中，1/3 要么是中间层（被称为"贵族"），要么由希马人和伊鲁人组成。在大湖地区的传说中广为人知的西塔氏族（clan des Basita）成员有时被介绍为牧民，有时被介绍为农民和铁匠。吉吉人（Bajiji）在布隆迪被视为胡图人，在布哈被视为图西人，他们在布哈建立了一个王朝。但最显著的例子是卢旺达和安科莱。德赫特费尔特为卢旺达列出 18 个氏族〔而安托万·尼亚加赫纳

①　具有禁忌意义的氏族图腾不尽相同，有些氏族的图腾是动物，如后文出现的羚羊和肺鱼，为追求译文的简洁性，本书将"以……为图腾的氏族"译为"……氏族"。——编注

74

（Antoine Nyagahene）确定了 27 个氏族]，其中最重要的 5 个氏族（amoko）[16] 是辛加（Abasinga）、辛迪（Abasindi）、齐加巴（Abazigaba）、盖塞拉（Abagesera）和尼金亚（Abanyiginya），它们聚集了超过一半的人口。尼金亚氏族的图西人占比超过 40%，除此之外，其他 4 个氏族中胡图人均占 85%—90%。图西人的占比在 7 个其他小氏族中与尼金亚氏族的相似或相同。所有这些氏族中也有特瓦人。人们提出了两种假设来解释这种融合：切卡诺夫斯基认为一些图西人和胡图人联姻（纳妾或为了利益），而神父莱昂·戴尔马（Léon Delmas）和神父阿尔贝·帕热斯（Albert Pagès）[17] 则认为被称为乌布哈克（Ubuhake）的互惠关系导致受庇护者选择加入庇护者的氏族。遗憾的是，过去几个世纪的历史并没有证明在此基础上的氏族成员的变化，而且在这两种假设下，特瓦人的命运都不会受到影响。这种推理的缺陷在于不合时宜地将"卡斯特"置于"氏族"之上。[18] 然而，正如笔者一开始就指出的那样，长期以来在人们的意识中，代表基本身份的是氏族。

75　　　在这个层面上，两种社会制度开辟了更有趣的途径：歃血而盟（pacte du sang）和戏谑而盟（parenté à plaisanterie）。[19] 前者通常被称为 bunywane，意思是"一起喝"，也意味着血液的交换（例如，在哈亚国家，涂抹同一颗咖啡果的两颗咖啡豆），可以在结盟誓言的基础上将谱系联系起来。[20] 同样的，在萨赫勒地区的父系实体之间存在的所谓"戏谑"关系，在大湖地区两个氏族之间可建立更重要的联系。伙伴们可以相互嘲弄和叫骂而不反攻，这些口头嬉笑巩固了一种虚构的远亲关系。这种在卢旺达被称为 ubuse 或在布哈被称为 buswege 的关系也意味着，当新房建成或有人死亡并举丧时，以这种方式结盟的氏族成员会来参加仪式。这一角色尤其关系到卢旺达三个最古老的重要氏族：辛加、盖塞拉和齐加巴。在安科莱和其他与卢旺达接壤地区（今乌干达西南方）的社会中，如在基伍湖伊吉维岛（île d'Ijwi）的哈武人中，这种被称为 bacumbi 或 bakumbi 的关系使一个国家的氏族与另一个国家的氏族相联系，甚至融入其中，这可以促进迁徙与新的社会影响的出现。熟悉乌干达的基盖济的神父热罗（Géraud）对这种复杂性惊叹不已：

> 来自卢旺达的汉达氏族（Bahanda）与来自姆波罗罗（Mpororo）的加赫氏族（Bagahe）戏谑而盟。金比里氏族（Bakimbiri）同时与安科莱的欣达氏族（Bahinda）、姆波罗罗的尚博氏族（Bashambo）和基盖济的（来自卢旺达的）埃加氏族（Beega）戏谑而盟。来自托罗（Toro）的孔乔氏族（Bakonjo）与来自卢旺达的西吉氏族（Basigi）戏谑而盟。[21]

因此，我们可以看到高级氏族群体的构成策略已初露端倪，其不同的组成部分可以成为次氏族。我们可以想象，在 20 世纪初观察到的氏族景观暗流涌动，合并至少与分裂一样重要。

戴维·纽伯里（David Newbury）在描述伊吉维岛类似的网络时得出结论：这不是一种"迷信的习俗"，而是"历史的产物"。他把在基伍湖畔观察到的普遍变迁与卢旺达模式相对照，从而强调这些重构的政治层面，尤其是"卡斯特间"（inter-caste）或"超族

76

群"（supra-ethnique）的氏族体系的政治层面。他举了尼亚姆比里里氏族（Banyambiriri）和贝沙扎氏族（Beshaza）的例子：伊吉维岛和金亚加（Kinyaga，卢旺达西南部）有这两个氏族，戏谑而盟制度将这两个氏族联系在一起，而它们都声称自己有来自辛加氏族的卢旺达祖先，但从某种程度来说是间接的，就好像200年前他们离开卢旺达时，辛加"氏族联合体"还没有真正形成。[22]

　　在过去的几个世纪里，卢旺达和安科莱很可能已经出现来自中央政权的操纵。但在其他地方也能找到类似的政治-氏族结构。因此，在布哈亚-卡拉圭的统治范围内，几个氏族可能信奉同一种"禁忌"动物，一个真正的象征性形象，从而成为一个超级氏族：在很多情况下，以这种方式构成的网络与王家权力有明显联系。例如，羚羊（ngabi）氏族、长尾猴（nkende）氏族和肺鱼（mamba）氏族的成员担任许多与政治和仪式有关的职位，他们是王鼓守护者、占卜师、宫殿建造者、王室铁匠、火的负责人、大顾问、新月鼓手、君主的牧羊人或厨师、保镖，甚至君主本人。[23]在这种情况下，图腾参照物本身构成的扩展网络，通过长期与王室成员在一起的氏族成员围绕君主制的运作而组织起来。布干达宫廷中的高级职位也自然由这些氏族的代表占据，例如，维多利亚湖独木舟队的将领来自肺鱼氏族。但在这里不应先去探讨这些权力是如何组织起来的。我们应提出的问题是氏族身份在权力凝聚中占据何种确切的地位，先暂且不提君主制的概念。

　　除其他称呼外，布干达国王还被称为"巴塔卡之父"（père des bataka），即"氏族酋长之父"。在很长一段时间里，氏族酋长起着

重要作用，特别是在王国的中心地区。他们尤其在土地方面起到了
保护作用。总的来说，由于这些氏族分散，世系分裂，同时政治权
力的干预能力越来越强，氏族酋长的这一作用越来越不明显，但还
是存在这样的说法（例如，在布尼奥罗）："氏族管理土地，而国
王管理人民。"[24]氏族成员经常作为过去和神灵的或隐或现的管理者
出现。他们可能在生产和环境管理领域（如蜂蜜生产、牲畜的疾病
医治、冶铁等）继承祖业。在这个层面上，专业化与"卡斯特"
这一老生常谈的话题一样不容置疑，而且持续通过宫廷的职能展现
出来。国王姆韦齐（Mwezi）对年轻的比雷梅（Bireme）——我们
在注释中提到过他的生平——说："你的氏族以看护牛犊而闻名，
所以你要看护我的牛犊。"这一特点有时会产生富有历史意义的真
实或重构的逸事：安科莱的一个次氏族从每个公主的嫁妆中得到一
头牛，这是对这个次氏族曾献给前国王礼物表示谢意。[25]圣物则一定
要挂在供奉保护神或传说中的王朝建立者的场所。正如我们会看到
的，氏族领袖的威望集中体现在赞助并维护与权力相关的圣地。但
是，他们所管理的圣林或著名的自然场所（岩石、泉水、沼泽、河
流、湖泊等）也代表着领土的固定，比如，在布干达就一直如
此，[26]那里的氏族可以依赖镶嵌在土地上的承载记忆的场所网络，但
它并非唯一有这种现象的国家。

　　超自然、传统、土地、保护、群体团结，所有这些都能滋养并 **78**
塑造可以在君主制的起源中看到的真正的政治秩序。这在大王国的
历史编纂学中经常被忽视，而在对小公国的研究中被重新发现，如
卢旺达西北部的古代微型王国。[27]我们可以看到，由氏族通过谱系网

络重新恢复的家庭模式已经构成领土权力的基础，而这些领土权力远非基于亲缘关系，因为许多依附者受益于某个"拓疆"群体的"款待"，即便不与这个氏族合并，至少也依附于其权力。

起源传说

18—19 世纪在大湖地区蓬勃发展的王国之所以被称为王国，是因为它们包含了这类政体的一般属性：一个人的最高权力、王朝的传承规则、宗教、基于规则的对领土的控制，以及随之而来的军事和税收变动与对法理的吁求。但是，正如我们已经强调的，这个政治实体的形成并不是在一个特定日期一蹴而就的。它是瓜熟蒂落的成果，可能就是从我们刚刚看到的氏族网络中破茧而出的。在中世纪的西方，王国能够调动与基督教会网络共同承载的《圣经》的资源和对罗马帝国的破碎记忆。不过在这里，既没有《圣经》也没有罗马。因此，有必要解读大湖地区社会想象的动力，它能够催生这种权力并解释民众为何支持该权力。因为，除非人们仍然相信国家就是反映社会力量对比的简单的上层建筑，并将其表现简化为强制形式，否则就不能回避王权中的政治文化的问题。[28]我们将陆续看到，这种文化通过开国传说和重大仪式反映出来。

79　　就像加洛林帝国（Empire carolingien）是各法兰克王朝的源头，有关缔造了大多数王国的伟大统治的记忆在起源的基础上逐渐形成。这就是尤其在乌干达西部广为人知的契韦齐传说，但它后来传播到很广阔的地区，并在当代历史编纂学中重现。在前文所述的种族意识形态的背景下，幼稚的民族学研究与当地传统主义者的政治兴趣相结合，勾勒出编年史的轮廓，形成了非洲式的《尼伯龙根之歌》（*Nibelungenlied*）或大湖地区的《奥德赛》。长期以来，专著和地图集毫无疑义地接受了"契韦齐帝国"的存在。[29]早在1958年，年轻的英国历史学家克里斯托弗·里格利（Christopher Wrigley）就大胆地将其视为一个神话中的万神殿。[30]然而，即使在今天，大湖地区的许多观察者似乎需要相信这个帝国的存在，因为它已成为关于大湖地区王国出现的种族诠释的基本载体。然而，这些传说的丰富性在于另一个层面，我们必须努力理解。[31]

传说被铭刻在覆盖着位于艾伯特湖、爱德华湖和卡盖拉河之间，卡通加河谷两侧的如今乌干达中西部的辽阔森林、火山湖、沼泽谷地、白蚁丘和岩石岛的景观中。被准确记录下来的版本很少。这些文本大体基于一些新教和天主教传教士的记录，尤其是鲁思·费希尔（Ruth Fisher），然后是牧师罗斯科（Roscoe），最后是神父戈尔瑞和神父尼科莱（Nicolet）。[32]有关契韦齐人的功勋传说突出了拥有亲缘关系的多个人物，历经四代，有五段主要情节。可以概括如下：

　　——很久以前，有一个叫伊萨扎（Isaza）的国王，他被引诱到一个彼岸世界，其统治者尼亚米永加（Nyamiyonga）蛊惑了他，与他歃血结拜，然后把女儿尼亚马塔（Nyamata）和一些漂亮的奶牛送给他。国王不在的时候，他的王国由他的"看门人"布库库（Bukuku）管理。

——诞生于这种神秘结合的伊辛布瓦（Isimbwa）喜欢在陆地上打猎。有一天，他经过布库库的家，看到布库库的女儿尼纳姆维鲁（Nyinamwiru）只有一只眼睛和一个乳房，隐居在这里。根据预言，她将生下一个男孩，而这个男孩将杀死他的外祖父。尽管如此，伊辛布瓦还是勾引了这个陌生女孩。他们生下的孩子由陶匠鲁本比（Rubumbi）秘密抚养。在一次牧羊人的争斗中，这个孩子确实杀死了布库库。这个年轻人后来被称为恩达胡拉（Ndahura），统治了他祖父的王国，其首都在穆本德（Mubende）。

——恩达胡拉征服四方，并将他的儿子穆林杜瓦（Mulindwa）、穆盖尼（Mugenyi）、穆加沙（Mugasha）安置在不同的统治范围内。接着恩达胡拉历经一系列考验：他被俘虏或被白蚁丘吞噬，被同父异母的兄弟基奥米亚（Kyomya）救下。然而，他因失败而失去威信，被迫放弃权力，与母亲一起流亡到爱德华湖北部的布松戈拉（Busongora）。

——他的继承人是他的儿子瓦马拉（Wamara），在卡通加河谷附近的布韦拉（Bwera）地区定居。与其说他是征服者，不如说他是牧牛人和猎人。悲剧史诗变成了家庭悲剧。一连串的灾难发生了：穆加沙发起洪水，然后干旱来临，他的宫廷里有人饿死；同父异母的兄弟穆盖尼在他最漂亮的奶牛死后扬言要自杀，穆盖尼的母亲试图杀死儿子的另一个同父异母的兄弟穆林杜瓦；窃牛贼（根据不同版本来自北方或南方）掠夺王家牛群；基奥米亚的一个儿子卡戈罗（Kagoro）扮演救世主（像他父亲那样）。整个事件以来自布基迪（Bukidi），即来自北方野蛮地区（尼罗特人的地盘）的两位占卜师用一头牛的内脏所做的预言结束：契韦齐王朝的统治宣告结束。

——契韦齐人随后离开熟悉的土地，或者消失在一个湖里（维多利亚湖或艾伯特湖），或者消失在西部的一座死火山里，或者消失在鲁文佐里山脉之外。他们把象征权力的标志留给了一个新的王朝，这个王朝应该来自基奥米亚一支，其建立者被称为鲁基迪（Rukidi），因为他来自北方。鲁基迪开启了比托王朝（dynastie bito）。此外，据说瓦马拉有一个与女仆恩朱纳基（Njunaki）所生的私生子，即某个叫鲁欣达（Ruhinda）的人，他尤其在安科莱和卡盖拉河以南地区被提及。

81

其他一些版本已经被收集到，特别是在哈亚国家，例如：

水神穆加沙与他的堂兄弟卡戈罗发生争吵，前者变成了瘸子，后者变成了结巴。然后，瓦马拉在穆加沙和伊伦古（Irungu）的陪同下，进入一个山洞，访问金图的地下王国：金图向他们分发种子和牲畜。但后来金图又因他们忘恩负义而惩罚他们，让他们死亡。因此所有的契韦齐人消失在一口井里，有一天他们必须从井里出来。[33]

此外还有许多版本被嫁接在这个故事的背景上。这一系列传说与一段被欺骗、背叛和冲突侵蚀的奇异家族史交织在一起。同父异母的兄弟们争斗，后母们密谋，约会时生下的私生子（伊辛布瓦、恩达胡拉、鲁欣达）起着决定性的作用。考虑到支配这种文化的是父系社会的原则，女性的作用令人惊讶。所有这些都让人想起古希腊神话的浪漫色彩。长期存在的焦虑，包括对死亡的恐惧投射出来，在现实环境中以梦幻般的方式被演绎，与我们提到的景观相对应。至少从 10 世纪起就在这些高原上繁衍的大牲畜随时会出现在这些传说中，谷物、锻造、捕鱼、狩猎和陶器也无处不在。恩达胡拉是"牛奶之母"尼亚马塔的孙子，也是"农民之母"尼纳姆维鲁的儿子。此外，对各位英雄的记忆仍然依附于特定的地点，由自然场所（水井、饮水处、湖泊、岔道、形状怪异的岩石等）或神圣的小树丛标记出来。最重要的是，直到 20 世纪初，人们还在以特定的仪式对以这个既神奇又可怕的家族命名的神灵表达崇拜。最大的圣地在穆本德（为纪念恩达胡拉）、艾伯特湖附近的布亚加（Buyaga，为纪念穆林杜瓦）和马萨卡（Masaka，为纪念瓦马拉），以及更南边的安科莱的伊塔巴（Itaba）、基安加（Kyanja）的比托马（Bitoma）和伊汉吉罗（Ihangiro）的鲁希塔（Ruhita），我们将会看到这些国家后来的历史作用。在马萨卡一片榕树和龙血树的树林附近，指定的守护者保存着一面鼓和一支完全由铁制成的长矛，据说鼓是恩达胡拉的，长矛则可以让持有它的祭司被瓦马拉的灵魂附体：朝圣者成群结队地来到这里，特别是在新月时节，以参加为生育而举行的崇拜仪式。[34]

20 世纪初流传的传说以唤起契韦齐统治者的神秘再现，并从某些氏族中选出通灵者结束，这些通灵者将成为被称为"恩班杜瓦"（embandwa）的神灵的转世。传说情节通过这些被神灵附身的人的相貌和能力重现：穆加沙的灵魂是跛脚的，卡戈罗的灵魂是结巴的，而且后者作为司火专家（因为据说他曾在瓦马拉的围墙上放火……）有时被认为可以治疗荨麻疹或湿疹。事实上，每个传说人物都有要保佑的领域：人们为死者和雨水祈求瓦马拉的保佑，为丛林、狩猎和旅行祈求伊伦古的保佑，为雷电和牲畜祭拜卡戈罗，为雨水、风暴（据说穆加沙曾为得到瓦马拉的女儿而对瓦马拉掀起风暴）、维多利亚湖的湖水和香蕉种植园祭拜穆加沙，因流行病（包括 19 世纪以来的天花）祈求恩达胡拉的保佑。我们现在可以理解1958 年里格利发表的观点：这些传说中的人物成为众神，在人间由宗教库班杜瓦（kubandwa）的永久或临时的通灵者代表。我们将在政治层面看到这一宗教的重要性和模糊性。

19 世纪中期以来，好几个观察者提出了同样的看法。斯皮克和詹姆斯·格兰特（James Grant）于 1861 年，以及艾敏帕夏（Emin Pacha）于 1881 年，都描述了卡拉圭和布尼奥罗的宫廷里的"流浪歌手-巫师"（Wichwezi，通常是女性）。1910 年，黑塞（Rehse）在基济巴（Kiziba，布科巴附近）记录道："这些神灵被想象成宇宙的古老国王。"1923 年，罗斯科牧师在布尼奥罗质疑道："没有人知道他们是真的代表王室……还是纯粹的神话人物。"1945 年，行政官汉斯·科里（Hans Cory）和 M. M. 哈特诺尔（M. M. Hartnoll）在哈亚国家指出："在这里，契韦齐统治者不被看作真正存在过的人，而被认为是纯粹的超自然生物。"[35]这种崇拜触及的范围令人印象深刻：我们所提到的英雄不仅只是这个传说的框架下的群灵（据估计共有 350 个）中的一小部分，而且在不同地区以不同面貌出现，或者被在其他地方占据首位的次要人物所取代。在布干达，尤其是在塞塞群岛（îles Sese）的圣地，供奉的神灵包括恩达胡拉、瓦马拉和穆加沙（我们熟知的名字）。最后这位是维多利亚湖的伟大神灵。在安科莱和卡拉圭受人尊敬的猎人英雄尼扬贡贝（Ryangombe），在卢旺达和布希（Bushi）也被人尊崇，他身边是卡戈罗和穆加沙。在布隆迪和布哈，尼扬贡贝被称为基兰加（Kiranga）。远至布哈的人们也知道他是契韦齐神灵。[36]因此，我们处于一个拥有相近信仰的巨大的文化空间之中。这让我们想起那个《奥德赛》的听众和后来的读者所熟知的世界，一个青铜时代和铁器时代的过渡时期的希腊人的世界。然而，没有人会谈论亚历山大大帝（Alexandre le Grand）之前的希腊"帝国"，没有人确信阿伽门农（Agamemnon）或尤利西斯是真实的历史存在，更没有人坚信伏尔甘（Vulcain）或阿波罗的存在。因此，必须懂得导致"契韦齐帝国"被历史化的逻辑。

这一探究从对这一神话的社会政治根源的两个发现——氏族网络、从 16 世纪或 17 世纪开始统治的一系列王朝的参与开始。我们首先发现，上文提到的氏族是围绕对契韦齐统治者的信仰和崇拜运转的。其中一些氏族的影响力基于对圣地的控制，或者他们的某个祖先在传说中的存在。在马萨卡，莫利氏族（clan des Bamoli）最具影响力，以冶金闻名；在穆本德，萨齐马氏族（clan des Basazima）最具影响力，其女祭司会在布尼奥罗的国王登基中发挥作用。传说中的第一代英雄伊萨扎、布库库和尼亚米永加分别属于加布氏族（clan des Bagabu）、兰齐氏族（clan des Baranzi）和松加氏族。契韦齐"国王"，即恩达胡拉和瓦马拉，与西塔氏族有同样的图腾禁忌，即产犊不到五天的奶牛的牛奶（obusito）。大多数国家都有西塔氏族，这是穆林杜瓦母亲所在的氏族，而且历史上也是安科莱和（早期）卡拉圭的王鼓的守护者所在的氏族。obusito 这一禁忌也将被安科莱的国王们所遵守。我们还可以在关于布干达建立的叙事中找到松加氏族和基梅拉（Kimera）的母亲。因此，历史学家塞马库拉·基瓦努卡（Semakula Kiwanuka）将契韦齐王朝视为一种氏族权力的联盟。[37]一些作者将这些参照与契韦齐传说中的圣地结合起来，确实提出了一系列有关氏族权力冲突的假设，并且猜测政治重心从北向南、从西向东转移。[38]

　　此外，契韦齐传说被直接当作一个在历史上确实存在过的王国的源头，该王国在 15 世纪末由比托王朝建立，被命名为布尼奥罗。比托王朝据说是缘起于尼罗特人的突袭，更确切地说，是卢奥人（被称为"河湖尼罗特人"）南下的结果。[39]这甚至是大湖地区唯一确实经各种来源（包括叙事和语言学的）证明的真正的外部入侵。随后，该地区的传说中多次提到偶发的袭击：1520 年（恰逢日食，这个年份得以确定）在安科莱的一场胜利之后，袭击范围于 16 世纪初远至卢旺达；17 世纪，特别是 18 世纪初，远

84

至哈亚国家南部；特别是向东，远至埃尔贡山南部和维多利亚湖靠近今天肯尼亚一侧的湖岸。因此，卢奥人第一次推进是在艾伯特湖以北，但与今乌干达西部班图语文化的融合显然相当快。在布尼奥罗的语言中，仅剩很少的卢奥语词汇。比托人形成一个王侯上级阶层，但他们中的许多人也成为普通人，与普通的希马牧民和伊鲁农民生活在一起。

令人惊讶的是，比托人的祖先在官方传说中保持着"野蛮人"的面目，甚至鲁基迪这个名字都有此含义。但必须理解文化内涵。正如我们将看到的，所有王朝的建立者都是作为不知从哪个丛林中走出来的冒险家出现的。更重要的是，这些布尼奥罗传说尤其希望显示出先前的基塔拉[40]的契韦齐英雄与新比托王朝之间的延续性。鲁基迪也被称为伊辛戈马（Isingoma，指"司鼓人"）和姆普加（Mpuga，意思是"黑白相间"，就像牛皮或矛刃上不均匀的抛光痕迹），立即被置于被征服者的文化与宗教世界中，被认为是恩达胡拉同父异母的猎人兄弟基奥米亚的后裔，并在神灵，即契韦齐王朝秘密的掌握者指引下进入他的新王国。祭司穆古恩古（Mugungu）让他交出圣鼓，于是守护者（来自西塔氏族）将圣鼓交出，换取一篮子穆和从北方带来的象征王权的物品之外的很多其物品（长矛、箩筐、铜手镯等）。一旦宫廷之火重新点燃，鼓声响起，鲁基迪就成为"穆卡马"（mukama，指"国王"），并以卢奥人的温义（Winyi）为名。首都建立在恩达胡拉的圣地穆本德。该地区有影响力的氏族的代表聚集在国王和他的后代麾下，并通过联姻与他们结盟。[41]因此，布尼奥罗的官方传说认为比托王朝是继契韦齐王朝和随伊萨扎终结的腾布齐王朝（dynastie tembuzi）之后的第三个王朝，而且至少在 20 世纪初，基塔拉被认为是一个跨世纪帝国，在恩达胡拉和瓦马拉完成征服后，孕育了其他王国。[42] 在大湖地区南部的传说中可以发现，这一论述以及其他思考提供了一个与契韦齐王朝世系相关的真正的王国谱系。

　　19 世纪下半叶，欧洲人的到来使布尼奥罗已经开始的衰落（此时它甚至已经失去了穆本德圣地）和含米特模式的传播恰好同时发生。根据种族模式，他们将传说中辉煌的契韦齐英雄和为这些"白色神灵"（embandwa zera）[43] 举行的仪式中的白高岭土作为该地区古代"高加索人"定居的表现形式。如我们所见，探险家斯皮克在 1863 年发行的书中提出了古代盖拉人入侵的假设，盖拉人被认为可能是希马牧民的祖先，[44] 他由此做出解释：该地区王国的存在是受到来自埃塞俄比亚的影响。他认为，先后在卡拉圭和布干达收集到的与基塔拉王国有关的传说证实了这一论点。随后，塞缪尔·贝克（Samuel Baker）从布尼奥罗国王的宫廷中获得了这个王国直到 18 世纪从艾伯特湖扩展到卡盖拉河的细节。[45] 因此，比托王朝基塔拉的辉煌的过去被投射到"维图人"（Wawitu，比托人的变形）建立的辉煌的帝国奇迹之上，"维图人"被误认为是来自"奥姆维塔"（Omwita）的盖拉人，而"奥姆维塔"是印度洋沿岸蒙巴萨（Mombasa）的古名。根据这种词源上的东拼西凑，斯皮克想象出了一个"闪米特-含米特非凡种族"的作用。在这种背景下收集的传说为各种幻想打开了思路：鲁基迪的第二个绰号（"黑白相间"）

86

使他成为一个混血儿；由于尼奥罗人（Banyoro）中的一些贵族曾告诉斯皮克，他们的祖先来自北方，他因此得出结论："很久很久以前，这些祖先有欧洲血统！"

　　然而直到 19 世纪末，一些观察者还将这种假设的希马人地区或"加密"的盖拉人地区与该地区黑人的契韦齐文化区别开来。[46]正是约翰斯顿在他 1902 年关于乌干达的综述中赋予盖拉-希马-契韦齐框架以权威性。根据他的说法，契韦齐人的传说和"准高加索人"创建的"基特瓦拉帝国"（empire du Kitwara），显示出非洲这部分地区"含米特文明的顶峰"。衰落可能是随领导层的"黑人化"而出现的。[47]然而，扬·切卡诺夫斯基和朱利安·戈尔瑞神父确定了比托人（与契韦齐人完全不同）最近的卢奥血统，[48]从而否定了斯皮克假说的一个基本论点，但并未质疑这个假说。流行于当时的戈比诺模式太有诱惑力了。人们那时不是也认为大津巴布韦（Grand Zimbabwe）① 是由萨巴女王（reine de Saba）或腓尼基人（Phénicien）建造的吗！对于戈尔瑞来说，契韦齐人仍然是"征服者"，[49]而对于编纂传说文集的鲁思·费希尔来说，他们则是"一个教尼奥罗人打铁的迁徙部落"。[50]只有这次所谓的迁徙的日期引起了争论：约翰斯顿认为是在公元前，戈尔瑞则认为是在 16 世纪。戈尔瑞甚至提出了一个将葡萄牙人引入的假设，其灵感来自 1541 年克里斯托弗·达·伽马（Christophe de Gama）远征埃塞俄比亚。戈

<hr>

　　① 大津巴布韦遗址位于今津巴布韦的马斯温戈省（Masvingo），是非洲著名的古代文化遗址，也是撒哈拉沙漠以南非洲地区规模最大、保存最为完好的石头城建筑群体。1986 年联合国教科文组织将其作为文化遗产列入《世界遗产名录》。——译注

尔瑞认为，为了唤醒"麻木的班图人"，必须考虑"白人的渗透"。
30 年后，尼科莱神父仍在安科莱的天主教小学教师中传播这一论
点：契韦齐人应该是"从卡法（Kaffa，原文如此）高地下来的葡
萄牙–阿比西尼亚混血儿"。[51]

最令人惊讶的恰恰是这些欧洲中心主义理论在相关国家的文人
名流中颇有市场。前言中提到的尼亚卡图拉酋长在对"帝国"的遐
想中找到了宣传他的小国布尼奥罗的工具，支持"被称为契韦齐人
的是白人种族"的论点。"很可能，"他写道，"他们不是欧洲人，
而是阿拉伯人、阿比西尼亚人或埃及人，因为他们从北方来到基塔
拉。"他毫不犹豫地将恩达胡拉描述为一个发展咖啡和棉花等经济
作物的原始殖民总督。[52]在 20 世纪初，提供有关契韦齐传说的信息
的人主要是尼奥罗贵族，有时是国王本人，即便当时根据英国人的
意愿，他们的领土受到限制，而干达人受益。约翰·尼亚卡图拉是
收复"失去的郡"的大活动家之一，那里有穆本德和布亚加等遗
址，是契韦齐传说和布尼奥罗王室重大仪式的真正的记忆所在地。
古老的"基塔拉帝国"成为这些主张的基本参照：它被赋予了整个
大湖地区的文明与政治使命。今天，它继续在乌干达的政治圈子里
激励或刺激着人们。

考古学对这场辩论的贡献如何?[53]1952 年，牛津大学的行政官
员埃里克·兰宁（Eric Lanning）和牧师杰维斯·马修（Gervase
Mathew）率先对契韦齐遗址进行考古发掘。考古工作先后在卡通加
河以南的比戈和恩图西等地，以及更北面的艾伯特湖附近［基本戈 **88**

（Kibengo）和蒙萨（Munsa）〕进行，这引发了将大型壕沟和防御性土丘与罗得西亚遗址①的令人兴奋的比较。这些"废墟"相对靠近举行契韦齐崇拜仪式的圣林，再加上牲畜围栏和饮水处，进一步证明了一个古代畜牧业帝国的存在。在安科莱收集到的传说以及对这个小王国的王宫院落与比戈王宫院落所做的比较，使人们在这个南部地区（从布韦拉到安科莱）看到"瓦马拉王国"的遗迹，并将其视作希马人地区的原型。北部的遗址更令人困惑，因为在那里收集的传说提到了契韦齐传说中不存在的人物。英国历史学家罗兰·奥利弗——我们已经提及他在 20 世纪 60 年代的非洲班图语综合研究中的作用——支持契韦齐时期有一个伟大的基塔拉的历史观点。1977 年，他写道："从纯粹的考古学角度来看，所有这些特征加在一起，表明在 13 世纪末至 16 世纪末这段时间内，一个集中的政治权力可能统治了……几十万居民。"[54]

　　随后，彼得·欣尼（Peter Shinnie）和梅里克·波斯南斯基在 20 世纪 50 年代末进行的研究，以及之后由彼得·罗伯肖（Peter Robertshaw）、安德鲁·里德（Andrew Reid）和约翰·萨顿（前文提到了他关于"铁器时代晚期"的观点）进行的研究，指向有细微差别的结论，特别是在希马人定居点与这段历史之间建立联系并非易事。我们已经看到，作者们在把契韦齐文明的建立归功于这个牧民群体，还是把这个文明的毁灭归咎于这个群体之间犹豫不决。[55]事实上，畜牧业活动出现在这些考古遗址的时代之前和之后，没有任何传说为

① 即大津巴布韦遗址。——译注

相关的迁徙提供佐证，或许有必要对王国出现过程中畜牧业和种植业之间的关系进行不同的思考。这些乌干达遗址的考古发现涵盖了 11世纪到 16 世纪，标志着这一时期开始和结束的断裂可以根据内部逻辑而不是拼贴的外来因素来分析。这一时期的特点是牲畜饲养占据了首要地位，同时谷物生产和冶铁促进了垦荒，各种类型的生产［谷物，乔治湖（lac George）和艾伯特湖附近卡塞尼（Kasenyi）和基比罗的盐，陶器，铁……］都存在增长的迹象，而且显然人口密度很高。当时，即六七个世纪前，用约翰·萨顿的话说，"基塔拉可能类似一个不断变动的政治组织和经济开发系统，而不是一个统一的王国"。[56]

　　之后，显然出现了整体性危机，也许是生态危机（水土流失、过度砍伐森林），也许是人口和社会危机，总之，这一危机导致了畜牧业和种植业之间利益竞争加剧，这可能意味着寻找新的土地，但也意味着新的关系出现。比戈和恩图西的群体在中间高原繁荣起来，这里此前从未出现过这样密集的人类活动和居住点。这场危机可能伴随着政治上的重组，涉及氏族和宗教网络。正如我们将看到的，我们可以假设这种整体形势与大约五个世纪前新一代王国的出现之间存在联系，特别是那些正是在这个谱系上建立的、历史延续到 20 世纪的王国。此外，这种政治重组形式似乎已经蔓延到从维多利亚湖到基伍湖的不同地理区域。我们看到的与其说是一个帝国的瓦解或新的征服，不如说是一种蔓延开来的政治活力：基于一种权力文化，政治势力如雨后春笋般出现，这种文化至少部分是由乌干达西部高原的经验滋养的。

　　因此，契韦齐世界几乎提供了一个创始范本。南部和东部的许

89

多王国都明确提到了它。从遥远的叙述者那里收集的传说有相似的主题，这令人震惊。在布隆迪、卢旺达以及安科莱都可以找到一位未来国王的故事：他伪装成牧羊人，无意间发现了一个邻国君主的秘密，基奥米亚就是这样找回了瓦马拉的王鼓。[57]话虽如此，通常以公认的契韦齐传说为模式的王朝传说和流行叙事相当不同。每个国家都会根据有待破解的方式调动起当地的文化和社会资源、特定的氏族现实和宗教想象力。我们将陆续看到把我们从安科莱带到布津扎（Buzinza）的鲁欣达的传说，布干达、卢旺达和布隆迪的建国故事，以及边缘地区［涉及布索加、布哈、布希和布哈武（Buhavu）］的特殊性。这些到目前为止只是简单提及的王国可以在附录的地图上找到。我们现在将对它们进行更详细的研究，当然无法深入研究有关每个传说的所有细节，即便 20 世纪 50 年代到 80 年代对口头传说的调研已经大大丰富了相关文献。

有关鲁欣达的传说显然与契韦齐传说一脉相承，[58]至少在安科莱的传说中是这样的。这个人物是作为瓦马拉和女仆恩朱纳基的私生子出现的。据说他出生在一个名叫卡图库（Katuku）的安科莱国王的宫廷里，这位国王是他父亲的朋友。据说鲁欣达是在一位先知的帮助下夺取了这个国家的权力，先知让他交出了巴吉彦丹瓦（Bagyendanwa）王鼓和其他象征王权的物品，这些物品是瓦马拉托付给西塔氏族守护的。

16 世纪前后在维多利亚湖以西出现的五个王国中，四个王国的王朝传说把鲁欣达作为来自安科莱的唯一征服者，据说他在那里把权力交给他的儿子恩库巴（Nkuba，指"闪电"）。鲁欣达被描述为牧羊人、猎人和战士。在卡拉圭，他用法术消灭了国王诺诺（Nono），并夺取了王鼓尼亚巴塔马（Nyabatama）。在其他地方，他也通过使用诡计、法术和武力树立权威：

> 在基亚穆特瓦拉（卡拉圭和维多利亚湖之间），官方版本确定建立者是鲁欣达的儿子布沃吉（Bwogi），而更流行的版本则解释了西塔王朝的国王卡沙雷（Kashare）如何因没有男性后代而失去权力：他的女儿与鲁欣达的一个儿子生了一个私生子，这个私生子杀死了他的外祖父。

91

我们可以在契韦齐传说中发现相同的家庭情节，特别是恩达胡拉和布库库故事的桥段。[59]但在伊汉吉罗和布津扎，契韦齐王朝的祖先完全不为人知：鲁欣达被描述为铁匠卡扬戈（Kayango）的同伴，甚至是他儿子，是卡扬戈让他掌权的。

所有这些国家接受了一个合成模式：据说鲁欣达是合法王朝的起源，在游历（在陆地上或在湖上）后，他分配鼓，建立了一些最古老的首都。据说在他死后，他的尸体分散在卡拉圭、伊汉吉罗和布津扎。事实上，这个传说有两个主要的发源地：其一是安科莱和卡拉圭的卡盖拉河河湾地区；其二是维多利亚湖西南方的高原，那里一直以生产铁而闻名。这一传说将两个氏族，即欣达氏族（clan des Bahinda）和扬戈氏族（clan des Bayango）联系在一起，它们有同一个图腾禁忌——长尾猴。在以上每一个王国中，起源时期长久以来都被鲁欣达和他的子孙或其他亲属占据，他们作为真正的创始人出现。我们在契韦齐传说和其他起源叙事中观察到大量关于王朝建立的传说：不同版本的传说融合，掩盖了许多断裂和分裂，也掩盖了对最古老起源的疯狂追求。

因此，鲁欣达成为一个地区象征，奠定了欣达统治者的合法性。与这个名字绑定的权力的扩张无疑是自古有之的，甚至其他王朝也以这样或那样的方式将鲁欣达置于起源传说中。例如，在卡盖拉河口的小王国基济巴，国王是比托人的后裔；在吉萨卡（Gisaka，今天卢旺达东部），从前的国王来自盖塞拉氏族；在更遥远的布克雷贝半岛（île de Bukerebe，维多利亚湖东南部的一个半岛），王国建立者在17世纪从伊汉吉罗而来。

92　　　但在18—19世纪，关于鲁欣达的记忆受到僭越者或分离主义者侵犯时，对鲁欣达的吁求更加执着。然而，我们掌握的这个地区的传说往往是在各个国家遭遇严重政治挫折的背景下收集的：基亚穆特瓦拉被一分为三，布津扎分裂了，卡拉圭崩溃了，安科莱被夹在卢旺达和布干达之间。我们已经提到布尼奥罗的相似遭遇，它被布干达的扩张所抑制，其领导者巧妙地抓住了含米特神话提供的机会，以便在欧洲"主人"面前突出自己的价值。在布哈亚和布津扎，地方精英以同样的方式利用"鲁欣达帝国"的视角。1931年，英国殖民者报告说，传教士的学生们比农村人更了解鲁欣达。[60]"文人"传播的传说称在瓦马拉统治下，甚至在伊萨扎统治下存在一个神奇的"契韦齐帝国"，据说这个帝国甚至比基塔拉王国本身还要广阔，包括了整个大湖地区，鲁欣达只是其追随者。[61]他的名字被解释为希马人又一次向南进犯的象征。然而，我们已经看到，定居的漫长历史和大量的牧民活动并不支撑这样一个简单化的观点。土著清楚地将欣达人与普通希马人区分开来，特别是在 18 世纪一些人试图取代合法王朝的时候。而在"尼罗特人"入侵理论中，卢奥人不仅是布尼奥罗和基济巴的比托王朝的推动者，也是契韦齐文化的创造者和"鲁欣达征服"的执行者，[62]这一理论使试图厘清入侵的次序的民族历史学家比当地活动家更兴奋。[63]

布干达也有关于契韦齐传说的确切作用的讨论，那里的两位创始英雄——金图和基梅拉——平分王权。金图的名字是"人类"的意思，他是一个故事的主人公，这个故事自 19 世纪末在基督教化的圈子里被记录下来：[64]

> 金图带着所有的文明元素（香蕉树、谷物、牲畜、家禽、铁、树皮织物、新月节……）从天而降。但他的妻子南比（Nambi），也就是天王古鲁（Gulu）的女儿，回去拿她遗忘的穆。这引来姐夫（或妹夫）瓦伦贝（Walumbe）对这对夫妻的报复，他把死亡送到了人间。然而，多亏我们的英雄的同伴乌龟提供的一个诡计，金图成功地打败了蛇本巴（Bemba）。通过自己的演示，乌龟让蛇相信，头可以消失，然后再长出来，从而说服了这爬行动物把自己的头砍下来。

传说再次反映了普遍关注的问题：死亡、婚姻、与姻亲的关

93

系。这个传说也反映了"永恒的"干达文化的物质和文化基础。金图被置于包含大约 20 位统治者的名单的首位，因此在历史上应该是在 13 世纪前后出现。但就在他之后，情况仍然很混乱。

> 一个叫瓦鲁辛比（Walusimbi）的权贵追捕金图的后裔卡莱梅拉（Kalemera），后者不得不流亡到基塔拉宫廷。在那里，他勾引了国王的一个配偶，他们的孩子被一个陶匠秘密抚养。这个名叫基梅拉的男孩长大后回到了他父亲的国家。他与收留他的瓦鲁辛比的女儿纳库（Nakku）结婚，并在金图的消失地马贡加（Magonga）建了一座金图神庙。

这是我们熟悉的情节，即被秘密抚养的孩子被承认是真正的国王。布干达作为一个王国始于金图，但王朝始于基梅拉。由于在一些布尼奥罗传说中他是鲁基迪的孪生兄弟，因此比托人征服布干达的论点被好几个作者采纳。然而，除了年代确定上的困难外，这一假设与基梅拉通过加强对金图的崇拜而体现出的独立性也不太相符。因此，如果基梅拉来自外部是真实的，他既然是蚱蜢氏族的成员，倒是更可能与来自契韦齐领土西部的一个边缘群体有关。无论是天空还是基塔拉，金图和基梅拉这两个创始人的外部起源都意味着王国的王权肯定高于氏族的权力。在 19 世纪，君主们及其追随者通过诉诸含米特主题，给这些"外部"起源带来了新的"历史"转折：在桑给巴尔的阿拉伯人的影响下，继而在欧洲传教士的影响下，布干达宫廷甚至在金图身上看到了含本人的显现，后者的坟墓位于马贡加！

　　事实上，在布干达，王权的出现是一个具有强烈宗教性质的新权威和一个有影响力的氏族网络之间妥协的结果，这一过程比在布尼奥罗和布哈亚更明显。将布干达的传说与构成其东部邻国布索加的各个公国的传说相比较，证实了这一过程。[65]在布索加，金图和瓦伦贝分别代表狮子氏族和肺鱼氏族，分别与埃尔贡山和维多利亚湖有关。金图的坟墓应该就在布索加南部的布斯维基拉（Buswikira）。在布干达，狮子氏族、豹子氏族与小斑獴氏族之间存在一种协议，其中夹杂着紧张关系。瓦鲁辛比是小斑獴氏族最杰出的成员，他收留了基梅拉，并把女儿纳库送给他：这种桥段在每个统治期开始时都会重复出现。肺鱼、疣猴、穿山甲、蘑菇和长尾猴等氏族在登基仪式中发挥一定作用。至于与金图有关的狮子氏族和豹子氏族，它们在某种程度上已经被淘汰了。正如我们所看到的，每一位新国王都被宣布为"氏族酋长之父"。

　　然而，基梅拉在传说中是作为金图的继承人出现的，他建立了一个面对氏族日益自主的君主世系。他在某种程度上倚重他所倡导的契韦齐王朝的政治经验，同时主张布干达的独立。因此，一个协调氏族联盟的准王权已经发展成一个君主制色彩越来越明显的王权。但所实行的制度反映了最初的妥协精神，因为尽管这是父系社会，每个国王却都属于他母亲所在的氏族。因此，通过王太后的交替，不同的氏族至少象征性地分享着最高权力的行使。

95

　　即使卢旺达的君主制结构非常不同，但起源传说的象征意义也通过外部和内部的辩证关系反映了涉及一系列大氏族的妥协逻辑。这个王国也指向两个相继的建立者：基格瓦（Kigwa）和吉汉加。[66]

基格瓦由一个不孕不育的女人和牺牲的公牛的心脏所生，从天而降，同时带来所有的家畜、栽培的作物和职业（包括锻造）。他既是乱伦的结果，因为和他一起"降临"的还有同父异母的兄弟和同父异母的姐妹，又是与（来自齐加巴氏族的）国王卡贝加（Kabeja）一支联姻的结果，这位国王欢迎他们来到穆巴里（Mubari，今卢旺达东北部）。卡贝加国王最后被赶走了，尽管他的占卜师们发出过警告。

这种婚姻联盟在几代人之后产生了一个既是铁匠又是征服者的吉汉加。他无论走到哪里，都与当地公主结婚，似乎是古代公国的继承人、大卢旺达的先驱，甚至是该地区几乎所有王朝的祖先。据说他的一个女儿发现了奶牛的用途。他在将他的"帝国"分给儿子们后，在该国北部去世。每个儿子都有一面特定的鼓。

实际上直到七代人之后，在大约 15 世纪时，吉汉加的继承人名单中才出现一个真正的历史人物。当代意识形态使这两个起源传说中的人物成为"来自北方"的图西人征服的象征，但正是他们两个与氏族的历史相关联：上文谈到的卢旺达氏族几乎有一半与这些叙事有关。我们已经提到卢旺达（尼金亚氏族）、布盖塞拉［洪多戈

氏族（clan des Bahondogo）]和恩多瓦（Ndorwa，尚博氏族）的现代
王朝，以及卢旺达王太后所在氏族（特别是埃加氏族，自 18 世纪
以后一直占据这一地位）的王朝。我们还提到了被称为"在地上发
现的"氏族：齐加巴氏族、盖塞拉氏族和辛加氏族，它们的古代王   96
朝统治今天卢旺达整个北部和东部 1/3 地区。[67]这三个群体中的每一
个都通过特索贝氏族（clans des Batsobe）、科诺氏族（clan des
Bakono）和辛加氏族在负责重大王族仪式的人（被称为"比鲁"）
中占有一席之地。在"起源"中，19 世纪的卢旺达人（讲述这些
传说的人）融合了他们国家在此前三个世纪中的历史，氏族联盟、
宗教势力和战争征服被整合在一起。卢旺达在 19 世纪的扩张被描
述为一种古老的天职，就像贝叶挂毯（tapisserie de Bayeux）通过图
画的形式讲述征服英格兰的编年史，将这描绘为威廉公爵被预言
的、应得的成就。所谓的族群因素自 20 世纪 50 年代以来一直受到
图西或胡图政治领导人的高度重视，却在这些传说中处于边缘地
位，甚至在以基格瓦的同父异母的图西人兄弟为主题的传说中，族
群也是作为额外的内容出现的，即便他扮演着王太后所在氏族祖先
的角色。

在布隆迪，口述传统揭示了另一个政治和文化空间。[68]王国的创
始人据说是一个叫恩塔雷·鲁沙西（Ntare Rushatsi）的人，其名字
的字面意思是"长毛狮"。故事始于该国南部：

    坎巴兰塔马（Cambarantama，意思是"披着羊皮"）是小

国国王贾布韦（Jabwe）和他的嫂子（或弟媳）［国王恩索罗
（Nsoro）的妻子］的私生子。这个孩子被藏在一个名叫鲁欣达
的布哈国王的宫廷里，在那里看守牲畜。占卜者从布隆迪赶来
揭示了他的真实身份。坎巴兰塔马和他们一起逃亡，到达恩科
马（Nkoma）高地时，他献祭了一头公牛，把牛皮铺在白蚁丘
上，但白蚁丘在一条想要逃跑的蛇的拍击下鸣响。这就是布隆
迪王鼓的起源。从那时起被称为恩塔雷的新君主不断攀登，在
山峰上建立了王国的首都。

这个传说在全国是最有名的，已经有一百来个版本。还有另一
个系列，我们只在北方收集到十来个相关的故事，它们得益于 20
世纪 30 年代以后的一种官方推广。与恩科马高地系列相比，这一
系列构成了所谓的卡尼亚鲁河（Kanyaru）系列。因为这一次，事
件不是发生在东南部，而是发生在北部与卢旺达交界处。

年轻的坎巴兰塔马是卢旺达占卜师-国王马西拉（Mashyira）
的牧羊人和木材收集者。但他的姑母，即王后，帮助他了解了
自己的未来。他越过卡尼亚鲁河，到达尼亚米刚戈岩（rocher
de Nyamigango），杀死了一只曾在该地区横行的野兽。这个毛
发蓬乱的猎人被拥立为国王。

在这两个系列中，新国王都带来了雨水，防止了饥荒。但第二
个系列将他与卢旺达的传说而不是布哈的传说联系起来。更确切地

说，他似乎更与布盖塞拉田园牧歌式的记忆有关。布盖塞拉是一个
大王国，应该覆盖了整个今天卢旺达东南部和布隆迪的北部或东北
部。这个版本得到了与一位王子关系密切的朱利安·戈尔瑞主教的
认可，这位王子是比利时殖民时代的主要领导者皮埃尔·巴兰扬卡
（Pierre Baranyanka）。[69]这一版本将布隆迪的历史编纂学与卢旺达的历
史编纂学联系起来，并从来自北方的"含米特人"征服的视角阐释
布隆迪历史。即使人们接受这样的说法，即第一个恩塔雷可能在16
世纪前后统治布隆迪北部，一个世纪后，一个重心在南部的新王朝建
立起来，这些传说也显然与定居的历史本身毫无联系。然而，这些传
说在这里和在其他地方一样建立了合法性，即甘瓦王朝（dynastie des
Baganwa）的合法性和一系列结盟的氏族的合法性，这些氏族，特别
是胡图人的吉吉氏族和舒比氏族（clan des Bashubi）主要管理重要的
宗教场所。

在南面和西面的靠近布隆迪和卢旺达的国家有各自的传说，但
这些传说以自己的方式存在于布隆迪和卢旺达这两大邻国的过去之
中。布隆迪东部的哈人被划归于三个不同的王朝区域：[70]北部和东部
是洪比王朝（dynastie humbi），南部是金比里王朝，最南部是吉吉
王朝（如布隆迪的恩科马圣域）。在前两个王朝的起源传说中，有
一对兄弟——恩坎扎（Nkanza）和基门伊（Kimenyi），二人共治国
家。然而，鲁欣达和恩塔雷的名字出现在金比里王朝的王家名号
中，穆加沙这一名字和长尾猴图腾禁忌（欣达人的图腾禁忌）都出
现在坦噶尼喀湖畔的吉吉人以及维多利亚湖畔的居民中。同样，受

98

到卢旺达扩张威胁的小王国布舒比（Bushubi）的建立有时被归于卡拉圭，有时被归于布隆迪，而在 19 世纪初明确归属于卢旺达的前王国吉萨卡也被转而认为归属于卡拉圭。

名称、仪式、信仰和符号在这个地区流传，催生出新的传说，这些传说在四个世纪前的政治想象中显然具有决定性作用。在今天的刚果东部（基伍地区）也可以看到类似的影响交叉融合。[71]鲁西济河（Rusizi）流域的平原的富里鲁人（Bafuriro）和维拉人（Bavira）、基伍湖西南部的希人（Bashi）、基伍湖西岸的哈武人和伊吉维岛的哈武人，彼此之间以及与邻国卢旺达和布隆迪共享起源传说。应该指出的是，这两个国家的西部地区很晚才真正被吞并，并且有自己的更倾向于西部的历史。例如，在讲卢旺达语的地区有一些小王国，如基伍湖东南部的布索佐（Busozo）和布昆齐（Bukunzi），在历史上与布隆迪和布希有联系。[72]同样，在更北部的基伍湖和爱德华湖之间、维龙加火山的两侧涌现了大量的政治实体，如卢旺达西北方的布希鲁（Bushiru）和辛戈戈（Cyingogo）等，以及今天乌干达西南部的伊加拉（Igara）和布赫韦朱（Buhweju）。[73]只是在最近，历史编纂学才做出努力，顺带提及当代边界。

此外，在氏族组织和宗教观念方面，靠近刚果盆地热带雨林的在政治上分散的人口与大湖地区的"君主制"世界之间存在常常被忽视的文化关联。[74]东非大裂谷西支的各个公国的起源传说相互交织。两个主要的布希国家，即恩格维舍（Ngweshe）和卡巴雷（Kabare），与更南边的卡齐巴（Kaziba）有不同的历史。哈武人王

国，特别是伊吉维王国，过去与隆迪人和富里鲁人的联系似乎比与
它们的邻居希人的联系更多：占卜师卢班博（Lubambo）是 18 世
纪斯布拉王朝（dynasties sibula）的建立者姆温丹加（Mwendanga）
的外祖父，卢班博这个名字与布隆迪的一位入教神灵（占卜师的保
护者）的名字相同。而姆温丹加的父亲卡布维卡（Kabwika）则让
人想起富里鲁人的同名君王。但所有的地方王朝都将自己的起源归
于西部的伊托姆博韦山脉或勒温迪（Lwindi）附近，与雷加人
（Barega）、本贝人（Babembe）、尼因杜人（Banyindu）和滕博人
（Batembo）的传说相联系。这些传说的确令人费解，但它们的主题
是明确的：王权来自他方。当然，在这里，殖民者的文献又毫不犹
豫地将其视为来自尼罗河上游的入侵的证据，特别是通过将（布
希）卢济人（Baluzi）的王子阶层与图西人等同起来；[75]同样，该地
区的文人又一次立刻认为这种从种族角度改写的历史比他们祖先的
乡土传说更具合法性。的确，在乡土传说中，王权并非来自埃及，
而是来自灌木丛，来自狩猎英雄的功绩、法术和慷慨。

坎盖雷（Kangere），这位遥远的祖先，据说在他的猎狗的
陪伴下去寻找入教仪式所需的盐。他身披豹皮，带着大量的
肉，在勒温迪被拥戴为国王。他的后代也在四方如法炮制，创
建了我们刚才提到的不同王国。

在另一个版本中，坎盖雷在森林中发现了一个女孩和一个男
孩，后来他们的乱伦产生了各王朝的缔造者。[76]这个王室乱伦的主题

在该地区的其他传说中也可以找到，[77] 在一些习俗中甚至得到了体
现：在君主同父异母的姐妹或侄女中选择一个母亲，再从这个母亲
的儿子中确定王储；未来的国王在一个秘密的地方接受教育，将在
适当的时候出现。

王权的建立者不以征服者的面目出现，而是一个娴熟的、幸运
的内行人，他有办法和能力将几个氏族团结在他周围，特别是那些
后来在宗教仪式中任巴金吉（bajinji 或 bagingi）一职的人所在的氏
族。戴维·纽伯里在他关于伊吉维岛的斯布拉王朝的研究中，明确
阐述了上述建立者的情况：

> 姆温丹加的与众不同之处……在于他成功地在政治上摆脱
> 了对单一狭小的亲属团体的依赖。……随着时间的推移，他设
> 法让自己融入一个更广泛的联盟系统，从而拓展了他对政治行
> 动的认知。他的地位基本上是他与亲属团体以外的人的联系以
> 及把他们动员起来的能力的产物。[78]

在局限于氏族逻辑的社会看来，我们刚才梳理的起源传说试
图以一种奇妙的方式解释的正是这个奇迹。传说的内容可能不是
很具有"事件性"，但就阐明一个变化而言是很有意义的。我们
现在已经熟悉了这些传说主要的、反复出现的叙事动机：隐藏起
来的将成为国王的孩子、他微妙命运的秘密和利用计谋揭示真相
的占卜师的介入。开国英雄来自"未开化"的某个地方，也就是
说，他与他所处时代的世系秩序和社会秩序割裂。他是牧羊人、

猎人、烧炭人，是谙熟森林、沼泽和山洞的人，是一个来自荒蛮的荆棘丛林的人，他会弑父，娶亲姐妹，（在父系社会）继承母亲的遗产。以布隆迪的传说为例，我们已经能够将这个人与民间故事中的食人魔比较，他们的生活环境和道德规范是相同的，但有一个决定性的区别：[79]食人魔吞噬那些离家出走的人，而国王保护他们，让他们一起为他服务。正如我们在每个例子中所看到的，王权与氏族群体密切相关，但打破了氏族的秩序。王权扩展了氏族的秩序。

　　要想取得这场政治革命的成功，需要强有力的精神支持，而这种支持只能是宗教的。我们已经看到，在比托或欣达传统国家中，甚至在布干达，契韦齐模式体现的既是一种宗教思想，也是一种政治思想。但这并不是唯一的例子：西部王国（布隆迪、卢旺达和基伍地区的国家）的例子也证明了这一点，我们将在后文论述。因此，带来变化的不是征服，而是区域内的断裂。如果发生了迁移，它可能涉及小团体，即使不是边缘群体，至少也是后来被接纳的冒险家。但是，正如前面看到的"班图"文化模式，迁移更多体现在带来影响的浪潮、新的社会管理模式，甚至是鼓舞人心的宣传。传说中的美丽形象并不能掩盖危机和断裂，这些危机和断裂可能比起源传说所显示的更加持久、更加频繁。我们必须回到可能引起变化或使得变化必不可少的物质和人文环境。但畜牧业和种植业之间的关系，以及相应的社会群体之间的关系，似乎并不是这些危机中的决定性因素，更不是唯一的因素。起源传说在这方面尤为沉默，而这一点在今天如此令人痴迷，以至于同一个传说可以有完全矛盾的解释，正如布赫韦朱的里萨王朝（dynastie lisa）祖先两兄弟的例子所显示的那样。[80]

王室仪式

因此，王权的创新所代表的政治文化反映在起源传说中。这一文化也在王室的重大仪式中被维护并再现，例如，葬礼、登基仪式和定期仪式。不同王国的仪式在语言和姿态上表现出极大的相似性。

国王的死亡是衡量他本人特殊性的一个机会：祭祀仪式、保存尸体的方法、王朝墓地的管理、殡葬的功能、纪念活动等，一切都与之匹配。[81]谈论国王的死亡是亵渎的：死者"喝了蜂蜜酒"（这种酒被认为在他大限将至时会毒死他）、"牛奶洒了"、"天塌了"、"黑暗又降临了"等；也有更积极的说法，如"他交出了"鼓、他去为国家而"战斗"等。他的遗体被涂上黄油，有时被涂上牛奶或献祭了的动物（公牛、公羊等）的血和脂肪，然后用小火熏烤，有时被放在架子上，有时被放在木槽里（木槽除了用于酿造香蕉酒或给牲畜喂盐外，还是一种占卜工具）。一般情况下，他的遗体被包裹在一张选定颜色的公牛皮里。在布尼奥罗和布干达，死者的下颚会被摘下放在不同的地方，死者最后居住的宫殿通常会被摧毁。

从事这些丧葬工作的专家来自特定的世系。他们收集死者的徽章、饰物和护身符，然后负责在宫廷里或在他们的领地里熏烤，在这之前，遗体已被庄严地运到那里（在布隆迪就是如此）。王室陵墓所在地种植着神圣的树木，每年都会举行祭祀活动，陵墓通常位于王国的边缘地区，似乎是为了守卫有争议的边界，或者为了纪念古代权力的建立，例如，布隆迪西北部的森林边缘地带、布干扎（Buganza）［靠近莫哈齐湖（lac Mohazi）］、卢旺达的东部、布希与卢旺达交界处、基塔拉（埋葬基济巴比托王朝的早期国王）、南布哈的诸多圣林和北布哈的一个山洞，这些都是王室陵墓的所在地。因为"神圣"具有双重含义，令人肃然起敬又令人生畏，所以这些领地是自治的，而且王室无法进入。国王的遗体在节日的气氛中继续自己的命运。在布隆迪被称为"胜利之所"（inganzo）的圣地，吉吉人的一大世系的四个分支共同享有王朝的四个统治者名号［恩塔雷、姆韦齐、穆塔加（Mutaga）和姆瓦姆布扎（Mwambutsa）］的管理权，扮演着逝去国王的四个永恒的化身。国王的灵魂也以一种奇怪的方式幸存下来：从他的遗体中钻出的第一条虫子被放在一个牛奶罐或蜜罐中喂养，随后变成狮子、豹子或巨蟒。

　　王国的其他人则为国王"离开"哀悼数月。国王死亡造成的混乱上演：农业和手工业活动（尤其是那些需要铁制工具的活动）完全停止，人们的性行为和牲畜的交配都被禁止。继承人登基标志着"恢复正常"。随后，人们定期将祭品送到王室陵墓。有时，遗体在特殊的小屋中保存一段时间后被移走，例如，在卢旺达，以穆塔拉或契里马（Cyirima）为名号的国王的遗体在四个统治期后被移走，那里的王室礼仪规范特别复杂。

登基仪式的目的是通过将国王的特殊权力象征性地传给继承人，以确保一切恢复正常。继承人由王室和某些氏族的宗教要人按照明确的规则，共同从国王的儿子中选出。[82]在布隆迪和布希，据说继承人出生时手里拿着（高粱、穆、南瓜等的）种子。王太后的作用——至少是象征性的——是持久的，她必须拥有特定的血统，例如，在卢旺达，她拥有三个"母系王朝"的氏族之一的图西血统。在布干达，几乎所有的主要氏族轮流成为王太后所在的氏族，因为新的布干达国王被认为属于其母亲的氏族。在卡齐巴，王太后从最后结婚的女性选出，必须是布尔欣伊（Burhinyi，一个小邻国）国王的女儿。原则上，继承人在远离宫廷的地方长大，不能见到他的父亲。父亲一死，他就被册封者（亲属、占卜者和祭司）带到一个等候的地方。他在举哀时起着决定性作用，其权力的宗教和社会意义立即得到体现。在布隆迪，两条河流在王国中部汇合，陪同未来国王的祭司和王子组成队伍在汇合处附近跨越那两条河流。一位德国军官在 1915 年 12 月参加了年轻的姆瓦姆布扎的登基仪式，他回忆了当时的气氛：

104

他身后跟着由图西人护送的一小群牛，这些牛代表国王赐予封地的所有牛群。队伍里还有带着蜂箱的人、带着香蕉的人、带着世间各种水果的人、带着奶罐的人、带着锄头和矛的人。每个人的额头和鼻子上都画着一条白线，这是节日喜庆的标志。牲畜主人和重要的牧羊人也被涂上了黄色的赭石颜料。抬着年轻国王的胡图人握着两根神圣的长矛，这两根长矛在国王之间世代相传，其样式在今天已经不常见了：短柄，狭窄的矛刃上有一条凸起的棱，尖非常锋利。整根长矛都被涂成白色。[83]

登基基本上具有受神灵启迪的意义，以一系列仪式为标志：渡河、圣浴、新的水源地的发现、献祭（包括人牲）、植树（榕树、刺桐等）、驱逐一个注定成为替罪羊的人、带着狗举行以羚羊或野兔等特定动物为目标的狩猎仪式、在白蚁丘上开会（如在哈亚国家）、安装御座或建造新宫殿、在特定的名单中加入一个王家名号。除此之外，国王在仪式开始时被当作孩子对待，在仪式中与第一任妻子结婚；王鼓可能被涂抹黄油或血液，展示鼓后，新的统治者接受、触摸、举起或敲击鼓，以示掌握了国家；他还接受被赠送的各种代表王权的物品，包括特殊的铁矛或铜矛、铜制手镯、铁制工具（小截枝刀、大刀、斧头、锤子等）、豹皮或狮子皮、公牛皮或公羊皮、榕树皮布、神圣的王冠［如布希的由小斑獴皮制成并镶嵌着小贝壳[84]的王冠（ishungwe），以及安科莱的珍珠王冠］。这些物品承载着冶金业和长途贸易的历史。王家宝藏随着时间的推移而不断丰富，例如，玻璃珠通过一系列中间商从中欧传来，其历史只能追溯到 18 世纪。

登基仪式中，新国王从一个圣地来到另一个圣地，权贵负责这一神圣之事。在这期间，起初像孩子一样脆弱的新国王长大成人并能掌控局势。用现在的一句名言来说，就是"王权俘获国王"。[85]根据詹姆斯·弗雷泽（James Frazer）的"金枝"模式，他既不作为

105

神也不作为祭司出现，而是作为一个中间人出现，他被父亲身上的力量渗透，而这种力量由承担相关责任的祭司和氏族控制。他是一种确保恢复正常的通灵者，保障生产、收成、奶牛产犊和婴儿出生。他成为国家的"父亲"。这个从脆弱到强大的转变伴随着大众的喜悦，歌曲尤其是击鼓的舞者的激情表达了这种心情。[86]需要解释一下这种乐器。[87]自殖民地化以来，它一直渗透在民间传说中，使我们忘记了其丰富的象征意义。王鼓像一个大臼，上面铺着一张牛皮，不同部分以出生和孕育的词来命名。击鼓的节奏交替，传递箴言。鼓的名字是"因戈马"（ingoma），意思就是"王国"。只有国王和他的宗教显贵才能让它"说话"，在其他情况下，敲这面鼓意味着一种反叛。因此，登基仪式上演了一场辩证法，协助国王登上王位的祭司和氏族权贵发现自己的权力被他们刚授予王鼓的人剥夺了。在布隆迪，基兰加崇拜的主要信徒陪同国王到河边，之后国王就不需要他们了。在基济巴，国王摘掉一个占卜者的头饰，并宣布从现在开始由自己来主宰这个职业。一名传教士回忆说，在哈亚国家，新国王在白蚁丘上以王权发誓：如果他的父亲、叔伯或血亲兄弟犯了重罪，他甚至可以杀死他们，从而表明他与纯粹的血统秩序决裂。[88]

106　　　事实上，国王与他的王国之间有一种契约：他在日常生活中被禁止做许多事情，但民众对他绝对尊敬，其中政治忠诚、宗教规定和禁忌结合在一起。他的决定必须被服从，所有人不能直视他的眼睛。在来自四面八方的人面前宣布新国王登基，是一个提醒人们注意这一不成文的"宪法"的机会。此外，君主还会得到各种物品和食物（栽培的作物、锄头、牲畜等），他与生产这些东西的专家接触，以便让人们看到他是所有人的国王，保护所有的活动，如狩猎、种植、放牧、锻造、制陶等。在安科莱，新"穆加贝"（mugabe，指"国王"）给农民一把锄头，给牧民一条带子（挤奶时用来捆绑牛腿）。在卢旺达，新国王会在这一天参加锻造、搅拌、播种，然后模拟法庭甚至战争。在某些情况下，新国王甚至会在他的国家巡游以"被人看到"（就像人们在布希所说的那样），并且各个村庄为他举办宴会（例如在伊汉吉罗）。在这些仪式中，政治地理学将神圣之人的地理学与领土控制结合在一起。

　　王家葬礼不过是家庭悼念的放大，而登基仪式反映了每个王朝的历史。登基仪式再现了王朝初建的情节，或被视为如此，与政权演变相关的情节使得仪式更加丰满。在安科莱，仪式的主持人来自扬圭次氏族（sous-clan des Bayangwe）——相当于扬戈氏族——我们已经看到后者与哈亚国家的欣达氏族的图腾崇拜的联系。在仪式的某一时刻，这个人拿着国王的弓，以国王的名义向不同方向射箭，似乎要把国王的人民曾经控制的国土交给欣达王朝的君主。在基济巴，一个信使会从塞塞群岛取来新的火种，另一个会从安科莱取来高粱和盐，还有一个会选择第一座宫殿的地点，每一个活动都象征着这个位于契韦齐空间和维多利亚湖世界交汇处的小国的一个原始前景。正如我们所知，每个王国都由一面主鼓来体现：布尼奥罗的鲁萨马（Rusama）、布干达的廷巴（Timba）、卡拉圭的尼亚巴塔马、安科莱的巴吉彦丹瓦、卢旺达的卡林加（Kalinga）、布隆迪的卡尔彦达（Karyenda）、布哈的鲁加博（Rugabo）和布哈布加里

（Buhabugari）等。但是，如果我们列出一份象征王权的物品名单，包括次鼓、圣矛、王家公牛等，我们会在不同国家发现同样的名称，这反映了这种共同的文化和影响的交叉融合，这一点我们已经强调过了。例如，布哈的铜矛被称为卡林加，和卢旺达的鼓同名；布舒比的鼓被称为穆哈布拉（Muhabura），和布隆迪每时每刻伴随着国王的圣牛同名。

最有意思的是君主和代表着有影响力的氏族的祭司之间的关系。从这个角度来看，在布干达，礼仪的演变尤为重要。[89]经过五个月的哀悼，新国王参加猎杀羚羊仪式，接着在铺着狮子皮和豹子皮的御座上落座，披上榕树皮织物，接受两根长矛、一面盾牌、一个珍珠手镯、一个铜手镯，以及分别继承自金图和基梅拉的两面鼓。事实上，几乎所有的圣物都来自基梅拉，并由特定氏族的权贵交接。但被称为"塞巴塔卡"（Sebataka）的新国王，即各氏族之父，仍需得到各氏族的"确认"。因此，这一仪式强调了统治者应占据的首要地位的特征。然而，这些仪式在 18 世纪纳穆加拉（Namugala）统治时期得到补充，增加了一个以祈求来自天上的英雄、本巴蛇的征服者金图的保佑（他体现的氏族妥协在那时被遗忘了）为基础的仪式，这个仪式在被称为"布干达之家"的纳加拉比山丘（colline de Naggalabi）举行，由肺鱼氏族和穿山甲氏族的成员负责。从此，国王在得到氏族确认之前就是布干达的主人，这在仪式上标志着君主权力的有效延伸。1993 年，这个有大树和白蚁丘的遗址在王朝复辟时再次被启用。

第三类重大仪式使每个王国的生活有了节奏。月度和年度仪式使天和地的时间在王权的控制下变得协调。在北部和东部的王国（布尼奥罗、布干达、安科莱、卡拉圭、布哈亚），在国王和护鼓人的双重责任下，以鼓乐为主的庆祝活动标志着新月出现。指代"月亮"的词根-ezi强烈地暗示了这些王国与契韦齐神灵的联系，后者的祭司也在新月出现之时参与主持仪式。

而西部的卢旺达、布隆迪、布哈、布希和布哈武与众不同，因为每年举行的大型农业仪式占有重要地位，这些仪式与该地区两种古老的非洲农作物，即高粱与穆的播种和收获有关。得到最深入研究的是布隆迪的穆加努罗节（muganuro，又译高粱播种节），每年12月前后（直到1929年）在王国的四个主要"首都"的其中一个庆祝。[90]国王食用一种高粱糊，其面粉（isugi，即"纯洁的"）来自由名为恩塔雷的祭司在恩科马高地耕种的一片特殊田地，据说开国国王恩塔雷就是在该国这一地区出现的。其他同样专管王室之"秘密"的家族在该国南部和中部建立了各自的领地，为这个场合提供各种产品（谷物、香蕉、蜂蜜酒、盐等），并更换用于在王宫敲响的鼓。因此，这些"持鼓"家族既是制造者又是鼓手。节日仪式本身分为几个阶段：一旦国王"吃了一年"，即吃了六个月前收获的第一批果实以祈求好运并恩准下一年的播种，他就与王鼓的"女祭司"穆卡·卡尔彦达（Muka Karyenda）会和，然后便祭拜基兰加的神灵，接着在一片特殊的沼泽地组织狩猎仪式，并分发锄头和牲畜。每年在所有地区的代表团面前，这个那时尚未有特定名称的国家节日重新激活了国王的力量。它显示了祭司团体的支持，这些祭司的圣林形成了国家的边界，他们尤其来自两大胡图人氏族——吉吉氏族和舒比氏族。这个节日也很可能是为了使恒星历，即季节和收成的历法与太阴历相吻合，使占卜者可以在每三年延迟大约一个朔望月（也就是通过增加一个被称为"黑月"的第十三个月）的情况下选择一个日期。

卢旺达的丰收节（muganura）[91]是为了庆祝 4 月前后的高粱收获期，在北部邦博戈（Bumbogo）的一个祭祀之地由来自特索贝氏族的祭司主持。伊吉维岛的哈武人的穆加努罗节和布哈的恩多勒戈瓦·雅·姆佩什节（ndolegwwa ya mpeshi，又译高粱丰收节）是在高粱收获季庆祝的。而卡齐巴的穆邦德节（mubande，又译高粱播种节）和布希中部的穆邦丹旁杜节（mubandampundu，又译高粱播种节）则与布隆迪的节日一样在高粱播种时庆祝，但都在雨季开始时，即 9 月前后，而不是在 12 月庆祝。[92]此外，在基伍湖沿岸，国王还饮用一种由植物和泥土混合而成的被称为穆邦德的饮料。其他王室礼仪伴随着鼓声，人们杀牛宰羊，拿出穆和高粱。在伊吉维岛，仪式中甚至还有鱼。

无论是神秘主义的节日还是民间节日，都有其古老的渊源。例如，在布隆迪，有一个古老的谷物初果节，名为"吃了一年"，4月前后在家庭中庆祝。它被描述为"胡图人和图西人的一年"，即普通人的一年，而穆加努罗节象征着"国王的一年"，在较晚的、更适合高粱播种的日期庆祝。[93]在基伍湖西部，"穆邦德"一词指的是上文提到的在这些仪式中国王饮用的混合物，也被用于描述与古老的割礼仪式有关的圣石，比如森林中的尼扬加人（Banyanga）举行的仪式。[94]伴随着人类对技术的掌握，这些农业仪式显然使国王成为自然与文化之间的媒介，以及君主权力之鼓与祭司［卢旺达的比鲁、布隆迪的巴尼亚马班加（banyamabanga）、布希和布哈武的巴金吉等］所在的一系列氏族的权威之间的调解人，这些祭司主持仪式，但也遵循前王朝的逻辑。这些庆祝活动的核心是显示王权象征所塑造的国家统一性与生态、社会经济和氏族多样性之间的辩证关系，它们体现了民众拥戴的王权精神本身。

110

宗教阴影下的王权

在欧洲语言中，我们将一个人称为"国王"（如 roi、king、König）是基于大卫王（roi David）、希腊语的 basileus（"王"）、拉丁语的 rex（"国王"）和卡佩王朝的"神奇国王"影响下的某种历史经验。在大湖地区，这个人也有其称谓。有四个词占主导地位：布干达的"卡巴卡"，尼奥罗-哈亚语言空间的"穆卡马"（字面意思是"挤奶人"），安科莱和布津扎的"穆加贝"（具有礼物和命令的双重含义），西部王国（卢旺达、布隆迪、布哈、布希、布哈武）的"姆瓦米"（尽管词源不确定，但意为多产和丰饶）。国王的身体被赋予了掌控自然力量、文化能力和权力这三重使命。他的身体用想象的手法被描述出来：在布隆迪，他的脚是"锤子"，他的肚子是"搅拌器"，他本身就是一个"生命源泉的护身符"（biheko bizima）——这一表达也适用于基兰加的神灵。国王、王室成员和宫廷成员在日常生活中要遵守一系列手势、饮食和性的禁忌。国王要禁食红薯，只喝没有失去小牛犊的母牛的奶，只吃小公牛的肉，并在专为吐痰的牛角中吐痰。他的厨师和挤奶工被禁止性行为。我们已经看到，国王死后，他的身体将化作神灵，一分为二：其一化身为动物，通过他的继任者再现；其二化身为面具，通过他在王朝表中的名字再现，在王朝祭司的呵护下继续存在。[95]

  一个宫廷也是一座真正的神殿，它的生活节奏是通过敲击一面特定的鼓来调节的。除了负责内部事务和被托付的其他事务［像墨洛温宫廷（court mérovingienne）一样模糊不清］的各种显贵之外，还有负责超自然事务的人物，他们承担着日常或潜在的职能，在我们刚看到的重大仪式中引人注意。让我们以殖民地时期前夕国王姆韦齐·吉萨博（Mwezi Gisabo）统治下的布隆迪宫廷为例。历史学家埃米尔·姆沃罗哈对这个宫廷进行了详细研究，他的祖母就是这个宫廷里的侍女。[96]王宫附近有两个女祭司，分别负责卡尔彦达王鼓和基兰加王鼓，看护后者的女祭司是从舒比氏族中选出的。其他女子也有类似的职能：尼彦努穆甘巴（Nyenumugamba）在王太后去世后代替她，穆特温济（Mutwenzi，意思是"黎明"）起着仪式姐妹的作用，伊纳巴马塔拉穆卡（Inabamataramuka）看管雨水和风暴，伊纳穆科马克托（Inamukomacoto）看管圣火。另一位女祭司居鲁里卡贡戈（Jururyikagongo）在附近的山上看守着巨蟒比西里比贡济（Bihiribigonzi，意思是"盘了一千圈"）。神圣动物也在宫廷中被分配：王鼓的公牛是塞马萨卡（Semasaka，意思是"高粱之父"），国王本人的公牛是穆哈布拉（意思是"向导"），公羊被

<!-- 111 -->

分配给母牛群、母羊群（或山羊群），最后还有一只狗被委托给一个被称为穆加维布瓦米（Mujawibwami，意思是"王宫的女仆"）的女助手。每个统治时期都会更换的一面鼓无时无刻不在国王身边，它被称为鲁肯佐（Rukinzo，意思是"盾牌"），由森戈氏族（clan des Basengo）管理，这个氏族也提供指定的弄臣。人是根据所在氏族挑选的，动物则是根据颜色挑选的，所有这一切都被认为能带来"好运气"（ibimazi）。[97]如果只把它们看作神奇的玩物，那就错了。

王权在掌管超自然事务的网络中无处不在，历史悠久的氏族以世袭的方式管理超自然事务，且它们的参与似乎是根本性的。宫廷本身是流动的，位于一个扩展的神圣空间内，属于各路创始英雄的丛林以及由此产生的崇拜成为指示这一空间的标志。在布隆迪，这一空间尤其由王家陵墓和在每一个穆加努罗节重现的恩塔雷·鲁沙西所走路线指示出来。[98]在其他地方，人们对吉汉加、鲁欣达或契韦齐统治者的记忆犹新，我们在前文提到过他们的圣地。在世的国王与已逝的国王遥相呼应，无论他们是每个王朝的祖先还是本身来自神奇帝国的入教崇拜中的神灵。

112

最后，我们来对王权和宗教之间密切但微妙的关系进行总结。当我们谈到大湖地区的宗教时，[99]我们不是在谈论对一个无所不在但非个人的最高神圣原则［布干达的卡通达（Katonda）、布尼奥罗的鲁汉加、卢旺达和布隆迪的伊马纳（Imana）等］的模糊信仰，尽管传教士及其信徒想在其中看到一个相当于耶和华的神。[100]我们想到的也不是祖先崇拜，因为他们的神灵引来的更多是畏惧而不是敬仰。我们想到的更不是世袭的、有特殊技术的占卜师－治疗师（abapfumu）的活动，例如，用公牛或鸡的内脏进行占卜、了解植物、"造雨"等。谈到大湖地区的宗教，我们想到的是对契韦齐神灵的入教崇拜，特别是对从布尼奥罗到布津扎的瓦马拉的崇拜，或者推而广之，对卢旺达、布隆迪和布希的尼扬贡贝或基兰加（在狩猎中被水牛或羚羊杀死，其灵魂幸存的英雄），甚至是布干达的"卢巴莱"（lubale）的崇拜。或者说，我们想到的是整个库班杜瓦宗教，它是整个大湖地区的基本文化动力之一。

这一切都始于一个神秘的启示：一些信徒可能被一个神灵附体，并有能力主持崇拜仪式（通过歌曲、舞蹈、饮品），旨在回应人们的焦虑，帮助他们面对疾病、亲人的死亡、不育、双胞胎的出生、雷电以及带来这些不幸的巫术的困扰。某些症状（消化系统疾病、皮肤病、精神障碍）的出现被看作受侵犯的迹象，需要求助于库班杜瓦宗教。必须强调的是，这些威胁被认为来自某些祖先。在非洲的大湖地区，这些祖先并不令人安心。宗教崇拜仪式场所的标志是神圣的小树林（由榕树和刺桐等组成），辅以草地，有时还有用于祭祀的小屋。无论男女，无论来自哪个氏族和族群（胡图人和图西人等），附近的居民都在那里聚会。这种宗教也是社会融合的一个因素，是在邻里团结的基础上对亲属关系划分的一种回应，主要在该地区西部的山丘广泛传播。在布干达、布尼奥罗和哈亚国家，该宗教更多集中在朝圣地周围，在卢旺达和布隆迪，也有扮演通灵者的被神灵授意的重要的巫师，即所谓的"比舍古"

（bishegu）。[101]

　　王权和库班杜瓦宗教之间的关系超越了把神与国王混为一谈的起源故事。在布隆迪，基兰加被描述为国王的"兄弟"，是唯一不能被神灵授意的人。正如我们所指出的，崇拜本身存在于所有主要的君主制仪式中。标志（豹皮、贝壳王冠，甚至哈亚国家和布尼奥罗的鼓）和词语将王权与恩班杜瓦的权力联系起来。在安科莱，卡贡多（kagondo）指的是契韦齐圣地和王家陵墓；在哈亚国家，库腾德库瓦（kutendekwa）既指登基也指受神灵启示；在布隆迪，库武梅拉（kuvumera）同时指国王的话语、圣鼓的鼓声和基兰加信徒的喧嚣声；在布哈，基兰加崇拜中被称为比雅加（biyaga）或比契韦齐（bicwezi）的神灵控制位于圣地的鼓，这两个词也指国王。[102]这两种神圣权力所共用的神秘用语是由从一个国家流传到另一个国家的词语所滋养的，其含义有所变化，但在文化上完全是一致的。

　　诠释在两个极端立场之间徘徊：要么说宗教是已沦为工具的上层建筑，成为当权者操纵的对象；要么说宗教为反抗提供了一个典型由头，反映了受压迫阶层的愿望和老精英的怀旧情绪。[103]事实上，正如我们将看到的，从完全控制，即祭司由宫廷正式任命（见 18 世纪以来布隆迪的基兰加崇拜或卢旺达的尼扬贡贝崇拜），到特别是在危机和叛乱时期宗教力量的最无法控制的涌动，宗教信仰与君主制之间的关系变幻无穷。但是，从这个角度来看，从字面意义上将王权与宗教崇拜截然对立则是简单化的：正如我们所知，王权本身是建立在神秘主义和神灵启示之上的，我们也可以观察到，即使

114

是无序形式下的崇拜也可以建立新的权力，正如一个世纪前卢旺达和乌干达边境的尼亚宾吉（Nyabingi）运动①那样。[104]事实上，在作为政府秩序的君主制和容纳着君主制的宗教意识形态之间存在一种永久的紧张关系，因为正是以对王朝起源的想象和对宗教崇拜的激情的名义，权力的滥用受到谴责，对立也随之产生。我们经常强调这种误解，[105]甚至最受"反抗"说法诱惑的研究也指出这个矛盾的症结。[106]难道狄俄尼索斯（Dionysos）不是同时在希腊城邦中心释放狂欢并煽动宣泄吗？[107]

我们熟悉的自 18 世纪以来的政治历史，穿插着左右国王与库班杜瓦宗教的被神灵授意者或祭司之间的关系的困扰与策略。布尼奥罗和安科莱的国王越来越依赖对契韦齐英雄的参照，将契韦齐英雄与他们关于祖先的记忆紧密联系在一起，并从远处敬拜这些英雄的神殿（例如，穆本德的恩达胡拉女祭司的神殿）。然而，在哈亚人或津扎人中存在这样一种矛盾：君主们偏爱他们所谓的祖先鲁欣达而不是被认为具有颠覆性的瓦马拉神灵，而后者的神殿则强调在王朝起源时那个不雅的私生子的次要地位。这导致一些国王重视他们的一些祖先（如在基亚穆特瓦拉），同时把对穆加沙的崇拜与对瓦马拉的崇拜对立起来。据白衣神父在 1879 年的描述，布干达的穆特萨国王在"卢巴莱"穆加沙的通灵者面前发抖，后者令他大病

---

① 尼亚宾吉运动是 19 世纪 50 年代至 20 世纪 50 年代活跃在东非的反对殖民主义的运动，在乌干达的女巫师穆胡穆萨（Muhumusa）领导下展开。1912 年，英国人在推出《巫术条例》（Witchcraft Ordinance）后，与非洲的尼亚宾吉灵媒作战，将他们归类为巫师。穆胡穆萨于 1913 年被俘。——译注

一场并下令封锁湖泊三个月。作为回应，这位国王在首都附近的陆　115
地上为这位神灵修建了一座新的庙宇。尤其在布干达，基督教精英
们的政治谋算导致了王权"世俗化"的观点始终存在，王权长期以
来掩盖了这个制度的结构性-宗教层面。[108]

　　在整个大湖地区，契韦齐传说在这一层面打下了深刻的烙印，
这是从艾伯特湖畔到马拉加拉西河谷（在今天的坦桑尼亚）的高原
王国未被书写的名副其实的《创世记》。但是，维多利亚湖畔，即
以金图为王朝建立者的地区，以及塞塞群岛的圣地和布武马群岛
（îles Buvuma）仍然保留着其独特性。而在基伍湖和坦噶尼喀湖周
围的西部山区，我们怎么可能不就"姆瓦米"制度与靠近刚果盆地
热带雨林的同名宗教崇拜，即莱加人（Balega）和本贝人的"布瓦
米"（bwami）之间的关系提出问题呢？[109]在这些所谓的被分化的社
会中，带有这个名称的受神灵启迪的社会提供了一个高于亲缘关系
的仲裁、权威和团结的空间。事实上，我们在这里的氏族实体之间
发现了与王权出现时一样的关联辩证关系与边缘化辩证关系。"布
瓦米"这个词与基伍湖以西和鲁西济河谷的小王国所用的词有其他
相似之处。例如，在那里可以看到王冠这一王权标志，但它是用鬣
鳞蜥皮、豹牙和铜制成的。在希人和哈武人中，我们在被称为穆邦
德的割礼仪式中看到了同样的词语转换，该仪式被引入王国的农业
节日。

　　事实上，从氏族网络到中央集权，君主制的产生过程并不是一
天之内发生的，也不是沿单一的路线进行的，但共同点是宗教信仰
和政治服从之间始终有密切联系。王权的逻辑与入教的逻辑是相同

116　的。这就是为什么王权很快就与宗教发生了竞争：尘世的通灵者与彼岸的通灵者对抗。在伊吉维岛的哈武人当中，祭司在某种意义上拥有"比国王更大的社会权力"，因为正如戴维·纽伯里所写的那样，"作为一个团体，他们在抽象的形式本质上代表了王权"。[110]正是在这一裂痕中，氏族的策略起了作用。在 19 世纪，它们的相对边缘化将与祭司的边缘化并行不悖。现在可以分析过去三四个世纪的历史了，其框架和利害关系已经确定。

第三章

君主制国家的建立

将我们掌握的王朝表[1]与谱系表相对照，可以让我们至少追溯到 15 世纪的历史。但是，政治假说直到 17 世纪前后才变得严肃起来，而事件的真正精确记录直到 18 世纪才实现。必须承认，这就是口头资料的局限性。在 19 世纪中叶的外国书面记述出现之前，似乎只有两个有绝对价值的日期，它们根据 1520 年和 1796 年在大湖地区可见的两次日食确定，并且在一些国家的口述传统中与政治军事事件有关。[2]第一次日食恰逢安科莱国王恩塔雷·尼亚布加罗（Ntare Nyabugaro）和布尼奥罗国王奥里米·勒维塔马汗加（Olimi Rwitamahanga）在安科莱进行的比哈尔韦战役（bataille de Biharwe），与布干达和卢旺达的其他具体事件在同一时期发生。第二次日食与卢旺达国王米班布韦·森塔布约（Mibambwe Sentabyo）的登基仪式有关，其发生时间与布隆迪国王恩塔雷·鲁甘巴（Ntare Rugamba）开始统治的时间大约一致。

事实上，日食日期的确定并不容易，因为这种现象在四个世纪中重复出现过几次。1889 年 12 月 22 日下午看到的那一次在天文数据的支持下留下了生动而准确的记忆。但是，更早的那几次日食的发生背景（季节、在一天中的时间）并没有在记载中留下任何痕

迹。有几种可能性，谱系表提供的近似编年帮助我们做出最终选

118 择。在这个问题上，当代作者依赖欧洲的传统——公元前 5 世纪的
古希腊历史学家的传统。这些历史学家也阐述了基于"人类世代时
间"的日历推算法，[3]这一方法在谱系学家奥托·福斯特·德巴塔利
亚（Otto Forst de Battaglia）的著作中得到发展，他根据欧洲王朝的
情况，提出每一代为 33 年。在涉及卢旺达时，卡加梅神父采用了
这个数字。[4]对大湖地区各王朝的比较研究表明，该地区的每一代为
27 年至 29 年。[5]这个问题由于王朝表的不确定性而变得复杂，在某
些最长的版本成为官方版本之前，其最初的记载是相互矛盾的，而
这些表往往只排列了名字，没有提供其他任何事实数据以呈现出不
同统治时期的真实样貌。从这个角度来看，布干达（自 20 世纪初
阿波罗·卡格瓦的著作发表以来）和卢旺达（自 20 世纪 50 年代亚
历克西·卡加梅的著作发表以来）以其在次级区域的权威已经成为
参照。卡加梅在他以当地语言出版的著作《得胜的卡林加》中充分
强调了被称为"智慧的锻造"的官方谱系表。[6]在这位史官和比利时
历史学家让·范西纳的推算中，被证实的最早统治在年代上的差异
长达一个世纪。

　　此外，王家名号周期性出现，在（成为文字记载之前的）口述
传统中未被编号，虽然很多时候这些名号伴随着一个人名，但以此
为证据很牵强，这为我们可以想象的所有混乱甚至是操纵提供了便
利。我们不是把布隆迪东部的王国创始人"老恩塔雷"（Ntare
l'ancien）与 19 世纪征服这一地区的恩塔雷·鲁甘巴混为一谈了
吗?[7]最后要记住一点：王朝表不是家谱，[8]因为君主的继承人一般是

儿子，后者的年龄取决于君主去世时最具影响力的王后的年龄。继承人也可能是兄弟或侄子，或一个篡位者。有些国王早逝，有些国王则长寿。最近的研究强调了所有这些困难。[9] 人们饶有兴致地推算布隆迪王国创始人恩塔雷·鲁沙西出现的日期。在一个故事中，他与一次日食相关联，如果这次自然灾害不仅仅作为一个惯用桥段出现（在起源传说中总是很受欢迎），那么这次日食可能就是 1680 年或 1701 年发生的那次日食！[10]

119

　　这意味着很难将这些时代完全"切割"。然而，可以确定两个过渡期。首先，从"氏族"到"王国"的这个过渡是渐进的，而且不同区域的节奏不同，日期难以确定。但是，传说中的"国王"一词在 16 世纪和 19 世纪是否指向同一权威呢？正如我们在前言中指出的，这些传说的逻辑是忠实于过去的连续性的逻辑，即使这个过去被重新安排了。事实上，制度在某个早晨突然出现的想法完全是年代错乱的幻觉。历史分析更关注的是发现断裂与变化。从这个角度来看，必须解释第二个过渡，即如上文分析的那样，大湖地区的王国从基于妥协、与某些网络关联并被信仰和禁忌束缚的王权走向真正的君主制，这多少令人想起欧洲的政治构成，无论是中世纪的还是现代的。这一过渡实际上跨越了 18 世纪和 19 世纪。这将是本章的重点。

空间的控制：18—19世纪的生态与权力

　　就早期而言，考虑到前文所述的景观、生态潜力和开发方法，

至少可以大致勾勒出大湖地区的地缘政治。直到 18 世纪，政治活
力存在于从艾伯特湖到卡通加河、卡盖拉河和马拉加拉西河谷的中
间高原。这些相对干燥的地区的特点是畜牧业和谷物（穄和高粱）
种植占主导地位，有铁和盐。这些地区在语言方面也相对一致，形
成契韦齐政治-宗教文化占主导地位的范围。

我们曾多次提到生态危机，这些危机似乎破坏了这个已经因降
雨量少而脆弱的地区的稳定。正如我们所看到的，这一现实既反映
在考古学家对契韦齐文化消失的解释中，也反映在起源叙事展开的
氛围中。似乎正是这种人口和经济僵局以及灾难（干旱、饥荒）成
为 16 世纪和 17 世纪之交的标志性背景，这一时期经常被认定为王
国历史的终点。这种情况让人想起苏美尔人（Sumérien）的说法：
"洪水来临之后，王国从天而降。"[11] 但直到 18 世纪，这种灾难性的
气候似乎在传说中反复出现，并对该地区的定居和政治组织产生了
长久影响。J. B. 韦伯斯特（J. B. Webster）根据罗达岛的尼罗河水
位计的记录和讲述丛林大火灾或饥荒的传说提出的假设，倾向于支
持 17 世纪和 18 世纪是漫长困苦时期的看法。[12] 17 世纪初（1620 年
前后），然后在 18 世纪二三十年代、18 世纪五六十年代和 18 世纪
八九十年代这几十年里，都曾经出现干旱，之后要等到 19 世纪 90
年代才出现另一个灾难时期。

因此，鉴于"氏族"这一旧组织显然没有能力面对灾难时期，
新兴的王国必须处理这种状况，为由此产生的考验和冲突提出对
策。这关系到什么？必须管理因寻觅食物、更肥沃的土地和灌溉条
件更好的地区而出现的周期性人口变迁和内部迁徙，以及与这些变

化相关的谱系分裂。在一个经受危机考验的空间或新的定居地带，种植业和畜牧业活动之间的关系必须被重新定义。在东部，维多利亚湖周围的香蕉种植园代表了一个不同的世界，这一点我们将在后面讨论。但在西部，正如我们所看到的那样，主导着东非大裂谷西段的更潮湿、被更多树木覆盖的高地自公元前 1000 年以来就有人居住并耕耘，仍然提供了许多开垦的可能性。由于旱季较短，种植业也更有活力：块茎和豆类作物成为谷物的补充，甚至与后者形成竞争。在我们正在分析的这个时代，美洲作物（特别是玉米-大豆的组合）的引进革命性地强化了这种互补关系。因此，牛和高粱、牛奶和面食、牧场和休耕地之间的古老互补，面临着有两个收获季节的更密集的种植业逻辑，更不用说豆类植物蛋白的贡献了。但这种种植业也绝对可以得益于动物粪便。[13] 这条拓荒战线因此远不止大规模向西部推进，而且越来越密集地被占领和开发，并逐渐被人口填满。直到 20 世纪中期，开荒运动还在向刚果盆地热带雨林的边缘不断推进。因此，种植业和畜牧业之间关系的问题代代相传，它不是在截然不同的"生态位"共存的基础上出现，如古代安科莱的希马人和伊鲁人之间的对立，而是以不断加强的融合的形式出现：卢旺达或布隆迪的图西人是农民-牧民，而胡图人是农民，但后者并非不会饲养大小牲畜。这一现实往往被东非马萨伊人所谓的牧民形象的主导地位掩盖。这两种活动之间的互补和竞争是日常生活的一部分，特别是在土地管理方面。

　　因此，王权表现为一种政治想象，应该提供仲裁，并比宗教崇拜更具体地促进所有人共存和充分发展。我们已经看到重大仪式如何突出了君主阴影下的不同活动。一些象征王权的物品将铁和牲畜联系在一起：卡拉圭、安科莱和卢旺达的王家锤配有牲畜角，这与欣达人和扬戈铁匠组成的联盟相呼应。[14]布隆迪的穆加努罗节突出高粱，但也强调牲畜；此外，根据高粱的播种期设定的看似奇怪的日期（12 月而不是雨季开始的 9 月）既反映了更符合东部王国的农耕日历（布哈的日历），也反映了与其他双季作物的生长周期的最佳结合：仿佛这个仪式被引入布隆迪山区中心之前就已经在东部高原时兴。[15]

　　君主政体支持并激励的秩序不仅带来了相应的尊重，也带来了相应的物质利益。这些物质利益由新政体的官员管理，即由有手段从这种从属地位受益的政治贵族管理。在非洲其他地方，国家机器的需求是通过诉诸奴隶制来满足的。但这里的情况并非如此：在大湖地区，君主制的建立相当于朝贡体制的实施。我们将看到其形式。

　　但从现在开始必须注意另一个特点，即拥有牲畜显然起着决定性作用，在西部高地同样如此，即使那里的森林在耕种者的锄头或烧炭-冶金者的斧头下，比在牛的牙齿下退缩得更多。除了其物质功能（提供奶、肉、皮、粪便等），牛在社会想象和人类关系的象征（从嫁妆或和解的礼物到依赖关系的纽带或罚款）中享有突出地位。这并非不言自明。我们有相反的例子证明，牧民群体被征服或被边缘化，甚至在西部高地也是如此：来自吉萨卡、布盖塞拉、布哈和讲同一语言的其他地区的图西人，以及来自卡拉圭等王国的希马人，转到坦桑尼亚中部稀疏的森林中放牧，在那里他们被尼亚姆韦齐人的酋长控制；[16] 其他一些图西人也离开了，他们可能同样是 18 世纪和 19 世纪冲突的受害者，前往俯瞰坦噶尼喀湖西岸的伊托姆博韦山区，在那里作为普通的牧民生活，与本贝人或富里鲁人为邻。[17] 历史学家爱德华·斯坦哈特（Edward Steinhart）研究过安科莱，他认为 18 世纪的"生态危机"是农民对大牧民建立依赖关系的决定性时刻，我们将看到这一点。的确，在干旱和饥荒的情况下，牲畜群可以到很远的地方去吃草，而田地无法移动：寻找食物和庇护的农民就会发现自己处于弱势，这时更适宜进行有利于牲畜这种可移动财富的持有者的社会关系谈判。[18] 尽管如此，牛能够在很长一段时间内成为权力的标志——即便在每个王国不尽相同——也是一种政治游戏，即统治阶层贵族的政治游戏的结果。19 世纪末观察到的情况并不是雅克-热罗姆·马凯所说的"不平等的前提"的结果，而是一种历史构建的结果。

这些假设值得我们从定居的一般时间顺序的角度做出最后的评论。我们所看到的过去四个世纪里的运动，特别是东西方向的运动，是更漫长历史的一部分，即人类逐步"填充"大湖地区不同的空间。这不是一个占领空地的问题。正如 11—13 世纪西欧的"大垦殖运动"并没有抹去罗马时期，也没有抹去 5 世纪的"蛮族入侵"，更没有抹去公元前的"凯尔特人迁徙"，标志着大湖地区 17—20 世纪社会史的家族世系和土地蚕食的多重转变并不代表一个绝对的开端。然而，调查研究在这一点上可能会产生误导，因为根据不同情况，口述传统和谱系表本身仅可记录 5—10 代，这似乎将

123

"起源"的时间推到了 17 世纪中期至 18 世纪中期。例如，这在卢旺达启发出一种略带讽刺的观点：

124
> 如果说那个时期的武士的口述传统关注的主要是军事酋长之间的权力关系，并承认掠夺牲畜群是其基本的经济目标，那是因为在那个时期，在土壤中扎根，或者说农民和牧民定居下来并在此确立各自权利的情况还未发生。直到 18 世纪末口述传统才提到一个新角色：拓荒者。[19]

按照这一观点，克洛迪娜·维达尔略微忽视了铁器时代的定居史，建议将 18 世纪描述为"垦荒者时代"。[20]然而，她合理地强调了标志着这一时代的人口密集化现象，并坚持认为这涉及所有类别的人口，无论是胡图人还是图西人。她提出的"定居化"的说法确实更准确地指代了可用空间的逐渐缩小以及对其进行界定和控制的趋势，前提是我们不要为早期社会设想一种普遍的游牧主义（以流动放牧、移栽作物和战争掠夺为基础）。一个世纪以来，我们在卢旺达和布隆迪观察到的情况无疑更为明朗：高人口密度的普遍化导致归属有争议的草场逐渐消失，并减少了人口向长期树木繁茂、灌木丛生和沼泽遍布的地区流动。[21]事实上，大湖地区的社会是以多种形式的内部流动和世系控制，尤其是政治控制之间的长期紧张关系为特征的。各种活动之间的利益关系本身就是这种紧张关系的一部分，一直体现这些国家的日常生活。[22]

中间高原：衰落与分化

让我们追溯不同王国的地理状况。[23]我们知道，尽管所谓的契韦
齐文化在 16 世纪前后崩溃了，但正是我们称为"中间高原"的区
域——那里的人类活动可以追溯到铁器时代晚期——在一个多世纪
中继续主导着大湖地区的演变。可以从北到南追踪到这种情况，但
并非没有困难，因为在建国传说（瓦马拉、鲁基迪、鲁欣达等的传
说）和 18 世纪的政治军事年表之间，有几十年可以说是模糊不清
的。在北方，我们发现有一个王国在很长一段时间内都是最强大
的，那就是布尼奥罗（或基塔拉王国）。我们已经看到，这不仅是
卢奥人入侵的结果（他们让这个国家有了比托王朝），也是比托统
治者突袭的结果（他们通过向南方发动的突袭长期威慑这个地区）：
在 16 世纪突袭了遥远的卢旺达，在 17 世纪和 18 世纪偶尔袭击卡
盖拉河以南地区。最初的袭击应该是 1520 年在安科莱取得比哈尔
韦战役胜利之后：一位名叫楚瓦（Cwa）的王子，即国王尼亚邦戈
（Nyabongo）之子，两次指挥远征卢旺达。这两次远征在传说中留
下了恐怖的记忆，因为国王基盖里·穆科班亚（Kigeri Mukobanya）
和米班布韦·穆塔巴齐（Mibambwe Mutabazi）先后被迫向西逃亡，
后者甚至逃到了布希。再往南，布盖塞拉的国王恩索罗·桑加诺
（Nsoro Sangano）也成为这次进犯的受害者。之后，布尼奥罗的突
袭队在楚瓦死后可能撤退了。然后在 17 世纪，卡盖拉河口附近的基
济巴——其本身就属于比托王朝——和卡拉圭也受到布尼奥罗的攻

125

击。最后在 18 世纪初，又一个国王［可能是凯班贝（Kyebambe）］蹂躏了哈亚国家很多年，直到他被伊汉吉罗的国王尼亚鲁班巴·基昆布（Nyarubamba Kicumbu）击败并杀死。随后，其他一些布尼奥罗的群体在卡拉圭和安科莱被击败，每次都是被一个名叫恩塔雷·基塔巴尼奥罗（Ntare Kitabanyoro，即"尼奥罗杀手"）的国王击败。[24]很可能这些袭击（应该如此看待这些"战争"）在整个地区培养出了好战精神，并激励统治者采取各种军事措施，这些措施很快成为君主制度的一个重要方面。

尽管布尼奥罗享有盛名，但它似乎没有一个强大的组织。[25]它掌握许多王牌：控制着主要的契韦齐圣地；由于王朝的外部起源，该国处于当地的争斗之外，同时与重要的氏族建立了必要的联系；除了农牧业活动外，该国还有重要的经济资源，有基比罗的盐（靠近艾伯特湖）和著名的冶金业。然而，该王国的政治管理是分散的，南部的布韦拉、科基（Koki）、布杜（Buddu）甚至基济巴等有外围自治公国，东部的布索加也有。一系列的继承危机预示着王朝的瓦解和分裂。邻国利用了这个无疑过于庞大且管理松散的群体的困境，特别是布干达在 18 世纪末占领了科基和布杜，有效地切断了布尼奥罗通往维多利亚湖的所有通道。然后，1830 年前后，西南部的托罗在王子卡博约（Kaboyo）的领导下获得独立：这个新王国控制了爱德华湖以北的卡特维（Katwe）和卡塞尼非常重要的盐场。[26]

在南部，其他政治实体很早就从 18 世纪布尼奥罗的相对衰落中受益。首先是姆波罗罗（或恩多瓦），即从神秘的女王基塔米

（Kitami）那里继承的鼓穆罗瓦（Murorwa）之王国，它覆盖了从今天的卢旺达北部、东北部到乌干达的基盖济的区域。尚博王朝（由牧民世家建立）实际上只延续了两代，我们对其只有模糊的了解，两位统治者都被称为卡哈亚（Kahaya）。18世纪末，姆波罗罗解体，留下了零散的氏族和公国（特别是伊加拉），尤其是为安科莱和卢旺达的扩张打开了大门。然而，这个短命王国的记忆将由氏族酋长（农民而非牧民）保存下来，根据我们所熟悉的神灵授意的逻辑，他们或多或少被看成类似基塔米的尼亚宾吉"女王"的通灵者：可以说，一个没有王国的君主制形成，但它将在20世纪初重新凝聚成抵抗殖民者的地下力量。这是王权可能的化身的绝妙例子。[27]

　　安科莱则控制着从卡盖拉河河湾北岸到俯瞰爱德华湖和乔治湖洼地的山脉地区。这个王国出现在卡拉圭附近的伊辛吉罗（Isingiro），宣称其王朝是欣达王朝，并与扬圭氏族和西塔氏族——分别是伊尚格（Ishange）王家陵墓和巴吉彦丹瓦王鼓的守护者——有重要的联盟关系，同时与尚博氏族联姻。扬圭氏族和西塔氏族源自瓦马拉和鲁欣达世界的次氏族，尚博氏族产生了姆波罗罗的王朝血统。开始时，安科莱像该地区其他公国［布津巴（Buzimba）、布赫韦朱、基塔克温达（Kitakwenda）］一样，生活在布尼奥罗的阴影下。随后在18世纪末，安科莱利用其"保护者"的衰弱和姆波罗罗的崩溃，克服了障碍，在鲁维比申吉耶（Rwebishengye）、加斯永加（Gasyonga）和1867年去世的穆坦布卡（Mutambuka）统治时期建立了一个相当于我们在卢旺达看到的政治和军事体系。在每个统治时期，经常出入宫廷并饲养王家牲畜的希马牧民群体被派往不同地区组建成军队（emitwe）。因此，这种军事体系与大牲畜在社会和政治联系中所起的关键作用相结合。在此基础上，王国组织起一个附庸体系，包括希马牧民和伊鲁农民，但基本上是希马贵族受益。19 世纪，安科莱按照布尼奥罗的模式，成为周围公国（伊加拉、布赫韦朱等）的保护国，甚至干预托罗，并试图控制盐场。但是到 19 世纪末，面对卢旺达的扩张，安科莱陷入困境，这威胁到了穆坦布卡的孙子和继承人恩塔雷（1867—1895）。[28]

再往南，在卡盖拉河谷两侧的高原草场上，有三个古代王国体现了畜牧业国家的模式，这些王国在 19 世纪就已经分崩离析甚至消失了。首先是卡拉圭，鲁欣达传说的核心，受到来自布尼奥罗的压力。它出现在 17 世纪的传说中：其欣达统治者——几乎都被称为恩塔雷或鲁欣达——据说曾成功入侵基济巴，并与卢旺达国王联姻。[29]有人根据这类故事中常见的情节推测，卢旺达国王鲁甘祖·恩多里（Ruganzu Ndori）是在一个姑姑那里长大的，17 世纪初从卡拉圭回来，实际上他是卡拉圭人，也许是欣达人！[30]然而，卡拉圭因位于连接尼亚姆韦齐国家和布干达的商队路线上，直到 19 世纪处于恩达加拉（Ndagara）和鲁马尼卡（Rumanyika）的统治下时才在此地区粗具规模。这种新的活力之后便是 19 世纪末的生态环境崩溃，这一崩溃尤其与 1891 年致使牲畜大量死亡的大规模牛瘟有关。

在卡盖拉河沿岸，还有两个王国具有类似特征，即吉萨卡和布盖塞拉。吉萨卡在盖塞拉氏族的一个王朝的统治下，经常以基门伊作为统治者名号，但与欣达氏族有相同的图腾，即长尾猴。吉萨卡在卢旺达的传说中常见：据说它利用布尼奥罗的入侵，在古卢旺达的中心地带［布干扎和布瓦纳西姆布维（Bwanacyambwe），即今天的基加利（Kigali）所在地］建立了自己的势力范围；后来在 18 世纪中叶，据说它与恩多瓦结盟对抗卢旺达，最后在 18 世纪末至 19 世纪中叶被卢旺达吞并。[31]

第二个王国，即布盖塞拉，甚至更像是卡盖拉河流域的王国的祖先。在它的洪多哥王朝和卢旺达的尼金亚王朝之间存在多种联系，联盟与联姻主导着它们从 16 世纪到 18 世纪的历史。事实上，许多线索表明卢旺达小公国最初是布盖塞拉的一个附属国，甚至是其扩张的产物。布盖塞拉与吉萨卡一样，似乎利用布尼奥罗的远征巩固了它在今卢旺达东部的地位。还是在 17 世纪，据说卢旺达的国王穆塔拉·塞穆盖什（Mutara Semugeshi）年轻时叫恩索罗——布盖塞拉王朝名单中的典型名号——而且他开始举行来自布盖塞拉的"水槽"畜牧仪式。同样的情况出现在布隆迪：根据卢旺达的说法，是一位布盖塞拉王子在占卜师马西拉的帮助下于布隆迪建立了一个新王朝，他在前文卡尼亚鲁河系列中名为恩塔雷·卡雷梅拉（Ntare Karemera）。布隆迪的传说表明，在该国北部和东北部，最远到基比拉（Kibira）山脊（在西部）和鲁武布河（Ruvubu）的河湾（在中部），都有布盖塞拉的王朝遗址。似乎布盖塞拉之于这两个未来的大型山地王国，就像埃特鲁斯坎人（Étrusque）之于早期的罗马。但提及这个名字已经成为禁忌：在布隆迪，mugesera 这个词是土匪的意思，也是从前的"外来"统治者尼亚巴雷加

（Nyabarega）的名字，既指深渊和洞穴，也指垃圾坑。值得记住的是这个 16—17 世纪的强大王国的浓厚畜牧业色彩。18 世纪末，布盖塞拉被卢旺达和布隆迪分割：在位于边境的湖泊的两侧，其从前的领地遍布水井和水槽，牲畜在这里获得必要的盐分。[32]

在高原地区最南部，我们发现了另外两个政治区域，其历史带来许多谜团，它们就是布哈和布津扎。前者是卢旺达-隆迪语区的一部分，后者是尼奥罗-哈亚语区的一部分，但它们有非常相似的生态环境，控制着盐和铁——这两种重要的资源是坦噶尼喀湖和维多利亚湖之间区域交换网络的关键。哈人从一开始就被划分为北布哈和南布哈，前者从鲁武布河（在今天的布隆迪）延伸到穆约沃齐河（Muyovozi，在坦桑尼亚）河谷，后者位于马拉加拉西河宽阔的河湾处。[33]北布哈和南布哈也对应着不同的王朝：分别是汉比王朝（dynastie hambi）和金比里王朝。北布哈以黑牛为图腾，国王叫恩坎扎、吉洪比（Gihumbi）和鲁哈加（Ruhaga）；南布哈以鸟为图腾，国王叫基门伊、鲁欣达、鲁瓦萨（Rwasa）、恩塔雷和卡尼约尼（Kanyoni）。汉比王朝与卡拉圭和布津扎的关系更密切，金比里王朝与布隆迪的关系更密切，布隆迪在恩科马高地的发祥地就在附近。在坦噶尼喀湖畔，布吉吉［或恩卡林齐（Nkalinzi）］拥有特殊的历史，吉吉人建立了王朝（图腾是长尾猴）。这些国家因产盐而闻名（盐对牲畜来说是必不可少的，人类通常满足于植物盐水）：盐沼或通往布温扎（Buvinza）的盐泉的通道离马拉加拉西河下游不远，由自治势力控制。[34]19 世纪中期，由于布隆迪带来的压力和图塔

130

人［Batuta，或恩戈尼人（Ngoni）］出其不意的侵略，布哈经历了一个新的分裂阶段。图塔人代表了祖鲁人迁徙在最北端的推力。北布哈随后一分为二［布云古（Buyungu）和穆哈姆布韦（Muhambwe）］，南布哈一分为三［鲁古鲁（Ruguru）、赫鲁（Heru）和布欣戈（Bushingo）］。随着桑给巴尔商队的到来，布吉吉将会迎来新的命运，我们会在后面谈到。

在东部，布津扎和布哈一样难以找到政治上的一致性。它在与来自今坦桑尼亚中部的各个群体［讲班图语的尼亚姆韦齐人，也有塔托加人（Tatoga），即来自大裂谷的尼罗特人］接触时受到觊觎，因为这里居住着强大且著名的铁匠群体［特别是专事冶铁的龙戈人（Barongo）］。正如我们所看到的，布津扎认为自己的王朝为欣达王朝，但它真正的创建者是铁匠卡扬戈。传教士几乎是唯一用文字记录这个地区的历史的群体，但他们提供的谱系表是矛盾的。[35]这些谱系表列出了名为恩塔雷或卡班波（Kabambo）的国王，但这些国王在1700年之前是否存在是值得怀疑的。在18世纪和19世纪之交，这个"大布津扎"分裂成三部分：内陆的鲁苏比（Rusubi）、[36]布津扎和维多利亚湖附近的金瓦尼（Kimwani）。鲁苏比从19世纪中叶开始在商队路线上发挥的作用与卡拉圭的同等重要。

维多利亚湖畔：布干达的崛起

如果我们沿着维多利亚湖的西岸向北走，就会遇到不同的风

景、香蕉种植园和渔民的独木舟。这里是哈亚人的土地，19 世纪
末他们在维多利亚湖上负有盛名。[37]但他们的每个小国都是按照津扎
人和哈人的分化逻辑来划分的。每个王国都占据了两个生态板块：
131　肥沃的平原和河谷，以及青草密布的高原。这种二元性部分解释了
19 世纪像基亚穆特瓦拉这样的国家的瓦解。

　　首先，在卡盖拉河南岸的是基济巴。这是一个奇怪的王国，其
传说和仪式与布尼奥罗以及塞塞群岛联系在一起，其王朝是比托王
朝。基济巴与南部和西部的所有邻国均发生冲突。18 世纪末，受
到叛乱威胁的国王布伦古·卡金迪（Burungu Kakindi）向布干达国
王塞马科基罗（Semakokiro）求援。这是干达人对哈亚国家的首次
干预，从那时起，这个北方强邻的突袭和对哈亚国家内部纷争的干
涉越来越频繁。

　　基亚穆特瓦拉的古老历史和其他地方的一样迷失在家族传说的
迷雾中，似乎在 17 世纪中期鲁戈莫拉·马赫（Rugomora Mahe）的
统治时期才真正为人所知，这位统治者也与基塔拉和塞塞群岛（即
与契韦齐传说和维多利亚湖）建立了联系。但纷争和继承战争在
18 世纪仍然继续：国王姆博吉·姆班古卡诺（Mbogi Mpangukano）
在济巴人（Baziba）和干达人的帮助下消灭了他的前任；此外，自
18 世纪初开始，恩坎戈氏族（clan des Bankango，据说来自布津
扎）的希马人通过联姻在宫廷中变得非常有影响力。这些"亲信"
利用了王室内部的竞争关系。19 世纪初，王国解体为四部分。两
个公国——基安加和极其小的马鲁库（Maruku）[38]仍然在合法的欣
达人一支手中；另外两个公国被恩坎戈人接管，即湖边的小国基亚

穆特瓦拉（1890 年德国人在此建立了布科巴）和布加博（Bugabo）。这种普遍分裂（基济巴因酋长之间的纷争继续四分五裂）的最大受益者是干达人，他们在国王苏纳（Suna）的统治下巩固了自己的势力。不过，在 1857 年对基济巴和布加博的一次远征中，这位君主死于天花。

我们在伊汉吉罗发现了同样的情形：欣达王室内部的分裂、与基亚穆特瓦拉的战争，以及 1882 年由尼亚鲁班巴国王召集干达人实施的干预——这位国王与一个反叛酋长发生了冲突。

什么都不能将卡盖拉河谷和维多利亚湖之间的走廊统一起来。在那里可以观察到与中间高原上其他以畜牧业为主的王国相同的衰退和分裂的负面轨迹。唯一的统一力量来自外部，基于另一种经济逻辑，即香蕉生产、独木舟船夫和贸易。

因此，维多利亚湖畔水草丰美的平原地区的这种政治成功首先源自布干达。我们已经看到，这个地区也受到了基塔拉的文化影响，无论是契韦齐传说的政治-宗教模式还是来自比托王朝的压力。但与哈亚国家不同的是，从 16 世纪中期开始，显然是湖区，特别是塞塞群岛的物质和象征力量占了上风。转折点以纳基宾格（Nakibinge）的统治为标志。这个人物的故事极具戏剧性，情节非常丰富，以至于对该地区的传说进行批判性研究的克里斯托弗·里格利最近提出，这个故事是虚构的。很久以前，小国布干达被一个反叛的王子出卖，尽管塞塞群岛的国王出手相助，派出勇士基布卡（Kibuka），它还是被尼奥罗人入侵了。基布卡和纳基宾格被杀，王

132

太后摄政。英雄基布卡成为战神……下一任国王穆隆多（Mulondo）在传说中被描述为来自塞塞群岛，是一个新王朝的建立者，王朝的重心在维多利亚湖。[39]

从17世纪开始，布干达的特点是领土扩张。[40]首先，在西部，国王金布格维（Kimbugwe）和卡特雷加（Katerega）征服了贡巴（Gomba），那里提供了牧场和通往卡通加河的浅滩。然后，在18世纪，经过几十年的内部危机，在马万达（Mawanda）、基亚巴古（Kyabaggu）和均朱（Junju）的统治下，布干达再次向各个方向扩张：向东吞并了尼罗河畔的基亚圭（Kyagwe），开始向布索加渗透；在北部，通过遏制布尼奥罗的影响，向辛戈（Singo）和布莱梅齐（Bulemezi）扩张；向南征服了布杜。19世纪初，布干达已取代布尼奥罗成为布韦拉和科基的"保护者"。它有了新的资源，包括牲畜、象牙和铁；它在维多利亚湖上组建了独木舟队，使其为贸易服务；至少从塞马科基罗（在上文对基济巴的介绍中已提及此人）统治时期开始，它向卡盖拉河以南远征，在19世纪中期控制了连接王国和印度洋海岸的尼亚姆韦齐商队路线。同样在19世纪中期，布干达对卡拉圭和伊汉吉罗进行干预，在维多利亚湖南部的商业活动中与布克雷贝（有欣达传统的小王国）竞争。[41]布干达拥有超过100万居民，人口是布尼奥罗的10倍。香蕉种植园经济为捕鱼、贸易和战争释放了男性劳动力。[42]

这种扩张源自从17世纪末逐步开始的机制重塑：国王的权威是通过打压氏族、"卢巴莱"的通灵者和王子的权威来维护的。首先，氏族酋长"巴塔卡"逐渐被收服，但并非毫无困难：这是通过

宫廷职位分配、对宫廷职位继承的干预或自穆特比（Mutebi）以来
让"巴塔卡"服从于国王任命的新领地酋长"巴坤古"（bakungu）
完成的。我们已经看到"巴塔卡"在纳穆加拉统治时期的登基仪式
上被边缘化。其次，正如我们看到的，在 19 世纪末之前，国王与
大型圣地的祭司之间的关系一直紧张。然而，自从疯狂的国王特班
德克（Tebandeke）成为伟大神灵穆加沙的通灵者后，王室的职能
和祭司的职能就明显分开了。最后，管理王子阶层带来了兄弟之间
的特殊问题。继承人的母亲往往是同一名女性，根据为国王制定的
母系规则，在几个统治期内，她代表了一个占主导地位的氏族。这
种继承人不出自特定氏族的状况有利于各氏族的政治融合，同时也
是结构不稳定的根源，因为这在继承时大大助长了嫉妒之风和个人
竞争。例如，在基亚巴古去世后，均朱和塞马科基罗两兄弟之间爆
发了一场内战。他们相继登上王位。但从那时起，系统地消灭王储
的兄弟的做法变得顺理成章。这提醒我们，根据可以被称为"伊凡
雷帝综合征"（syndrome d'Ivan le Terrible）的说法，国家的凝聚与
残酷的行为并不相悖。每一次登基，包括 1854 年穆特萨国王的登
基，都涉及好几个"造王"权贵之间的对抗，他们利用氏族策略，
失败者被处决或被流放。因此，正如我们将看到的，政治上的中央
集权与军事上的扩张齐头并进，一直持续到殖民地时期。

134

西部山区：卢旺达和布隆迪的出现与扩张

要找到如此规模的国家建设，必须到西部去。19 世纪末，那

里的卢旺达和布隆迪各自控制了近 200 万居民。卢旺达最初是一个小公国,[43]诞生于布干扎（莫哈齐湖附近），生活在布盖塞拉和吉萨卡的阴影下。尼金亚王朝也声称其祖先来自恩多瓦和卡拉圭之间的穆巴里。这些古代国王中最有名的叫鲁甘祖·布温巴（Ruganzu Bwimba），在 16 世纪被吉萨卡的一个对手杀害。但他的儿子契里马·鲁格维（Cyirima Rugwe）据说受到布盖塞拉的支持，并通过掌控邦博戈、布里扎（Buriza）和鲁科马（Rukoma）等公国来扩大自己的领地，这些公国仍在仪式中发挥作用（丰收节的高粱来自邦博戈）。位于布干扎的王家墓地也证明了这个东部地区在起源中的作用。但一系列的灾难肢解了最初的卢旺达。布尼奥罗的入侵摧毁了它并导致国王基盖里·穆科班亚和米班布韦·穆塔巴齐向西逃亡，这一点我们此前已经看到。

新重心在恩杜加（Nduga）的高地确立。事实上，这第二个卢旺达来在东部两大邻国（吉萨卡和布盖塞拉）之间并遭遇希人和哈武人（其组织在当时还不为人所知）的抵抗。17 世纪初，在恩达希罗·斯亚马塔雷（Ndahiro Cyamatare）的统治下，由于王室内部的纷争和来自西部竞争对手的压力，王国再次解体。国王的兄弟们与哈武人或希人（暂无法确定）的国王恩斯布拉（Nsibura）结盟，王鼓鲁沃加（Rwoga，据说来自传奇人物吉汉加）被夺走，国王被杀害。根据传说，国王的一个儿子被藏在卡拉圭，由一个姑妈抚养，回来夺回了祖先的王国。这种虔诚的想象并不能掩盖王朝的断裂：新的创始人是鲁甘祖·恩多里国王。传说他四处征伐，尤其是似乎重建了两个王国的摇篮，即布干扎和恩杜加。据说他的四位直接继承人［从穆塔拉·塞穆盖什到尤希·马津帕卡（Yuhi Mazimpaka）］在17世纪将权力范围扩大到卡尼亚鲁河和基伍湖，同时从吉萨卡夺回了布瓦纳西姆布维。但我们已经看到，在这一时期，这个地区的大国仍然是布盖塞拉。

17世纪国王的传说模糊不清，据说他们完成了直抵基伍湖以西的神奇远征，作者们因此想知道：他们是想象中的国王还是仍然依赖于邻国的冒险家？[44]令人好奇的是王朝表的规范化（"牧牛人"穆塔拉或契里马，接着是"武士"国王基盖里和米班布韦，以及"祭司"国王尤希）被认为发生在这个模糊不清的时期，似乎一个永恒的卢旺达的系统化重建充当了连续性。[45]18世纪初，尤希·马津帕卡精神失常，他的儿子鲁瓦卡（Rwaka）成为摄政者，之后真正的继承人契里马·鲁居吉拉（Cyirima Rujugira）上台。从18世纪中期的这个统治期开始，卢旺达的历史编纂学才变得准确。在此之前，凭借基格瓦和吉汉加传说的加持以及邻近的布盖塞拉的保护，实际的卢旺达似乎首先是一个政治-氏族空间的结晶：[46]相关的氏族是齐加巴氏族（在穆巴里）、辛加氏族［来自古老的伦盖王朝（dynastie renge），据说吉汉加将其摧毁了］、恩杜加的班达氏族（clan des Babanda）及其"占卜师-国王"马西拉、邦盖拉氏族（clan des Bongera，邦博戈和布干扎周围的其他氏族），最后是盖塞拉氏族。尼金亚王朝和布干达的金图王朝一样没有连续性，"王国"通过与氏族的谈判多次重建。在宗教方面，"国王"这一概念的意义趋于多重化，例如，对邦博戈的祭司来说就是这样，对卢旺达文化空间的西北部［布希鲁、辛戈戈、布霍马（Buhoma）］和西南

136

部（布昆齐和布索佐）来说也是如此——官方历史编纂学称这些地区的国王为"小国王"。

因此，到18世纪中叶卢旺达的君主制才真正形成，将军事扩张与政治集权结合起来。契里马·鲁居吉拉[47]和基盖里·恩达巴拉萨（Kigeri Ndabarasa）主要向东部和南部扩张领土：布隆迪（其国王穆塔加在战斗中丧生）撤回到卡尼亚鲁河，恩多瓦解体（穆塔拉成为附庸），然后穆巴里被占领，吉萨卡也被部分攻克。在西部，这更是一个入侵的问题。18世纪末，在米班布韦·森塔布约的统治下，布盖塞拉被他和布隆迪的恩塔雷·鲁甘巴国王瓜分。19世纪，卢旺达继续向东扩张，在穆塔拉·鲁沃格拉（Mutara Rwogera）统治下最终占领了吉萨卡，但是，从尤希·加欣迪罗（Yuhi Gahindiro）的统治期到基盖里·鲁瓦布吉里的统治期（1860—1895），卢旺达前所未有地向北扩张，在后一统治期甚至渗透到火山以北的布丰比拉（Bufumbira），并袭击了安科莱。在基盖里·鲁瓦布吉里的统治下，卢旺达君主制最终在西部的基伍湖和鲁西济河畔［从北部的布戈伊（Bugoyi）到南部的金亚加］建立。伊吉维岛的哈武人和希人在不同程度上被征服。在东部，鲁瓦布吉里也进犯了布舒比。随后，卢旺达最大限度地扩张，令整个地区恐惧。然而，许多飞地，特别是西部的飞地逃脱了中央权力的直接控制，而中央权力直至德国殖民统治时期才在那里牢固地建立起来。

关于这种扩张的方式应该有两点发现：首先，它以军事组织为基础，相当于我们在安科莱看到的那种组织方式；其次，它还以更
非正式的方式通过向西部寻找新土地的图西人或胡图人迁徙者（众

所周知的"垦荒者"）来运作。正是国王鲁居吉拉组建了军队，使其在最受威胁的边境附近安营扎寨。这些军队的 2/3 大约是在1750 年至 1895 年，即从他的统治期至鲁瓦布吉里的统治期组建的。军队包括来自不同地区的图西人和胡图人，他们组成了各种年轻勇士的团体，忠于君主，分得牲畜群，这使亚历克西·卡加梅奇怪地称之为"社会民兵"或"牛军"。[48]正是在这种环境下，一种新的君主主义文化得以发展，并在历史诗歌（bitekerezo）中被表达出来。对边境领土的控制形成了一种新的国家概念：国家由国王及其代表，即军队酋长［"战士酋长"（batware b'ingabo）或"弓箭手酋长"（batware b'imiheto）］体现出来。仪式的标准化和宫廷中对尼扬贡贝崇拜的控制也可以追溯到这一时期。[49]

但卢旺达的权力扩张也在边境非正式地进行。多少具有冒险精神的世系群体渗透进来，在他们带着牲畜转场或开辟耕地的地方为自己创造新的未来。通过这种方式，新的世系建立起来，但他们最终要向遥远土地上的中央政权寻求庇护，只要这个政权对他们有用，同时政权也能在他们那里找到传播影响力的代理人。中心的形象再一次在边境建立起来，因为更早期定居在边境的人口是被蔑视的，被认为是非"卢旺达的"。他们是中央文明模式的陪衬，与之形成对照。例如，在西南边境，这些"其他人"很容易被描述为"希人"或"尼亚邦戈人"（Banyabungo）并因此被歧视，即使他们不是布希公国的居民。还有另一个例子：格瓦比罗（Bagwabiro）世系最初来自恩多瓦，在鲁居吉拉统治下被并入"卢旺达"。然后，由于与强权人物发生矛盾，他们流亡到西北部，远至布戈伊。在那

138　里，这个通常被认为是胡图人的家族在 19 世纪被重新定义为与王室结盟的图西人。因此，一个王国的建设也是一个社会的建设，与某种政治文化保持一致。[50]

布隆迪的口述传统没有卢旺达的那么复杂：[51]没有"智慧的锻造"，没有像历史诗歌那样的历史口述文学，也没有王室的"法典"，而是有由那些与大人物一起发挥政治、宗教或经济作用的家族传播的零散的口述传统。我们已经看到，如果我们认为关于从卡尼亚鲁河而来的恩塔雷的零星记载是严肃的，那么第一个王国便是于 16 世纪在布盖塞拉的保护下在该国北部建立的。然而，17 世纪末甘瓦王朝才真正在南方建立，得到了后来管辖王家圣地的一系列氏族的支持［主要是胡图人——吉吉氏族、舒比氏族、汉扎氏族（clan des Bahanza），也有图西人，如比贝氏族（clan des Babibe）］。据说创始人恩塔雷·鲁沙西在刚果河和尼罗河分水岭东麓建立了自己的首都，像卢旺达的鲁甘祖·恩多里一样，将草场和更适合种植的林区纳入统治范围，并在王国南部建立了重要的铁和盐生产基地。18 世纪，布隆迪与北方邻国布盖塞拉和卢旺达确立对抗关系，尤其是国王穆塔加·塞尼亚姆维扎（Mutaga Senyamwiza）与契里马·鲁居吉拉的军队作战，在基比拉森林边缘的卡尼亚鲁河上游殒命。他的继任者姆瓦姆布扎·姆巴里扎（Mwambutsa Mbariza）似乎面临内讧和大旱，最后流亡或自杀。他没留下多少痕迹，不像穆塔加那样留下许多圣林和后代。

在位时间为整个 19 世纪上半叶的恩塔雷·鲁甘巴彻底改变了

这个王国。他开创了一个新的王朝周期（我们在葬礼仪式上看到了四个统治者名号），甚至一个新的王朝。他通过在北部、西部和东部的一系列征服将国土面积扩大了一倍：他首先获得了布盖塞拉的整个南部地区；同时，与卢旺达达成的协定并没有阻止两个王国之间几度爆发战争，这些战争只确认了卡尼亚鲁河的边界；他通过山麓以西的一系列远征（根据一些说法，在现在的刚果东部）将英博平原（plaines de l'Imbo）并入该国；最后，1840 年前后，他通过与北布哈国王鲁哈加的战争吞并了鲁武布以东的整个布约戈马（Buyogoma）地区，可用牧地的面积大大增加。

被征服的地区以不同的方式被管理起来：要么保留当地的酋长，如最东北部的布古菲（Bugufi）；要么将与君主结盟的家族迁入这些新的省份，如英博北部的比贝氏族或尼亚卡拉马氏族（clan des Banyakarama）的图西人、坦噶尼喀湖北岸的达哈氏族（clan des Badaha）或汉扎氏族的胡图人，或东北部和最南部的穆塔加的王子；要么国王的儿子们被委以重任，如布约戈马的鲁瓦沙（Rwasha）和东北部的恩迪维亚里耶（Ndivyariye）。"甘瓦制度"就是这样形成的，即国王的儿子们被安排在中心领土的外围，在接下来的统治期中，侄子们逐渐远离，直系继承人受益。19 世纪末，巴塔雷家族（Batare，来自恩塔雷一脉）分布在国家的北部、东部和南部，而贝齐家族（Bezi）（来自恩塔雷·鲁甘巴的继承人姆韦齐·吉萨博的儿子们）则更靠近首都，例如，在基特加地区的基里米罗（Kirimiro）。所有这些王子（甘瓦）身份不断降低，在四个统治期结束后成为普通的图西人。就好像空间上的距离（相对于首

139

都）与时间上的距离（相对于每一世系的国王-祖先）成正比。具体而言，正是地理上的边缘化和代际间的对立策略使得王公贵族阶层对王权的威胁得以消除。卢旺达的军队酋长制度也发挥了同样的作用。我们已经看到，在布干达，解决办法是通过氏族按照母系原则轮流掌管最高职能，消灭所有的王族类别。

140　　19世纪末，布隆迪的扩张受阻，在北部受到来自卢旺达的压力，在东部受到由战争酋长米兰博（Mirambo）统一的尼亚姆韦齐人和恩戈尼人（前文已提及）的新威胁，在西部受到于坦噶尼喀湖畔定居的阿拉伯-斯瓦希里商人的阻挠。因此，在姆韦齐·吉萨博统治期（约1850—1908），内部紧张局势加剧：[52]东部的王室仇杀、东北部巴塔雷家族的异见、国王的一个儿子对南部巴塔雷家族的驱逐、北部和西部图西酋长的个人策略、拥戴新王行为的出现；如1870年前后，某个鲁沃加（Rwoga）在国家东南部聚集群众，宰杀牲畜举行大型肉食宴；又如19世纪90年代西北部的基班戈（Kibango）和基里马（Kilima）先后将戏法和在刚果东部找到的一些火药武器结合。

在基伍湖和鲁西济河谷以西一直延伸到坦噶尼喀湖的区域，我们发现与维多利亚湖西部走廊相同的分裂逻辑。暂且不谈传说中的无数小型战争的细节，该地区从南到北可以被描述如下。[53]19世纪中叶，鲁西济河谷的富里鲁人经历了一次分裂，维拉人（字面意思是"油棕榈人"）由于与来自乌吉吉（Ujiji）的斯瓦希里商人接触而分裂出来：篡位的伦盖人（Banyalenge）组建王朝，反对正统的汉巴人（Bahamba）。然后，我们发现希人在 19 世纪被划分为七八个公国，每个公国由一个国王管理。最古老的两个公国位于基伍湖西南方的高原上，即卡巴雷和恩格维舍［或布哈亚和比舒吉（Bishugi）］，据称可以追溯到 16—17 世纪，还有更北部的卡隆格（Kalonge）和伊汉比［Irhambi，或卡塔纳（Katana），1860 年前后创建］，西部（森林边上）的宁加（Ninja）、布尔欣伊和卢温加（Luhwinja），以及南部的卡齐巴。最后，哈武人同时占据陆地部分，即姆平加［Mpinga，在卡莱赫（Kalehe）附近］，以及岛屿，即斯布拉王朝的伊吉维。像维多利亚湖的哈亚人一样，邻国之间的敌意导致挫败者组成联盟，也导致来自布隆迪（有一块由鲁西济河右岸的尼亚卡拉马氏族酋长掌控的领土），特别是来自卢旺达的外部干预：国王鲁瓦布吉里吞并了伊吉维岛，但最终在 1894 年前后未能成功征服布希。

君主制的运作：政治首都

在此结束的地缘历史之旅是必要的，它澄清了国王名单和王国地图，而这些信息只是为一个更复杂多变的现实提供了固定的轮廓。在叙述过程中，我们已经察觉到主要是 18 世纪以来形成的不同王国之间的差异和相似性、它们的组织的优势和弱点，以及牵涉的多种社会问题。现在回顾这些王国的结构的基本点，有助于稍后抓住贵族统治阶层与外部世界第一次接触时的特性。

正如我们看到的，欧洲人最早的描述涉及王宫。这些"首都"的性质确实很重要。19 世纪末，其永久居民和临时居民的数量都令人印象深刻。根据那个时期的资料，布尼奥罗有 500 人，布隆迪的布克耶（Bukeye）和卢旺达的尼安扎（Nyanza）分别有 2000 人，但布干达的门戈（Mengo）有 2 万人。[54]在穆特萨统治下，国王的住所（kibuga）有超过 1000 所房子，其中 500 所位于王家院落内。然而这不是城市，[55]而是乡村宫殿，既是王公贵族的居所，也是政治决策的场所，配有军营、粮仓和牲畜圈，甚至是工坊，所有这些场所在某些日子里像熙熙攘攘的市场。但整体上并没有形成一个特殊的、有别于周围农牧业景观的经济环境。一个王都既是国家的反映，也是国家的缩影。1904 年 11 月，一个访问布隆迪姆韦齐·吉萨博国王的传教士观察到，"吉萨博的王宫（lugo）相当大，但不是很美。国王的住宅也没有什么特别之处，尤其是并不庄严，虽然前面有一个门廊"。在布干达，虽然经济环境更加开放，王家住所的不同之处只在于其大小和通往那里的大道的宽度。让我们重温一下经常出入这个宫廷的白衣神父的描述：

142

> 国王的房子可以通过其超过 20 米的高度来识别。它和乌干达所有房屋一样是圆形的。屋顶由芦苇制成，上面覆盖着草。屋顶一直延伸到地面，由内部大量排成行的木桩支撑。[56]

每一处住所都呈现为一系列围有植物篱笆（芦苇、榕树、大戟、竹子等制成）的庭院，[57]包括几十座住宅，这些住宅呈圆形，由植物材料（芦苇、纸莎草、树枝、草、香蕉叶等）编织而成。
整个建筑群被数以百计的小茅屋包围，那些必须承担义务和想得
宠的臣民居住在这些茅屋里。欧洲游客经常使用"迷宫"或
"曲径"的形象来描述这里。例如，20世纪初到达卢旺达的两个
德国人，中尉冯·帕里什（von Parish）和后来的高级官员理查
德·坎特看到的是"一系列用稻草堆成的圆形庭院"，周边很大
范围内围绕着"各种类型的茅屋：显贵的大茅屋，附庸的小茅
屋……用于临时居住的破烂窝棚"。[58]在基济巴，甚至在布干达，
香蕉园里有这些错落分布的住宅。这些建筑不结实，[59]必须定期
翻新，并根据功能来建造。

　　每个建筑群的中心是统治者及其直系亲属的住宅，那里的几个
房间被隔断分开。周围分别是会议室和决策室、圣地、服务人员住
宅、粮仓和牲畜圈。院子被由牲畜群可以进入的大院落和更封闭的
小院落连接，小院落里面是为宫廷服务的部门。最后，在外面，有
宽阔的露天广场，等着谒见的访客接踵而至，那里还有路过的知名
人士的住所，以及被迫从事宫廷劳务或服兵役的年轻人的茅屋。国
王现实的社会和政治生活在不同场所里进行。让我们以布隆迪为
例：最秘密的听证会是在与中央宫殿相邻的私密内院举行的；与主
要顾问（王子或宫廷贵族）的讨论是在朝向宫殿入口的前院
［rurimbi，担任这一角色的显贵被称为banyarurimbi］进行的；司法
仲裁是在位于内院的名为"桑塔雷"（Sentare，以开国国王的名字
命名）的住所举行的；最后在傍晚，当国王去看他的从饮水处回来
的牛，或观看年轻战士在周围的草地（ku nama）上练习射箭时，

143

可以进行更简短的非正式会见。19 世纪，布干达国王的公开听证会成为一种制度：官方代表团和普通臣民蜂拥而至，所有这些都由严格的礼仪来规范，当时的欧洲游客经常描述这些礼仪。在宗教领域，人们可能提到随处可见的容纳占卜者、女祭司、圣兽、王鼓或其他圣物的茅屋，以及露天祭祀的地方。

王宫需要一大批固定人员。在那里供职通常被认为是一种荣誉，一些家庭派去未婚儿女，世代相传地承担这些职务。其中一些高等仆役是粮仓管理员、厨师、高粱酒或香蕉酒负责人；另一些（尤其是女孩）则管理用榕树皮制作的衣服、装饰品、宫殿的维护、草编垫子，以及用木头、葫芦或陶土制作的容器。王室的牛羊也需要许多放牧者和挤奶工。除此之外，还有更卑微的角色，如看门人和警卫、拾柴人、运水人、为国王和王后出行服务的轿夫。在那些牧民和农民之间存在分野的王国，农民尤其受到144　宫廷重视：只有图西人能当挤奶工，而胡图人负责粮仓或餐饮。

在君主院落的外围，成千上万的人和来自遥远地区的代表团涌入，汇入附近居民的日常交通。简易小屋中还居住着许多想在当权者周围碰运气的年轻人，在这种情况下，"程序"可能会持续数年，因为等待国王可能的恩惠（一头牛、土地、保护）的时间是在军训中度过的。精英战士正是从这些人中招募的，以组成永久的卫队。这一现实应该引起人们对古代社会和政治生活中一个经常被忽视的方面的注意：君主制即使一直涉及其追随者的（氏族和其他）隶属关系，也要求助于个人的忠诚，而这些"国王的人"是年轻人。权力被长者的建议包围，但也依赖于年轻人的能量。当权力的可用手段由于新的贸易资源而不断增加时，整个宫廷社会被这些诱人的商品（棉花等）吸引并在此基础上发展起来，这种现象在布干达尤其明显。我们将这些人称为国王的"侍从"阶层。

这种人流的涌入带来了后勤方面的问题。王宫的永久居民要吃饭。代表团和年轻战士从家里带来食物，但君主也必须分发很多东西，特别是饮料。王宫并不是一个与国家其他地方隔绝的"禁城"，尽管它通常位于高岗顶部，在开阔之地俯视着整个景观。王宫位于国王领地的中心，由直接依附于君主的忠臣管理，在布隆迪，用来指代这些忠臣的 bishikira 几乎就是字面意思，他们大多是胡图人。国王的领地是由服徭役的农民耕种或用于王家牲畜群的专属土地。但是，这些领地不能被描述为一种凡尔赛宫或一个永久的庄园，首都其实是流动的。由于一夫多妻制，统治者的妻子分布在几个院落里，每个院落都根据国王本人定期到来的时间进行管理，在他离开后提供补给。在卢旺达，据说有大约 100 个国王领地。19 世纪末，布隆迪大约有 50 个，其中大约 20 个里面只住着王后，可以接待国王（其他的纯粹为了经济利益）。姆韦齐·吉萨博本人就有十几个妻子。然而，似乎权力的定居化至少发生在一个被明确界定的地区：布隆迪的穆拉姆维亚（Muramvya）、卢旺达的尼安扎，[60]以及现在布干达的坎帕拉等。更广泛地说，首都的选址是相对于整个王国而言的，它被定义为整个王国的"顶端"（隆迪语的 ruguru）。因此，接下来要谈论的问题是，对于一个没有工资和办公室的政府来说，如何将权力下放到国家的其他地区。

145

王国的管理：领土、控制与贡赋

一个世纪以来，人们一般通过比较得出答案：在农村环境中基于个人关系的权力只能是"封建"的。1882 年，英国新教传教士说"乌干达政府完美体现了封建制度"。[61] 1905 年，一名在卢旺达和布隆迪服务的德国军官解释说，牧民庇护制"可以与我们中世纪的封地相比，（因为）图西人是苏丹特许土地的受益者，他们反过来以几头或一头牛为条件将封地转让给其他人"。[62] 1918 年，一个法国白衣神父指出，"布隆迪的政府制度与中世纪的封建制度有很多相似之处……大领主或贵族是国王的附庸，他们自己也有一些承认他们宗主权的酋长。所有这些人，不管是大酋长还是小酋长，都把胡图人作为附庸"。[63] 20 世纪初，另一个在布隆迪的天主教传教士说姆韦齐·吉萨博国王是个神话人物，布隆迪掌握在"多少有实力的男爵或大公手中"，布约戈马的酋长是"宫殿的宫相"。[64]

尽管研究中世纪的专家告诉我们脱离 10 世纪至 15 世纪的西欧历史背景时，要谨慎使用封建主义的词汇（领主、农奴、封地、封臣、封禄等），但由于某些分析中的不严谨表述，将封建主义理论化的现象有增无减，特别是在 20 世纪六七十年代。1974 年，克洛迪娜·维达尔在一本非洲学杂志关于卢旺达的特刊中指出，研究的目的应该是使用"更接近历史学的方法，而不是民族学的方法"，并通过"农民的知识"批判"被封建精英意识形态所困的知识"。然后，她在此基础上描述了"卢旺达封建社会的经济"，认为其支柱之一应该是"领

主的剥削"。[65]她适时地反击了对这个国家的人类学研究中无处不在的
"牛拜物教",[66]强调了土地问题的重要性,并对此做出了更细致的描
述,而没有顺应其文章标题显示的中世纪外衣。但从历史的整体进程
来看,卢旺达似乎应该处于这个阶段。同时代相关研究的领军人物之
一沃尔特·罗德尼(Walter Rodney)虽然对帝国主义在被统治社会造
成的影响很敏感,也认为可以把古代卢旺达定义为彻头彻尾的封建社
会。[67]20 世纪 60 年代,对乌干达古代王国的同一类型的解释占据了主
导地位,例如,约翰·贝蒂(John Beattie)在其研究中将古代布尼奥
罗与英格兰的诺曼封建主义类比。[68]

然而也不乏警告的声音。早在 1936 年,一名被派往布隆迪分析
"现存封建制度"的比利时历史学家在回到布鲁塞尔后公开坦白,他
的探索是徒劳的。然而,他从君主制的前政治和宗教领袖那里收集到
了不起的证词,但他的研究在整个西方殖民时期一直被封存。[69]最近,
人们对封建主义的概念在非洲,包括在大湖地区的使用提出了质
疑。[70]我们稍后回到这个话题。先让我们回顾一下从欧洲模式产生的
封建制度的基本语汇。它们涉及权力、土地和个人关系。政治权力由
私人网络垄断,建立在人与人之间的忠诚上。土地被少数统治者垄断,
而农民被剥夺了财产权并遭到奴役。最后,整个社会被金字塔式的个人
关系包围,其中一些关系形成了"附庸"贵族,另一些则使"农奴"
依附于主人。我们不会逐一分析这些术语,但有必要对行政系统、农村
环境所受限制、地区"依附关系"的性质,以及贵族阶层固化的历史
因素进行评估,包括对著名的图西-胡图现象进行思考。[71]

　　每个统治者都可以求助于两个追随者圈子：亲戚和朋友，即
"王子和臣子"。[72] 前者也是竞争者，因为他们与王室有血缘关系，
在隆迪语中，他们"来自鼓的肚子"。然而，他们是不可回避的，
势力遍布各处，但消除其影响的策略多种多样。正如我们所看到
的，布隆迪的例子很能说明问题：甘瓦占据大部分省长职位，但他
们与国王的亲缘关系越疏远，就越会被安排在远离首都的地方，以
至于在几代之后就被压制并"降级"了。国王在利用他们的同时也
在分化他们。在布尼奥罗和哈亚国家，可以看到同样的往往令人尴
尬的计谋，分别发生在"鼓的比托人"（Babito b'ebingoma，同失去
与君主亲缘联系的所有记忆的同类别人相反）或基济巴和邻近王国
的兰吉拉人（Barangira）之中。在布希，卢济人也属于这种类型。
在卢旺达，可以被称为王子的贵族是由统治者后代组成的，即尼金
亚氏族的图西人，特别是自 19 世纪初加欣迪罗统治期以来。也有
埃加氏族的图西人，自 17 世纪以来，2/3 的王太后出自该氏族。
1896 年，埃加氏族的酋长用阴谋推翻了国王米班布韦·鲁塔林杜瓦
（Mibambwe Rutalindwa），支持尤希·穆辛加上台，在这之后，即
20 世纪初，上述两个氏族之间的竞争变得很明显。我们已经看到，
在布干达，随着每一个统治时期开始，王子均出自新氏族，因为它
根据王太后所在氏族而定。我们还知道，在 19 世纪，国王消灭自
己的兄弟是司空见惯的做法。

　　除了少数与君主关系非常密切的王子（如统治初期的叔叔或统
治末期的长子），最受重视的顾问实际上是出身较卑微的人，来自
经常为宫廷提供年轻人的指定家庭。这些年轻人实际上以此为职

业，试图通过他们的勇敢、智慧和忠诚在国王面前脱颖而出，然后
成为国王经常咨询的成熟的知名人士，构成王朝真正的政府。国王
在重大仲裁中征求他们的意见，或委派他们到各省去执行任务。[73]正
是他们组成了最早的被派往欧洲征服者那里的代表团。我们已经提
到布隆迪的"王宫门口的人"，即 banyarurimbi，他们来自山上的名
流阶层（bashingantahe），我们将再次谈到他们。这些大顾问在年
轻时曾是宫廷里的放牧者、厨师或挤奶工，在某场战争或被委派执
行的任务中崭露头角。在布尼奥罗，与之对应的是"直言不讳者"
（basekura），在布舒比是"顾问"（bahanuza），在布哈亚是法律专
家（baramata）。在布尼奥罗和安科莱，有些年轻人是国王的官方
信使。18 世纪末在布尼奥罗出现的国家显然与这种酋长和顾问阶
层的形成有关，包括伊鲁、希马以及比托元素，围绕着所谓的"尼
奥罗思维方式"。[74]19 世纪在布干达出现了一个真正的中央行政机
构：从特定氏族招募的一系列权贵在宫廷中具有大仆人的职能。他
们还有政治职能，以至于在英国保护国眼中他们几乎是部长，如之
后被认为是"首相"的法院监督者（katikiro）、司礼官（kibale）、最
高行政长官（kisekwa）、政治和宗教顾问（kimbugwe）、宫廷侍从总
管（sabakaki）、军务负责人（mujasi）、香蕉酒负责人（seruti）。[75]

　　在首都之外，"国家"由人口和土地（隆迪语中 igihugu 一词的
两种含义）组成，国王通过军事和所谓的神秘感控制它。这些土地
往往是按地域组织的，为实现当地的权力平衡划定界线，不排除重
新划定行政区。有人经常嘲笑古代非洲的政治或行政边界，但没有

关卡和路标，更确切地说没有官僚式的空间同质化[76]（如在法国，是通过建立行省实现的）并不意味着不了解权限的地域化。[77]当地人非常清楚何时离开了一位酋长或国王的管辖范围。在土地和政治层面，自然和人为的权限标志是存在的，如河流和沼泽、岩石、白蚁丘、圣树或圣林……

领土划分与任命官员的方法呈现出许多不同且不断变化的情形。首先，通常可以区分两个层次：小省（在殖民地时期被称为酋长管辖区）和地点（如山丘或香蕉种植园群）。例如，在布隆迪，酋长或"巴特瓦雷"（batware）和他们的"代表"（vyariho）是有区别的。在布希、布哈亚和布哈中也有同样的等级制度。布干达被划分为"萨扎"（saza，殖民地时期被翻译为"郡"），这些郡本身又被划分为"贡博洛拉"（gombolola）。卢旺达的制度非常特别，三个地方当局依附于国王，分担任务——分别是军队酋长、草地酋长或奶牛酋长（batware b'imikenke 或 batware b'inka）、土地酋长（batware b'ubutaka）。他们的管辖权限并不吻合，在半数情况下，唯一的酋长会兼任这三个职务。这种"手指相扣的系统"（借用德国高级官员坎特的说法）只在国家中心地区是完整的。因此，在金亚加没有草地酋长。有些人物将几个地区的职责整合起来。自鲁瓦布吉里统治期，他们下面有"山丘酋长"来更紧密地控制居民。[78]

掌握地方权力的人可以对应三种不同的逻辑：或者他们来自地方社会，并由急于得到民众支持的君主确认；或者他们继承在位君主或前任君主安排的酋长位置，这适用于有王室血统的王子和其他血统的名流；或者他们根据君主的意愿被任命和罢免。

第一种类型的权力涉及旧的世系或氏族，它们仍然保留着领土权限：在布哈和布希有地方当局，即"巴特科"（bateko）和"巴金吉"，他们负责宗教活动和土地法。君主必须尊重他们，他们既是占卜者，也是农业事务责任人。[79]在布隆迪，情况又有所不同：除了存在于全国不同地区的有影响力的祭司家族外，最特殊的是"仲裁者"，即前文所述的 bashingantahe，他们是山丘法官，是根据道德权威、智慧、对语言的掌握、社会关系的处理技巧和仲裁经验在当地胡图人或图西人的不同世系中选出的知名人士，在盛大节日上被任命。[80]他们以国王的名义进行审判，但有自主决定权，这些决定是在对有关各方进行公开听证和取证后做出的。如上所述，酋长甚至国王都从这些代表民众的人中选择他们的永久顾问。有些人还被选为王家领地的管理者或酋长的代表。这些山丘之人是民众支持王室机构的一个重要因素。

相反，其他例子则说明了君主制逻辑与氏族权力之间的对抗。在安科莱西部，伊鲁人的世系领袖设法捍卫了他们的自治权，条件是定期进贡并承认欣达王朝至高无上的地位。[81]在布干达，"郡"是仿照氏族领地建立的：[82]例如，布莱梅齐的"郡"有一个酋长他继承了纳布格瓦姆（Nabugwamu）的头衔，也是肺鱼氏族的酋长。然而，自 18 世纪马万达统治期以来，国王通过任命新酋长来干预这些控制，这些新酋长地位高于以前的领导人，有的来自同一氏族，有的来自另一氏族，国王甚至通过设立新的郡进行干预。因此，"巴塔卡"时而被边缘化，时而被君主加强或重用，他们仍有世袭的权力，但是受君主的控制。成为国王的酋长后，他们被称为"巴坤古"，即"强者"。

　　因此，世袭的名望与国家等级制度的组合随处可见。布尼奥罗的国王或安科莱的国王也有他们的"强者"，通常是（但不完全是）从某些家族（前者为比托，后者为希马）中选出。在布希，国王有一个从王子或占卜师中挑选出来的"巴汉姆博"（barhambo）网络。在布隆迪、布哈和卢旺达，君主制依靠的是酋长网络。卢旺达系统的复杂性已经在上文得到证明。在布隆迪，领土的情况显然更清楚：大多数酋长有王室血统，"甘瓦"（王子）一词往往是指完整意义上的酋长（殖民政权将这一用法标准化）。但边缘地带的一些领地则由图西人或胡图人的酋长占有，他们被称为"恩科贝"（nkebe）。最后，正如我们所看到的，覆盖国家中心大部分地区的王家领地由胡图人或图西人的忠臣管理，他们也可以直接接触国王。如同在卢旺达，布隆迪的君主利用不同酋长群体之间的竞争，鼓励王子或追随者在某一地区建立自己的势力，以削弱该地区原有氏族的势力。从长远来看，这将削弱以前统治期的特权阶层的权力，首先是远亲王子们的权力，他们身份的降低便在那里慢慢开始。

　　维系君主与酋长之间纽带的方法很多，尽管后者离得很远，而且是世袭的：酋长在王宫里设常驻代表（如在布尼奥罗），有义务定期出现在王宫等。在布隆迪，一个酋长如果没有出现，特别是缺席每年的穆加努罗节，就会被怀疑为叛乱者。姆韦齐·吉萨博统治时期东北地区巴塔雷家族的王子们就是如此表示异见的。当然，不断上演的阴谋诡计使中央政权的眼线无处不在。然而在 19 世纪，各省安排了与君主有个人联系的官员，控制系统便架构起来了。布干达在新征服的地区提供了范例：一些新的军事殖民地（bitongole）建立起来，由国王的亲信负责。这些依赖国王恩赐的新酋长被称为"巴通戈莱"（batongole），人数在穆特萨国王的统治时期成倍地增加。他们的地位可与法国旧制度时期的"委员会"（commission）的"特派委员"相提并论，与拥有"终身官职"（office）的人相对。

正如我们看到的，在这些既没有文字也没有货币的古代国家，基本的纽带是建立在通过时常接触和话语交流而保持的亲属关系、信任和个人关系之上的。但这并不意味着如韦伯的世袭诠释模式所暗示的那样，政治被私有化了。公共领域并没有从古代城市的遗产中获益，但它可以依靠王室的神秘感来理解一种高于单纯血缘义务的权威，这种观念因权力的地域性得以强化。毫无疑问（用爱德华·斯坦哈特的话来说），"在任何小规模的农业社会中，所有的社会和政治关系实际上都是个人的，因为它们是无媒介的，（因此）政治上的依赖关系在附庸关系中是个人的关系"。[83] 如果比较有意义，最好将这些非洲王国与欧洲中世纪早期的王国进行比较，在卡洛林王朝甚至墨洛温王朝，土地"利益"似乎是王公贵族担任的职务的一种不稳定报酬。[84]

"酋长"主要负责农村事务，在基本上是农民的臣民中征收贡赋，仲裁冲突，可能还需组织军事动员。因此，贡赋的性质和分量以及地产结构值得特别关注。遗憾的是，虽然有很多关于将封建主义理论化的文章，但关于这些方面的具体研究相对罕见。这些国家的"赋税"严格以实物形式征收，立即显示出其局限性。贡赋的形式是种植业、畜牧业或手工业产品，以及工作日，也就是徭役。例如，在哈亚人王国，臣民们每年必须上缴五大串香蕉和几公斤当地咖啡豆，外加一定天数的家庭徭役。[85]猎人每杀一头大象须交一根象牙，还要交豹子皮。在布干达同样如此，农民要交香蕉或豌豆，铁匠提供长矛，布杜的专事剥榕树皮者提供衣服，等等。在安科莱，伊鲁人主要提供食物和手工艺品，而希马人则提供奶牛。

154　　　　关于19世纪末布隆迪的贡赋制度的研究非常详细。[86]每年交付的粮食主要是高粱，装在被称为"马拉里"（marari，指"收集品"）的粮食篮子里，被送到国王和王子的粮仓。同时还有"显示"交货的若干罐啤酒，中间人抽取"酒渣"（即一部分）。这一行动在穆加努罗节发起，这时向王宫派遣的代表团出发。牧民则提供"家庭农场的奶牛"。此外，在举办活动、婚礼或酋长更迭时，为了缴纳罚款或安抚找碴的官员，以及因为不定期但频繁的勒索行为，居民须提供几头牲畜（ingorore）或几罐啤酒（biturire）。此外，某些家庭还有被称为"因库卡"（inkuka）的特殊贡赋：铁匠的锄头、平原或森林边上居民的草垫子和篮子、西部或东部山谷盐农的盐、擅长养蜂的家族的几罐蜂蜜、指定牧人的乳牛——他们的牛群中有一头王家公牛，饲养者被称为"巴通戈雷"（batongore），该国南部有很多。这些专门的贡赋被看作一种荣誉。此外，国王有自己的田地（一种土地"储备"），由居住在王家领地内的农民耕种，他们被君主的忠臣派去轮流为君主干活。这些团队根据需完成的任务轮流参与劳役，由每个山丘不同家族的代表组成，最终每个农民每年只工作几天。然而，在国王和大酋长的住所周围也有非常贫穷的农民，他们没有土地，居无定所，几乎任人宰割。

我们在卢旺达发现的这些形式的贡赋（几篮子高粱或四季豆等）由特设的酋长收集。人们可能会问，在这个国家，地方权力的增加对君主有益，而臣民在与君主或地方权力发生冲突时也可利用地方权力，这是否会导致"税收"需求的全面增加？根据凯瑟琳·纽伯里（Catharine Newbury）对基伍湖东南部金亚加的"压迫的聚合力"的详细研究，答案是肯定的：[87]她罗列了为军队（muheto）和土地（butaka）应缴的赋税总额，贡赋包括食品、牲畜、锄头、垫子、手镯等。此外，19世纪末鲁瓦布吉里统治时期，一种新的徭役制度引入，它被称为"布莱特瓦"（buletwa），指在统治者的领地从事搬运或农业劳动。这种制度最初在国家中心地区实施，逐渐扩展到周边地区，但遇到很多阻力，以至于直到西方殖民时期才得以普及。它的起源是有争议的，因为那时这项制度规定五天中劳动两天，"五天"是古代卢旺达的一周。然而，如果"周"（不是一个天文单位）在古代卢旺达存在，根据其他资料，一周时长是四天。此外，在卢旺达语中没有与 buletwa 一词相关的词，这个词似乎来自斯瓦希里语的动词 kuleta，即"招募"搬运工或"招揽"劳工。所有这些都表明它是外来词，也许与鲁瓦布吉里国王派往鲁苏比的商队有关。所谓"传统"制度有时可能是很晚近才有的。[88]

最困难的是准确地评估这些贡赋对农民经济的重压，即这些古老国家给它们管理的社会带来了多大的压力。从实质上看，这与土地权利的定义有关。[89]我们正探讨的当然是在罗马法范畴之外，但这并不意味着大湖地区王国对土地的控制是无政府主义的，而是说它是家族权利和政治权力所要求的权利之间长期紧张关系的关键。我们暂且不谈千变万化的情形，先来尝试理解一下这个判例的原则。例如，在布隆迪，当一个家庭继承了第一批（或被认为是第一批）垦荒者获得的权利时，人们就说他们生活在"祖产"上，[90]而不是依赖酋长授予的"空地"或被认为是这样的土地（如"狩猎地盘"）。从理论上讲，无论是常年的还是季节性的、畜牧业的还是采集的，农业活动的多样性在家族眼中都证明了尽可能广泛的权利的存在的合理性，使大片领地，即在卢旺达西北部被称为"乌布孔德"（ubukonde）的土地合法化。但是，人口的增长、普遍的迁徙运动以及对土地日益密集的开发（特别是多收获季土地的开发），使王权仲裁在敌对家族之间、在种植业和畜牧业的利益之间、在第一批定居者的既得权利和新来者的要求之间具有充分的意义。权力掠夺土地（真实发生或被认为如此）之后，又重新分配土地。基于亲缘关系的权利在土地的有效开发中表现得更强大。

在这些人口分散居住的国家，从王宫和香蕉种植园到周围的牧场或长期休耕地，再到大片季节性的或常年耕种的田地，可以说对土地的控制渐弱。政治控制主要体现在对空地、灌木丛、牧场和废弃耕地的控制。因此，人口压力的增大使得君主及其酋长的干预具有决定性意义，特权的发展也是不可避免的。19 世纪末，我们甚至看到一个无地农民阶层的出现，[91]由那些无法被家庭体面地安顿、缺乏有权有

势的人支持的年轻人构成。他们要么成为布隆迪的 bashumba 或卢
旺达的 bacancuro，即富人特别是有权势人家的仆人或日工，要么成
为布隆迪和卢旺达的 bagererwa 或布哈亚的 batwarwa，即土地租期不
稳定并有劳作义务的佃农。这类人仍然是少数，但为了解 19 世纪
的社会演变，不应忘记该群体在这一时期的扩大。

可以看出，土地制度并不真正是"封建"的。尽管国王作为国
家繁荣的保证人，以"国父"和拥有一切的人（甚至拥有婴儿）
自居，但他和他授权的酋长都没有实际行使这种权利。他们不像中
世纪的"领主"那样既是农民的主人，又是土地的所有者。我们更 157
应该说这里的制度是一个从酋长的领地所代表的统治中心运作开来的
"朝贡"制度：在这些权力中心，土地、牲畜群、由上贡者填满的粮
仓、徭役队伍、祈求者的礼物等日积月累。这无疑就是克洛迪娜·维
达尔在 1974 年描述的"领地"——"主人"和他们的"管家"的
"小世界"。早在 1968 年，皮埃尔·格拉韦尔（Pierre Gravel）于吉萨
卡（卢旺达东部）在题为"核封建群"（nuclear feudal cluster）的
专栏下就已如此描述了。[92]在布隆迪，王家领地的氛围也是被如此描
述的。[93]这些权力和剥削势力往往随着人口的增加而增加，在土地开
垦和农牧业活动变密集的过程中不断蔓延，但并未占有土地。税收
制度的复杂程度与王国的军事扩张、领土兼并和行政控制能力成正
比。但这种剥削是有限度的：在卢旺达和布隆迪的计算表明，贡赋
占生产的 4%—10%，[94]这可能比更多依赖外部朝贡和奴隶制的西非
国家高，但比西方封建政权鼎盛时期的农村低。可以说，1917 年，
扬·切卡诺夫斯基很好地分析了这种情况的决定性因素，至少在现

代贸易还没有产生影响的情况下就是如此：

> 在一个无差别的原始社会，剥削的可能性非常有限。如果
> 只是为数量相对较少的主人直接供应食物，即使他们的胃口再
> 大，也能得到满足。因此，正是剥削的可能性减少，才为没有
> 建立任何法律规范的社会的平衡提供了基础。无序国家中广大
> 臣民的支持是非常重要的，如果我们还考虑到这一现实所特有
> 的长期的内部斗争，我们就有了必然限制任意性的第二个因
> 素。有权势的人必须考虑到他们的臣民，否则他们就有被追随
> 者和臣民抛弃并臣服于他们的对手的危险。[95]

158

"畜牧封建制"：一个海市蜃楼的历史层面

以上这些发现并没有得到应有的解读。难道德文中关于该地区
的所有内容都被《凡尔赛和约》贬低了吗？无论如何，牧民的互惠
关系这一主题淹没了其他分析，尤其对西部王国而言。人类学家雅
克-热罗姆·马凯 1954 年发表的著作只综述了一个已经成为主流思
想的想法：乌布哈克是长期以来锻造图西人统治的原始动力。[96]研究
这个国家的主要历史学家之一德拉克杰醉心于中世纪，早在 1939
年，即在卡加梅神父之前就在主人（shebuja）送给自荐的"诸侯"
（umugaragu）的牛那里看到了一种"采邑制"。他没有将国王的政
治主导地位与牛的吸引力区别开来，因为他认为国王在其战略中使

用了牛这一社会经济筹码。[97]

事实上，这些社会前提似乎并不缺乏文化证据：与牧区活动有关的丰富词汇，牛奶饮用的礼节规则，美学、颜色的选择，某些女性美的提法中（"小母牛的眼睛"等）牛的频繁出现，被珍视的动物角的形状（部分被用于许多舞蹈的手势中），牲畜在英雄故事中以及在君主制仪式中的重要地位，牲畜群所象征的力量（即使高粱或蜂蜜也可体现财富和繁荣），牧民生活在时间划分上提供的标记——无论是由牲畜在围栏、草地和水槽之间的移动来标示一天的时间还是以只能照看小牛和能够照看奶牛为标志的孩子的人生岁月，牧场上所有男孩子与邻居伙伴在文化生活（游戏、笑话、身体锻炼、自然知识）中的参与。这种世界观似乎使经常被引用的一句卢旺达谚语不无道理："牛至高无上。"[98]在令人类学家着迷之前，[99]"牛拜物教"就一直存在于讲卢旺达语的人（Banyarwanda）和他们周边许多群体之中。

这一文化事实带来的问题是它被赋予了永恒性。让我们回顾一下我们在本章中观察到的情况：畜牧业经济从东向西逐步渗透或强化；17世纪末中间高原国家遭遇生态和军事上的困境时衰败，西部山地国家接力。诚然，从那时起，无论是坦噶尼喀湖、基伍湖还是维多利亚湖附近的总体演变，都表明水草丰美、农业发达的地区为君主制的建立提供的支撑比尼奥罗—哈亚—津扎—哈轴线上的牧区稀树草原提供的支撑更坚实、更持久。不断扩张的王国既从高粱和香蕉中获得经济和人口力量，从18世纪起也从豆子和玉米中获得这种力量。在卡通加河畔更早的所谓契韦齐文化的成功之后，该

159

地区西部种植业和畜牧业的整合取得了新的成功。然而，不同统治者的传说和制度的历史同时让我们发现一种趋势，即从 18 世纪开始，社会越来越强调畜牧业层面。这一点可以在南布哈和布希观察到，[100] 也可以在布隆迪观察到：穆塔加·塞尼亚姆维扎的牧民形象比他的祖先恩塔雷·鲁沙西的要突出得多，而恩塔雷·鲁甘巴在 19 世纪初的战争似乎常常与牧区的扩张有关。[101] 这种演变特别是在涉及乌干达西部和卢旺达的政治组织时被分析。[102]

160

姆波罗罗倒台后，安科莱接管了西部高原，军队建立，希马人的家族对其他人口（被称为伊鲁人）的控制加强。同样的过程也可以在邻近的小公国（如布赫韦朱）和托罗观察到。19 世纪，托罗从布尼奥罗分离，依靠孔乔人酋长的支持，这些酋长定居在鲁文佐里山脉的山坡上，部分控制该地区的财富——盐。比托王朝的权力模式是布尼奥罗式的，其君主并不像安科莱或卢旺达的君主那样严重依赖畜牧业契约。我们已经看到，18 世纪的危机（干旱和饥荒）特别有利于牧民和对牧区的依附关系的实施或加强，这将使这两个王国具有希马或图西人的面孔。

卢旺达历史学家恩库里基伊姆富拉（Nkurikiyimfura）[103] 对牛在卢旺达社会中的作用的研究证实了以上认知。正是从 18 世纪鲁居吉拉的统治时期开始，不仅军队得以系统地构建，而且在"弓箭手酋长"的控制下，牛群被系统地分配给军队，所谓的"牛军"形成。自马津帕卡开始，宫廷中对名为"因扬博"（inyambo）的牛（国王牛）的挑选发展起来。这种牛可能来自姆波罗罗，它们的特点是牛角很长，而且有一种特殊的优雅，对著名的"牛拜物教"的

形成有很大贡献。然后 19 世纪初，在加欣迪罗的统治下，出现了
名为"吉金吉"（gikingi）的土地制度，即把一块土地作为畜牧业
保留地，分配给一个宫廷看好的饲养员。这些土地在国家中心地区
而不是在以种植业为主的西部地区以及水草充足的东部地区迅速发
展。这一制度的产生是对土地稀缺和种植业与畜牧业之间竞争的一
种回应。正是在这一时期，特别是在鲁沃格拉统治下，将地方权力
细分给牛酋长和土地酋长的做法变得非常普遍。农民被纳入这一土
地制度，但他们的地位很不稳定，而且要缴纳特殊费用。这种做法
很容易让人联想到中世纪的领地，而且在牧区范围之外的其他王国
中也可以看到。例如，在哈亚国家，国王将被称为"尼亚鲁班加"
（nyarubanja）的领地分给忠诚的追随者，在这些土地上定居的农民
成为普通佃户。[104]

　　无论如何，这都对卢旺达社会产生了决定性影响，因为当权者
对土地权利的日益侵犯与图西人和胡图人之间严重的相互歧视结合
在一起，这种歧视在农村生活中（而不仅仅是在宫廷活动中）愈演
愈烈。在该国中部地区，"布莱特瓦"这种典型的农业徭役制度的
引入进一步加剧了这种状况。最后，自古以来以乌布哈克为名的存
在于牧区环境中的互惠关系，从 17 世纪起逐渐演变成牧民和农民
之间的不平等关系，这种演变尤其在 18 世纪和 19 世纪变得愈加明
显（西方殖民时期达到顶峰）。乌布哈克与权力网络交织在一起，
日益具有政治-行政关系的特征。

　　这种互惠关系的类似演变在布隆迪［被称为"布加比雷"
（bugabire）］和安科莱［被称为"奥库托伊沙"（okutoisha）］也

161

可以观察到。同样令人惊讶的是，"公共"税收是以个人的方式增加和处理的，包括在词汇上支持混淆"礼物"与"贡献"、[105]服务与徭役。在卢旺达，为酋长"奉献时间"（gufata igihe）和"建造篱笆"（kwubaka inkike）的定期义务成为互惠关系中的常见做法。每个主人都扮演着小酋长的角色。

因此，胡图人与图西人的分裂受到当权者做法的支持，以决定性的方式渗透到社会生活中。凯瑟琳·纽伯里在金亚加的例子中很好地证明了这一点：事实上，在这个西南边缘地区，"图西人的到来"在 19 世纪末意味着"恩杜加人"，即王室成员的到来，他们通常被认为是图西人（他们中的大多数确实是图西人）。与他们相比，除了这时被纳入制度并"图西化"的上流人物，所有金亚加人发现自己是"胡图人"：[106]

> 在鲁瓦布吉里统治时期，从卢旺达中部引进酋长到金亚加对族群分化产生了重要影响。随着这些卢旺达中部的权威的到来，该地区胡图人和图西人之间的分界线开始改变并强化。由于新酋长几乎都是图西人，"图西人"这一类别具有了等级的含义，而在此之前，它在金亚加没有多大意义。随着视野扩大和政治活动日益激烈，这些族群类别变得层次分明且僵化……

人们可能会问，鉴于边缘地区在前文的"边境"情况中所起的作用，中心模式是不是通过被定义，甚至是以一种讽刺的方式被定义而在边缘地区形成的呢？因为这种类型的演变是渐进的，也许在开始时往往令人难以察觉：从一个互利逻辑，即送礼和还礼的逻辑 [按照马塞尔·莫斯（Marcel Mauss）定义的内涵]，到一个原则上再分配的逻辑，并且越来越带有等级的印记，直到权力金字塔中的这些个人联系被颠覆。在受这种分化逻辑影响比卢旺达小的国家，如布隆迪和布哈，[107]交换的逻辑在 19 世纪仍然比较明显。布隆迪的互惠关系根据各种情况将普通胡图人和图西人联系起来。高粱酒或香蕉酒的交换是社会生活的核心。"在布隆迪，出于友谊或尊重，作为礼貌或服从的标志，彼此之间送礼非常频繁。"[108]在发生火灾或闪电击中牲畜时，在婚礼或为山地权贵举办的活动中，在放牧时以及在库班杜瓦的崇拜仪式中，邻里之间的团结使大家聚在一起。氏族归属比胡图人或图西人的分类更为重要。

事实上，尽管有我们刚刚看到的族群分化的形成过程，上一段所描述的现实仍继续存在，甚至在卢旺达也如此。克洛迪娜·维达尔称，在这个国家，穷人和富人也没有按照胡图人和图西人来划分。[109]皮埃尔·格拉韦尔观察到，"阶层之间的差异主要因为活动重点不同。富裕的图西人在田间工作较少，在牧场工作较多"。[110]1891 年的牛瘟促使社会底层的社会状况统一化，同时也扩大了社会底层与从上层的再分配中获益的少数特权者的差距。1904—1905 年，布隆迪中心地区发生饥荒时，传教士描述了寻找食物的饥饿的图西人。[111]在安科莱，广大贫困的希马人和广大的伊鲁人一样受到剥削。[112]

我们可以看到，自 18 世纪以来，特别是在卢旺达（以及安科莱的希马人中），尽管通过权力的调节，令图西人受益的特权增加，但被普遍用于图西人和胡图人的领主和农奴的概念并不符合

163

古代现实。事实上，"图西人"和"胡图人"这两个词并不总是
具有相同的含义。有时它们会根据家族古老的社会文化遗产（过
去是否与牲畜有密切联系）来定性出身。还应该补充的是，这种
身份是不言而喻的，甚至常常没有被明确表述出来。居住在卢旺
达北部火山脚下的自治牧民与宫廷决裂，自称戈圭人（Bagogwe），
在王国的框架内以及在现代政治的框架内成为"图西人"。[113]在卢
旺达，属于哪个氏族一直比属于所谓的哪个族群更重要。[114]在卢
旺达西部、布隆迪西部和东部的英博或库莫索（Kumoso）洼地，农
民是通过他们的血统来定义自己的，但在王国的框架内成为"胡
图人"。同样，安科莱西部的农民在与希马人的力量对比中发现自
己是"伊鲁人"。在这个层面上，正如我们在金亚加所看到的，
隶属关系的内涵变得具有等级性。在互惠关系中，"胡图人"指的
是居于从属地位的接受者：即使他是图西人，授予者也会称他为
"我的胡图人"。在卢旺达，"图西人"这个词逐渐被认为是一种接
近权力的身份，以至于在晋升时需要"去胡图化"（在布隆迪这只
在殖民地时期才发展起来）。这种意义的混淆与政治和社会的演变
有关。长期以来，外国观察者们都没有注意到这一点，以至于只把
宫廷上的少数人视为"图西人"。"我几乎不相信卢旺达有超过 2
万图西人"，1916 年神父莱昂·克拉斯（Léon Classe）如此写道。
1954 年，一名比利时医生估计图西人占卢安达-乌隆迪人口的 7%，
直到 1956 年的人口普查才有了 13%—18% 的数字，[115]就像普通的图
西人隐身了一样。

这使我们得出关于殖民接管前"贵族"状况的结论。根据高级官员坎特 1906 年的说法,"20 多个"大酋长控制着卢旺达 80% 的土地;根据切卡诺夫斯基 1917 年的说法,有"16 个国王的大忠臣";根据克洛迪娜·维达尔 1974 年的说法,有"20 来个大酋长"。如扩大特权者的范围,我们可以说他们有几百人;如果我们按家庭计算的话,甚至有几千人,包括:19 世纪末卢旺达尼金亚氏族和埃加氏族的图西人大家族;安科莱的有大牲畜群的欣达王子们和一些结盟的希马家族的上层人士;布隆迪的 100 多个王子阶层的酋长,加上一些有影响力的图西人或胡图人家族;同样还有欣达王子或比托人及其在各自王国的盟友。

在布干达,我们将看到这些派别在欧洲人到来时发挥作用。它们主要是由与最后几个统治期的王太后关系密切的氏族的成员组成,属于水獭、肺鱼、大象或蚱蜢氏族。而其他一些人成功地在国王身边脱颖而出:王室随行人员中出现的"新人"是互惠网络的一部分,某些大人物从中受益,如在 19 世纪末,"首相"的权势增加,特别是如果他数朝连任〔如 1874—1888 年的穆卡萨(Mukasa)〕。

因此,政治上的中央集权是贵族制度具体化的决定性因素,贵族能够利用每个国家环境所特有的经济力量、王子的关照、继承、婚姻联盟。他们也利用特殊的排场,这种排场通过礼仪、服装、显示健康生活的风度,甚至是通过按照卡斯特体系观念并且根据体格的"理想类型"盘算的婚姻来维持的。[116]

165

商业网络的地区活力

然而，如果说大牲畜是安科莱-卢旺达-布隆迪山地国家社会交换的经济命脉，那么其他资源则主要在周边地区促成了更明显的商业逻辑。[117]当然，整个大湖地区根据一个生态环境和另一个生态环境的互补性，都在小范围内经历了粮食产品和牲畜的季节性交换。一些食品在更广阔的范围内获得了声誉：坦噶尼喀湖畔的棕榈油（在布隆迪和布维拉）、布干达的香蕉干、布尼奥罗和布哈亚的咖啡、布隆迪和布吉吉或爱德华湖和乔治湖的鱼干，当然还有卢旺达和布隆迪的牲畜（山羊、公牛或骟牛）和黄油。让我们再加上卢旺达北部和安科莱的烟草。但有三类产品引发了真正的区域性交换，那就是盐、铁和装饰品。

盐可以从某些芦苇的灰烬或咸水淤泥中获得，[118]但集约化生产、更高质量并且提供标准化包装的盐主要集中在三个盐产地：艾伯特湖畔的基比罗（在布尼奥罗）、爱德华湖和乔治湖之间火山（全年都在活动）附近的卡特维和卡塞尼，以及在"乌温扎"[119]的靠近马拉加拉西河和鲁特舒吉河（Rutshugi）交汇处的盐泉。第一个产地供应今天的乌干达北部和东部，第二个供应乌干达西部和卢旺达，第三个供应布哈、布隆迪和尼亚姆韦齐国家。基比罗由布尼奥罗国王控制；乌温扎由三个公国控制，在 19 世纪末的每个旱季迎接约10000 名盐工前来"煮盐"；卡特维和卡塞尼由两个当地氏族［加博氏族（clan des Bagabo）和金圭氏族（clan des Bakingwe）］管理，它们自己在邻近的小湖泊开采并用划艇运送盐，在湖岸卖给来市场上购买物资的外来商贩。在这种交易中，无论对于去卡特维取盐包的卢旺达人，还是对于去乌温扎盐场工作的布隆迪人来说，山羊通常具有交换价值，他们回来时携带的山羊头数是他们带去的两倍。[120]

几乎所有地方都有铁的"冶炼"和锻造。然而，某些地区以丰富的矿石和铁匠的活动而闻名：布隆迪南部、卢旺达北部、基盖济南部、布希、布赫韦朱、布尼奥罗、布津扎和布云古（北布哈）。每个地区都有自己的特长：金属的高质量、锄头的形状、武器生产或拉丝手镯（nyerere）制造等。冶铁其实也是一种旱季活动，因为坑道冶铁是最常见的，需要干燥的天气。[121]盐业和铁器贸易是中距离贸易网络的基础，经常将这两种产业的合作伙伴联系在一起，例如，卡特维的盐工和卡永扎（Kayonza）的铁匠之间的联系，或者在布隆迪，坎戈齐（Kangozi）的铁匠和库莫索的盐工之间的联系。盐包、牲畜和锄头在连续不断的以物易物的贸易中被用作货币。

至于装饰品，在大湖地区内只涉及植物材料制成的商品，如布干达人擅长打制的树皮布（即使它们在其他国家与牛皮、羚羊皮或豹皮一样出名），还有用酒椰叶纤维编制成的手镯（被称为 amatega）。后者主要是由哈武人地区西部刚果盆地热带雨林附近的滕博人生产的，这些手镯在卢旺达人中是一种非常有价值的首饰，活跃了该国西北部的整个贸易。[122]再往南，特别是在布隆迪和布哈，有钱人对铜环更感兴趣，这些铜环可能来今天的加丹加，他们也对来自印度洋的贝壳（小贝壳，或月牙形和半圆锥形的大吊坠）感

167

兴趣。[123]

　　商贩们把产品运到统治者的宫廷或农村，他们成群结队地旅行，利用跨国界的氏族关系或血缘亲情来寻求款待并保证自己的安全。但在 19 世纪的某些地区——或在王室住所附近，或特别是在与互补性经济区连接的地区——真正的市场发展起来，例如，在坦噶尼喀湖沿岸，布隆迪附近的赫鲁（南布哈），布希南部［特别是在卡齐巴的穆伦盖扎（Mulengeza），那里一周中五天是围绕这一活动安排的］，[124]卢旺达的西北部（据统计有 20 来个市场），[125]布尼奥罗的南部边境和基奥加湖（lac Kyoga）岸边，基亚圭（布干达、布索加和布武马群岛的十字路口）。[126]这些市场促成了一个日益专业化的贸易区，聚集着乔治湖、爱德华湖、艾伯特湖和基奥加的独木舟商人，坦噶尼喀湖的吉吉人，基伍湖上伊吉维岛的哈武人，分布在维多利亚湖东北部的苏巴人（Basuba）和南部的克雷贝人（Bakerebe）。更值得注意的是，在布隆迪，就像在卢旺达，有一个古老的词专指市场，即 icambu，意思是湖边浅滩或渡口。[127]除了水路，我们还应该提到托罗和基盖济之间的通比人（Batumbi）、艾伯特湖以北的帕隆博人（Parombo）、哈亚国家的济巴人、布希南部的齐巴齐巴人（Bazibaziba）、布隆迪的扬加扬加人（Bayangayanga）、布津扎西部的苏比人（Basubi）……

　　这些群体的生活方式显然与截至目前所讨论的农牧业环境中的生活方式截然不同。他们几乎是作为边缘人出现的，然而融入了各自的社会。他们只依靠旱季活动，经常接触大人物，也缴纳贡赋。在卢旺达，西北部的"军队"有责任从该地区商贩那里收取费用，

168

该费用被称为 matega。在布隆迪，东部或英博平原的酋长们必须向宫廷提供盐。在市场上，比如在布尼奥罗或布希，由代表王朝的税务员（bahoza）征税。19 世纪末，卡特维和卡塞尼盐场是托罗和布尼奥罗不断争夺的对象，两国都试图对其征税。

在某些情况下（在布希、布哈武、布哈亚、布哈、布津扎），这些贸易的活力与政治霸权并不吻合。19 世纪中期，位于维多利亚湖南部一个半岛和一个岛上的小王国布克雷贝主导着湖上的航行。我们已经看到布尼奥罗从 18 世纪起就开始衰落，但在 19 世纪仍是一个有影响力的商业中心：它拥有铁、盐和牲畜，并控制着从艾伯特湖到布索加的贸易网络。它可以出售布干达所缺乏的一切。但另一方面，布干达和卢旺达似乎是掠夺性的国家，企图控制这些贸易路线：布干达在国王苏纳和穆特萨的领导下，袭击了布索加、维多利亚湖西岸（正如我们所看到的）以及布尼奥罗的高原；[128]卢旺达在鲁瓦布吉里的领导下，试图控制基伍湖。[129]

19 世纪中期，整个大湖地区被划分为四个贸易区：布尼奥罗-布索加圈，即从艾伯特湖经尼罗河畔和基奥加湖到埃尔贡山；基伍湖圈，包括乌干达西部和卢旺达的盐湖，到刚果盆地热带雨林边缘；坦噶尼喀湖圈，从鲁西济河谷到马拉加拉西河谷，包括卡齐巴的市场、乌温扎盐田和布隆迪；最后是维多利亚湖圈，包括布干达、布哈亚、布津扎和布克雷贝。但从 19 世纪三四十年代开始，最后两个贸易圈，即坦噶尼喀湖圈和维多利亚湖圈，接纳了从东部沿海涌入的新生力量。首先是尼亚姆韦齐商队，即斯瓦希里民间传说中的"月亮人"相继到来，[130]给该地区带来了新的产品：来自中欧的彩色玻璃珠［特别是红色的小"萨姆-萨姆"（sam-sam）］、铜或黄铜手镯、瓷器餐具、新英格兰的白棉布（merikani）或各种颜色的英属印度棉织品［如深蓝色的"卡尼基"（kaniki）］。作为交换，他们寻找象牙。由于大象群在东非高原上遭到屠杀，象牙猎人-商人便去大湖地区寻找。在那里，在尼罗河上游，即今刚果东部和当时的布尼奥罗仍有很多象群。

从 19 世纪三四十年代起，来自印度洋沿岸的客户，即来自桑给巴尔苏丹国的阿拉伯或斯瓦希里商人来到大湖地区。从那时起，这些商人不再把尼亚姆韦齐人当成中间商，而是把他们当作普通的搬运工（pagazi），使他们成为该地区最早的雇佣劳动者。商人们在商队中心路线上的塔波拉（Tabora）和乌吉吉建立了永久性的贸易站。与这种贸易有关的内陆人学习了斯瓦希里语，这是一种混有阿拉伯语和波斯语词汇的班图语，后来成为整个地区的通用语言。他们在服装和住房方面模仿沿海地区的时尚，而不一定皈依伊斯兰教：就像曾经在印度洋沿岸发生的那样，斯瓦希里文化在大湖地区通过同化传播开来。早在 1844 年，阿拉伯人，如瓦哈比派的艾哈迈德·本·易卜拉欣（Ahmed ben Ibrahim），就经常出入布干达国王苏纳的宫廷。1852 年，在苏纳继位前夕，他们曾被驱逐，但在 19 世纪 60 年代初又回来了。他们在新国王穆特萨的宫廷中似乎很有影响力。1867 年前后，新国王假装皈依了伊斯兰教：他守斋，采用新日历、东方式的问候和着装，以及 1869 年至 1870 年与桑给巴尔的苏丹交换使团。阿拉伯-斯瓦希里商人在通往这个国家的两条通道上建立了自己的控制权。在从塔波拉出发的商队路线上，他们

与当地势力达成了合作：1855 年，在卡拉圭，他们帮助鲁马尼卡上 170
台，在同一时期他们也支持了鲁苏比的分离。这两个小国国王的宫
廷附近建立起的永久性市场——鲁苏比的比哈拉穆洛（Biharamulo）
和卡拉圭的卡夫罗（Kafuro），通过基坦古勒（Kitangule）延伸至
卡盖拉河浅滩。此外，在维多利亚湖以南，他们建立了卡盖伊
（Kageyi）驿站。19 世纪 70 年代，他们在那里推出的单桅帆船与当
地的独木舟展开激烈的竞争。

　　这种远距离贸易的基本要素是象牙、奴隶，以及用来换取它们
的棉织品（已提及）和火枪（活塞枪）。新轴线本身就引起了对当
地产品，特别是对食品的需求的增加，旧网络也被嫁接到这个新轴
线上。新的货币开始普及：贝壳串或珠子串取代了锄头、山羊或
盐包。

　　这种对外贸易的当地最大受益者是统治者及其贵族随从，他们
加强了对市场的控制，如外国商人不得不经常光顾的首都附近的市
场。这带来了税收和"礼物"。此外，19 世纪末形成了一种掠夺性
政策，特别是在布干达，持枪者利用火枪的优势从周边地区勒索战
利品。象牙是主要的出口商品，尽管会带来风险，但给商人带来了
至少 200% 的利润，真正由王家垄断：一半的象牙必须交给布尼奥
罗或布干达的国王，同时，国王还有自己的猎象部队，它们活跃在
尼罗河流域北部或埃尔贡山附近。因此，布干达试图控制维多利亚
湖上的贸易，并对布尼奥罗发动一场真正的经济战争，试图切断它
与桑给巴尔商队的联系。作为回应，国王卡巴雷加（Kabarega，
1869 年上台）在面对来自喀土穆（Khartoum）的商人在尼罗河上

游推进的同时，将首都从北部迁往南部，即从马辛迪（Masindi）
迁往姆帕罗（Mparo），着手夺回盐湖地区的控制权并重新征服了托
罗。火枪的供应是一个关键，这些火枪已经在狩猎和战争中变得不
可或缺，并赋予其持有者不可估量的力量。穆特萨和卡巴雷加通过
组建步兵常规军——新的专制工具——重组了他们的军队。[131]

　　然而，这种新经济也促进了派系斗争，出现了能够打破传统规则
的"大人物"。正如我们在卡拉圭和鲁苏比的例子中看到的那样，小
国成为商队路线上的经停站，并扮演着中间商角色。同样在大湖地
区，我们也看到了与外国网络直接联系的地方势力的分裂。在布吉
吉，湖边一个贸易站周边区域的乡村政治和宗教当局（muteko）利用
1845年的继承危机实际上脱离了国王的统治，由斯瓦希里人管理：
这就是乌吉吉镇的开始。类似的分裂也发生在湖的北部。在那里，乌
维拉（Uvira）的中间商在登陆地建立了一个公国，与富里鲁人的其
他地区决裂。到处呈现出新的人文景观，在沿海地区的服装中，白色
的斯瓦希里袍（kanzu）占主导地位，将成为布干达真正的民族服装。
1894年，冯·戈岑伯爵描述了国王卡苏苏拉（Kasusura）的位于鲁苏
比的宫廷：卫队配备活塞枪，朝臣穿着棉布衣服，君主则穿着土耳其
式服装，着蓝色长裤、红色长衫和灰色外衣。[132]这让人想起我们在上
一章开头提到的斯坦利对布干达宫廷的描述。

　　奴隶制是另一种新事物。由喀土穆的"土耳其人"或桑给巴尔
的"阿拉伯人"及他们的斯瓦希里化的助手，即"旺瓦纳"
（Wangwana）组织的奴隶贸易，主要影响了尼罗河上游或现刚果东
部政治分裂地区的人口。但是，各王国的政治和军事组织则保护其

171

居民免受这一祸害。特别是 19 世纪 80 年代（姆韦齐·吉萨博统治时期），布隆迪能够以这种方式抵抗在坦噶尼喀湖畔定居的桑给巴尔人的渗透企图。这只是该地区政治和军事组织效果的一个例子。但是，这并不妨碍其中一些国家以牺牲邻国居民为代价参与贩奴交易。从 19 世纪 80 年代末到 20 世纪初，布干达和卢旺达的情况就是如此。在卢旺达，交易对象主要是年轻女孩，而且交易不在市场上进行，而是在为此目的而设置的围栏中进行，最著名的围栏在恩杜加的卡武穆（Kavumu）和吉萨卡的鲁基拉（Rukira），交易沿吉萨卡的公路向东部的鲁苏比和乌尼亚姆韦齐（Unyamwezi）① 进行。[133]贩奴者是来自这些国家的商人，与卢旺达人联手且受到国王鲁瓦布吉里的保护，贩卖包括在基伍湖西部俘掠的人。猎象也与这项活动有关。我们有一个著名商人穆林齐（Mulinzi）的例子。他是富有的胡图人，一个箭贩子的儿子，自 1887 年起一直与斯瓦希里人接触，贩卖奴隶以换取铜手镯和珠子。这种受当局控制的对外部世界的开放鲜为人知。然而，从 19 世纪末开始，所有的欧洲来访者，包括 1894 年 5 月到来的冯·戈岑伯爵和 1897 年 3 月到来的上尉汉斯·拉姆赛（Hans Ramsay）都注意到了棉织品在统治阶层的传播。

　　因此，不平等不是一天形成的，也不是仅有一种原因，更不是在整个大湖地区都具有一成不变的轮廓。这与长期来雅克-热罗

172

---

　　① 尼亚姆韦齐人生活的地区。——编注

姆·马凯的著作传播的"卢旺达学"强加的想法正相反，该作品在法语和英语世界中被不断地评论和引用。[134]在这部作品中，号称对整个地区有效的社会蓝图和唯美主义与晚期殖民政府的偏见结合，最终维护了一种种族观点、一篇名副其实的"族群不平等文论"，为这些国家在近代经历的所有极端政治态度披上了合法的外衣。相反，本应注意到的是政治和社会历史的复杂性，因为这见证了19世纪各种贵族的崛起：政治-土地的、畜牧业的、好战的、政治-商业的，他们的活动在欧洲殖民征服的背景下将具有决定作用。

第四章

殖民托管与传统重构

自 19 世纪 60 年代起到达大湖地区的欧洲人首先看到的是当时
掌权的贵族阶层。我们知道，他们会在种族体系中对这些人进行分
类。尽管（或由于）宗教目标从一开始就很重要，但他们恰恰忽略
了文化层面，即王权所隐含的信仰和仪式，也就是说君主制的民众
根源。他们注意到了权贵的流弊，但没有注意到人们追随他们的原
因。诚然，殖民者发现的更多的是分化的利益和道德说教的乐趣，
而不是试图理解的理由。胜利者的愿景并不是第一次以这种方式呈
现出来。随着强者的理性逐渐表现为更高级的科学和技术的理性，
甚至表现为真正的上帝的理性，旧逻辑就逐渐失去了意义，君主制
在这一时期结束时沦为空壳并消失了。但矛盾的是，在布干达，即
在现代性更早出现的地方，情况并不是这样。了解当代的这些不同
轨迹并将其进行对比是十分有趣的，这意味着分析变革管理中政治
文化的多样性。

探寻"尼罗河的源头"：英国的视野

然而，从欧洲方面来看，第一次接触的动机主要来自想象。

19 世纪中叶之前，根据从 2 世纪亚历山大的地理学家克罗狄斯·托勒密那里继承的地图，这个地区只因俯瞰尼罗河源头的湖泊的"月亮山"而为人所知。欧洲人也只能满足于此，因为在很长一段时间里，阿斯旺河上游的六条瀑布，以及加扎勒河（Bahr el-Ghazal）巨大沼泽的存在，阻碍了沿 6000 公里的河谷而上直至白尼罗河的源头。这些源头位于艾伯特湖和维多利亚湖的出口，分别由塞姆利基河（Semliki）和卡盖拉河提供水源，这两条河从鲁文佐里山脉或卢旺达和布隆迪的山脉流下来。可以理解的是，一旦来到东海岸的水手或传教士从斯瓦希里商人那里听说赤道附近有大片湖区，欧洲地理学界就沉浸在去现场验证托勒密的地图的真实性的想法中。斯瓦希里人在《天方夜谭》文化的滋养下，不是把给他们提供信息的内陆小商贩称为"月亮人"吗？此外，在非洲大陆的中心地带存在可通航的水面，激发了足以将补贴合理化的经济预测。

倡议是在伦敦发出的：当时世界第一强国的经济实力、对科学的好奇心以及从 19 世纪初废奴运动以来慈善事业激起的公众对非洲的兴趣，都可能鼓励了这种奇遇。19 世纪 40 年代，在蒙巴萨地区的英国圣工会差会的两位德国传教士发现了肯尼亚山（mont Kenya）和乞力马扎罗山（mont Kilimandjaro）并收集了关于一个大湖的信息，因为这些信息与同时期伦敦"扶手椅地理学家"根据来自桑给巴尔的信息所报告的一致，19 世纪 50 年代中期至 19 世纪 60 年代末英国皇家地理学会在政府的支持下组织了一系列探险活动。学会将这些"探险"委托给那些有探索遥远世界经验的人，[1]特别是那些了解东方的印度军队的前军官。因此，1857 年，理查德·

伯顿和约翰·斯皮克被派去寻找著名的赤道湖。他们与商队的向导一起沿着象牙商队的路线从巴加莫约（Bagamoyo）到乌吉吉。他们"发现"了坦噶尼喀湖，并在 1858 年听说了强大的布隆迪国王姆韦齐。斯皮克在尼罗河源头的问题上与他的同路人意见相左，于 1860 年与詹姆斯·格兰特一起再次出发。1861—1862 年，他们与卡拉圭、布干达和布尼奥罗的统治者鲁马尼卡、穆特萨和卡穆拉斯（Kamurasi）进行了接触。斯皮克站在他以维多利亚女王的名字命名的湖泊北端的里彭瀑布（chutes Ripon）前评论说："我看到古老的尼罗河从维多利亚湖流出……这个伟大的湖泊孕育了摩西儿时漂流过的圣河！"此外，斯皮克对他所访问的王宫感到惊讶，提出了我们已经看到的盖拉假说，[2] 该假说很快就被其他探险家采纳，并且使这一地区成为欧洲人眼中的第二个埃塞俄比亚。

　　然而，英国皇家地理学会也曾派塞缪尔·贝克从开罗沿尼罗河南下。贝克（在妻子的陪伴下）在今天的苏丹南部遇到了返程的斯皮克和格兰特，然后发现了鲁维坦齐格湖（lac Rwitanzige），他以女王陛下已故丈夫的名字将其命名为艾伯特湖。这些探险活动并没有结束对该地区水文地理的争论：伯顿通过艾伯特湖和坦噶尼喀湖之间的联系坚持他关于尼罗河源头的假设，而 1864 年斯皮克悲剧性的死亡被视为承认失败。两个截然不同的人物接替了他：一个是著名的戴维·利文斯敦（David Livingstone），他在前往坦噶尼喀湖畔之前曾在非洲南部为伦敦传道会工作，把对尼罗河地理的了解和反奴隶制的斗争这两种激情结合起来；另一个是有威尔士血统的美国记者亨利·莫顿·斯坦利，他在《纽约先驱报》（New York Herald）的资助下为了"寻找利文斯敦"而上路。1871 年，他在乌吉吉"找到"了利文斯敦。两人对坦噶尼喀湖北部的探访并没有消除这种不确定性，因为湖水水位的上升使他们难以深入鲁西济河三角洲并确定其走向。

176　但四年后，斯坦利从东向西穿越非洲大陆，有计划地走遍了乌干达西部的整个湖泊网络，然后顺刚果河而下，从而解决了白尼罗河源头的问题。19 世纪 90 年代的辩论只涉及大河"最南端的源头"这个微不足道但显然很让人着迷的问题，探险家们对卡盖拉河流域进行了详细勘察。[3] 1892 年，由德国反奴隶制委员会（Comité antiesclavagiste allemand）派往该地区的奥地利人奥斯卡·鲍曼（Oscar Baumann）选择了布隆迪的鲁武布河源头，但在随后的几年里，坎特医生、拉姆赛上尉和其他德国官员讨论了路线与流量，更建议选择卢旺达的卡尼亚鲁河或尼亚巴龙戈河（Nyabarongo）。20 世纪 30 年代，上加丹加矿业联盟（Union minière du Haut-Katanga）在布隆迪南部的鲁图武（Rutovu）建造了一座金字塔。它位于一条溪流的源头，今天已成为旅游宣传的标志。

　　斯坦利顺便以整个英国王室的人名命名了这些湖泊（爱德华和乔治在艾伯特和维多利亚之后也成为湖名）。艾伯特湖上游的维多利亚尼罗河（Nil Victoria）上的瀑布是以英国皇家地理学会主席默奇森（Murchison）的名字命名的。非洲中部变得像伦敦的一个郊区。此外，穆特萨给访问过他的斯坦利留下了很好的印象，于是这位美国大记者于 1875 年 11 月在《每日电讯报》（Daily Telearaph）发表了一封信，赞扬布干达，并呼吁传教会到这个国家来。英国圣工会差会以及我们将看到的主教夏尔·拉维热里（Charles

Lavigerie）立即对此感兴趣。19世纪下半叶，欧洲对非洲的态度的特点是竞相"奔月"和人道主义情感混合，这种混合的有趣之处在于它预示了什么。充满政治误解的"媒体炒作"在大湖地区并不少见。

在19世纪70年代和80年代之交，当布隆迪的姆韦齐·吉萨博、卢旺达的基盖里·鲁瓦布吉里、布尼奥罗的卡巴雷加和布干达的穆特萨在大湖地区称霸时，外国控制的威胁以及笼罩在该地区的国际野心在两个区域显现：尼罗河上游和印度洋海岸线。[4]最猛烈的外部入侵来自"赫迪夫"（khédive）① 穆罕默德·阿里（Mohamed Ali）1824年建立的喀土穆。[5]他的继任者伊斯梅尔（Ismaïl，1863—1879年在位）决定向加扎勒河以南扩张，1841年贡多科罗（Gondokoro）贸易站已经在那里建立起来。这导致对牲畜、奴隶和大象（象牙）的袭击次数大大增加，然后这些"商品"被储存在设防哨所（zariba）中，蒸汽船可以来把它们运走。在卡穆拉斯统治时期，布尼奥罗就已经被袭击。事实上，被称为喀土穆"土耳其人"的帝国主义倾向所针对的正是今天的整个乌干达，这一叫法被用于组成这个掠夺性国家的所有商人和士兵，即便他们的原籍不同，有埃及人、黎凡特人，也有不同国籍的欧洲人。

塞缪尔·贝克爵士本人于1872年再次出现，担任赤道省

_____

① 该名号由埃及和苏丹的穆罕默德·阿里王朝所采用，1867年英语中首次出现赫迪夫一词，由法语词 khédive 而来，可追溯至波斯语词 khidiw，是 khuda 的衍生词，意指"君主""主人"。——译注

（province d'Équatoria）的总督，被称为贝克帕夏（Baker pacha）。
该省由埃及赫迪夫创建，旨在重组这个埃及-非洲帝国的南部地区。
但贝克在面对布尼奥罗新国王卡巴雷加的抵抗时失败了。1874 年至
1877 年，他被上校查尔斯·戈登（Charles Gordon）取代。后者在
尼罗河上派出两艘汽船，派意大利人杰西（Gessi）和皮亚贾
（Piaggia）探索艾伯特湖，并在布尼奥罗的北部边界建立了一连串
的设防哨所。然后，他在这个国家的反叛王子鲁永加（Ruyonga）
的支持下，试图通过尼罗河左岸的姆鲁里（Mruli）控制一条通往
布干达的道路，并向位于鲁巴加（Rubaga）的穆特萨国王的首都派
出了几个代表团：1874 年由美国上校沙耶-朗（Chaillé-Long）率
领，1875 年由法国人利南·德贝勒丰（Linant de Bellefonds）率领，
最后在 1876 年由德国人爱德华·施尼策尔（Eduard Schnitzer）[6]率
领。后者在戈登被任命为苏丹总督后成为赤道省总督，被称作艾敏
帕夏。他是娴熟的外交家，试图让穆特萨和卡巴雷加对埃及的意图
感到放心。1881 年爆发的马赫迪起义（Guerre des mahdistes）① 切
断了赤道省与埃及的联系，三年后迫使艾敏帕夏与他的苏丹军队一
起撤到艾伯特湖畔，在那里，他与探险家威廉·容克尔（Wilhelm

---

① 马赫迪起义（1881—1898 年，亦称马赫迪战争），又名英苏战争或苏丹马赫
迪起义，英国称这场战争为"苏丹战役"，是 19 世纪晚期的一场殖民战争。战争最初
在马赫迪领导的苏丹起义军与埃及之间进行。后来，英国加入埃及一方，1898 年，历
时 18 年的马赫迪起义宣告失败。1899 年 1 月，英国及埃及签署《英埃共管苏丹协定》
（Anglo-Egyptian Agreement），成立了英埃苏丹，英国以此巩固了其在苏丹的统治。参与
这场战争的温斯顿·丘吉尔在自己的著作《河战》（The River War）中描写了这场战
争。——译注

Junker）和加埃塔诺·卡萨蒂（Gaetano Casati）一起驻守了五年，然后被斯坦利的新探险队"拯救"。这次斯坦利是在利奥波德二世（Léopold II）和商人威廉·麦金农（William Mackinnon）的支持下 178 从刚果过来的，后者的英帝国东非公司（Imperial British East Africa Company，IBEAC）前不久在蒙巴萨成立。这是帝国主义的高潮时期。艾敏帕夏将得到他的同胞的认可。

　　事实上，马赫迪主义扼制了埃及在这一地区的野心。欧洲的扩张是从东海岸开始的。它最初由阿拉伯-斯瓦希里贸易网络承载，自从马斯喀特（Mascate）的苏丹于 1840 年迁都桑给巴尔岛并围绕三种产品（丁香、象牙和棉花）将国家经济与世界市场挂钩以来，该贸易网络一直蓬勃发展。[7] 通往大湖地区的两条通道之间的这种"激烈竞争"的矛盾之处在于，英国人最终对两边都进行了干预。1882 年，他们占领了埃及，赶走了竞争者法国。但自 1873 年起，他们也加强了在人道主义、经济和军事方面对桑给巴尔苏丹的干预：奴隶市场被关闭，印度银行家负责该国的财政，领事约翰·柯克（John Kirk）是那里最重要的人物，1877 年该国军队被委托给英国将军马修斯（Mathews）。唯一的实际竞争者是比利时国王利奥波德二世，他是国际非洲协会（Association internationale africaine，AIA）的倡导者。该协会于 1876 年在布鲁塞尔举行的国际地理会议（Conférence internationale de géographie）结束时创建，目的是调动大西洋和印度洋之间的"探险家"的能力。最后，1875 年，在斯坦利的呼吁下，传教士的倡议在欧洲从东海岸进行的扩张中发挥了决定性的作用，同时，鉴于法国天主教徒和英国新教徒之间的激烈竞争，传教士也使大湖地区的形势更复杂。当时确实不是大公主义的时代，甚至（或尤其）是在传教士的地盘。

基督教传教：第二个埃塞俄比亚的梦想

179　　19 世纪 70 年代末，也就是殖民分治的 20 年前，白衣神父和新教传教士大约在同一时间到达维多利亚湖畔和坦噶尼喀湖畔。两个群体都梦想找到躲过了穆斯林的控制并能够接受基督教教义的异教社会。关于大湖地区王国起源于埃塞俄比亚的假设重新激活了祭司王约翰（Prêtre Jean）从背后对抗伊斯兰教的中世纪神话。

　　这个计划主要是在布干达实施的，导致了一场持续 15 年之久的名副其实的宗教战争，这场战争堪称一次讨伐伊斯兰教的十字军运动。1877 年 6 月，英国圣工会差会的牧师 C. T. 威尔逊（C. T. Wilson）来到了布干达宫廷，该传教会的其他英国成员紧随其后。这个创立于 18 世纪末的新教传教会聚集了具有福音派倾向的英国圣公会成员，自 19 世纪 40 年代起扎根于蒙巴萨附近的海岸。[8]

　　然后，1879 年 2 月，白衣神父西梅翁·卢代尔（Siméon Lourdel）来到这里，和其他三名法国白衣神父在鲁巴加定居。这个修会成立于 1869 年，其创始人拉维热里主教个性鲜明。[9]他在位于阿尔及尔的总部梦想着恢复和扩大古老的“非洲教会”，即圣·奥古斯丁（Saint Augustin）的教会：

　　　　我面前是一个拥有两亿人口的大陆，我每天都在问自己，

我们是应该让他们成为人，成为基督徒，还是让他们在未来几
个世纪都处于野蛮状态。[10]

由于受到北非伊斯兰教的阻挠，他对赤道非洲产生了兴趣，当时罗马传信部正担心英国新教徒和国际非洲协会自由思想家对赤道非洲的控制。1878 年 1 月，他向罗马传信部提交了一份关于非洲大陆这部分地区福音化的"秘密备忘录"：必须把"可怜的含之子"从奴隶制和蒙昧中"解放出来"。打击阿拉伯贩奴贸易和组建非洲天主教社区是相辅相成的。2 月，新任教皇利奥十三世（Léon XIII）委托拉维热里作为使徒代表负责非洲中部的传教工作。被称为白衣神父的非洲传教士[11]因此在几乎尚不为人所知的湖泊地区捷足先登，先于三个相互竞争的传教计划到达，它们分别来自里昂非洲传教会（Missions africaines de Lyon）、东西海岸的圣灵会修士，以及位于苏丹的神父孔波尼（Comboni）的意大利传教士。因此，该地区的福音化从一开始就涉及多种权力，包括天主教会内部不同教派之间的竞争、与穆斯林的对抗和面对当地君主制时的应对。白衣神父不得不对这些挑战做出回应，同时遵守仿照耶稣会制定的严格的内部纪律，定期向教会通报他们实地观察到的最新情况，[12]并根据当地的政治形势调整策略。在这方面，拉维热里主教的实用主义是众所周知的（他是"归顺"共和国的人），在他的传教史上可以看出他在如下三种立场之间举棋不定：将非洲酋长归化为基督教王子、围绕新入教社区形成一个"基督教王国"，以及与殖民当局合作。最后一个愿望是在 1890 年之后被付诸实践的，但并不是没有与其他两个愿望保持辩证的紧张关系：他既希望看到未来非洲基督教的君士坦丁或克洛维，也希望捍卫与民众接触的自主权。

如果说大湖地区是白衣神父的首选之地，那主要是因为他们在布干达的成功，[13]这比后来在卢旺达和布隆迪取得的成功至少早了40年。早在1880年，就有7名干达人受洗；1882年，有440名慕道者；1883年一个名为"尼安扎"（来自斯瓦希里语，意为维多利亚湖）的教区成立，覆盖了现在的乌干达和这个大湖的全部湖岸。事实上，英国圣工会差会的新教徒在国王周围的侍从那里获得了同样的成功，那是名副其实的培养新信徒的温床。对新信徒和君主来说，新的宗教像伊斯兰教一样带来了面对世界的一种意识形态上的开放，人们认为它比"卢巴莱"的旧宇宙观更具操作性，[14]而且为他们在面对喀土穆或桑给巴尔商人的包围时提供了一条出路。对他们来说，与欧洲人的和睦关系也被视为一种反向联盟。斯坦利访问宫廷以后，穆特萨国王一直将斯坦利的翻译穆夫塔·达林顿（Muftaa Dallington）留在宫中充当线人和抄写员。他和他的宫廷期望两个教派的传教士带来新知识、阅读教学、更有效的医药、技术进步、新着装，以及武器。有人写道："亚伯拉罕宗教在布干达成为对文字和火枪的保护性崇拜。"[15]皈依是对政治和社会野心的一种回应。自1876年起，国王与伊斯兰教决裂，但他对基督教在世俗层面的期望太高，以至于这种误解导致了冲突。在这些冲突中，皈依者，即被称为"读者"的年轻贵族，既是人质又是参与者。

第一次危机爆发于1882年。干达慕道者与其身边外来的被解放的奴隶之间发生对立，白衣神父被这一对立所困，认为必须逃到维多利亚湖南部。穆特萨去世后，他们于 1885 年回到布干达，发现一个由 600 人组成的社区在没有他们的情况下组织了起来。1885年，在英国圣公会主教汉宁顿（Hannington）被谋杀后，新教徒和宫廷之间的关系紧张起来：汉宁顿是通过布索加，即东部的禁行之路到达布干达的。1886 年，在新国王姆旺加（Mwanga）的命令下，几十名皈依天主教和新教的宫廷侍从被活活烧死。其中天主教徒最著名：他们于 1920 年被行宣福礼，1964 年被封为圣徒，是"乌干达的殉道者"。[16] 这些处决并不意味着传教活动的结束，也不意味着皈依的终结。受害者显然是因把对《圣经》中的上帝的忠诚置于对国王的忠诚之上而付出代价的，特别是拒绝满足国王的同性恋要求，而那时国王刚刚登基，急于显示自己的权威。然而，1888 年，他被有基督徒和穆斯林参与的军事政变推翻，逃到了大湖的南部。然后，穆斯林少数群体在 1889 年单独掌控了权力，并赶走了基督教传教士及其领袖。传教士及其领袖逃到安科莱避难，在从迫害中死里逃生的天主教领袖奥诺拉·尼奥尼托诺（Honorat Nyonyitono）的领导下，于西部边境组织了一场名副其实的十字军讨伐。而姆旺加成了白衣神父的慕道者，又得到已经成为军火商的前英国圣工会差会成员——爱尔兰人查尔斯·斯托克斯（Charles Stokes）的支持，于 1890 年年初成功地重新掌权。

但基督徒的胜利使天主教徒和新教徒之间的竞争更加激烈，这种政治-宗教两极分化持续了一个世纪。当时，天主教徒和新教徒分别被戏称为"法国人"和"英国人"。事实上，这两个宗教派别利用国际竞争发挥了自主的政治作用：新教徒依靠英帝国东非公

182

司，天主教徒则依靠德国，后者自 1887 年以来就对该地区感兴趣，并得到了白衣神父的默许。最终在 1890 年 12 月，这个英国公司以及当地"首相"阿波罗·卡格瓦领导的新教党获得了胜利。在没有克洛维的情况下，英国人就找到一位为他们效劳的宫相。1892 年爆发了一场公开的内战，天主教势力被赶回南部，作为宗座代牧主教的阿尔萨斯人让-约瑟夫·伊尔特（Jean-Joseph Hirth）带领数千名干达人在德国控制下的布科巴地区避难。1894 年，罗马委派他管理尼安扎南部教区。该教区与乌干达分开，不仅管辖所有津扎人地区和哈亚国家，而且管辖卢旺达。[17]

新教徒和伦敦传道会的传教士是第一批抵达坦噶尼喀湖的人。这个传道会受到公理会的启发，在教义方面非常开放。它主要活跃在利文斯敦活动的非洲南部，首先寻求在湖边建立传教站点，并在那里发展交通网络。他们与苏格兰传教士合作，主要项目涉及尼亚萨湖（lac Nyassa）①和坦噶尼喀湖的航行。19 世纪 80 年代初，依靠一名利兹的贵格会（Quakers）②工业家的捐赠，一艘蒸汽船在坦噶尼喀湖下水。1878 年，一个船站在乌吉吉建立，由水手爱德华·C. 霍尔（Edward C. Hore）负责。[18]但 1884 年该船站被废弃。

1879 年抵达乌吉吉的白衣神父的影响更为持久。1880 年坦噶

---

① 即马拉维湖（lac Malawi）。——编注

② 贵格会，又称公谊会、教友派，是 17 世纪创立的一个基督教教派。创始人为乔治·福克斯（George Fox），贵格会因他号诫"听到上帝的话而发抖"而得名，但也有说法称是因在初期宗教聚会中常有教徒全身颤抖而得此名。该教会坚决反对奴隶制，在美国南北战争前后的废奴运动中起过重要作用。——译注

尼喀使徒教区成立，1886 年它又被细分为三个教会实体，从东到西分别在乌年延贝（Unyanyembe）、坦噶尼喀（包括布哈和布隆迪）和刚果河上游（包括基伍地区）。然而，这里的情况与乌干达大不相同。在这里，就像在尼安扎南部一样，传教士们被夹在桑给巴尔穆斯林的军事-商业网络（控制着塔波拉—乌吉吉和塔波拉—卡盖拉河轴线）和敌视任何外国渗透的君主政权之间。对后者来说，穿着无袖白袍、蓄着胡须、走在贩奴路线或在斯瓦希里人的单桅帆船上航行的白衣神父，是阿拉伯奴隶贩子的一个新变种。这些误解使初次接触尤其困难。大多数皈依者是传教士的"孩子"，是从其他地区，如尼亚姆韦齐国家（维多利亚湖以南）或马涅马（Maniéma，坦噶尼喀湖以西）救赎的奴隶。[19] 在缺乏当地支持的情况下，白衣神父采取的策略是在武装保护下建立"基督教村庄"，特别是在坦噶尼喀湖西岸。

1879—1881 年，第一次尝试在布隆迪南部的鲁蒙盖（Rumonge）进行。面对乌吉吉的"旺瓦纳"的敌意和姆韦齐国王的当地代表的不信任，法国传教士落入了陷阱：他们中的三人和一名充当他们"武装助手"的比利时裔前教廷侍卫被杀。1884 年和 1891 年，白衣神父们在坦噶尼喀湖北面进行了两次新的尝试之后，从东部接近布隆迪，于 1898 年在穆亚加（Muyaga）建立了第一个有决定性意义的传教据点。随后，在 1899 年和 1902 年分别在该国中心的穆格拉（Mugera）以及在乌松布拉（Usumbura，今布琼布拉）的德国哨所北部的布洪加（Buhonga）建立传教据点。1895 年，该国被置于乌年延贝教区管辖之下，其总部位于尼亚姆韦齐国家的乌希龙博（Ushirombo）。对卢旺达的渗透也是从东部开始的：主教区设在布科巴以北的布加博公国的卡朔齐［Kashozi，或称马林贝格（Marienberg）］；1897 年在鲁舒比的卡托凯（Katoke）设立了一个传教所，靠近比哈拉穆洛（Biharamulo）贸易站，位于斯瓦希里商业轴线上。但直到 1900 年才在卢旺达南部的萨韦（Save）建立了一个传教据点，1903 年前又新建四个传教据点。

20 世纪初，实质性殖民征服之前的传教行动成为殖民征服逻辑的一部分，宗座代牧区的范围与欧洲列强划定的边界一致。可以说传教所是在行政与军事当局的"保佑"下设立的。例如，在乌干达，天主教传教所正在各个王国设立——1895 年在托罗，1901 年在布尼奥罗，1902 年在安科莱，与英国在当地巩固势力同步。在卢旺达和布隆迪，白衣神父的驻扎符合德国当局面对当地统治者以及基伍湖畔的刚果自由邦代理人时的愿望。

但大湖地区南北两部分之间的差距仍然很大。[20]即使在 1914 年之前，在人口完全相等的情况下，布干达的天主教徒大约有 10 万人（新教徒略少），但在卢旺达只有 1 万人，在布隆迪只有 3000人。一方面，在乌干达，以两个主要教派为代表的基督教在某种程度上是胜利者的宗教，即得到了欧洲支持的干达酋长的宗教，这些酋长在整个英国保护国成为绕不过去的中转站。另一方面，在大湖地区的南部王国，直至 1910 年前后，天主教几乎没有竞争者，但它只真正影响到那些与亲属信仰不同的边缘化的少数人。白衣神父的讲授教理者和辅助人员起初基本上是卢旺达的干达人和布隆迪的松布瓦人（Basumbwa，来自乌尼亚姆韦齐西部）。可以理解的是，长久以来，传教士圈子一直被他们所处的社会视为外来人，甚至是古怪的中心。[21]在大湖地区，直到 20 世纪 30 年代，传教士在政治和社会重构中的突出作用才变得清晰起来。

殖民地分治：外交、地图绘制与地方政治

从殖民征服开始（1890 年）到 1910 年布鲁塞尔会议（Conférence de Bruxelles）上边界的划定，大湖地区的三股殖民势力——英国、德国和利奥波德的比利时王国在刚果的代理人——之间的领土划分也历时 20 年。[22]应该指出的是，大湖地区是非洲的特例，其当代边界强烈反映了以前的政治分界线，但它所代表的文化、经济和政治整体确实被分割成了由利奥波德维尔［Léopoldville，今金沙萨（Kinshasa）］、达累斯萨拉姆和蒙巴萨相连的三个空间。因此，这些边界是强权协调和土地历史的制约之间妥协的结果。

首先是在欧洲，在数千公里之外的总理（首相）府和大使馆，也就是在消息需要三个月才能传递至大湖地区的地方，非洲地缘政治学专家们认为他们可以用彩色铅笔在粗略绘制的地图上控制局面。与人们到处重复的说法相反，目前的边界并不是在柏林会议上确定的，而是比利时国王利奥波德二世在幕后奠定了边界的第一个里程碑，划定了他的国际刚果协会（Association internationale du Congo）的领地，并于 1885 年 8 月使这片领地被承认为独立国家，即刚果自由邦。他利用斯坦利那张异想天开的地图进行谈判，根据不同的对话者要

么援引水文，要么援引地形，最后得到了一条斜线作为其东部边界。这条斜线连接着坦噶尼喀湖的北端和南纬 1°20' 与东经 30° 的交点，并沿着东经 30° 经线向北延伸。这条几何线穿过了布隆迪西部鲁西济河流域的平原、俯瞰卢旺达西部基伍湖的整个山脊以及今天乌干达的西南部（还有爱德华湖盐田）。然而在当时，欧洲人对

186　这个地区或其居民一无所知，甚至不知道存在一个基伍湖。因此，在这片"无主土地"上的权利必须通过"有效占领"来具体化。

　　在当时的大国眼中，利奥波德二世其实并不构成阻碍，它们不由自主地参与到殖民地的"混战"中。19 世纪 80 年代，占领埃及并在桑给巴尔和蒙巴萨占主导地位的英国人、在西非立足并活跃在印度洋的法国人，以及在达累斯萨拉姆闯入东非的德国人之间的竞争日益激烈。一个关键的时刻到来，1898 年上校让-巴蒂斯特·马尔尚（Jean-Baptiste Marchand）与霍雷肖·基钦纳（Horatio Kitchener）的探险队在法绍达发生冲突。① 甚至一个世纪后，这一事件仍在法国政治记忆中留有痕迹。但是，当时大湖地区发生的对抗更不为人所知。

　　对英国人来说，大湖地区位于从开普敦到开罗的"红色路线"上。1887 年，伦敦在维多利亚湖以西的势力范围得到书面认可，威廉·麦金农成立英帝国东非公司。接着，斯坦利"解放"了在艾伯特湖附近避难的艾敏帕夏。同时，他让安科莱的一位王子和爱德华

---

　　① 1898 年英法两国为争夺非洲殖民地在苏丹的法绍达发生了一场冲突。最后双方达成妥协，以尼罗河和刚果河为界，英国占领苏丹东部和尼罗河流域，法国占领苏丹西部。——译注

湖附近的其他知名人士签署了条约，并在 1890 年 5 月回到伦敦后，声称英帝国东非公司的主权在从维多利亚湖到坦噶尼喀湖的整个地区得到了承认。与此同时，一个来自尼亚萨湖的伦敦传道会的传教士也在今天布琼布拉附近的一位布隆迪酋长家插上了英国国旗。最后，受到非洲南部的塞西尔·罗得斯（Cecil Rhodes）启发的跨非洲的游说，在英国外交的优先利益面前失败了。

同年，在斯瓦希里人发起的阿布希里起义（révolte d'Abushiri）被镇压后，冒险家卡尔·彼得斯（Carl Peters）的德属东非公司（Deutsch-Ostafrikanische Gesellschaft, DOAG）所代表的德国人在东海岸的利益重新被德意志帝国控制。帝国专员赫尔曼·冯·维斯曼（Hermann von Wissmann）委派回到祖国的艾敏帕夏远征维多利亚湖，并开启了一个湖上蒸汽船的计划。艾敏和他的副手，博物学家弗朗茨·施图尔曼（Franz Stuhlmann）建立了姆万扎（Mwanza）和 187 布科巴军事站。把德国国旗插到坦噶尼喀北部的奥斯卡·鲍曼在 1892 年进行的"反奴隶制探索"也是这个计划的一部分。所谓的"大湖间"被柏林的专家们描述为既是"德属印度"在非洲的自然边界，又是一个根据弗里德里希·拉采尔（Friedrich Ratzel）的地理模式将这个大陆块的生活衔接起来的贸易十字路口："湖间地区"代表了"第二个岸边"。这些内陆航行的梦想一直持续到 1914 年。我们可以在著名电影《非洲女王号》（The African Queen）中看到这些梦想。[23]但在柏林，面对法俄的威胁，首相列奥·冯·卡普里维（Leo von Caprivi）寻求与伦敦和睦相处。乌干达和卢旺达是这场高层讨价还价的筹码。德国更愿意以东非为代价收回基尔运河（canal

de Kiel) 出口处的黑尔戈兰岛（îlot de Heligoland）。1890 年 7 月的
协议将乌干达留给了英国，将南纬 1°以南包括卢旺达在内的国家留
给了德国，但没过多久，卢旺达也几乎成为英国势力范围的一部
分。[24]斯坦利写道，德国为了短裤上的一粒旧纽扣牺牲了一条新裤
子！事实上，海军利益和外交平衡对双方来说都比殖民热更重要，
更何况在 1890 年，这些山区的王国（布隆迪、卢旺达、安科莱和
其他公国）尚不为人所知。

　　1894 年，这种状况被彻底改变了：冯·戈岑伯爵的探险队发
现，基伍湖位于利奥波德二世 10 年前承认的“斜线”以西，最重
要的是，卢旺达国王的权力一直延伸到这个湖的岸边。根据这些水
文和民族政治方面的论据，1895 年 1 月，德国要求对边界进行调
整。利奥波德二世拒绝了这一要求，他像德国人一样，对这些气候宜
人、有利于欧洲殖民的山区感兴趣。但最重要的是，刚果自由邦的代
188 理人想确保他们对象牙贸易的垄断，他们以拉维热里主教于 1888 年
在巴黎发起并在 1890 年的布鲁塞尔会议上正式成立的“反奴隶制十
字军”为名，着手瓦解已经在刚果东部活跃了 30 年的阿拉伯-斯瓦希
里贸易网络。当时在大湖地区竞争的目的基本上是守住象牙。坦噶尼
喀—基伍轴线在这方面起着关键作用。事实上，自 1884 年以来，以
乌吉吉为基地的穆罕默德·本·哈勒凡（Mohammed Ben Khalfan），
即绰号为“鲁马利扎”（Rumaliza）的阿拉伯贸易头领，在坦噶尼
喀湖以北建立了一系列贩奴站，那里是商队和袭击行动的出发地。[25]
面对姆韦齐·吉萨博军队的抵抗，他渗透到布隆迪山区的尝试失败

了，其武装队伍自 1891 年起沿鲁西济河谷而上到达基伍湖南部。1894 年，刚果执法部队摧毁了这支军事–商业力量，鲁马利扎不得不逃往桑给巴尔。不过，斯瓦希里商人在德国的保护下仍然活跃在乌吉吉和布隆迪的湖岸边。

从 1896 年起，德国人和刚果自由邦的比利时人开始在这一边境地区对抗。针对比利时人建立的乌维拉哨所，1896 年德国的拉姆赛上尉在乌吉吉建立了一个军事站，1897 年又在乌松布拉建立了一个哨所。在这几年里，两个阵营的探险队都到达了基伍湖附近。然而，鉴于这些欧洲哨所与世隔绝，远离所有铁路线甚至电报线，军事活动从未达到公开对抗的程度。最后，非洲人的行动在当地的影响往往是决定性的。一个比利时船长在基伍湖的西南方向建立了一个哨所，但他遇到了卢旺达人猛烈的武装抵抗。尽管君主制遇到危机，但卢旺达的抵抗仍然存在：1895 年强大的鲁瓦布吉里去世，其继承人米班布韦·鲁塔林杜瓦被比利时人击败，一场阴谋把年轻的尤希·穆辛加推上台，1896 年年底鲁塔林杜瓦被推翻。1897 年 3 月，王室对拉姆赛上尉表示友好欢迎，并接受了一面德国的国旗：显然，卢旺达贵族打出了用一个欧洲阵营对抗另一个阵营的牌，并寻求那些看起来最不危险或显得最为恭敬的人的支持。事实上从那时起，柏林在关于边界的主张中提出边界在族群和政治上的一致性，尊重卢旺达的统一。最后，在同一年，刚果军队爆发兵变，数千名叛军在坎古武（Canguvu）的领导下从尼罗河上游向基伍地区席卷而来，一名比利时上尉被杀，乌维拉被占领。坎古武曾是鲁马利扎的追随者，后来成为出色的战争领导者。1897 年 12 月至 1898

189

年 6 月，乌维拉哨所的驻军有几次不得不在乌松布拉向德国寻求庇护，而德国在这一事件中表面上保持中立。

柏林充分利用了这种形势。1898 年年底，乌松布拉军事站的新站长贝特（Bethe）上尉负责在鲁西济—基伍“自然边界”沿线设立据点。锡比托克（Cibitoke，位于布隆迪）、尚吉（Shangi，位于卢旺达）和吉塞尼（Gisenyi，位于卢旺达）哨所建立起来。1899 年 11 月，贝特和他的比利时同行赫克（Hecq）达成了临时妥协：刚果的哨所可以设立在以前的哨所附近，以象征争端的存在，但它们必须被迅速清除。德国当局又一次利用了布隆迪或卢旺达地方当局的立场，设法恐吓或哄骗这些地方当局来反对刚果人。最后，1900 年 4 月在布鲁塞尔签署了一项妥协协议：利奥波德二世割让鲁西济河流域的平原，同时混合边界委员会在 1901 年至 1902 年承担绘制卢旺达境内有争议地区的地图的任务。1902 年至 1904 年，德国与英国在火山区进行了同样的工作。与 1890 年一样，欧洲外交拥有最后的话语权：1900 年柏林和伦敦开始合作，在 1907 年至 1912 年令利奥波德二世失利。利奥波德二世于 1909 年去世，他的刚果自由邦在前一年成为比利时的一部分，而布鲁塞尔想摆脱这一困境。1907 年，德国当局在基加利创建了驻地，委托给自 1898 年以来一直是基伍湖行家的坎特医生，他们也想稳定卢旺达的管理，不断说欧洲人之间的这种推诿威胁着该国的公共秩序。最后，在布鲁塞尔召开的会议促成了 1910 年 5 月的协议，确定了乌干达、德属东非和比属刚果之间的边界。德国割让了穆辛加国王要求的一些地区，特别是将布丰比拉割让给乌干达，将伊吉维岛（哈武人居住）割让给比属刚果。

这场小规模边境战争的总体进展有时被荒唐的插曲打断，显示了将大湖地区与全球利害挂钩时的辩证法。欧洲的技术和战略显然对古老权力的命运有影响，但古老权力并没有缺席，影响了被采取的解决方案。然而，政治边界的本质由于这场危机发生了变化：王国边境地区的"进程"过去以权力的分级和归属的流动为特征，被线性领土化所取代。卢旺达人（也包括布隆迪人）几个世纪以来在氏族和君主层面上向西部的扩张被打断了。从那时起，人们不再谈入境移民，而是谈出境移民，并且出现了向东或向北的新方向。19世纪的历史活力被阻断。1890 年最终打破边界的干达人在维多利亚湖畔扩张，对此也可以做出同样的思考，小哈亚人王国摆脱了沉重的保护者，得到最大的满足。

向世界开放，以及生态与人口危机

在 19 世纪和 20 世纪之交，即 1890 年至 1905 年，欧洲人对大湖地区的控制非常混乱：除了传教士和桑给巴尔的阿拉伯-斯瓦希里人之外，白人士兵和他们的步枪手作为新一波入侵者出现，这些群体或多或少都有自己的特点，但都越来越娴熟地掌握火枪。在 19世纪末的最后暴动后，抵抗被证明是不可能的，但正如我们所看到的，贵族统治者制定了适应这种新的外部挑战的政治策略，而殖民帝国主义在遥远的西部建立的脆弱的行政机构总是没有真正意识到这一点。然而，对于广大民众来说，这些经常被描述为怪物的外国　191

人的入侵非常令人焦虑。尊古人（Bazungu，即欧洲人）被视作同时期降临该地区的灾难之一。商队所体现的对世界的开放也导致该地区进入细菌"共同市场"。错综复杂的情况导致了 1890 年至 1930 年真正的生态与人口危机。[26]

一系列灾难也出现在该地区的口述传统中。1891 年，一场来自埃塞俄比亚的牛瘟使牲畜大量死亡。它也变成一种产生矛盾效果的社会冲击：在卢旺达和布隆迪，这场被称为"大休眠"（muryamo）的瘟疫导致奶牛集中在最有权势的人手里，他们的忠实追随者的小圈子占有了更多的这种出于前文所述原因令人垂涎的资产；而在卡拉圭，希马牧民破产，政府被削弱。来自东海岸的天花于 19 世纪初和 19 世纪 70 年代分别在维多利亚湖南岸和坦噶尼喀湖边的乌吉吉流行，在 1892 年渗透到此前一直被幸免的山区。这第一次病菌冲击造成了巨大的损失：大多数病人死亡，传染性只因居住分散而得以控制。任何阶层都未能幸免：安科莱的王室成员因此大量死亡。1892 年，该地区还受到来自南美洲的寄生虫穿皮潜蚤的影响，这种寄生虫沿着贸易路线逐渐传播到整个刚果盆地。由于最初对这种疾病的性质一无所知，这种寄生虫寄居在足部皮肤下，形成溃疡，使残疾人的数量成倍增加。然后在 1893 年至 1897 年，蝗灾毁掉了许多地方的庄稼。

最后在 20 世纪初，昏睡病，即冈比亚锥虫病肆虐维多利亚湖、艾伯特湖、爱德华湖和坦噶尼喀湖沿岸的平原地区。第一次世界大战后，与之类似的罗得西亚锥虫病蔓延到今天坦桑尼亚的西北部高原。[27]性病和复发性热病（一种斑疹伤寒）在贸易路线上的传播也不应被遗忘。西方殖民时期的军事事件、最初的远征、第一次和第二次世界大战，以及一系列的限制与征用，导致了严重的粮食短缺，甚至饥荒，如 1904 年至 1905 年在布隆迪中部、1916 年至 1917 年和 1943 年至 1944 年在卢旺达和布隆迪发生的类似灾难。1925 年至 1929 年，一场名为"加克维格"（Gakwege）[28]的真正的区域性饥荒也在这两个国家蔓延。[29]

这些反复发生的危机对人口产生了巨大影响：昏睡病使乌干达 20 多万人丧生，1905 年至 1914 年可能使鲁西济河流域的平原（布隆迪西部）失去了一半人口。在 19 世纪缓慢但确实发生的增长之后，总体来说，大湖地区的人口在 19 世纪 80 年代至 20 世纪 20 年代明显减少。1930 年至 1940 年，可以看到脆弱的人口复苏，在殖民政策的经济和健康影响下死亡率逐渐下降，但 1950 年后人口才真正恢复了增长。从那时起，大湖地区进入当代"人口转型期"，其特点是死亡率明显下降，高出生率得以维持并通过对前几代人经历的危机的记忆而得到巩固。在布隆迪，这个领域的研究尤为深入：[30]人口增长率从 1950 年前后的 1.5% 上升到 20 世纪 60 年代的 2.5%，但人口直到 1950 年才恢复到很可能 1880 年前后达到的水平（约 200 万居民）。维多利亚湖以西的布科巴地区也重现了同样的"V"形曲线，直到 1948 年人口普查才看到与 1890 年估计的人口总数相当的数字。在布干达，据说 1870 年至 1920 年人口减少了 60%，直到 20 世纪 40 年代初，死亡人数仍超过出生人数。20 世纪 30 年代末以前，布尼奥罗和安科莱也受到了人口减少的影响。[31]

在评估殖民地时期的社会和政治重塑的条件时，人民受到的创

193　伤被大大忽略了。在超过一代人的时间里，欧洲征服者管理的是经历深刻危机的社会，他们的到来所造成的混乱被纳入一个时代的灾难全景。这个时代以坦噶尼喀湖水位大幅下降（1879 年至 1896 年下降约 10 米）开始——有时湖岸变成有损健康的泥潭——然后是 1889 年 12 月的日全食，最后是 1894 年 5 月的尼拉贡戈火山（volcan Nyiragongo）爆发。这种千禧年式的说法可能会让人发笑，但生态失衡确实与政治混乱有一定的联系：交通量和不安全因素的增加既导致了疾病的传播，也给居住区带来了前所未有的压力，这些压力来自不受控制的灌木丛（德国作家称之为 Grenzwildnisse），出于安全考虑，居住区退缩。居住区和自然环境之间原有的平衡被打破，经济活动（尤其是在湖泊上的）被打乱，原有的政治-传说参照变得模糊不清。塞塞群岛在干达政治综合体中的地位崩溃，卡拉圭的畜牧业破产，布隆迪英博平原的繁荣被破坏，商队的小路被新的传染病和暴力侵袭。新的接触可以引起开放与服从，也可以引起退出或抵抗。

乌干达模式：间接统治

当英国在 1894 年宣布对维多利亚湖北部和西北部实行"保护"时，该区域的国家已经与欧洲人（"探险家"、传教士、商人、军人）接触了约 30 年，并根据 1890 年 7 月的国际协议已经被分给英国。这一殖民进程将经济盘算、传教士项目和政治战略紧密结合起来，布干达是典型的例子。在这个过程中，非洲的参与者和欧洲的帝国主义主角一样，发挥了决定性作用。

1890 年 2 月，国王姆旺加在基督教派支持下复辟，但很快就不
得不应对英帝国东非公司成立特许公司的企图。后者派出了上尉弗
雷德里克·卢格德（Frederick Lugard），他的步枪手和机枪特遣队
出色地完成了任务。他于 1890 年 12 月到达坎帕拉后建立了一个堡
垒，从姆旺加那里获得了不与其他势力谈判的承诺，作为交换，他
向布干达和新教党提供支持。1891 年，他还与安科莱国王恩塔雷的
代表签订了条约，并在托罗恢复了被来自布尼奥罗的对手卡巴雷加
赶走的卡萨加马（Kasagama）的王位。最后，他把数百名苏丹雇佣
兵召集到身边，这些雇佣兵因艾敏帕夏的离开而在艾伯特湖以南横
行，他利用这些雇佣兵占领了处于"叛乱"状态的布尼奥罗南部边
境上的一排军事哨所。我们已经看到，1892 年年初，他粉碎了天主
教党。之后，他在宗教层面上实施了第一项安排：将布干达的所有
地区交给新教酋长，只有布杜（位于西南部）留给天主教徒，还有
三个酋长领地留给穆斯林。1898 年，10000 英镑被支付给法国，以
补偿其被驱逐的传教士。然而，英帝国东非公司的财政困难有可能
使整个事业失败，但在伦敦，以 1894 年 3 月代替威廉·格莱斯顿
（William Gladstone）成为首相的罗斯伯里勋爵（lord Rosebery）为
首的帝国主义游说团利用爱国主义、经济和宗教等理由，说服英国
王室接手这项"文明"事业。商会和英国圣工会差会鼓励新闻宣传
活动，呼吁反对奴隶制，即使这在当时属于无的放矢，但总能得到
回报。使团外交官杰拉尔德·波特尔（Gerald Portal）提交了符合
大家期待的有利报告：他主张在布干达建立官方保护国，并开通一

条从蒙巴萨到维多利亚湖的铁路。1894 年 4 月，英国议会批准了该
法案。8 月，在门戈宫廷举行的全体布干达酋长会议通过了这项新
195 法规。直到 1896 年，保护国才扩展到安科莱、托罗和布尼奥罗，
至少在形式上是这样。

自 1895 年起，行政长官乔治·威尔逊（George Wilson）着手
规范布干达王宫的惯例，将国王及其顾问不定期的召见改为定期会
议［在斯瓦希里语中称"巴拉扎"（baraza），在干达语中称"卢基
科"（lukiko）］。在半个世纪里，这被视为布干达的"议会"。
1899 年到任的专员哈里·约翰斯顿通过谈判于 1900 年 3 月 10 日签
署了《乌干达协议》（Uganda Agreement），完成了对当地政治制度
的改造。与此同时，加入苏丹兵变的姆旺加与布尼奥罗的卡巴雷加
一起被捕，两位国王于 1899 年被驱逐到塞舌尔（Seychelles）。新国
王是个孩子，名叫达乌迪·楚瓦（Daudi Chwa），被置于三位摄政
者的监护之下，其中最重要的是新教徒阿波罗·卡格瓦和天主教徒
斯塔尼斯拉斯·穆格万亚（Stanislas Mugwanya）。

约翰斯顿在 1900 年达成的基本妥协完美地说明了"间接统治"
的模糊性。布干达的权力得到"尊重"，却沿着一种现代化的封建
主义的路线被彻底重塑，就好像《大宪章》（Magna Carta）或《末
日审判书》（Domesday Book）中的英格兰在赤道附近重新出现。布
干达谈判者自己不就坚持不与马萨伊人和其他"野蛮人"混淆吗？
该"协议"有四个部分：政治、行政、财政和土地。被置于英国
"保护"之下的布干达保留了自治权，国王以及司法系统受殖民者
控制，其"议会"，即"卢基科"实际上是一种由 3 名摄政者、20

名"郡"级酋长和大约 60 名由君主钦定的上层人士组成的议院，并主要被赋予咨询权。国家被划分为郡，郡被细分为次级郡"贡博洛拉"，而次级郡又被划分为教区"米鲁卡"（miruka）。唯一可实施的税收是对枪支和茅屋的税收。干达当局是有薪水的，这意味着他们的收入管理方式的革命。[32]

但土地改革是最重要的，既体现了干达贵族发出自己声音的能力，也体现了殖民者以"合理化"的名义重塑所谓习惯法的艺术。约翰斯顿在考虑承认农民的权利，同时计划将储备土地分配给潜在的定居者之后，承认了当局的突出权利。快速勘测土地后——这一工作由于过去 20 年国家陷入动荡变得困难，在英国圣工会差会传教士的协助下，主要由酋长提供的数据最终导致土地被划分为两个几乎相等的部分：被视为荒地的国有土地和永久产权土地。后者根据"迈罗"（mailo）① 程序划分，这一术语来源于作为新地籍测量基本单位的英里（mile），这些土地分配如下：914 平方英里分配给国王及其近亲，92 平方英里分配给使团，50 平方英里分配给行政中心，最后 8000 平方英里分配给大约 1000 个酋长和其他上流人士。这"1000 人"在 1921 年实际上达到了 4000 人，包括"巴昆古"酋长、许多前"巴通戈莱"酋长和一些氏族酋长（"巴塔卡"）。[33]这些人以前是土地所有权的行政和司法仲裁者，如今以封建领主［或英属印度的柴明达尔制（zamindar）］的方式成为地

196

---

① 该术语在乌干达被用来描述一种土地占有制度，该制度于 1900 年在布干达与英国管理的乌干达保护国签署协议时开始生效。迈罗的基本单位是平方英里，相当于 640 英亩。——译注

主，而广大农民沦为普通佃户（bakopi），被剥夺了古老的世袭权
利。改革确立了财产私有的原则，但将垄断权保留给寡头，即一种
非洲地主阶级，他们因对殖民化和传教士的启蒙持开放态度而获得
奖励。"习俗"徭役加重了，至少在1928年至1938年这些徭役逐
渐转变为以货币支付之前就是如此。

在政治上，布干达君主被承认是殖民者的伙伴的同时，其实际
权力也被大大削弱了，这有利于在摄政者的领导下与新政权合作的
酋长寡头，尤其是新教"首相"阿波罗·卡格瓦的利益。权力的概
念仍然是专制的，但在欧洲人的控制下，它有利于一个特别是在经
济上（工资和土地）已经独立于国王的阶层的利益。然而，国王本
人，甚至年幼的达乌迪·楚瓦，仍承载着强烈的情感价值，是干达
民族身份的延续性的象征。[34]

因此，直到乌干达独立，1894年至1900年的转折在这个前王
国的历史上是决定性的，对于英国"保护"之下的其他领土也具有
决定性意义。尤为重要的是，整个领土将使用其创始核心国的名
称，即布干达，因为乌干达只是这个名字在斯瓦希里语中的称呼。[35]
标志着布干达"次帝国主义"的在维多利亚湖畔的扩张和军事行动
因英国的接管而结束，其影响停止在标志着德国殖民地起点的南纬
1°。布干达还放弃了对东部布索加的宗主权，尽管从1906年到
1913年战争酋长塞梅·卡昆古鲁（Semei Kakunguru）管理着这一
地区。国王不再拥有军队。然而，我们看到，干达政治制度和行政
人员将出现在保护国之内的其他王国和地区。

安科莱、托罗和布尼奥罗这三个西部王国说明了这一"干达化"过程，但该过程因各自的遗产和初衷差异而有所不同。[36]安科莱的合作是在标志着恩塔雷国王统治结束的一场重大危机之后逐步落实的。畜牧业经济因 1891 年的牛瘟而崩溃，随后天花袭击了人口，王室也未能幸免：国王唯一的直接继承人死亡。随后，安科莱为弥补牛瘟带来的损失而疯狂地寻找牛群，引发了与卢旺达的战争：1894 年后者入侵了这个国家。安科莱寻求英国的帮助，并在同年签署了一份新的协议，但事实上直到 1898 年才有欧洲人来到安科莱。大约同一时期，恩塔雷国王于 1895 年去世，开启了一场持续三年多的继承战争：两个王子派别对立，最后，恩塔雷的一个侄子在两位摄政者的保护下以卡哈亚之名登基。但最重要的是，在这种危机的气氛中，一个人物慢慢登场，他就是名不见经传的希马酋长姆巴古塔（Mbaguta），来自从前的姆波罗罗。他 30 岁左右，曾是军队酋长并负责恩塔雷国王的肮脏事务。正是他在 1888 年接收了布干达内战中的基督教难民，并把他们组编成一支雇佣民兵队伍，也是他与少校坎宁安（Cunningham）就 1894 年的协议进行谈判，当时他被授予头衔 enganzi，被称为国王的战友。此后不久，他赶走了国王的父亲伊古米拉亲王（Pince Igumira），并接管了后者控制的丰饶的农业领地舍马（Shema）。实际上，他的力量来自英国与干达人的联系，他是安科莱的"首相"。1899 年，一个殖民哨所在姆巴拉拉（Mbarara）建立，有干达警察和官员，王宫也建在附近。姆巴古塔就是那些上位的平民的典范，他们通过对欧洲统治者开辟的新世界的理解而获得权力。安科莱从 Nkore 变成了 Ankole：

名称上微小的变化却意味着领土的扩张。旧王国在一个联邦结构中囊括了西部邻近的公国：伊加拉、布津巴、喀加拉（Kajara）、布赫韦朱。以前的地方小酋长通常由他们的儿子取代，后者身边是与姆巴古塔有关的摄政者和干达顾问。因此，每一次继承危机和内部争端都是建立一个忠于与白人合作的政治路线的新权力体制的机会。1901 年，一项"协议"按照布干达协议的思路达成。但应该注意的是，在这个过渡时期，当地的参与者，即安科莱人（Banyankore）和干达人，与英国殖民者一样发挥了决定性作用。

在托罗，合作是由君主本人进行的。事实上，卡萨加马的复辟要归功于英国人，他的邻国布尼奥罗的卡巴雷加曾在 1890 年之前和 1893 年两次试图剥夺他的统治权。1894 年，托罗获得了与安科莱相同的地位：卡萨加马的王国也因囊括一系列相邻的公国［姆文格（Mwenge）、布松戈拉、基塔格文达（Kitagwenda）、基亚卡（Kyaka）］而扩大。得益于一项"协议"，这种联邦制在 1900 年 6 月形成。卡萨加马当时既是托罗本土的酋长，又是整个新领土的国王。他得到了一些酋长的支持，这些酋长是他以前与布尼奥罗作战时同甘共苦的伙伴，他选择了一个年轻的新教战士作为他的"首相"。但是，他自己负责与英国人及其干达代理人的联系，将王家职能承担者与姆巴古塔在安科莱所担任的"重要合作者"的角色结合起来：他将首都迁到波特尔堡（Fort-Portal）哨所附近。他设法赢得了新教传教士的好感，并在 1906 年巩固了他的权力。

布尼奥罗的情况则非常不同，因为这个国家长期以来一直选择抵抗外国征服。由于英帝国东非公司的困境，卡巴雷加国王在 1893

年恢复了敌对行动，大批干达辅助部队参与的大型远征军对他发起攻击。国王逃到了北方。1897 年，他对苏丹雇佣兵的叛变抱有最后一线希望，但在基奥加湖以北，他与在那里加入他的姆旺加一起被抓获。他被驱逐到塞舌尔，1923 年在那里去世。但他的国家一直在外国占领之下，直到 1933 年。1896 年，卡福河（rivière Kafu）以南的几块领地被割让给托罗，特别是布干达。这些领土包含了与契韦齐传说有关的王家陵墓和圣林（特别是穆本德遗址），当时被认为是"失去的郡"，是围绕着收复失地而保留的尼奥罗民族主义的真正的"记忆之地"。[37]

关于反干达诉求的争论实际上是由布尼奥罗 40 年来所有的政治经历滋养的。征服布尼奥罗后，英国人试图依靠 1895 年投靠霍伊马（Hoima）哨所的地方权贵，但在卡巴雷加的精锐部队（barusura）的前酋长鲁瓦布东戈（Rwabudongo）和前领地酋长保罗·比亚卡布韦齐（Paul Byacabwezi）之间犹豫不决，二人都是平民（不是来自比托王子阶层，甚至不是希马人），在等待卡巴雷加归来的广大民众中具有极高的威望。1898 年，官员乔治·威尔逊想在马辛迪册封流亡国王的年轻儿子基塔欣布瓦（Kitahimbwa），由一个摄政委员会辅佐（就像在安科莱和布干达那样）。但这一制度停滞不前。1900 年，鲁瓦布东戈的去世发出了采取一套新措施的信号：威尔逊任命曾担任他的翻译的干达人詹姆斯·米蒂（James Miti）领导地方政府。一个由酋长组成的特权阶层组建起来，所有人的头衔取自干达系统。其中只有少数是尼奥罗人，如保罗·比亚卡布韦齐，但他们都不是来自以前的比托王子阶层，许多人本身就

200

是干达人。干达语几乎成为官方语言，并得到英国圣工会差会的支持。最后，年轻的基塔欣布瓦被认为没有能力，在 1902 年被他哥哥安德烈·杜哈加（André Duhaga）取代。杜哈加曾是新教传教士的助手，接受米蒂的永久控制权。五年后，一场危机爆发：无论是在"失去的郡"还是在布尼奥罗，农民对干达人强加的新税种惶惶不安。以比亚卡布韦齐为首的尼奥罗酋长利用这种不满情绪，于 1907 年 3 月发起了一场运动，抵制这些被指责垄断权力、从事不正当贸易并表现出令人难以忍受的傲慢的外国人：这就是所谓的"我拒绝干达人"（Nyangira Abaganda）运动。代表们被派往托罗和安科莱宣传抗议活动。英国圣工会差会怀疑白衣神父，于是唯一的天主教酋长被解职。政府向霍伊马派出了增援部队，逮捕了抗议活动领导人并罢免了几位酋长。"秩序"得以恢复，但僵局一直持续到 1924 年：流亡的卡巴雷加的死亡和杜哈加的死亡使得温义·蒂托（Winyi Tito）得以登基，他的外交能力更强。此外，该地区在第一次世界大战期间一直很忠诚。因此，1933 年，英国最终与布尼奥罗签署了一项"协议"。然而，这个古老的王国和被强加给整个地区的盎格鲁-干达联合体之间一直存在不信任感。

对非洲伙伴来说，乌干达"间接统治"的初期为对其政治意义的各种评估提供了材料。评估重点可能是殖民主义的操纵和对保留所谓旧势力的幻想，而这些旧势力实际上已成为白人的傀儡。相反，重点也可以是当地行动者的回旋余地，以及理论上提供协作的被殖民者对殖民地局势的把握。自 1900 年以来，布干达和其他王国在地位上的差异，以及干达精英对保护国其他地区的控制导致对新政权影响的评估因作者的祖籍而异，[38] 干达人最有可能肯定他们的祖先是英国人的伙伴而不是英国人的臣民。

然而，尽管原有的社会政治格局多种多样，从 20 世纪初起，我们看到行政结构开始官僚统一化。从 1905 年起，乌干达事务基本上从英国外交部（Foreign Office）转移到殖民部（Colonial Office）。维多利亚湖畔的保护国——首都是恩德培——被划分为同质区域：古代王国所在的班图语区南半部包括三个省（20 世纪 50 年代的情况），分别为西部省、布干达、东部省，由省级专员负责。每个省又被细分为若干个地区（district），有各自的专员，例如：安科莱构成一个地区，其首府为姆巴拉拉，以此类推；布干达有三个地区（门戈、穆本德和马萨卡）。其次，在非洲的基本行政层面，上文的包含郡、次级郡和教区的干达式行政区划制度随处可见。行政词汇本身是从干达语中抽取出来的。1919 年的《地方权力条例》（Native Authority Ordinance）确定了地方酋长（每个王国有 5—20 个，取决于其规模）的地位：秩序的维持、税收和劳工的征用等都由地区专员直接控制。20 世纪 30 年代，布干达曾试图加强地方当局的自治权，让专员成为那里的"居民"。然而，1945 年的骚乱使这些郡重新受到控制。直到 1955 年，各地才出现民选地区议会，布干达才真正向自治政府过渡。代表权和权力行使的新问题也随之出现，理论上与旧王室政治文化的问题不同。

然而，这种行政现代化与传统政治逻辑之间的简单对立如果掩盖了非洲各势力面对时代挑战的复杂动态，就会产生误导。爱德华·斯坦哈特中肯地强调了将旧统治阶层内部所谓合作与抵抗对立起来的想法的肤浅。[39]他表明，该阶层采取的态度并不基于情感的或意识形态，而是基于权力平衡条件的审时度势的判断。"合作者"试图在"帝国"内部划出一个自治范围，而"抵抗者"则试图以某种方式得到"帝国"的承认，因为很快这两方都并不真正希望把欧洲人赶走。他们必须在一个自己有可能失去一切的棋盘上立足。此外，该地区的政治习俗更倾向于规避，而不是公开对抗，一些欧洲观察者将此描述为"非洲的谎言"，但他们忘记了马基雅维利主义并不是唯一的办法。

因此，需要阐明的是这个过渡时期的特殊性，即阐明在英国统治下的乌干达，或在德国或比利时统治下的其他地方的项目的性质与参与者的社会和文化身份。独特的政治博弈出现了，派系是根据新的因素和新的团结关系来确定的，横跨（而不是取消）旧的血统、地区和其他隶属关系。

从 19 世纪 90 年代起，归属于乌干达保护国的前王国看到了二元分裂的趋势，[40]这些分裂可以被更准确地定义为法国 19 世纪初那样的"运动"或"抵抗"，这里对应的是与外国占领者的远近亲疏关系，以及教派的不同。一般来说，各地正涌现出新一代领导人，他们植根于旧的权力网络，但属于另一个时代，多少受到基督教的影响，通常会说两种语言（当地语言、干达语、斯瓦希里语），有的还识字，能够与英国官员、传教士，特别是英国圣工会差会的新教徒以及干达助理人员对话。比如，牧师费舍尔、劳埃德（Lloyd）和马多克斯（Maddox），他们也是几本人类学专著的作者，在布尼奥罗和托罗的政治中积极地发挥作用。在布干达，英国圣公会主教阿尔弗雷德·塔克（Alfred Tucker）从 1890 年到 1908 年负责整个保护国的教会工作，发挥了强大的影响力，并成功地建立了一个自治的教区结构，由非洲世俗人员和牧师占据重要职位，从而为政治实验提供了一个全新的空间。1905 年，重要的基亚圭郡的郡长哈姆·穆卡萨（Ham Mukasa）就曾是牧师。在西部王国，以前的比托或欣达贵族们发现自己被边缘化了。各地的国王都成了新教徒。

面对这个被视为进步力量、英国人的朋友并与新教密切相关的非正式"政党"，那些表现出更不愿合作和改变的人的阵营出现了，他们得到天主教传教士（通常是法国人）的支持。1899 年，英国人在布加布拉（Bugabula）的布索加公国废黜了一直是异教徒的君主，扶植了一名新教徒候选人。20 世纪二三十年代，曾支持前统治者的酋长们立即改信天主教。布索加的年轻人组成对立的教派协会（association confessionnelle），这些协会也代表了不同的利益：新教一边的是富裕的领导阶层，天主教一边的是更卑微的农村居民。[41]在安科莱，从 1902 年白衣神父到来开始，姆巴古塔的反对派就试图成为他们的教友，特别是伊鲁酋长们：希马-伊鲁的类别分化（我们今天说的族群分化）因此找到新的政治活力，即便不可能在"族群"与宗教之间完全画等号：

在殖民统治初期，阶级制度开始有了新的色彩，那时伊鲁人开始坚持自己属于天主教和保王派，反对由姆巴古塔和年幼的国王卡哈亚领导的新教机构。[42]

　　但正是在布干达，这种派别体系在与自治的宗教组织相互渗透而重组的政治阶级中表现得最为突出。外国传教士只是它们的顾问和它们与殖民当局之间的媒介。天主教徒拥有最早的报纸之一，即1910年创立的《友人报》。这些宗教派别的关键任务是控制天主教或新教学校的年轻毕业生钻营的政治职位：精英们之间的竞争正是在学校层面（后来在体育领域）开始的。最负盛名的中学是位于坎帕拉附近的新教布多国王学院（King's College Buddo），[43]它是直到独立前夕英国人设法维持的"平衡"的象征。1925年，当一名杰出的天主教候选人竞选布杜酋长被国王拒绝时，气氛高度紧张，但每个人都明白，新教秩序是制度的一根支柱。

乌干达，"帝国的明珠"？

　　"间接管理"之所以如此模糊，是因为它所提出的话语体系适用于一个本应不变的社会，而与此同时，这个社会受到殖民"开放"带来的经济变革的直接影响。在短短几十年间，人们的日常生活所发生的变化使"保存传统"的想法变得极其虚幻。甚至在第一次世界大战之前，乌干达社会就被三样东西彻底改变了：铁路、棉花和学校。[44]

　　正如我们所看到的，保护国的正式确立与将这一内陆地区向海洋开放的决定是相辅相成的。1896年从蒙巴萨港开始修建并于1902年达到维多利亚湖［更确切地说，是基苏木（Kisumu）］的铁路被意味深长地命名为乌干达铁路（Uganda Railway）。肯尼亚空间[45]最初被认为比尼罗河源头富饶、人口稠密的国家的土地价值低。从一开始，湖上只有四艘汽船下水，以连接湖岸的交通。直到1931年，铁路才到达坎帕拉。[46]20世纪50年代，铁路向西延伸到卡塞塞（Kasese）铜矿，[47]同时一个巨大的发电站在维多利亚湖出口［欧文瀑布（Owen falls）］的尼罗河上落成。直到1914年从达累斯萨拉姆到坦噶尼喀湖的德国"中央铁路"（Zentralbahn）建成之前，这条铁路是进入大湖地区的主要通道。后来这条铁路被公路取代。从1910年起，卡车开始大量涌现。20世纪初，横跨大陆的人力搬运因现代运输方式的出现而崩溃。[48]从蒙巴萨到维多利亚湖的行程时间从两个多月降到两天多，[49]运费下降了90%，使得从东海岸进口的货物与当地产品相比具有竞争力：基比罗的盐被亚丁湾（golfe d'Aden）的盐取代，树皮布被棉布取代，尼奥罗铁匠的锄头被英国或德国的锄头取代。贸易的兴起和货币化是相辅相成的，[50]但一个地区连接另一个地区的旧贸易网络却因单一的印度洋—维多利亚湖往返路线而解体。根据《柏林法案》（Acte de Berlin），乌干达是环绕非洲大陆中心的刚果盆地自由贸易区的一部分。

　　这种新经济的主要载体是外国人，基本上是印度人，[51]从驿站商店到进出口业务，他们在商业领域的人数很多。[52]真正的商人王朝出现了，包括古吉拉特族（Gujeratis）的穆斯林和来自孟买的印度人：阿里蒂纳·维斯拉姆公司（firme Allidina Visram）在桑给巴尔成立，直到1916年，该公司在德国人和英国人的内陆领土上有大约30个分支机构；梅赫塔（Mehta）和马德赫瓦尼（Madhvani）家族在20世纪20年代末主宰着金贾（Jinja）地区的糖业；纳兰达·

206　拉贾拉姆公司（compagnie Narandas Rajaram）[53]是 20 世纪 30 年代重要的棉花出口商。各王国的国民在市场上见面的机会越来越少，他们成为附近印度人的"杜卡"（duka，即商店）的顾客。

　　此外，发展意味着两种选择：一种是开发保护国以产生利润，另一种是开发生产过程的代理人。鉴于利奥波德控制的国家的严格封闭政策，象牙贸易的时代已经结束。种植业似乎是最有前途的领域：不同的经济作物被试种过，如咖啡（布干达的罗布斯塔咖啡）、甘蔗（在布索加）、烟草（在布尼奥罗）、茶叶（在托罗）和棉花（主要在布干达，后来成为这个国家的白色黄金）。1904 年，英国圣工会差会的丹麦代理人克里斯腾·博鲁普（Kristen Borup）将来自埃及的棉花种子分发给大约 30 个酋长。最初的结果在质量上令人失望，但 20 世纪初对这种原材料的需求非常大，1908 年在兰开夏（Lancashire）工业家的倡议下新成立的英国棉花种植协会（British Cotton Growing Association）说服总督赫斯基思·贝尔（Hesketh Bell）[54]同意规范生产方式，通过了《乌干达棉花条例》（Uganda Cotton Ordinance）。1906 年棉花产量为 1000 包,[55]1916 年上升到 22000 包，1926 年上升到 18 万包，1936 年上升到 31.6 万包，1956 年上升到 36.4 万包，独立前夕接近 38 万包。布干达的生产份额从 1/3 到一半不等，剩下的主要来自布索加。[56]就价值而言，1925 年棉花占出口货物总量的比重高达 94%,[57]1945 年为 60%。

　　这种生产的快速腾飞期也恰好是殖民者做出将在客观上有利于非洲生产者的社会选择的时期。最初，贝尔总督和农业部主任 S.

辛普森（S. Simpson，任期为 1911 年至 1929 年）受 1900 年《乌干达协议》的启发，都同意依靠由酋长管辖的布干达农民。然而，多年来担任首席大法官和土地委员会负责人，保护国的最高司法权威威廉·莫里斯·卡特（William Morris Carter），以及 1918 年至 1922 年担任总督的来自南非的罗伯特·科林登（Robert Coryndon），在殖民地国务秘书米尔纳勋爵（lord Milner）和丘吉尔的支持下，试图推动肯尼亚式的进程，即将土地转让给欧洲殖民定居者。不过，经济的逻辑更加强大：19 世纪二三十年代的连续危机对欧洲种植园的打击很大，因为它们比非洲农民的种植园更脆弱。非洲人则满足于较低的收入，因为他们的粮食消费是由自己的生产来保证的，他们需要的额外劳动力则由来自卢旺达和布隆迪等国的季节性工人来满足，我们还会回到这一点。酋长的监督、农民的经济动力与殖民地农艺部门的控制相结合，促成了我们看到的结果。"白人高地"（white highlands）的支持者最终不得不向盈利的证据低头：乌干达仍将是一个"黑人的国家"（Black man's country）。[58]从 1915 年开始，保护国不就是通过以非洲农民的努力为基数计算的直接和间接税收来满足其财政需求的吗？[59]

在 20 世纪前 30 年里，乌干达的人文景观逐渐改变，尤其是在布干达：用瓦楞铁皮覆盖的长方形房屋取代了用植物材料制成的圆形茅屋；树皮制成的围腰布消失了，代之以男人的白色棉布衣（经济条件好的人还会穿上英式风格浓重的夹克）和女人的色彩鲜艳的维多利亚式膨袖连衣裙；自行车出现在车道上；搪瓷餐具、糖和茶

207

的消费以及油灯（在 20 世纪 50 年代还有收音机）改变了家庭气氛。在棉田环境中，这些新的消费模式营造的氛围几乎让人想起同时期的美国南部地区（除了这里没有白人种植者）。如果我们从布罗代尔综述的角度也勾勒出与西欧的比较，那么在 50 年间，乌干达南部就从 8 世纪只有几个叙利亚商贩（在这里则是斯瓦希里商队）的匮乏景象过渡到了 16 世纪对经济和外部世界的狂热。

教育是这种社会变革的另一个突出表现。到 1920 年，在传教士开设的学校里已经有 13000 名学生。[60]直到 1922 年至 1924 年，国家才进行干预，成立了教育部，挑选并资助了大约 50 所学校，菲尔普斯-斯托克斯委员会（Phelps-Stokes Commission）深受美国黑人领袖布克·华盛顿（Booker Washington）思想的启发，访问了东非，支持"适应性"教育的想法。[61]马凯雷雷大学成立于 1922 年，最初专注于技术科目（木工和机械），然后扩展到医学和教育领域，1949 年成为一所与伦敦大学建立联系的成熟学院。1953 年，第一届乌干达大学生毕业，比比利时殖民地早了 10 年。

干达人在这次腾飞中所采取的主动性、对金钱的渴望和自身的活力，使当时的许多观察者将他们与明治时期的日本人相提并论。但二者有一个重大的区别：投资者或发起人不是非洲参与者（王国当局或个人），而是外国人，是英国人或印度人。

然而，社会并不是同质的。这一时期的分歧和对立甚至有所增加。农民面临着来自欧洲官员、印度商人或他们自己的酋长的制约。从旧君主制继承来的规范制度被西方殖民时期的农学所取代。正如我们所看到的，布干达的土地制度有利于寡头统治。诚然，这一制度并没有扩展到其他王国，但事实上，由于当地的继承分割和土地买卖（禁止出售给非当地人），1950 年有大约 5 万名土地所有者。一般来说，经济作物巩固了土地所有者的权利。然而，农民不得不承受叠加的税收：人头税、1922 年废除的殖民地苦役（kasanvu）以及必须为酋长付出的服务——在布干达，为 28天苦役（busuju）和什一税（envujo），这些税收从 1928 年起受到限制并逐渐被货币化。[62]

从经济角度看，贸易商和轧棉厂主之间的竞争日益减少，因为从 1938 年起，商品由卡车主根据官方的分区制度来交货。这种垄断有助于压低支付给种植者的价格。从 20 世纪 20 年代到 20 世纪50 年代，农民和制造商（主要是印度人）之间发生了许多冲突。在 1945 年和 1949 年，不满情绪通过强烈的政治诉求表达出来，为提高收入而进行的斗争与年轻人更民主地参与地方议会（特别是布干达的"卢基科"）的要求结合起来。

自 1921 年以来，鉴于前氏族酋长发挥的作用，这一抗议运动以被称为"巴塔卡党"的组织形式表现出来。该派别的主要领导人是 1919 年被废黜的布西罗郡（comté du Busiro）前酋长约书亚·凯特（Joshua Kate，他也是灰猴氏族的酋长），以及 19 世纪末的战争酋长塞梅·卡昆古鲁——他曾是布索加的酋长、阿波罗·卡格瓦的对头。事实上，他们的行动更多是针对干达寡头，而不是英国当局，但英国当局还是拒绝质疑 1900 年的条约。

社会抗议无法避免宗教势力的参与。正如我们所看到的，寡头政治严重依赖英国圣公会的建制。1950 年，在布干达的 130 万居民中，41%是天主教徒，7.5%是穆斯林，27.5%没有受洗，24%是圣公会教徒。因此，社会上层人士占人口的 1/4。[63] 尽管天主教徒人数众多，但他们处于潜在反对者的边缘位置。1914 年，正是从英国圣公会中出现了一股教派潮流，即巴马拉基（Bamalaki），与巴塔卡党关系密切（领导人相同），拒绝现代医学和洗礼前的教义传授。

210　　　　新的社会其实是由货币化、贸易、建立学校以及这些新的行动手段在个人层面上引起的所有流动承载的，因此无法真正表现出来。[64] 诚然，社会适应过程没有导致连根拔起，只能让主张渐进的、适应性的并在原则上通过间接统治表现出来的现代化的人感到高兴。但是，这种殖民地的现代性紧密联结了英国的官僚权力、酋长的新式传统监督（他们自己被新价值观塑造，即使他们是前殖民时代寡头政治的继承人）、危机和孤立所带来的半统制经济、基于种族考虑的学校建设，以及作为基石的教会，特别是准官方的英国圣公会的坚不可摧的权威。虽然染上了 1886 年殉道者的鲜血，但基督教融入了当地社会，仿佛它始终就是干达价值体系的重要组成部分。R. C. 普拉特（R. C. Pratt）对此的概述非常好：

　　　　基督教的引入并没有导致一个脱离整个部落社会的少数信徒群体的产生。相反，基督教实际上成了部落的新宗教，传教会与［布干达的］统治者和部长是彼此的支持者。[65]

保护国所维持的"传统"权力代表了一种新的权力形式，这种权力形式既不同于旧的君主制，也不同于本应启发并指导这些传统权力的英国自由主义模式。技术、经济和社会现代化在 20 世纪 30 年代末陷入一种僵局，极权主义色彩成为整个殖民现代性的特征。旧的等级制度在政治上被中和了，但在社会上以一种新的面貌保留下来：前酋长的儿子们成为公务员，负责农业、医疗和其他事务，并由地区专员监督。1926 年，阿波罗·卡格瓦离开了他的"首相"职位，这象征着精英阶层的这种转变，1945 年动乱后的大清洗又加强了这种转变。

尽管象征非洲领导人合法性的古老宗教、军事和血统基础已被动摇，但他们所体现的集体身份，即在殖民主义"保护"下相互竞争的各个王国的身份，仍然保持活力。在布干达，精英们利用了国民对邻国人民的优越感：他们的农业工人都来自邻国。[66]而在布尼奥罗、托罗、布索加和安科莱，精英们则能够利用民众对英国人安排的干达辅助者的权力滥用和傲慢的不满，以及年轻人面对被认为是歧视造成的不平等的沮丧。布尼奥罗对失去国土带来的创伤记忆犹新，上述感情在那里尤为强烈。当时被称为"部落的"竞争不仅没有减少，反而在一个世纪中围绕这些权力和尊严问题变得更激烈。[67]社会和政治抗议被这些分歧对政治领域的影响引导，或者说被引入歧途。殖民者和非洲参与者都不鼓励任何超越族群的运动。非常说明问题的是，1931 年，乌干达精英们成功地反对了东非联邦结构（即与肯尼亚和坦噶尼喀紧密联合的计划）以及将斯瓦希里语作为官方通用语言的做法。直到今天，这个国家的两种通用语言仍然是

211

英语和干达语。在 20 世纪中期，乌干达保护国的统治者可能比同时代的尼日利亚统治者保留的回旋余地更少，但他们更迫切地期望从前的王国独立，特别是在布干达。

德国在维多利亚湖和坦噶尼喀湖之间的征服行动

1890 年，归属于德国的维多利亚湖西南方的利益范围内并没有类似于布干达的"现代"权力中心。除了坦噶尼喀湖以北，其余区域只是在 1890 年至 1896 年才发生了与欧洲当局的第一次真正的接触，直到大约 10 年后，政治-军事控制才生效。1891 年，德国的东非成为德属东非的"保护国"，拥有自己的"保护军"（Schutztruppe）。正如我们所看到的，德国人主要关切的是他们与英属乌干达和利奥波德的刚果的边界。正如我们所知，德国在该地区的第一个举措是派遣一支由艾敏帕夏率领的远征队。他在塔波拉贸易站插上德国国旗，创建布科巴，然后冒险进入艾伯特湖以南的刚果。1892 年他在那里失踪了。很多年间，该地区一直是帝国专员赫尔曼·冯·维斯曼的同伙们的军事领地。[68] 他们后来被称为所谓的"文明英雄"（Kulturhelden），因为他们有效地将突袭、经济活动和科学调查结合起来，例如，在 1891—1892 年以德国反奴隶制委员会的名义对维多利亚湖的考察。[69]代表达累斯萨拉姆当局的四个"军事站"先后设立：1890 年在塔波拉和布科巴，1891 年在姆万扎，1896 年在乌吉吉。

德国人首先控制了布津扎、布哈亚和布哈等小公国，之后他们

212

的控制扩展到布隆迪和卢旺达构成的两大山区壁垒。他们在任何地方的策略都是像英国人在乌干达那样，利用内部冲突，挑起派别对立，特别是在继承权的争端中。但最重要的是，他们能以"解放者"的姿态出现在三个外来势力面前，正如我们所知，这三个外来势力自 19 世纪中期以来一直在该地区竞争：首先是尼亚姆韦齐商贩和武士，[70]即使在米兰博的"帝国"灭亡之后，他们仍然对布哈和布温扎盐田施加压力；其次是干达人，在穆特萨国王的领导下，他们在维多利亚湖以西的推进势如破竹，直至伊汉吉罗、卡拉圭和鲁苏比；最后是阿拉伯人和斯瓦希里人，他们从乌吉吉开始建立了一个军事–贸易网络，19 世纪 80 年代末，在鲁马利扎的统治下，这个网络无可争辩地控制着坦噶尼喀湖。　　213

　　艾敏帕夏和弗朗茨·施图尔曼在维多利亚湖以西的迅速成功，确实是由于他们得到了该地区君主们的支持，这些君主很高兴能摆脱布干达的桎梏。正是基亚穆特瓦拉的国王穆科塔尼（Mukotani）为布科巴的哨所提供了土地。布科巴后来接受了由伊尔特主教建立的卡朔齐传教所。只有基济巴的国王穆塔坦布瓦（Mutatembwa）作为布干达的盟友，长期拒绝德国的"保护"：他一直说他的主人是姆旺加国王，而不是绰号为"布瓦那·姆祖里"（Bwana Mzuri）的"你好先生"威廉·兰赫德（Wilhelm Langheld）上尉。德国人防备英国人，驱散了 1892 年从布干达来的数千名天主教难民——在白衣神父的传教士的随行人员中也可以看到他们。然而，布科巴当局很快卷入欣达人的"合法"君主和恩坎戈氏族的希马"篡位者"之间的地方争斗。前者的领导人，即基安加的卡希吉（Kahigi）国王，与德国人长期交好，这种友好关系一直持续到 1916 年德国人离开。他的王国以邻国为代价得以扩张，[71]他先后于 1901 年和 1904 年控制了伊汉吉罗和卡拉圭，在当时甚至被称为布哈亚的"苏丹至尊"（Obersultan）。[72]基济巴从 1903 年起随着新国王穆塔汉加鲁瓦（Mutahangarwa）的登基选择与布科巴合作，只有它保留了自治权。[73]

在南部的津扎人地区，鲁苏比的国王卡苏苏拉也灵活地应对这种情况：他控制着塔波拉和卡盖拉河之间的商业十字路口，能够利用干达人的支持进行扩张，但也懂得如何利用该地区的新势力。他给布科巴和塔波拉的哨所送去礼物，并在 1894 年和 1895 年接待了探险家冯·戈岑和兰赫德上尉，他们分别给他送来"保护函"（Schutzbrief）和一面德国国旗。他的装束是"卡巴卡"式的，引人注目。[74]1903 年，一个军事哨所最终在比哈拉穆洛遗址上设立。

214 　在坦噶尼喀湖一带，德国人对当地的各种势力采取了同样的策略，同时为了自己的利益解除了尼亚姆韦齐人，尤其是桑给巴尔人在这一地区构成的威胁。[75]1896 年，汉斯·拉姆赛上尉在斯瓦希里人位于乌吉吉的贸易站附近建立了一个军事站，加强了干预。[76]1893 年至 1898 年，受内部纷争困扰的布哈和布温扎的公国被征服。只有布云古国王吉洪比在 1904 年仍是异端，必然会被逮捕。[77]剩下的就是布隆迪和卢旺达，它们也是乌吉吉地区的一部分，当时似乎只能通过坦噶尼喀湖和鲁西济河谷进入，尽管 1892 年奥斯卡·鲍曼以及 1894 年冯·戈岑伯爵率领了从东到西的开拓探险。正如我们所看到的，德国人在这些地方的最大执念是遏制利奥波德的刚果的商业和领土野心。因此，他们对阿拉伯人和乌吉吉的"旺瓦纳"的态度与对维多利亚湖沿岸的干达人的态度正好相反：干达人发现自己的影响力被控制在卡盖拉河以北，而面对刚果自由邦代理人的阿拉伯人和"旺瓦纳"则得到帮助，至少在经济方面是如此。比利时人以反奴隶制的名义摧毁了鲁马利扎的军事网络，但并没有终止与坦噶尼喀湖西岸的象牙贸易。早在 1895 年 2 月，柏林的外交官就向布鲁塞尔抗议刚果自由邦代理人对商人的勒索。[78]因此，这个地区从前的象牙、商队和火枪主人（阿拉伯人、沿海的斯瓦希里人、内陆的"旺瓦纳"、尼亚姆韦齐人）在政治上被削弱，但实际上被殖民者作为协助者接管。这个讲斯瓦希里语的小世界填充了德国保护军建立的行政、军事和商业网络。

因此，1896 年和 1897 年与布隆迪和卢旺达的首次接触是从西部进行的，其目的显然是反刚果。当时德国仿佛只把这些国家看作象牙生产国。[79]正是考虑到这一点，拉姆赛上尉于 1897 年在湖北面建立了乌松布拉[80]哨所。从那时起，两个王国的军事行动都是由这个军事站协调的。1901 年，这个军事站成为一个独立于乌吉吉的新地区的首府。但对两个王国控制的过程截然不同：矛盾的是，卢旺达君主制虽然更强大、更集中，但很早就接受了德国的"保护"；而在布隆迪，至少要再等 7 年王室才真正臣服。

外部和内部因素起了作用。1897 年 3 月，拉姆赛上尉访问位于卢旺达中部隆达（Runda）的尤希·穆辛加宫廷。[81]这位国王在所谓的"鲁存舒政变"（coup d'État de Rucunshu）后刚刚上台，这次政变夺走了其前任米班布韦·鲁塔林杜瓦的性命：亲埃加氏族的王太后坎乔盖拉（Kanjogera）的酋长们迫使亲尼金亚王朝氏族的另一派远离政权。自强大的国王鲁瓦布吉里于 1895 年去世后，国家始终处于一触即发的内战状态，年轻的穆辛加非常欢迎这种意外的外来援助，[82]但他并没有完全意识到拉姆赛赠送的保护函和旗帜意味着什么。这种情况类似于姆旺加在布干达面对卢格德上尉时的情形！此外，如上所述，卢旺达的寡头政权寻求德国人的支持，以对抗被认为更危险的刚果的比利时人，因为后者刚刚摧毁了前任国王的一支军队。这种历史性的妥协最初被看作一种联盟，而不是一种屈服。直到 20 世纪初，德国人的存在仍然是遥远且边缘化的（在基伍湖畔）。在拉姆赛来后一年，他的继任者贝特上尉也访问了国王的宫廷，但直到 1901 年，才有一名军官在尚吉哨所常驻。

存在时间最长的欧洲人的定居地在东部：伊尔特主教的白衣神父们自 1897 年起就在鲁苏比定居，他们决定在这个人口稠密、远离任何穆斯林影响的国家碰运气。自 1898 年以来，由干达人和苏比人组成的代表团就被派往穆辛加的宫廷。1900 年，在德国当局的授权下，由宗座代牧主教亲率的远征队访问了国王，并从他那里获得了该国南部的萨韦，以建立第一个传教所。到 1903 年，越来越多的传教所在人口稠密的边境地区建立起来：东部吉萨卡的扎扎（Zaza）、西北部布戈伊和穆莱拉（Mulera）的纽恩多（Nyundo）和鲁瓦扎（Rwaza）、西南部金亚加的米比里齐（Mibirizi）。这些远离位于尼安扎的王室的地方既适合对欧洲人有戒心的国王，也适合传教士——他们在这些地区即便不是"无冕之王"，也更容易扮演领地酋长的角色。传教士周围有武装的辅助人员，特别是干达人，[83]并被分配了 100 公顷至 200 公顷的大面积土地，[84]他们把这些土地上的人视为佃户。他们像其他权威一样分派苦役，并为在当时肆虐的饥荒中幸存下来的人提供食物。[85]

在很多年里，白人与卢旺达领导人的关系仍然模糊不清，甚至前后不一致。1901 年，乌松布拉地区的新负责人维尔纳·冯·格拉韦特（Werner von Grawert）中尉抓获了试图恢复吉萨卡独立的反抗者鲁库拉（Rukura），但他的继任者冯·贝林格（von Beringe）则因国王在该地区的镇压暴行而收缴他的牛以示惩罚。1904 年，冯·格拉韦特再次执掌该地区的管理权，大力平定了被众多"匪徒"行为骚扰的西北部地区。1903 年，冯·戈岑总督提醒"必须支持穆辛加的权威，以使他对德国的事业负有责任，并由此建立（德国的）行政托管权"。[86]这些矛盾也出现在传教士方面：在鲁瓦扎，白衣神父们在与该地区的农民发生冲突时，便利用中央权威；而在扎扎，他们同情吉萨卡人反对"讲卢旺达语的人的酋长（abanayarwanda）"的事业。在任何地方，第一批皈依者一般都是处于边缘的人。[87]1906年，靠近王宫的卡布加伊（Kabgayi）传教所成立，最终根据布干达的英国圣工会差会的模式支持接近贵族。从那时起，卢旺达当局周围的网越收越紧，不管是否愿意，他们都被迫合作了。

在布隆迪，很长一段时间内情况更加混乱。老国王姆韦齐·吉萨博（约 1850—1908）顽固地拒绝与白人世界的任何接触。与邻国不同，他和他的酋长们不允许在宫廷里有任何棉质服装。这也许解释了为什么奥斯卡·鲍曼在 1892 年穿越这个国家时，以为君主制在布隆迪已经不存在了![88] 1896 年至 1899 年发生了几次军事远征，特别是 1899 年贝特上尉的远征，他摧毁了恩达戈（Ddago）的王室住所，并劫掠了一个参与焚烧穆亚加传教所的酋长的领地。他的副手冯·格拉韦特中尉的绰号是"嘀吉嘀吉"（Digidigi），这是一个令人联想到机枪射击的拟声词。布隆迪的战士为对抗阿拉伯人的活塞枪的连续发射而制定的战术失效，死亡人数众多。此外，在这里，德国人也能够利用内部分化的手段。1903 年，冯·贝林格上尉获得了一个叫马孔科（Maconco）的人的支持，他是国王的女婿，是反对派（因为一个在全国流传的关于猎狗的故事）。[89]冯·贝林格上尉还获得一个叫基里马的冒险家的支持，这个冒险家来自布希，自称真正的国王，是恩塔雷·鲁甘巴国王隐藏的孙子，他利用这个地区胡图人散布的恐怖及独立精神，成功地在该国西北部划出了一块领土。面对联合攻击，姆韦齐不得不逃离，然后不得不在基干达（Kiganda）与德国人进行谈判。两年后，在布克耶（Bukeye），[90]冯·格拉韦特收到的对布隆迪的指令与对卢旺达的指令相同，正式承认姆韦齐是国王。叛军被毫不留情地镇压：东北部巴塔雷家族的领导者、酋长卡努古努（Kanugunu），以及马孔科（在乌松布拉）先后被枪决，基里马被驱逐到尼亚萨湖畔的新朗根堡（Neu-Langenburg）。这个国家在很长一段时间内一直处于混乱状态，尤其是在南部。然而，同样在布隆迪，很大一部分贵族在国王的儿子——酋长恩塔鲁盖拉（Ntarugera）的带领下，走上了合作的道路。在传教士方面，白衣神父的第一批基地位于最忠于国王的地区（穆亚加、穆格拉和布洪加），再加上东北部的两个传教点［卡尼尼亚（Kanyinya）和鲁加里

（Rugari）〕——这属于安抚策略的一部分。[91]

最终德国的权威在所有这些国家都相对容易地得到承认，是因为它们的分裂、连发枪支的优势[92]以及自 19 世纪 80 年代末以来那里弥漫的有利于形成恐慌的灾难性和混乱气氛。很少有像姆韦齐和布尼奥罗的卡巴雷加这样的统治者，能够在一段时间内动员其人民抵抗征服。总的来说，统治者们很快就采取了各种形式的合作，要么表面上毫无保留，要么比较暧昧，夹杂着抵触情绪：有的接受了商人和传教士，但在政治上很狡猾（如卡苏苏拉）；有的与行政部门建立了良好的关系，但尽可能阻止新思想的传播。后一种情况以穆辛加为代表，他总是喜欢穿德国制服而不是法国神父的长袍。卡希吉也是如此，他在重新组建他的欣达祖先的"伟大的基亚穆特瓦拉"并反对传教士安营扎寨的同时，与布科巴官员关系密切，甚至穿上了他们的白色制服。在这个转型期的非洲，服装具有丰富的含义，我们已经在多个场合看到这一点。如同在乌干达一样，剩下的就是为这些合作的开端赋予制度与社会经济形式了。

德属东非的远西：三个驻地

两个现实导致达累斯萨拉姆政府在西北部的地区（布科巴和乌松布拉，后来被并入卢旺达和布隆迪）选择了最初的保护国模式：英国间接统治的模式在乌干达取得了明显的成功，以及希望避免像

219　1904 年至 1905 年燃遍殖民地南部的以马及马及①的名义发起的预言性暴力运动那样的起义再次发生。[93]这些经验启发了被任命为1907 年成立的帝国殖民地国家秘书处[94]的负责人伯恩哈德·德恩堡（Bernhard Dernburg）和（1906 年至 1912 年）新任总督冯·雷兴贝格（von Rechenberg）男爵的政策：他们的目标是确定一种更科学的殖民方式，以文职管理取代军事管理，更加尊重当地的政治结构，根据农民的明确利益，即所谓的（经济意义上的）"民间文化"，促进当地的生产。根据这些原则，殖民地的基本财富是其人口。种植棉花的布干达吸引着德恩堡。[95]西北部王国，尤其是卢旺达，将成为第二个乌干达，需要在运输、农艺和卫生等方面的适当投资。[96]

但政治前提是过渡到某种形式的间接管理。冯·戈岑总督已经做出重要决定，于 1906 年设立布科巴、"乌隆迪"和"卢安达"三个驻地。前两个驻地被委托给当时在那里的官员冯·施蒂默（一直任职到第一次世界大战）和冯·格拉韦特（任职至 1908 年），而卢旺达于 1907 年从乌松布拉分离出来，被委托给理查德·坎特医生。这个人接受过精神医学和语言学教育，是业余诗人，尽管有波兰-犹太血统，却受到弗朗茨·施图尔曼和普鲁士贵族的保护，[97]是

---

①　马及马及起义（德语：Maji Maji-Aufstand）是在德属东非境内爆发的一次反对德国殖民统治的武装起义。这场起义是由德国殖民者迫使土著居民种植棉花的政策引发的，从 1905 年持续至 1907 年。当地的一位灵媒自称被蛇神洪戈（Hongo）附体，能制造出一种把德国的子弹化为清水的魔药。这种魔药在斯瓦希里语中被称为"马及"（Maji），因此其追随者便自称"马及马及"。——译注

一个迷失在军队中的文官。他从 1898 年就开始了解这个国家（作为基伍湖的探险家），并管理这个国家直到 1913 年。基加利——1908 年建立的卢旺达新首府——和布科巴，体现了德国式"间接统治"的两种模式，那里的"侨民"被视为监护人，逐步将君主转变为现代行政当局。由于权力分散，布科巴的情况更为微妙：冯·施蒂默着手稳定这些权力，并围绕基济巴的穆塔汉加鲁瓦，尤其是基安加的卡希吉建立等级化的制度。在行政部门的监督下，承认或授予他们司法、公共秩序和税收方面的权力。一个新的知识阶层出现了，他们既是口译员，也是驻地和宫廷之间的中间人，基济巴著名的弗朗西斯科·卢瓦姆吉拉就是典型。[98]

220

在卢旺达，坎特的政策包括支持和巩固国王穆辛加的权力，尊重君主制的象征，阻止任何颠覆政权的行为。[99]但错综复杂的"三酋长"制度[100]促使他推动建立"政府酋长"制，以负责公共秩序、与商队和当局的关系。然而，这种走向更直接管理的做法只在穆塔拉（Mutara，东北部）试行。事实上，与乌干达的王国一样，卢旺达统治圈层本身也分为两派：不信任派和由国王的叔叔——大酋长卡巴雷（Kabare）领导的合作派，后者占主导地位。穆辛加在某种程度上举棋不定。位于尼安扎的王宫向合作转变的过程因两个事件而加速：白衣神父势力的扩张和恩顿古特斯（Ndungutse）叛乱①。

---

① 1912 年，在卢旺达北部的山区（位于德属东非），一个叫恩顿古特斯的人被宣布为比穆辛加国王更合法的新国王。他得到酋长的支持并召集民众起义。这是一次对日益增长的殖民压力和被视为国外统治帮凶的穆辛加宫廷的反抗。但起义很快被镇压。——译注

冯·格拉韦特和坎特曾多次要求传教士遵守规则，反对他们混乱的、有时是残酷的政治干预。[101]但从 1908 年开始，约瑟夫·德迈斯特（Joseph de Maistre）① 的洛林崇拜者莱昂·克拉斯神父[102]在卡布加伊代伊尔特主教。这个在尼安扎和基加利之间建立的传教所，就像一个理应催化二者联盟的第三股势力，从那时起，在半个多世纪的时间里一直是卢旺达政治中的主导势力。事实上，一开始就存在传教士与国王随从人员的接触。1900 年，萨韦的传教所在尼安扎开设了一所王宫学校，讲授教理者托比·基巴蒂（Tobie Kibati）在那里教授斯瓦希里语课程，穆辛加本人就是那里的一名勤奋的学生，因此，这位君主很早就能够直接与行政部门通信。在这个层面上，不存在基督教教理课。但从 1907 年到1910 年，在卡布加伊，事情进展很快：前国王鲁瓦布吉里的儿子们，如王子恩朔扎米希戈（Nshozamihigo），以及一些优秀的贵族侍从经常造访传教所，接受教育，并向白衣神父彼得·舒马赫（Peter Schumacher）[103]学习踢足球。舒马赫自己也按照图西贵族的习俗与两个仆人同行，一个负责食物，一个负责他的烟斗中的烟草。大酋长卡巴雷则在来自萨韦的新信徒马吉利内（Magilirane）的陪同下，用麦秆喝高粱啤酒，这意味着在 1907 年对基督徒的所有排斥都消失了。[104]1910 年 4 月，在鲁瓦扎，白衣神父保兰·

---

① 约瑟夫·德迈斯特伯爵（1753—1821），哲学家、作家、律师及外交官。他是反对革命的哲学之父，也是启蒙思想的最重要批评者之一。他认为法国大革命是对自然秩序的违反，主张恢复绝对君主制。他对 18 世纪以来的保守派和反动派思想产生了重大影响。——译注

卢皮亚（Paulin Loupias）为支持穆辛加的代表们，因对当地胡图酋长鲁卡拉（Rukara）的仲裁而付出了生命的代价，鲁卡拉于1912 年被绞死。[105]

这个事件说明该国整个西北部地区对国王和德国的不服从。这个地区的人口主要是胡图人，他们受氏族团结而非政治关系的约束，而且刚被征服，对所有"外来者"都有一种强烈的独立意识，这些外来者包括来自中部的图西酋长，即恩杜加人，他们试图引入新的徭役"布莱特瓦"。[106]这种地区性分歧也反映在当代悲剧中。1912 年，穆辛加面临一场重大危机，这场危机几乎令他丧命。自他执政之初，就有谣传说鲁瓦布吉里的真正继承人已于 1895 年与他的母亲一起逃亡，就像俄罗斯历史上隐藏的沙皇皇储。然而，在北方，与尼亚宾吉崇拜和姆波罗罗口述传统[107]有关的女占卜师尼拉加胡穆扎（Nyiragahumuza）突然声称，某个名叫恩顿古特斯的图西人是未来的王子。步枪的子弹据说像在马及马及起义中那样变成了水。整个北方战火连天，加入其中的有图西人、胡图人（包括穆莱拉酋长鲁卡拉，自 1910 年以来一直在火山地区逃亡）和特瓦人［包括鲁盖济沼泽（marais de Rugezi）的主人——酋长巴塞比亚（Basebya）和酋长恩古鲁贝（Ngurube）］。德国的干涉挽救了这一局面。[108]

卢旺达领导层不得不承认德国"保护"的好处，但并没有对德国建立起真正的信任，也许只有从 1907 年就来到卢旺达并在基伍河畔的鲁本盖拉（Rubengera）立足的贝特尔（Bethel）传教会[109]的路德教派除外。有几次，牧师约翰森（Johanssen）成功地与穆辛加就宗教和文化问题进行了对话。[110]

　　尽管如此，因为徭役、搬运工征用（有时为了运输建筑材料，需要数以千计的搬运工）、为商队运送食物（报酬主要归酋长所有），以及中间人或自称为中间人的群体，[111]如翻译、步枪手、建筑工地或传教所的头目（nyampara）[112]、哈亚小贩等的虐待行为，德国人与卢旺达民众的关系仍然非常紧张。

　　在布隆迪，欧洲人或其辅助人员与当地民众之间的关系甚至更差。此外，1908 年姆韦齐·吉萨博去世后，这里无法像在卢旺达那样依靠中央政权的一致性。1915 年，在王太后里里库穆蒂玛（Ririkumutima）和恩塔鲁盖拉监护下的年轻国王穆塔加·姆比基杰（Mutaga Mbikije）被暗杀，年幼的姆瓦姆布扎·班吉里森盖（Mwambutsa Bangiricenge）取代了他，一直统治到 1966 年。1912 年，一个新驻地在国家中心的基特加建立起来。但是，连续五位在位者都是军人，他们依靠忠诚的酋长——中部的贝齐家族，还有东部和南部的巴塔雷家族，[113]同时承认持不同政见的酋长，包括东北部的巴塔雷家族和西北部的基里马（1911 年从流亡中返回）的自治权。[114]最后，自 1905 年以来饱受非洲昏睡病摧残的坦噶尼喀湖畔和鲁西济河流域的平原，实际上已经脱离了国王的管辖，直接由乌松布拉军事站和八个昏睡病患者营地的军医控制。[115]

　　卢旺达和布隆迪的间接统治的变化无常主要是由于一种误解。德国政府设想了一个中央集权的国家，通过它来评估君主制的有效

性。然而，我们知道君主制的基础是宗教依附，并不排除有效权力
的大规模分裂，这些权力由贵族网络掌握，而贵族网络本身也经常
被比国王统治更早出现的世系和外围地区势力分裂。1905 年 11 月，　223
当时负责两国事务的冯・格拉韦特上尉写道：[116]

> 理想的状况是无条件地承认国王在国内的地位，同时我们
> 对国王施加完全的影响，其方式是让他尽可能不感觉到负担，
> 并确保他的利益与我们的利益真正交织在一起。

1914 年，这一目标还远未达到，但后来在比利时人领导下取得
胜利的这一进程，即金字塔式的封建制度的建立已经开始，它颇像
盎格鲁-诺曼模式："图西领主"居于顶端，当然还有殖民者，同
时亦没有忘记取代了古老崇拜的传教士教会的宗教支持。从这个角
度来看，卢旺达已经成为典型。正如人们多次指出的那样，从欧洲
人殖民统治伊始，基督教在大湖地区的政治辩论中就处于核心
位置。

三个驻地也通过货币化发生变化。1905 年是一个转折点，货币
改革使卢比（roupie）开始流通，1 卢比价值 1. 33 马克，被分为
100 赫拉（heller），同时关于"茅屋税"的法令也颁布了。在酋长
们的帮助下，"茅屋税"直到 1914 年才在卢旺达和布隆迪征收，税
率为每个院落 1 卢比。在布科巴，自 1906 年以来，这种税收已经
带来了超过 10 万卢比的收入，1912 年开始征收每个成年男子 3 卢

比的人头税。但小铜币逐渐传播开来，甚至成为"钱"的名称：钱在当地语言中叫 amahera，来源于赫拉。人们开始赚钱，这要归功于在欧洲人建立的场所中一些逐渐以现金支付的工资，尤其是要归功于贸易。[117]

几乎完全取代了象牙买卖的活跃的生意，是从 20 世纪初就通过维多利亚湖和铁路运往蒙巴萨的牛皮，特别是山羊皮买卖。1903年至 1907 年，布科巴港的出口（几乎 100% 为皮料）增加了 30 倍。通往东海岸的商队贸易瓦解了，但连接布科巴与卢旺达和布隆迪牲畜群遍布的山区的贸易却有很大发展：每年有 2 万多批皮子[118]从基加利发出，每个小商队有十来人，其中搬运工一半是哈亚人，一半是卢旺达人。驻扎在小城市中心的商人很少是欧洲人（主要是希腊人），[119]多数是印度人（阿里蒂纳·维斯拉姆公司就是印度贸易商之一），此外还有阿拉伯人和少数斯瓦希里人，但也有数以百计的小贩，包括哈亚人、苏比人、尼亚姆韦齐人，甚至卢旺达人或布隆迪人，他们充当山里的掮客或零售商。他们也是分销棉织品的人，这些棉织品正被迅速且广泛地使用，特别是在哈亚国家。乌松布拉也是主要的盐业贸易中心，盐用独木舟或帆船[120]从乌吉吉运来：乌温扎盐被前军官施洛弗（Schloifer）上尉接管（作为交换，支付给当地君主特许权使用费）。为使盐场工业化，他于 1902 年成立了一家具有垄断地位的公司——中非湖泊公司（Central-Afrikanische Seengesellschaft），导致以前旱季的"煮盐师"不得不成为搬运工或码头工人。[121] 1905—1906 年，商队给这些对贸易还不熟悉的国家带来的麻烦，导致当局对进入卢旺达和布隆迪的通道进行管制，特别是针对亚洲商人。事实上，达累斯萨拉姆在对亚洲商人持不信任态度和承认他们在货币化进程中发挥作用之间纠结。而当地军方和传教士更倾向于以秩序和道德的名义关闭通道。[122]

为了摆脱这种掠夺性经济，各种计划被制订出来，因为这种经济正在使山羊数量锐减。继乌干达的棉花试验之后，布科巴的试验似乎取得了成功。这里的经济作物是殖民化之前就已经闻名的咖啡。行政当局决定把独属于国王的奢侈作物分配给香蕉种植园，这些种植园由在适当监督下的君主们负责。咖啡出口量从 1904 年的 8 吨上升到 1913 年的 500 吨，其间价格翻了两番。到 1911 年，农民的土地和贵族的"尼亚鲁班加"领地[123]已经种植了 30 万棵咖啡树。贵族是这股热潮的主要参与者，也是优先受益者，他们或者通过扩大土地占有面积并征发徭役，或者从农民的生产中榨取什一税。[124]这与英国人支持迈罗土地制度下的土地持有者的方式没有任何不同。但农民也从中获利，他们能更容易地缴税并购买棉织品。强迫当然是一个因素，但通往蒙巴萨的铁路方便了出口，随之而来的经济动机是决定性的。与干达人一样，哈亚人在 1905 年后进入了世界市场经济，但没有掌握它，仍然处于边缘，因为货币收入只能满足他们的一小部分需求，主要还是靠自给自足。[125]

很容易理解，高级官员坎特设想在卢旺达和布隆迪开展同样的工作，发展阿拉比卡咖啡种植。[126]这是一种常年生长的作物，用地面积小，产品价值高，经得起货运。1913 年，他在说服总督施内（Schnee）的报告中建议要求每个纳税人种植 20 棵咖啡树。自 1905 年以来，白衣神父们已经在米比里齐教区进行了试验。像英国人在

225

乌干达一样，德国人排除了在这些人口稠密的地区进行欧洲殖民化的可能性和劳动力向沿海地区外流的前景：他们选择就地取材，最大限度地利用非洲劳动力。[127]但这意味着开放运输。受乌干达铁路的成功的吸引，德国殖民官员简直被一个铁路梦冲昏了头脑：[128]建造"中央铁路"，连接达累斯萨拉姆和坦噶尼喀湖，并辅以通往西北部的支线，他们认为这不仅能够长期榨取刚果东部的财富，而且尤其可以活跃整个殖民地西北部的经济生活。在帝国的担保下，德意志银行（Deutsche Bank）和法兰克福霍尔茨曼冶金公司（Firme métallurgique Holzmann de Francfort）[129]的共同利益使得工程加速：铁路于 1907 年到达莫罗戈罗（Morogoro），1912 年到达塔波拉，1914

226 年 2 月到达乌吉吉附近的基戈马（Kigoma）。1914 年 3 月，帝国议会批准了"卢旺达铁路"的预算，以连接塔波拉和卡盖拉河东南部河湾：工程因 1916 年的军事行动而中断。第一次世界大战实际上使得所有这些项目流产，至少对德国来说是这样。[130]

第一次世界大战和委任统治制度的发明

尽管 1885 年的《柏林会议总议定书》（Acte de Berlin）原则上保证了中部非洲的中立性，但战争并没有放过大湖地区。1915 年，在刚果的比利时人和在乌干达的英国人与在布科巴、卢旺达和布隆迪的德国人之间发生了一些小规模的冲突。[131]之后，协约国军队于 1916 年 4 月发动全面攻势：两个比利时纵队从基伍湖的北部和南部前进，几十名德国士兵在几百名阿斯卡里士兵（askari）的掩护下撤退。5 月，基加利被占领。6 月，基特加被占领。9 月，比利时人到达塔波拉，而英国纵队则到达比哈拉穆洛。

直到 1921 年，大湖地区一直处于军事占领之下，但比利时人和英国人很快就进行了分治谈判：1919 年在巴黎签署并得到国际联盟认可的《奥茨-米尔纳公约》（Convention Orts-Milner）为比利时人保留了卢旺达和布隆迪，[132] 吉萨卡和布古菲被截留在东部（应该是为了形成未来从开普敦到开罗的铁路走廊！）。以前的布科巴、乌吉吉和姆万扎地区被并入从德属东非继承下来的坦噶尼喀。每个合作伙伴都在"国际联盟委任统治制度"（mandat de la Société des Nations）下得到了自己的那份蛋糕，或者更准确地说，得到了国际联盟第二级委任统治地（mandat B）。这一法律发明将控制权与从《柏林会议总议定书》中继承下来的一系列义务（贸易自由和传教）以及托管新概念相结合，这个新概念旨在于一定期限内（未明确）确保被管理的非洲人的所谓进步和解放。这些定义与从前追求的间接管理衔接。[133] 早在 1917 年，一些高级官员就被安置在卢旺达国王穆辛加和布隆迪国王姆瓦姆布扎身边，由驻扎在基戈马的王家专员负责。

1914 年至 1918 年的战争是一场白人的战争。然而，它在大湖地区本地人身上留下了不止一种印记，而且不仅仅因为"主人"更换。冲突本身也带来了一系列痛苦：占领军的暴行和掠夺（尤其是刚果步枪手，他们的黑色制服留下了悲伤的记忆）、在哈亚国家的征兵、民众向乌干达的逃亡，以及德军对布隆迪和卢旺达搬运工的大规模征用——一些人被带到莫桑比克边境，将军保罗·冯·莱托-福贝克（Paul von Lettow-Vorbeck）的抵抗在那里结束，许多人再也没有回来。粮食征用、贸易崩溃、粮食短缺在卢旺达造成了被称为 Rumanura 的名副其实的饥荒。[134]

在政治上，这种恐慌可以在几个层面上看到。普遍的混乱和由此而来的灾难引起了针对白人及其象征（传教士、织物、金钱）的人民起义。例如，1915—1917 年在卢旺达的穆莱拉和乌干达的基盖济的起义，以及与尼亚宾吉崇拜的预言有关的起义。[135]同样，1922 年 5—7 月，在布隆迪中部，比利时殖民政权建立伊始，该国主要酋长、已故姆韦齐之子、王国摄政王恩塔鲁盖拉王子刚刚去世，对基特加哨所附近的税收感到不满的农民，加上一些对贝齐家族控制东北地区不满的酋长和巴塔雷家族，就追随了两位预言白种人末日的"巫师"——鲁尼约塔（Runyota，"灌木丛中的灰"）和卡尼亚鲁芬佐（Kanyarufunzo，"纸莎草沼泽的小家伙"）。[136]

但我们也看到了地方领导人阴谋的演变，他们希望利用欧洲"监护者"的变化来算账。1917 年，在卢旺达西南部的金亚加，当地显贵认为他们可以利用比利时人和王室之间最初的恶劣关系，让他们的酋长离开。[137]1918 年，穆辛加的一个侄子是穆莱拉酋长，与王太后有矛盾，最后逃到乌干达，英国人任命他为布丰比拉酋长。[138]一些显贵跟随德国人撤退到塔波拉，如布科巴的弗朗西斯科·卢瓦姆吉拉和年轻的布隆迪王子巴兰扬卡，当时后者是基特加学校的学生，二者都是对他们所受的培养感恩戴德的所谓"开化人"。[139]卡希吉国王在绝望中自杀了。然而，君主们及其随行人员利用各种外交手段获得了新当局的承认：1916 年 7 月，布哈亚的国王涌向布科巴，会见英国的"大酋长"。[140]1916 年 5 月底，穆辛加要求新来的人"不要对他的国家造成不必要的损害"，并宣布他准备"服从"。然后，1920 年 6 月，在殖民地部长路易·弗兰克（Louis Franck）访问期间，穆辛加写信给国王阿尔贝一世（Albert Ⅰ），抗议将吉萨卡割让给英国：[141]

> 可怜我的母亲、我自己和我的孩子吧。当我们想到他们在欧洲计划分裂卢旺达——我和我的孩子们的国家时，我们这里的所有人都在哭泣。

当弗兰克部长抵达布隆迪时，他遇到了恩塔鲁盖拉王子同样的担忧和恭敬请求：

> "碎石者"（Boula Matari）[142]……我保证支持你。我是国家最重要的王子……我希望我的尊严得到承认，我和我的人民的处境得到改善。

可以理解的是，在 1918 年起草全民公决草案时，酋长被要求在比利时人和英国人之间做出选择，他们根据这两方的力量对比做出回答。

到 1924 年时，行政边界变得更加清晰。1923 年 12 月，特别是在比利时新教传教会（Société belge des missions protestantes，承自贝特尔传教会）的莱昂·克拉斯神父和牧师亨利·阿内（Henri Anet）的支持下，一场要求将吉萨卡归还给卢旺达的运动获得成功。[143]1924 年，比利时正式接受了今后被称为卢安达-乌隆迪的委任统治地，而英国保留了原区级划分，部分行政区之后被重新划分[例如，卡苏卢（Kasulu）与基戈马分开]，然后在 1931 年被组合成"省"，如布科巴和姆万扎组成湖省（Lake Province）。

事实上，每个殖民国家都打算在新的非洲领土上采纳在邻国获得的经验，也就是说，英国人利用在乌干达的经验，比利时人利用在刚果的经验。行政人员本身主要来自这两个殖民地。一批新的干达辅助人员来到布哈亚、布津扎和布哈。1925 年 8 月，卢安达-乌隆迪甚至在行政上隶属于比属刚果，由一位副总督管辖，他负责监督这两地的居民。1920 年，刚果法郎（正如坦噶尼喀的先令）取代了卢比。第二次世界大战并没有对该地区产生如一战那样严重的影响，但它确实导致了为埃塞俄比亚前线的战事而进行的征用（这里和东非其他地区一样），使卢安达-乌隆迪成为自由比利时（Belgique Libre）的一部分（因为布鲁塞尔是德国占领的，比利时政府在伦敦）。在 1943—1944 年，二战还造成了严重的粮食短缺。[144]1945 年，国际联盟的"委任统治"过渡到联合国的"托管"，除了加强国际控制之外，几乎没有改变局势，因为年度报告由定期"访问"完成。

英属坦噶尼喀西北部的间接统治

在布科巴，地区酋长继承了德国的遗产，即英国殖民者寻求与国王的合作，同时通过将每个王国（被认为是一个郡）细分为次级郡，并在每个宫廷设立"卢基科"，从而把这个体系"干达化"。一系列的死亡或离开使新一代统治者上台，除了伊汉吉罗（尼亚鲁班巴的继任者鲁欣达仍是统治者）。此外，七位国王中的六位在1918年后改变了信仰，其中四位改信新教，两位改信天主教。卡希吉的儿子卡莱梅拉·阿尔弗雷德（Kalemera Alfred）烧毁了几个世纪以来一直与欣达王朝有关的契韦齐崇拜的主要圣地。但新传统主义在 1925—1931 年任总督一职的唐纳德·卡梅伦（Donald Cameron）的政策下占了上风。这个来自安的列斯群岛（Antilles）的克里奥尔人对任何同化项目都持怀疑态度，殖民部要求他模仿他之前任职的尼日利亚的模式，即建立一个融入殖民框架的本土行政机构。这个计划的支柱是部落与酋长，与布干达及在那里建立伙伴关系的幻想明显不同。所有其他形式的团结（宗教的、血统的、教育的、职业的）都要让位于"保留下来的"部落实体的首要地位，包括其语言、习俗和酋长。这一概念深得那个时代的民族学家的喜爱，他们认为这种来自《圣经》和塔西佗（Tacite）的术语比充满对"野蛮人"的偏见的异国情调文学更尊重非洲人。然而，有趣的是"恢复"的过程，用英国历史学家约翰·艾利夫（John Iliffe）的说法，这一过程更像是"捏造部落"。[145]

230

在布哈亚采取的策略是小王国联盟。没有一个国王胜出，他们
中的大多数未能完成被要求的学习任务，但监督他们的共同机构建
立起来了：1926 年（直到 1945 年），已经是殖民合作专家的卢瓦
姆吉拉成为每月举行会议的"酋长"理事会（kiama）的秘书；另
一个受德国人培养的文员休伯特·伊森戈马（Hubert Ishengoma）
管理 1925 年创建的"土著国库"，该国库将根据国王的尽职程度重
新分配税收份额。因此，间接统治是非常直接的，这一点在布津扎
和布哈更加明显，那里的旧势力被动摇得更厉害。在布哈，以前的
"巴特科"被取缔了，纯粹的图西酋长"巴特瓦雷"受益。然而，
当地的贵族们却过得很好：据估计，1927 年哈亚统治者和鲁苏比的
卡苏苏拉国王（仍在执政）得到所有土著税收的一半，基安加的国
231 王每年得到近 3000 英镑，比布干达的国王得到的还多。旧的佃租
实际上已被货币化，而在"尼亚鲁班加"领地制度下，土地侵占仍
在继续，使这些非洲式地主的种植园获利。

在英国的统治下，咖啡热仍在继续。到 1928 年，一半纳税人
都在种植咖啡。市场经济蔓延到整个地区，那里有成千上万的小商
贩（被称为 wacuruzi）。20 世纪 20 年代末，基济巴的前教士克莱门
斯·基扎（Clemens Kiiza）购买了卡车并开设了一家制浆厂。因
此，在哈亚国家，就像在乞力马扎罗的查加人（Chagga）那里一
样，酋长们遇到了阻力，特别是当教育也在进步的时候，新的管理
人员产生了。在这里和在布干达一样，学校里的年轻人施压，要求
获得普通教育，而不是自 1925 年以来得到补贴的传教士想要的打
了折扣的培训。政府维持着中央学校，那里教授英语，但斯瓦希里

语也被广泛使用。从 20 世纪 30 年代起，许多哈亚学生就学的塔波拉中学成为通向马凯雷雷学院的大门。

这个从金钱和学校中产生的新的社会阶层，从 20 世纪 20 年代开始越来越在政治上显山露水。教理讲授者成功地赶走了试图接替比勒费尔德（Bielefeld）传教士的卫斯理宗（wesleyanisme）南非人。[146]年轻人创造了一种被称为 bandera（指"旗帜"）[147]的尚武运动。更重要的是，1924 年布科巴－布哈亚联盟（Bukoba Buhaya Union）创立：年轻的文化人[148]成为农村地区表达对"尼亚鲁班加"土地领主和天主教传教士掠夺土地不满情绪的代言人。1929 年，他们加入了由他们的效仿者在达累斯萨拉姆创建的坦噶尼喀非洲人协会（Tanganyika African Association）。1935 年，基扎和鲁加齐布瓦（Rugazibwa）创建了原住民种植者协会（Native Growers Association），该合作组织在 1936—1937 年因新的咖啡种植规则而与当局发生冲突。协会领导人被逮捕，协会被解散，曾支持他们的基济巴国王穆塔库布瓦·威廉（Mutakubwa William）被废黜。

面对这种可能超越"部落"界限的社会和政治意识的崛起，殖民政府试图鼓励传统主义。受过教育的阶层在某种程度上掉入了殖民者培养的族群共同体主义的陷阱，[149]这个主义的目的显然是防止民族主义和当时的布尔什维克主义。但是，与比利时殖民地的情况不同，多年来，这里的民族意识日益显著，融入社会运动，特别是合作运动中：20 世纪 50 年代，坦噶尼喀非洲人协会开展活动；哈亚人非常活跃，1953 年布科巴附近发生了严重事件。坦噶尼喀非洲人协会主席、教师朱利叶斯·尼雷尔（Julius Nyerere）是维多利亚

232

湖东南部的一个小酋长的儿子，从马凯雷雷来到布科巴，倡导非暴力方式，这成为次年成立的民族主义政党坦噶尼喀非洲民族联盟（Tanganyika African National Union, TANU）采纳的方式。

卢安达-乌隆迪的新封建主义与基督教家长制

最初，比利时占领者显然很想推翻两个王国的政治制度——特别是在卢旺达，占领者与穆辛加的关系极其糟糕——而卢安达-乌隆迪被分为两个区域，似乎是为了将来的分治。但早在1920年，弗兰克部长就选择在这些国家保持间接管理，因为这些国家的"本土组织架构很结实"。[150]

皮埃尔·里克曼斯（Pierre Ryckmans）1920—1925年为驻布隆迪高级官员（1939—1946年为刚果总督），是一名坚信殖民者教育使命的天主教徒，以非常清晰的措辞为间接管理辩护：[151]

> 土著国王和欧洲当局的协议将导致的……最后结果是，这个国家只有那些愿意或被迫走向进步的首长——因此可以被占领国接受，他们同时是合法的首长——因此可以被土著接受。
>
> ［土著国王］是熟悉的装饰，使我们能够在不惊动当地人民的情况下在幕后行动。

233　　　姆瓦姆布扎国王直到1930年才成年，使这种托管成为现实。[152]一个由几大酋长组成的摄政委员会随后转变为国王委员会，就习惯

安科莱的村庄

布干达国王穆特萨的宫殿和所在山丘远景

卡拉圭国王鲁马尼卡的房屋和用品

布尼奥罗国王卡穆拉斯的宫殿

布干达国王达乌迪·楚瓦的西式婚礼

上：1915 年 6 月，布科巴被英军占领，图中为德国士兵和当地人

下：1916 年 4 月，协约国军队发动全面攻势，同年 9 月，比利时国旗在塔波拉升起

左：一张巴纳尼亚海报，海报上的塞内加尔步兵团士兵在非洲殖民地为法国作战，他坐在树下，正用饭盒进食，脚边为步枪。图中的标语 Y'a bon 的意思是"好"，为塞内加尔步兵团士兵口中不地道的法语。20 世纪 70 年代，该形象和标语引发争议，被指带有种族主义和殖民主义倾向

右：卢旺达最后一位国王基盖里五世恩达欣杜瓦，1959—1961 年在位

卢旺达大屠杀爆发后扎伊尔东部的难民营

法问题提供咨询。年轻的君主——其教育由一名比利时行政长官负责——令许多人失望。他显然是个肤浅的人，而且游手好闲。他花了几年时间慕道，但从未接受洗礼，尽管与一名基督教公主成婚并受到神父们的好评，一直深受民众敬仰。这个人物始终是个谜，直到他于 1965 年离开该国。

在布隆迪（如同在卢旺达），1930—1932 年在任的副总督夏尔·瓦赞（Charles Voisin）开展了一项庞大的计划，重组酋长和副酋长领地，以消除行政上的分裂，并赶走被认为没有能力的领导人。覆盖整个国家中心的庞大的王家领地以前由国王的出身低微的追随者管理，此时被分解成酋长领地并由王子管理。位于西北部基里马[153]的从前的自治领地于 1923 年被委托给年轻的巴兰扬卡，他通过教育和人际交往能力成功地赢得了里克曼斯的信任。[154]在酋长领地层面，最大的赢家是王子们，即甘瓦，特别是与前摄政王恩塔鲁盖拉关系密切的贝齐家族和巴塔雷家族——尤其是巴兰扬卡的亲属，他们在 20 世纪 50 年代控制了东北部和南部的领土。在基隆迪，"甘瓦"一词最终指"酋长"，从前的"巴特瓦雷"一词则为"副酋长"（icariho 一词已被废弃）。这一层面的其他受益者，特别是副酋长一级的受益者，是家庭条件良好的图西人。胡图人于 20 世纪初占据了约 1/4 的副酋长职位，此时眼看这一比例在减少。1929 年他们仍占酋长领地的 20%，1933 年则降至 7%，1945 年降为 0，而在这十几年里，图西人的领地则从 23%上升到 29%，甘瓦的领地从 57%上升到 71%。[155]

此外，掌管所谓的习俗的人的职能也正在发生本质的变化。过

234 去的个人关系——往往是多重关系——让位于纯粹的领土依赖。用西方殖民时期的说法，阴谋和礼物不得不让位于负责任的活动：

> 确保扩大种植面积，重新造林……使沼泽地干涸，维护轨道，采取卫生措施，进行人口普查，征税，运作土著法庭……[156]

因此，他们的报酬与他们从 1931 年开始普遍征收的人头税的征收成效成正比。在山区，负责执行这一切的副酋长的一线辅助人员是"镇上的叫喊者"（bahamagazi）或"向导"（barongozi），绰号为"吼叫者"，他们的影响力破坏了山丘法官的传统权威。[157]1934年 9 月，在该国西北部山区的恩多拉（Ndora）和穆西加蒂（Musigati）之间爆发了伊纳姆扬迪起义（révolte d'Inamujandi），揭示出人们面对这种官僚化的权力及其不断增加的限制的不安：在该地区传统显贵的支持下，起义针对的是巴兰扬卡安排的甘瓦副酋长和图西副酋长，他们来自基特加地区，被认为是来"反向管理"的外人。[158]整个管理系统由全国九个领地的行政长官密切监督，[159]而他们又得到"领地代理人"的支持，代理人人数不多，但无处不在。这种管理方式与比属刚果各省的管理方式并无太大区别。[160]

此外，王权的意识形态基础受到天主教传教士的碾轧。1916年，受洗人数只有 7000 人。1935 年，这一数字上升到 17.6 万。自 1922 年以来，在来自乌干达的布列塔尼白衣神父朱利安·戈尔瑞主教的带领下，16 个传教所成立。1940 年有 36.5 万人受洗，1955 年超过 100 万人，1970 年接近 200 万人（即 2/3 的人口）。[161]在这种情况下，用 1930 年一名传教士的话来说，即使"克洛维（即姆瓦姆布扎）没有先于他的法兰克人出现"，2/3 的酋长和一半的副酋长也早在 1933 年就接受了洗礼，他们带来了《大湖》（Grands Lacs）[162]等宗教杂志上所说的"圣灵的龙卷风"。传教所起初似乎是令人担忧的地方，是边缘人的聚集地，是年轻人有可能迷失的地方，但很快就成为农村地区所谓"文明"的中心，就像中世纪的修道院一样：厚重的砖瓦建筑矗立在刻意挑选的俯瞰全景的高高山丘上。[163]这些每周日都有成千上万信徒聚集的圣地已经取代了过去的圣林，[164]可与昔日的王宫相媲美。现在轮到异教徒被拒绝用麦秆管共饮壶中的啤酒了。[165]

1927 年，意大利神父皮奥·卡诺尼卡（Pio Canonica）出了一个绝招，赢得了年轻国王的监护人之一，即他的叔叔恩杜乌姆韦（Nduwumwe）的信任。恩杜乌姆韦是一年一度的穆加努罗节[166]的官方组织者，其庆祝仪式将在离布克耶传教所不远的地方举行，而该传教所是他前不久特意在一个王都附近创办的。[167]1928 年，他获准将仪式中的"不道德"内容清除掉。1929 年，仪式草草收场。从 1930 年起，这些仪式被废除，并被圣诞节的播种祝福所取代：祷告代替了国家节日！祭司逐渐接受洗礼或被驱逐并被剥夺领地，用于宗教祭拜的物品则被没收或被藏起来。1936 年，一名白衣神父在布克耶这样写道：

在［献给］已故国王［穆塔加，1915 年在此去世］的神灵的圣木树荫下，传教所成立，今天基督君王（Christ-Roi）

之光正是从那里普照这一地区。[168]

　　我们也在卢旺达发现了类似的演变，但由于国家本身及其欧洲领导人，特别是宗教领袖的不同，这里又具有一些特殊性。1925—1926年，驻卢旺达高级官员莫尔特汉（Mortehan）决定通过废除"三酋长"制度来统一"习俗"行政系统。[169]从那时起，卢旺达只有两个级别：酋长（卢旺达语为 shefu）和副酋长（卢旺达语为 sushefu）。王家领地和用于王家仪式的飞地消失了，北方的世袭权力也消失了。因此，与布隆迪一样，瓦赞副总督领导下的改革加速，最大限度地减少了胡图人在统治阶层中的数量，这有利于 20 世纪 50 年代所谓的"图西人垄断"，其中包括来自埃加氏族和尼金亚氏族的大家族。[170] 1959年，在45名酋长和559名副酋长中，分别有43名和549名是图西人。

　　在卢旺达，我们也看到了这些机构职能的官僚化，以及副酋长和他们在山上的"吼叫者"的决定性作用，所有这些都有损国王的有效权力。凯瑟琳·纽伯里在金亚加观察到了这一点：

　　　　以前国王用来确保效忠者对这一边境地区的政治活动进行监视的飞地并没有保留下来……结果是中央对该地区的控制减弱，而当地有权势的首长的权力增加。[171]

　　而军队酋长的废除、从 1930 年起"比金吉"（bikingi）① 的逐

---

　　①　即"巴金吉"的领地。——编注

步减少（通常转变为副酋长领地），以及被称为"布莱特瓦"的徭役最终被限制在每周一天（1924 年在全国实施），导致图西贵族最大限度地利用另一种制度，即牧民互惠制度或乌布哈克。该制度作为一种不可缺少的社会保护手段趋于普遍化，并变得更加严格：恩库里基伊姆富拉指出，1925 年以后，许多牛群所有者（来自图西人或胡图人）"将牛交给他们的邻居，后者帮助他们种植被强制要求的粮食作物、经济作物，以及造林等"。所有这些都是以"恢复"习惯法的名义进行的，而习惯法的判例则由"土著法院"来保证。1941 年，国王委员会颁布的法规使被称为"乌布加拉古"（Ubugaragu）的契约至少在形式上合法，并由驻地担保，该法规指出：

> "乌布加拉古"……是土著社会的重要黏合剂……以假想的社会正义的名义破坏这个已被证明有价值而且完全适应国家的心态的基础，将是最糟糕的错误。[172]

237

通过取代参军，乌布哈克带来了与"布莱特瓦"徭役非常相似的杂役。"互惠关系"在这种殖民背景下传播，变得不再是精英主义的，而更具强制性。[173] "我必须承认，"克拉斯主教在 1930 年写道，"人民的负担，特别是在某些省份的，比以前更重了。"[174] 但统治阶层不可能遇到欧洲人的反对，因为后者在这份契约中先验地看到了几个世纪以来与"图西征服者的封建制"相关联的"牧区农奴制"，并确信要尊重这种封建制的真实性。这是又一个只能被描

述为社会封建化的例子。在卢旺达与在布隆迪一样，1927 年至
1930 年，这些改革和社会关系的普遍恶化引发了反对图西酋长的先
知式起义，这些酋长被认为对这些新限制负有责任，特别是在北部
和东部。[175]

天主教会的作用是至关重要的。受洗人数在 1933 年达到 10
万，1940 年达到 30 万，1955 年达到 50 万，1960 年达到 70 万。
"圣灵的龙卷风"也吹到了这里。图西酋长的皈依始于 1917 年，[176]
并从 1928 年开始加速：到 1934 年年底，90% 的酋长都是天主教徒，
而总人口中的天主教徒只有不到 10%。比利时天主教的统治在这里
和在整个刚果显然起了作用：[177]

> ［行政人员和传教士之间的］这种相互同情并没有逃过敏
> 锐的当地人的眼睛。他们对自己说，即使就个人而言成为基督
> 徒没有任何好处，也不会有任何损失。

但是，正如在布隆迪和在半个世纪前的布干达，该种变化也发
生于卢旺达社会的上层。那个时期的一个皈依者告诉克洛迪娜·维
达尔：

238

> 你去找你的首长，他告诉你在哪个地方有传道者，并说：
> "如果你不开始学习教义，我就拿走你所有的东西，毁掉你的
> 房子，把你赶出山头！"可以想见，那些日子里胁迫行为是存
> 在的。所以我，马西罗（Mashiro），就告诉自己："我可能会

因为祖先而被赶走！"我告诉我的妻子："要么我学习，要么酋长就会把我赶走！"[178]

最后，卢旺达天主教传教士在莱昂·克拉斯神父麾下出现了非常激进的转变——我们已经看到他在德国人占领时期的作用。[179]比利时当局一到该国就征求他的意见，他也一直为在卡布加伊任职到1945年去世的高级官员莫尔特汉提供咨询，他毫不掩饰自己的选择：建立一个中世纪风格的卢旺达，图西贵族生而为统领者，胡图农民生而为劳作者，而教会则启迪所有人，与民政当局携手合作。这的确是一个"建立基督教王国"计划，就像拉维热里主教曾经梦想的那样，或者像17世纪的耶稣会士想象的那样。这种"原教旨主义"的气氛也让人想起19世纪的某些南美独裁政权，如在厄瓜多尔，极端的天主教徒总统加西亚·莫雷诺（Garcia Moreno）将国家献给了圣心。只需阅读克拉斯主教的指示或他的官方文本就会明白他的想法：

> 要知道统治精英是支持还是反对我们，本土社会的重要职位是由天主教徒还是非天主教徒担任，教会是否会通过对年轻人的教育和培训在卢旺达产生重要影响。[180]

1925年，卢安达-乌隆迪在行政上隶属于比属刚果，这意味着1906年已经确定的教育协议可以立即扩展到那里。在殖民地部教育主任、狂热的天主教徒埃德蒙·德容格（Edmond de Jonghe）的推动下，新教徒被系统地边缘化了。图西青年理所当然地被认为是实施这一教权项目的精英，这几乎是根据种族决定的：

239　　　　我们的图西青年是无与伦比的进步因素……他们渴望知识，热衷于学习来自欧洲的事物并模仿欧洲人，有进取心，充分意识到祖先的习俗不再有任何存在的理由，但仍保留着长者的政治意识和他们种族的指挥本领。这些年轻人是一股向善的力量，是国家经济的未来。如果你问胡图人喜欢由平民还是贵族指挥，答案是毫无疑问的。他们偏向图西人，这是有原因的。图西人是天生的首领，有一种指挥的意识。[181]

但建立基督教王国仍有一个主要障碍，那就是穆辛加国王本人，他总是想规避白人的要求。1925 年，那些与他最亲近的人，即抵抗精神的象征，都被清除了，特别是占卜师班多拉（Bandora）和负责一年一度的丰收节仪式的加沙穆拉（Gashamura），该仪式像布隆迪的同类仪式一样被废除了。白衣神父们一直对这个怀念异教（或甚至是德国人统治时期的新教）的国王耿耿于怀。1930 年，克拉斯主教在比利时发表一篇题为《悲伤的陛下》（*Un triste sire*）的文章，[182]发出了致命一击：一年后，副总督瓦赞和主教组织了对国王的废黜，因为他“反对进步”。穆辛加被贬到刚果的卡门贝（Kamembe），由他的儿子鲁达希格瓦（Rudahihgwa）继位。后者于1943 年受洗，有三个名字：夏尔（拉维热里、瓦赞和比利时王子的名字）、莱昂（克拉斯主教的名字）和皮埃尔（里克曼斯总督的名字）。

　　30 年后一个老基督徒这样评论道："教皇——基督教徒的国王，和我们自己的国王——皈依者和其他人的国王达成了协议。库班杜瓦的神灵没有机会了。"[183] 1946 年，卢旺达被献给了基督君王，它找到了自己的所谓君士坦丁大帝。[184] 至于精英们，在培训之初，他们必须接受顺从并感恩殖民国家和教会，教会对他们负有家长式的责任，正如 1940 年总督欧仁·容格斯（Eugène Jungers）对阿斯特里达学院（Groupe Scolaire d'Astrida）的学生们警示的那样： 240

　　　　保持谦虚。你们将获得的文凭不是能力的证明。它只能证明你们有能力成为合格的辅助人员。[185]

道德经济？咖啡与移民劳工

　　在德国人的统治下，贸易开放初露端倪，从 20 世纪 20 年代开始逐步发展：第一批可通车的道路（1923 年连接乌松布拉和基特加[186]，1932 年连接乌松布拉和卢旺达南部的阿斯特里达[187]）由成千上万的劳工建造，构建了非洲最密集的道路网络之一，1938 年总里程超过 6000 公里；10 分和 20 分面值的刚果货币（分别为 makuta 和 masenge）流通；所有酋长领地都系统地建立了有正规商店的商业中心。但在很长一段时间内（实际上直到 20 世纪 80 年代），货币仍然处于家庭经济的边缘，而主要的现代化设施，特别是在卢安达－乌隆迪的首都乌松布拉的港口，直至 1951 年十年计划启动时才开始建设。[188]

但是，托管地管理者面对的第一个也是最难摆脱的困扰是应对周期性的区域饥荒，确保食品供应稳定。1928 年至 1929 年发生的名为 Gakwege（"铁丝"，一个非常形象的说法）的饥荒在国际上产生了极为恶劣的影响，德国人认为这尤其是利奥波德二世的继承者长期管理不善的结果。从 1926 年开始，特别是在 1931 年，比利时采取对策，强制实行粮食作物的种植：每个家庭必须维护 15 公亩的土地，其中 5 公亩种植木薯。[189]从 1927 年起，沼泽地的排水和开垦也是强制性的，在此之前，沼泽地里一直生长着大片的芦苇和纸莎草，是旱季的储备牧场。马铃薯等新作物或新品种（特别是新品种的玉米）由刚果国立农艺研究所（INEAC）[190]下属的农艺中心进行推广。

不过，由于 20 世纪 30 年代危机后几次种植尝试的失败，让该地区实现赢利也开始变得有必要。当时在布隆迪英博平原推出的棉花种植直到 20 世纪 50 年代才有了显著发展，与此同时，这个在 20 世纪初被昏睡病摧残的地区也在有计划地增加人口。[191]

20 世纪 30 年代，主要的经济计划是重启德国的咖啡种植项目，使用已经在基特加试过的阿拉比卡咖啡，并以强制性的农村种植园制度为基础。殖民政府不得不面对来自两方的批评：一是来自国际联盟和国际劳工局（Bureau international du travail）的批评，它们对所有强迫性劳动持敌视态度；二是来自基伍地区的殖民者的批评，他们嫉妒来自非洲农民的"廉价"劳动力，忌惮这一竞争。危机令殖民政府克服了这些反对意见，它强调成本计算的优先性，并突出农民自身的利益（稳定的货币收入将得到保证）。除此之外，还有高要求的种植所需的家长制教育，农村版的间接管理将是对现代小农户的培训。道义与财政平衡可以携手共进。

这一重要创新的关键人物是副总督瓦赞和容格斯（1930 年至1947 年在任），[192] 以及大权在握的殖民地部农业主任埃德蒙·勒普莱（Edmond Leplae，1910 年至 1933 年在任），后者是荷兰在爪哇实行的强制种植制度的拥趸。[193] 1931 年至 1938 年，当地通过五次运动推广咖啡树种植，在此期间，每年种植的咖啡树有 100 万到 400万棵。1937 年，一半以上的纳税人已经参与其中［在布隆迪北部的恩戈齐（Ngozi）达到了 100%，那里最适合种植这种作物］。一块块种有 60 棵咖啡树的土地侵占了土地肥沃的香蕉种植园，然后进入野草茂盛的地区，包括卢旺达的"比金吉"。[194] 维护苗圃、用篮子运输树苗、间隔均匀地种植、用香蕉叶覆土和防治病虫害都带来新的劳役，需要数周时间的额外劳作，特别是对男人来说（女人忙于粮食生产）。这些工作由卢安达-乌隆迪所能召集的众多管理人员进行监督：比利时行政人员、酋长和副酋长[195] 及其辅助人员、充当名副其实的农艺警察的"咖啡监督员"，以及如戈尔瑞主教所写的被请来"宣传咖啡"的传教士。除了经济上的好处外，咖啡还被认为可以使当地人避免懒惰，而且当他们移民到乌干达与新教徒接触时，可以避免染上一些坏习惯：

您必须到处宣传咖啡，甚至特别是在讲台上……当然，我

242

们也在那里讲其他没那么有用的东西。要让这些可怜的人明白他们的利益所在；告诉他们巴兰扬卡的咖啡当场卖到 6.5 法郎/公斤；让他们感到他们的利益触手可及；告诉他们，如果坚持下去，在两三年内，他们的生活条件将会好到只有疯子才会去乌干达。[196]

咖啡树种植在 1938 年至 1946 年中断后又恢复了：每个农户要种植约 100 棵咖啡树。卢安达－乌隆迪的羊皮纸咖啡豆总产量在 1930 年为 11 吨，1942 年达到 1 万吨，1959 年达到 5 万吨。1946 年成立的卢安达－乌隆迪工业种植办事处（Ociru）[197]负责对出口咖啡的品质进行分级，这些咖啡越来越多地出口到美国。

咖啡利润随时间波动，取决于产量和世界行情。1934 年至 1945 年，利润持续下跌，随后再次上涨，直至 1958 年。不同地区的利润差别很大（东部地区最为不利）。大部分收入流向了农民之外的其他人手里：国家是主要的受益者，这仅仅是因为农民收入中至少有一半用于缴纳人头税；成群的商人控制着收成的销售，其中有亚洲人和希腊人，也有当地人，[198]在一个缺乏货币流通经验的社会里，他们惯于欺骗和签订不平等合同；一些酋长也发了财，如前面提到的巴兰扬卡，他被认为是与欧洲人齐名的咖啡大王。[199]但比利时人造成的局面与布哈亚的咖啡或布干达的棉花的情况有明显不同，与英属黄金海岸（Gold Coast britannique）的可可的情况更不同。这种经济作物产量快速增加的驱动力不是利润，而是强制、税收、恐吓和体罚，"鞭刑"（chicotte）至少一直沿用到 20 世纪 40

年代。1931 年埃德蒙·勒普莱写道：

> 我们应该相信土著吗？我们的好话和好意不能代替我们的存在。我们的目标是使咖啡成为一种大众作物……只有当土著明白，意愿不存在的地方，法律义务将占上风，我们倡导的约束才会取得成果。[200]

然而，多年来，咖啡构成了第四种收成（补充了两个耕种季和排干的沼泽地的收成），对购买棉织品或建造瓦楞铁皮房屋非常有用。但这一转折点直到 20 世纪 50 年代才真正到来。在此之前，年轻人找到了另一种赚取宝贵现金的方式：季节性重复或长期移民到较富裕的邻近殖民地，特别是乌干达，正如他们常说的那样，他们去那里"买先令"。[201]这种现象持续了 40 年：20 世纪 20 年代开始，他们利用已知的商贩路线向东出发；1928 年至 1929 年的饥荒之后，这种现象愈演愈烈，在 1933 年至 1950 年达到顶峰，每年约有 10 万人次进入乌干达境内。20 世纪 50 年代，移民现象趋于稳定，并很快随着独立国家在边境实行的新限制而停止。许多人最终在流离之地定居。1959 年，在乌干达的移民约有 50 万人（其中 70% 是卢旺达人），特别是在布干达，那里的移民数量占乌干达南半部人口的 1/4 以上。[202]坦噶尼喀有 16 万移民，特别是在沿海的剑麻种植园，这个国家的绰号是"数字之地"（Manamba，因为移民在那里是被编号的）。刚果也有数万移民，他们要么在加丹加的矿井中，要么作为 1937 年组建的讲卢旺达语的人移民团（Mission

244

d'immigration des Banyarwanda）的一部分在基伍地区北部的种植园里。

在大多数情况下，人口是在农村流动的：农民自发离开，为其他农民，即干达棉花种植者干活，是他们的农业工人。这种离开最初被认为是暂时的，在隆迪语中是 kurobera，即"消失一段时间"。但经过几次（可达 10 次）的逗留，他们中许多人选择了远居他乡[203]，并从家乡带去一个妻子。起初，他们形成了名副其实的农村无产阶级，但有些人像其他干达农民一样成为佃户。回乡的人带回来新品种的香蕉，但最重要的是带回来成箱的衣服（棉布缠腰布、裤子和衬衫），在 20 世纪 50 年代还带回来收音机。正如当时的歌曲中唱的那样，他们"潇洒地回来了"，"像个小酋长"，他们的脑海中充满了比卢旺达或布隆迪山丘上的悲惨秩序下的更美好的画面：他们看到的乡村到处是坚固的房屋、繁忙的道路、衣着整齐的人群、一种不同的自由气息，总之，他们看到了现代化和新个人主义的体现，而这正是传教士们所担心的，因为在 20 世纪三四十年代，他们痛心地发现，教区至少有一半的年轻人离开后跑到英国人那里去了。

他们离开的原因显而易见。除了寻求财富这样的个人原因外，年轻人离开也为了逃避制度的束缚，尤其是徭役。在 20 世纪 30 年代，每个成年男子[204]每年的徭役时间几乎达到两个月。最重要的是，任何抗拒或迟到的人都会遭到鞭打。卢安达-乌隆迪的"习俗"服务直到 1935 年至 1938 年才以税收赎回，1949 年才以劳作赎回，被称为"普遍利益"的服务于白人的徭役一直持续到 20 世

50 年代，鞭刑则一直持续到 1951 年。从这个角度来看，卢安达－乌隆迪比英国保护地落后了 10 年到 30 年。[205] 但这些年轻人更多是为了追求金钱，以支付家庭税款、解决嫁妆和购买现代商品。有两点值得注意：最受影响的是东部地区，那里最缺乏赚钱的可能性；20 世纪 50 年代，移民运动放缓，当时其他资源（特别是咖啡）得到开发；当局的辅助人员、酋长和传教会没有受到影响。最后，需要指出的是，与英国人类学家奥德丽·理查兹（Audrey Richards）在 1956 年听信的比利时当局解释的情况相反，这场运动涉及的出身卑微的胡图人和图西人的比例相当。[206]

随着这股经济移民潮的到来，从东到西的古老的土地蚕食的趋势在一定程度上受到殖民边界阻碍，因寻求金钱逆转向东。当代政治又反过来阻碍这种社会喘息并将导致一种从未有过的流动形式，即"族群"冲突造成的难民流动。

社会的种族印记：胡图人与图西人的对决

我们看到，大湖地区定居历史悠久，经济和社会结构复杂，这或许可以解释大湖地区"农民"和"牧民"之间的文化差异。我们同样注意到君主政治演变的重要性，特别是 18 世纪后在该地区的西部，尤其是卢旺达和安科莱，图西人和希马人贵族阶层的固化导致了一种"牧民"身份优越感的发展，这种身份与旧氏族的划分重叠，而氏族划分在很长一段时间内更具决定性。在 19 世纪至 20 世纪，即自从与欧洲人首次接触并且欧洲人逐渐控制该地区的社会以来，卢旺达和布隆迪的图西人－胡图人对立实际上已占首要地位，并在精神层面至关重要。因此，从这个角度思考殖民地时期发生的一切并不等于否认这一对立的古老性，而是要回答为什么人们对此种对立如此着迷，以至于它掩盖了所有其他问题，并几乎成为20世纪末西方媒体所了解的该地区的唯一方面，正如我们在前言中所指出的那样。[207]

　　区分"含米特－闪米特"或"尼罗－含米特"和"班图黑人"的种族标签，从殖民征服一开始就存在。[208]鉴于法国和德国的文献学家和民族学家在20世纪中叶建立的倒置的"含米特"模式，这一标签甚至在征服之前就已经存在。在这一模式下，"含的诅咒"的受害者黑人让位于被归类为优等人种的其他非洲人，即亚洲文明入侵的产物。[209]正如上面谈到的塞利格曼的著作所展示的，非洲研究中的种族学长久以来一直被打上这种陈词滥调的烙印，半生物、半审美地将两种理想类型对立起来：高大、苗条的图西人与小个子、厚鼻大唇的胡图人，后者是"典型的黑人"。[210]我们已经看到20世纪50年代官方对人体测量的改进。总的来说，殖民者的偏见明确地反映在传教士的著作中，殖民者一直把图西人说成是"欧洲黑人"，"带有一些雅利安人和闪米特人的特征"。[211]但殖民地人民，至少是第一代接受学校教育的人，也被我们所说的"科学族群主义"说服。第二次世界大战结束后的1948年，阿斯特里达学院的校友杂志《服务》（*Servir*）不是发表了该学院一名教师的令人难以置信的言论吗？文章写道：

> 高加索人种的含米特人、闪米特人和印欧人最初与黑人没有任何共同之处……尤其是在卢安达－乌隆迪，东含米特人给出了标准。从体格上来看，这些人种非常优秀：尽管与黑人的长期接触不可避免地导致了杂交，但在图西人中，高加索人种的优势仍然非常明显……他们身材高大——很少低于 1.8 米……五官精致，表情聪慧，这一切都使他们配得上探险家赋予他们的"贵族黑人"的称号。[212]

很难想象这段戈比诺式的言辞会给该校的胡图毕业生留下怎样的印象！我们可以看到，种族模式与心理特征相辅相成，形成了所谓的"传教士性格学"[213]："非洲的犹太人"面对"正直、沉着的黑人"；"冷漠的班图人"遭到"大胆"的"白人的渗透"；"高加索类型"的"黝黑的牧民"[214]与胡图人对峙，胡图人是"最常见的黑人类型，他们头颅短，下颌前突，有农艺品位和技能，善于交际，爱开玩笑，使用黏着语"；"骄傲的牧羊人""征服"了"厚嘴唇、鼻子扁平，却如此善良、淳朴、忠诚"的黑人。总之，就像东方的领主们面对巴纳尼亚（Banania）① 黑人。[215]

我们还看到，自斯皮克以来，历史重构通过将传说中的英雄（乌干达的契韦齐统治者、卢旺达的吉汉加和基格瓦、布隆迪的恩塔雷等）转变为"含米特人"大入侵的旗帜性人物，将该地区变

---

① 1912 年创立的法国食品公司，主营产品为可可味饮料，品牌标志为第一次世界大战期间为法国作战的非洲士兵头像。——译注

成了第二个埃塞俄比亚。用一个英国雅利安神话评论家的幽默形象
来说，就好像我们拥有这些征服者的指挥总部的档案似的。[216]我们
知道，根据不断被重提的盖拉人征服的假设，为了上溯到尼罗河源
头，整个埃塞俄比亚和法老时代的埃及都被提及：对帕热斯神父来
说，含米特人是在逃亡中忘记了自己宗教的一性论派基督徒；对里
克曼斯总督来说，图西人让人想起拉美西斯二世或塞索斯特里
斯；[217]院落内的人文景观像被置于阿比西尼亚时代，白色棉布裹身
衣服被推广，贵族女性则按照法老时尚，推行纳芙蒂蒂王后
（Néfertiti）的层叠发型。需要对神父和修女在新传统服饰文明中的
作用进行全面的研究。

最后，这次原始征服被认为建立了"封建制度"，图西人是领
主，胡图人则是农奴。我们已经看到应该如何看待这种对中世纪欧
洲想象的还原。根据人类学家雅克-热罗姆·马凯 1954 年的权威结
论，这种比较的核心是著名的"牧区农奴制"契约，即乌布哈克或
布加比雷，它是"不平等的前提"的基石。事实上，这种比较更多
涉及个人关系而非领地制度，更多涉及政治而非社会，归根结底，
它坚持图西人征服的假说，以与沃尔特·斯科特（Walter Scott）所
评论的发生于英格兰的诺曼征服进行某种类比作为解释的根据。在
乌干达，约翰斯顿专员采用了这种类比。在卢旺达和布隆迪，正如
我们已经指出的，传教士更容易想到的是法兰克人（克洛维的受
洗）：这让人想起 19 世纪法国史编纂学界中奥古斯丁·蒂埃里
（Augustin Thierry）等人的著名框架，根据这一框架，法兰克人和
高卢人之间古老的、近乎种族的冲突解释了直到 1789 年的法国的

248

整个社会历史。将封建主义投射到非洲，实际上参考的是在 18 世纪由布兰维利耶（Boulainvilliers）提出的"封建主义"的第一个定义："一种政治制度，在这种制度中，君主制被贵族，即法兰克征服者的后裔所控制。"[218]

然而，正如我们所看到的，"间接管理"政策在于"重建"权力金字塔，将大部分责任留给地方领导人（由行政部门控制），牺牲原来国王的权威。这个受监督的贵族阶层是根据其良好品行挑选出来的，以确保清除劣等"种族"分子。布隆迪的皮埃尔·里克曼斯与卢旺达的莱昂·克莱斯的想法如出一辙：

> 图西人注定是统治者，他们仪表堂堂，在周围的劣等种族中脱颖而出……忠厚的胡图人没那么聪明，他们简单、憨直并更轻信，那么他们任凭自己被奴役也就不足为奇了。[219]

事实上，图西人与"酋长"（广义上）之间被画了等号，以至于我们看不到居住在山丘上的普通图西人（至少占 90%）。1916 年，克拉斯神父向比利时新当局解释说，卢旺达的图西人不超过 2 万人，直到 20 世纪 50 年代，观察者们仍确信他们只占总人口的 5% 左右。直到 1956 年的一次人口普查人们才发现，根据地区不同，他们的人口比例在 13% 与 18% 之间，[220] 而且他们不仅仅是有特权的"有闲阶层"。[221] 但混淆已经造成：殖民式的封建化伴随着社会的种族化。布隆迪的甘瓦王公贵族被等同于图西人，"甘瓦"一词的含义被试图简化为"酋长"。相对应的是，在这两个国家中，贵族的地位几乎扩展到了整个"种族"，即独立后的图西人。

　　学校是重新表述图西人和胡图人对立的主要途径。直到独立前夕，教育实际上仍局限于初等教育。众所周知，比利时政权不**250**　愿"过早"地培养精英。为数不多的中学（在 20 世纪 50 年代末建立几所中学之前）是卢旺达的尼亚基班达神学院（Séminaire Nyakibanda）和布隆迪的穆格拉神学院（Séminaire de Mugera），以及 1932 年在阿斯特里达建立的学院，该学院由根特慈善兄弟会（Les Frères de la Charité de Gand）管理，旨在为整个委任统治地培训辅助人员（医护人员、兽医、农艺师和行政助理）。这所学校的招生统计数字所反映的东西不言自明：直到 1958 年，卢旺达的图西学生人数一直是胡图学生的三到四倍，从 1948 年起，布隆迪也是如此。[222]卢旺达树立了歧视的"标杆"，因为自 1928 年以来，卢旺达的小学一直是在种族隔离的基础上组织的："图西人的学校必须优于胡图人的学校"，课程不同，校舍分开，克拉斯主教在 1924年至 1925 年一直坚持这样做。[223]

　　因此，独立前夕卢旺达和布隆迪的"社会"问题与其说是农业问题，不如说是精英问题。那些被克洛迪娜·维达尔等人多少有点讽刺地称为"第四族群"的人，[224]自 20 世纪 50 年代以来一直处于潜在诉求的前沿，因为他们同样位于挫折的核心地带。一般来说，他们是受过教育的小资产阶级、被个人主义和进取精神征服的年轻人，以及被非农业职业所吸引的农村居民。这个多面的世界在教士-官僚体制的监督下窒息了，这种监督的新封建主义色彩正是比利时管理体制的特点。相较于那些教理讲授者、教师、建筑工、商人、手工业者和富有新的经验的移民，民政和宗教当局更喜欢理想的农民，他们顺从并依恋自己的土地，参加徭役和弥撒；当局最喜欢的是出身好的贵族，他们对同胞独断专行，对白人唯命是从。[225]现代化的目标针对的是经济，而不是社会。早在 1920 年，弗兰克部长就重申了这一殖民主义的"金科玉律"：

> 在黑人中只能推动经济发展……而不是以平等的借口触动政治制度的基础。[226]

251

至于受过教育的精英，我们已经看到，他们被要求表现出谦虚和克制。教会发展了"开化人"圈子、天主教行动小组和报纸，以确保对这些受过教育的基督徒进行后续跟踪。[227]

但因为这是在非洲，这种社会"秩序"基本上被视为一种"部落"秩序：非洲人的通常身份是"土著"，由"民族学国家"管理，关注"传统"习俗和划分。[228]卡梅伦总督对坦噶尼喀的看法几乎没有什么不同。[229]这种秩序离极权制度还远吗？汉娜·阿伦特（Hanna Arendt）认为欧洲法西斯主义受到其殖民经验影响，[230]难道不是这样吗？无论如何，克拉斯主教等当局的顽念之一是应对共产主义在非洲的所谓威胁，[231]20 世纪 50 年代这一"危险"尤其被重提。

这种"道德"框架与种族主义社会观有内在联系，对在殖民统治下出生并或多或少在学校接受过教育的新一代人来说是一种挑战。他们可以团结起来反对这种令人窒息的社会-种族秩序。一些事件暗示了这种可能性，如1951—1952年在尼亚基班达神学院发生的不服从运动，学生们"以讲卢旺达语的人的身份联合起来反对传教士"。[232]但在卢旺达，图西知识分子因明显靠近权力而自命不凡，而受到欧洲导师鼓励的胡图知识分子感到沮丧，这加剧了"族群"分歧。20世纪50年代的这一转折点具有决定性意义：精英小圈子能否应对真正现代化的挑战？卢安达-乌隆迪30年来无处不在的族群崇拜是否可能被摒弃？总之，这些国家发现自己陷入了根据所谓的殖民科学规定的亘古不变的东西重塑的传统。

252

社会-种族秩序在德国人的统治下已经成为布景的一部分，而在比利时人的统治下占据了舞台。与英国势力范围内的邻国的比较引人深思，对"含米特"的痴迷在那里被边缘化无疑可以用更强的开放性来解释：接触的多样性、地区经验的多样性、宗教教派的平衡、更加密切的交流、斯瓦希里文化受到的尊重、德国占领时期遗留下来的结构性更强的遗产，这些都助长了两代受过教育的人之间的对抗。年轻人，特别是知识分子对更广阔的世界更加开放，在20世纪50年代就成为通往伦敦大学的门户的马凯雷雷学院，与阿斯特里达的寄宿学校之间似乎差着光年的距离。

基伍地区的社会与刚果模式

对殖民政权所带来的变化的概述将以对基伍地区的考察告终。基伍地区是19世纪末存在于同名湖泊以西的公国的集合体。

20 世纪初，富里鲁人、希人和哈武人的 11 个小王国聚集在利奥波德的刚果，[233] 在 1908 年成为比利时的领土：它们先属于东方省（Province Orientale），然后属于科斯特曼斯维尔省（Province de Costermansville）或 1933 年成立的基伍省。因此，该地区与东部的商业和文化伙伴隔绝，处于一个新政治范围的边缘，该政治范围的界限远至大西洋，并使该地区与附近的大森林相连。

第一次世界大战前，比利时的经验[234]可总结为对地方势力进行军事统治和在德国殖民地边境部署军队。1910 年至 1916 年，大多数君主都不得不屈服，但森林附近的布尔欣伊和卢温加，以及南部的卡齐巴，直到 1934 年还有抵抗。1920 年后，弗兰克部长开始实施将几个"酋长领地"组成"区域"的战略。"统一"布希的尝试在 1927 年至 1930 年有利于卡巴雷的国王鲁格曼宁齐（Rugemaninzi），在 1937 年至 1944 年则有利于恩格维舍的国王。同样，1921 年，伊吉维岛在卡莱亥（Kalehe）受哈武陆地统治者管辖，但该岛直到 1929 年都需要军事占领，不稳定局势一直持续到 20 世纪 40 年代。

最后，行政当局决定让每个前公国进行自主管理。政治上的四分五裂，加上地方宗教当局（即"巴金吉"）的影响和不利的自然条件（多为陡峭的地势），不仅没有促进外国控制的建立，反而有利于抵抗。总之，自 19 世纪 80 年代以来，该地区民众的外部经历都是灾难性的：桑给巴尔的贩奴者、警察部队中的叛变者或冲突中的欧洲人，以及常见的抢劫和暴力事件，最后是比利时殖民政权，我们在此不赘述。从 20 世纪初开始，白衣神父传教会以及挪威自由传教会（Mission libre norvégienne）的新教徒也来到该

253

地区。[235]

从 1928 年起，白人定居者在基伍全国委员会（Comité national du Kivu）的支持下占据了这片土地。[236]这是大湖地区唯一像肯尼亚一样建立"白人高地"的例子。20 世纪 50 年代，基伍地区被描述为欧洲人的天堂，一些人甚至将其视为躲避有可能成为热战的冷战的避难所。我们已经看到，20 世纪 30 年代，成千上万的卢旺达移民就已在基伍湖西北部定居。[237]在苦役、强制耕种、鞭刑、1914 年设立的现金税、20 世纪 40 年代重组村庄的尝试、大规模土地剥夺，以及咖啡树和金鸡纳树种植园中或多或少的强迫劳动等因素的夹击下，当地居民和当局都想退出。鲁格曼宁齐国王的传记很能说明问题：他是名慕道者，受到传教士的赏识，1926 年掌权时举止非常西化，1932 年至 1933 年，他反对虐待其臣民的殖民定居者，1936 年被废黜。之后，他在金沙萨当司机，最终于 1959 年返回家乡。现代性和反抗殖民并不相互排斥，这也许可以解释殖民主义思想家对"背井离乡者"的敌意。[238]同样，恩格维舍的国王马封德韦（Mafundwe，1922—1937 年在位）被描述为白衣神父们的朋友，他把自己的儿子送到他们的学校，但他也是种植园工人罢工的发起者，而哈武当局则在"间接管理"的背景下，在抵抗与懈怠之间徘徊。从反对卢旺达君主制到一个世纪后反对蒙博托（Mobutu）政权，基伍地区显示出对外国统治的持久抵抗。

第五章

恢复独立与种族灭绝的顽念

除坦桑尼亚外，获得独立或者恢复独立，对这些国家来说都意味着进入一个前所未有的暴力时期。这些撕裂远没有被弥合，并有可能导致国家的内乱。这些国家的边界在得到非洲统一组织（Organisation de l'unité africaine）的确认之前是由殖民政权协商确定的，但在这片大陆上罕见的是，这些国家取代了以前代表真正国家权力的政治空间，就像 19 世纪初的欧洲所经历的一样。我们还知道殖民化保留了结构，却扼杀了活力，并将整个历史凝固在带有强烈种族偏见的实用民族学中。这就是 20 世纪下半叶的精英们在将各自的国家命运掌握在手中时发现的有毒的"圣杯"。

乌干达：一个共和国及其王国

第二次世界大战结束后，布干达爆发了一场抗议运动，人们既表达了对亚洲人垄断棉花和咖啡加工的不满，也表达了对与殖民者结盟的寡头半个世纪以来独揽政治大权的政治不安。1945 年和1949 年暴力事件中最著名的领导人伊格内修斯·穆萨齐（Ignatius Musazi）既是一直活跃的巴塔卡党的代言人，也是乌干达农民联盟

（Uganda Farmer's Union）的代言人。镇压结束后，这些群体受印度模式的启发，于 1952 年成立了第一个以整个保护国为目标的民族主义政党——乌干达国民大会党（Uganda National Congress）。

　　这似乎是一个觉醒的好时机。[1]对殖民管理和殖民人类学都有启发作用的间接统治的哲学思想已经失去作用。战争及其后果使英国对非洲的设想与一个世纪前在加拿大的经验如出一辙，即在自治（self government）模式的基础上逐步解放。在远东地区对日军事行动的受挫以及美国的干预敲响了英帝国主义的丧钟：1947 年，印度获得独立。殖民地"新政"（New Deal）的想法最初是由工党政治家，特别是费边社（Fabian Society）的支持者提出的，其中一位领导人在 1946 年成为殖民地事务大臣。但保守党在 1952 年重新掌权后并没有阻止事态的加速发展：肯尼亚的茅茅运动（Mau Mau Rebellion）①、苏伊士运河危机、加纳独立，以及 1960 年哈罗德·麦克米伦（Harold MacMillan）对"变革之风"的支持。在这种情况下，乌干达凭借其经济活力、现代化和精英，似乎正在成为第一批黑人自治领之一。

　　正是保护国的异质性，包括其政治结构的异质性，尤其是布干达的特殊地位，导致了这一进程脱轨。布干达的领导人是伦敦的特权伙伴，认为自己的国家有权单独独立，或者自己对全体乌干达人

----

　　① 茅茅运动发生在英国殖民统治时期，是 1952 年至 1960 年在肯尼亚发生的军事冲突。举事的反殖民主义团体被称为"茅茅"，起义没有得到广泛支持，还遭到英军强力镇压。1956 年 10 月 21 日，起义首领德丹·基马蒂（Dedan Kimathi）被捕，标志着起义最终失败。——译注

民的控制权应该得到承认。不应忘记的是，1959 年，仅这个王国的生产总值就占乌干达国内生产总值的 52%，并且以占总人口 16% 的比例给这个国家提供了 54% 的中学生和大多数马凯雷雷的学生。如果说妥协使独立成为可能，那是因为"部落"分裂（如果干达人可以被认为生活在部落中的话）与宗教分裂交叉，特别是与分裂了干达社会本身的天主教徒和新教徒之间的教派对立交叉。 257

在于 1953 年开始的危机中，英国人将布干达君主制置于政治辩论的中心。新任总督安德鲁·科恩（Andrew Cohen）开始推行代议制，在保护国立法委员会（Legislative Council, Legco）中引入非洲代表，并预期选举布干达的"卢基科"议会。与此同时，伦敦重新开始讨论将整个东非组织成一个更紧密的联盟（closer union）。国王穆特萨二世在其信奉传统主义的随从的逼迫下，要求得到一些保证，首先是他的王国应由外交部，而不再由殖民部管理。他拒绝继续配合科恩总督完成计划，科恩总督立即将他驱逐到英国。舆论支持这位被废黜的君主，布干达之外的舆论也是如此。伊格内修斯·穆萨齐逃到了苏丹，他的乌干达国民大会党支持国王。最后，殖民当局不得不让步：新签署的《布干达协议》（Buganda agreement）纳入了部分改革计划，这意味着穆特萨成功了。1955 年 10 月，穆特萨凯旋，回到坎帕拉。

但布干达的统治阶层没能持久地保持这一政治上的胜利。英国圣公会的保守势力比以往任何时候都更固守自己的特权，错失了双重机会：他们既没有站在民族斗争的前线，团结几乎所有乌干达人，也没有以民主方式重新平衡国家政治，特别是通过整合占人口大多数的天主教徒。相反，国王周围的人没有从危机中吸取任何教训，但也什么都没有忘记。他们滋养了当地民族主义激情，幻想这样就能阻止国内反对派卷土重来。这种宗派主义表现在新"首相"的人选上：极端的新教领袖迈克尔·金图（Michael Kintu）比20世纪初天主教领袖的孙子马塔约·穆格万亚（Matayo Mugwanya）更受青睐。穆格万亚甚至未能在扩大立法委员会中占据本应属于他的席位。这种态度导致了乌干达政界决定性的分裂。1956年，在德国基督教民主党（Démocratie chrétienne allemande）的支持下，乌干达成立了一个天主教政党——民主党（Democratic Party，DP），[2]相继由穆格万亚和贝内迪克托·基瓦努卡（Benedicto Kiwanuka）领导。此外，布干达对联邦机构和国家政党的原则性敌视态度导致了议会解体。1958年北部尼罗河流域的兰戈（Lango）的立法委员会代表米尔顿·奥博特（Milton Obote）在议会中提出如下抗议：

> 如果［殖民］政府寻求在统一的基础上发展这个国家，它到底是如何同时发展国中之国的呢？[3]

1959年，米尔顿·奥博特成立了乌干达人民大会党（Uganda People's Congress，UPC），其重心在布干达之外。

乌干达于1961年获得自治权，于1962年获得独立，这发生在出尔反尔的气氛中，往往是日后戏剧性事件的荒谬的前奏。门戈政府（王宫所在地）不仅拒绝参加制宪委员会，还抵制1961年大选，破坏选民登记。只有3%至4%的选民不顾当地保王派机构的恐吓参加了大选。由于参加选举的人大多是民主党的支持者，该党赢得了 21 个席位中的 19 个，在新的立法机构中共获得 43 个席位，而在全国获得多数选票的乌干达人民大会党只获得 35 个席位。因此，乌干达自治政府的总理是干达天主教徒贝内迪克托·基瓦努卡。

门戈的新教势力对这一结果感到极其震惊，尽管这是其自身阴谋的产物。于是他们的态度大转弯：与乌干达人民大会党进行谈判，以将天主教徒赶下台。双方在一个惊人的交易基础上结成联盟：布干达同意加入联邦进程以向独立过渡，但保留通过间接投票向国民议会派遣民选代表的权利。[4]1962 年 3 月的伦敦会议（London Conference）批准了宪法草案。根据该草案，乌干达国家将包括五个联邦王国，而唯一真正自治的王国是布干达，其君主将于 1963 年成为首任联邦总统。在此期间，民主党在布干达几乎被取缔，一个官方政党成立，该党的名称概括了其纲领：卡巴卡耶卡党（Kabaka Yekka，KY），即"国王高于一切"。在 1962 年 4 月的大选中，卡巴卡耶卡党赢得了布干达 68 个席位中的 65 个，而在整个乌干达，乌干达人民大会党赢得了多数席位：1962 年 10 月 9 日乌干达因此宣布独立，米尔顿·奥博特出任总理。

事实上，各地的政治辩论都是基于地区问题和教派之争。在布尼奥罗，乌干达人民大会党因"失去的郡"问题引发的反干达人的怨恨而占据主导地位。国王温义·蒂托在穆本德-布尼奥罗委员会（Mubende Bunyoro Committee）的支持下，于 20 世纪四五十年代发起了一系列请愿活动。英国人曾建议布干达将拥有王室圣地的部分领土归还给布尼奥罗，[5]但干达人的答复是只有洪水才能将它们冲出

259

自己的国家。直到 1965 年，在奥博特政府执政期间，经过全民公决，问题才最终以有利于布尼奥罗的方式得到解决，尽管穆特萨拒绝签字。

　　另一个典型例子是安科莱，乌干达人民大会党在那里依靠新教徒和大多数伊鲁人。作为回应，希马人，甚至是其中的新教徒，与伊鲁人中的天主教徒结盟，以让民主党获得多数席位。因此，在被殖民者征服半个世纪后，希马人-伊鲁人的竞争在政治舞台上扮演了重要角色。在殖民统治下，围绕希马君主制而形成的新封建主义导致了与卢旺达相似的局面，但有一个重大区别：宗教竞争的叠加使这个国家避免陷入与比利时势力范围内相同的种族主义倾向。尽管如此，直到 20 世纪 90 年代，我们仍会在乌干达政治中发现这种"社会-族群"的分裂。

　　因此，乌干达是在地区主义明显强烈于民族主义的气氛中实现独立的，[6]而且是在一个党的领导下完成的。在这个党的领导下，鉴于南方前王国的斗争，来自北方的尼罗特文化团体控制了政治，尤其是军事。这是覆盖了整个苏丹南部的另一个地缘文化世界对班图语国家统治的报复。1964 年，乌干达人民大会党赢得绝对多数席位，而且奥博特加强了对军队的控制，军队曾受到鄙视，大多数入伍士兵来自北方。1966 年 2 月，宪法被中止，奥博特被宣布为总统。5 月，国王官邸遭到袭击，穆特萨不得不流亡英国，并于 1969 年在英国去世，[7]王宫被改建为军营。其他王国的君主制也被废除。布干达进入紧急状态，直到 1971 年 1 月参谋长伊迪·阿明（Idi

Amin）发动政变。[8]阿明在 1971 年 4 月带回了国王的遗体，起初在干达人中享有一定的声望。

随后，乌干达进入了长达 15 年的混乱和极端暴力时期：1972 年 8 月印度人被驱逐；[9]激进的穆斯林、处决、[10]酷刑、屠杀、经济的崩溃，所有这一切伴随着与西方列强的共谋。[11]1979 年，坦桑尼亚的军事干预导致阿明政权垮台，坦桑尼亚总统朱利叶斯·尼雷尔视"社会主义者"奥博特为朋友，但这并没有带来任何改善。两个干达人，教授优素福·卢莱（Yusufu Lule）和政治家戈弗雷·比奈萨（Godfrey Binaisa）先后被任命为临时政府首脑。奥博特从坦桑尼亚回国后操纵并赢得了 1980 年 12 月的选举。[12]

这个国家陷入了长达 5 年的内战：仍由尼罗特人控制的军队与约韦里·穆塞韦尼（Yoweri Museveni）领导的游击队对峙。穆塞韦尼祖籍安科莱（来自前姆波罗罗的希马小世系），长期以来一直是在坦桑尼亚的政治难民、反帝国主义者和莫桑比克解放阵线党（Frelimo）[13]的支持者。1979 年，他成为国防部长，后被奥博特赶下台。1981 年，他与卢莱联合创建了全国抵抗运动（National Resistance Mouvement, NRM），从而建立了干达人和西部人民的神圣联盟——所有这些人都讲班图语，以对抗新的支持北方的独裁统治。全国抵抗运动在该国南部〔特别是坎帕拉以北的卢韦罗（Luwero）地区〕进行了血腥报复，约 10 万人遇害。1985 年 7 月，暴行达到了顶峰，两名来自阿乔利族（尼罗特人）的将军——奥凯洛兄弟（brothers Okello）[14]在民主党的基督教民主派令人震惊的支持下，用一个军事委员会取代了奥博特。然而直到垮台之前，该政

权实际上得到了以国际货币基金组织和世界银行的专家为首的国际
社会的认可，这些专家在某种程度上成了曾经授予在位君主神圣地
位的占卜者和神灵授意者的继承者。[15]

这场内战给该地区的未来留下了决定性的痕迹。首先，它以其
造成的所有恐怖经历揭示了"部落主义"可能走向极端，即使是在
一个号称"现代化"的国家。卢韦罗成堆的头骨是卢旺达万人坑的
预兆。[16]在未来很长一段时间内，多党制在乌干达失去信誉，因为它
只不过是地区对立的一个工具，而这个国家的精英们本应做得更
好。1986年全国抵抗军（National Resistance Army，NRA）[17]接管坎
帕拉后，穆塞韦尼总统建立的新政权将言论自由、经济自由主义和
强有力的中央政府结合在一起。"无党派民主"并不排除基层选出
的"抵抗委员会"的存在，也不排除全国抵抗运动候选人与旧政
党——乌干达人民大会党和民主党——候选人共同参加的大选。经
过在全国范围内的广泛酝酿，1995年通过的新宪法并不是以仪式性
地援引《人权宣言》开始的，而是以提及该国的可怕经历为开端，
并以非常务实的方式承认了"文化领袖"的道德权威。事实上，
1993年，随着国王穆特比·罗纳德（Mutebi Ronald）的王室成员重
返布干达，君主制复辟已经开始。古老的仪式和遗址得以恢复。[18]随
后，其他前王国，甚至没有君主制传统的地区也卷入了"复辟
热"，尽管民众起初并不情愿。在西部，人们又在恩图西遗址祭拜
古代契韦齐英雄，官方人士也出席祭拜活动。[19]穆塞韦尼总统将严
谨治国与尊重差异巧妙地结合在一起，这也是他能在1996年的总

统选举中击败民主党领导人保罗·塞莫盖雷雷（Paul Ssemogerere，乌干达人民大会党的盟友）的原因，甚至在布干达的天主教的势力范围内也是如此，那里许多记者所热衷的族群（和宗教）逻辑本应保证保罗·塞莫盖雷雷的成功。[20]

此外，乌干达内战还产生了地区性影响，为 20 世纪 90 年代的全面战火埋下了种子。最终，穆塞韦尼在违背所有邻国意愿的情况下获胜：肯尼亚和扎伊尔的领导人 [丹尼尔·阿拉普·莫伊（Daniel Arap Moi）和蒙博托元帅] 惧怕他；他惹恼了坦桑尼亚总统尼雷尔，尼雷尔的门徒奥博特名誉扫地；他令哈比亚利马纳担忧，哈比亚利马纳是乌干达新领导人所厌恶的族群主义的象征。此外，受北方大邻国危机影响最直接的是卢旺达。20 世纪 80 年代，乌干达约有 30 万卢旺达难民。[21]但是，奥博特政权在全国抵抗军游击队的挑战下，选择将图西人作为替罪羊，将他们与基盖济的尼亚卢旺达土著以及穆塞韦尼的“兄弟”，即安科莱的希马人混为一谈。警察被以部长鲁瓦卡西西（Rwakasisi）为首的安科莱伊鲁政客黑手党 [即所谓的布谢尼（Bushenyi）集团] 掌控，总是掠夺这些弱势人口的牲畜。1982 年 12 月，乌干达人民大会党民兵袭击了难民营，迫使 45 万人逃亡，他们大多逃往卢旺达，在边境的难民营中饱受煎熬。就在那时，卢旺达流亡青年集体加入了全国抵抗军，到 1986 年，他们约占全国抵抗军成员总数的 20%。[22]他们在 1990 年成为卢旺达爱国阵线（Front patriotique rwandais，FPR）的武装力量之前，积极参与了攻占坎帕拉的行动。

卢旺达：一场特殊的"社会革命"

263 正如我们看到的，在 20 世纪 50 年代的第一批现代卢旺达精英中，与胡图人和图西人分裂有关的偏见和争端产生了严重影响。然而，卢旺达社会作为一个整体呈现出更多的细微差异。当时进行的一项关于普通农村家庭收入的调查显示，胡图人和图西人的平均收入几乎相同。[23]事实上，受族群偏见影响的是少数受教育的人，尤其是那些从阿斯特里达学院或神学院毕业的人。面对图西精英，胡图人在神职人员和传统领袖团体的支持下，形成了由教师、神父、教理讲授者、医疗辅助人员和农学家组成的反精英群体，他们的影响力可以通过手工业者、商人和货车司机传播：一些人可以使用油印机，另一些人可以使用交通工具，这些都将被证明是有用的。这群人从农村群众中脱颖而出，只有几千人，但他们作为"文化中介"的作用将被证明是决定性的。

直到 20 世纪 50 年代中期，卢旺达的政治局势似乎一直被传统的保守主义所主导。互惠关系和邻里关系继续保持着古代社会特有的互利和等级感的混合，[24]但北部和西部的边缘地区除外，那里的图西人经常以中央政权派来的外来人的身份出现。1952 年成立的习俗行政"委员会"的组成很能说明问题。副酋长委员会最初由副酋长自己挑选的选举团组成，于 1956 年通过全民投票选举产生，但图西人（当时约占总人口的 17%）占据了 33% 的席位；在更高层次上，间接选举产生的酋长委员会和国家高级委员会（Conseil

supérieur du pays，CSP）在当地政府的影响下对图西人更为有利。[25]
与此同时，穆塔拉国王的民族主义倾向也越来越明显，他与布干达
的同僚一样试图使政权深入人心，[26]于是在 1954 年废除了乌布哈克
制度，甚至在 1958 年废除了强制耕作制度。副总督让-保罗·阿鲁
瓦（Jean-Paul Harroy）随后不得不散发 30 万份传单，声称这一决
定是由比利时政府做出的，而实际上决定是由国家高级委员会做出
的。[27]1957 年 2 月，这个主要由大酋长组成的机构起草了一份"要
点"，呼吁加速解放卢旺达，实现非洲管理人员与欧洲管理人员的
平等。

胡图反精英群体很快就与贵族的这种民族主义倾向拉开了距
离，并强调"图西封建制"垮台这一先决条件，即使这意味着推迟
独立的期限。1957 年 3 月，来自神学院的 9 名胡图知识分子在白衣
神父的帮助下，散发了一份《关于土著种族问题的社会层面的说
明》，即《胡图人宣言》（Bahutu Manifesto）。他们在宣言中谴责
"图西人垄断"受教育机会和领导职位的做法。因此，该宣言把精
英平等晋升的要求与殖民地时期遗留下来的旧种族话语结合在一
起：所有图西人都被斥责为"含米特统治"的受益者，"混血"情
况必须由医生决定，并要求在身份证件上保留族群标记。族群主义
的矫枉过正很快显示出来：1958 年 5 月，尼安扎王宫的一群图西知
名人士发表了所谓的具有历史意义的文章，[28]他们否认与胡图人可能
存在任何兄弟关系，并将卢旺达国家的建立只归功于图西人。[29]

决定性的推动力来自天主教会。新一代传教士在基督教民主理
想的激励下，接受了胡图人的民粹主义。[30]弗拉芒人（Flamand）从

中看到了曾经与说法语的人的斗争。瑞士人安德烈·佩罗丹
（André Perraudin）从 1955 年起担任卡布加伊的新主教，他在卢旺
达发现了家乡瓦莱州（Valais）的农民反对锡永（Sion）资产阶级
的诉求。1950 年的庆典将带领国家走向基督的图西贵族与福音传播
的成功联系在一起，9 年之后，1959 年的四旬斋主教训谕明确表达
了教会方向的转变，它提请注意，"在我们的卢旺达……有几个特
征鲜明的种族"，并且"社会不平等在很大程度上与种族差异有
关"。胡图人中的前神学院学生将自己定义为"农村开化人"，并
因此受益于比利时基督教工人运动（Mouvement ouvrier chrétien
belge）和教区的支持，后者包括玛丽军团（Légion de Marie）、培
训协会、印刷厂、卡布加伊事务处（Économa de Kabgayi）的服务
机构、神父阿蒂尔·德热梅普（Arthur Dejemeppe）等人的建议。

胡图学生的领导人格雷瓜尔·卡伊班达（Grégoire Kayibanda）
的职业生涯值得一提：他是一名小学教师，与佩罗丹主教关系密
切，曾受邀参加在比利时举行的天主教职工青年会（Jeunesse
ouvrière chrétienne，JOC）的会议，1954 年成为向成千上万读者传播
"社会"信息的日报《基尼亚马特卡报》（Kinyamateka）[31]的主编，随
后成为 1956 年创建的天主教合作网络劳动、忠诚与进步合作社
（Trafipro）[32]的管理层成员。1957 年 6 月，卡伊班达成立了胡图社会
运动（Mouvement social muhutu，MSM），在政治上捍卫"平民百
姓"或"大众"（胡图人），反对"封建主义者"（图西人）的暴
行。1959 年 10 月，该组织更名为胡图解放运动党（Partie du
Mouvement de l'émancipation des Bahutu，Parmehutu）。1958 年，来自

南方的胡图商人约瑟夫·吉特拉·哈比亚利马纳（Joseph Gitera Habyarimana）[33]出于同样的目的创建了群众社会进步促进会（Association pour la promotion sociale de la masse, Aprosoma）。

这股热潮与20世纪50年代中期吹遍第三世界，尤其是吹遍非洲的独立之风同时出现。1959年1月，利奥波德维尔发生暴乱。没想到刚果30年内会独立的布鲁塞尔立即承认它自1960年6月起独立。1959年4月至5月，一个"工作组"在卢安达-乌隆迪进行调查。11月26日的宣言启动了卢旺达和布隆迪从刚果分离出来的内部自治进程，并宣布合并两个行政网络：酋长领地将成为领土实体，并被细分为市镇，市镇重新整合副酋长领地。12月临时机构成立，等待市镇和立法选举。1960年和1961年，急于确保卢旺达和布隆迪以民主方式实现独立的联合国与急于建立对其忠诚的自治机构的比利时展开了与时间的赛跑。比利时的政策是当场制定的，但在刚果（和加丹加）的事务占据重要地位的背景下，这一政策引起了托管地的殖民者和被殖民者的恐惧或希望。[34]

事实上，胡图活动者希望延后实施比利时的政策，因为在他们 266 看来，普选还不适合"准备尚不充分的群众"。1959年7月，穆塔拉国王意外身亡——这被认为是帝国主义在该地区犯下的一桩罪行，事态演变加速。随即，宫廷中最传统的一派在未与比利时人协商的情况下，让穆辛加的另一个儿子基盖里五世恩达欣杜瓦（Kigeri V Ndahindurwa）继位。8月，卢旺达民族联盟（Union nationale rwandaise, Unar）成立，要求卢旺达立即独立。然而，并非所有图西酋长都加入了联盟：次月，改革派分子成立了卢旺达民主联盟（Rassemblement démocratique rwandais, Rader），并与胡图政党结盟。族群对立因此尚未进入人们的意识。1959 年秋天，局势急转直下：一系列相互挑衅的行为导致该国北部和中部起义，起义实际上是由胡图解放运动党领导的：[35]成千上万间茅屋被烧毁，几百名图西人被杀害，北部实际上被"净化"了，然后胡图领导人在报复中被暗杀。比利时伞兵从刚果赶来，种族隔离制度的崇拜者，居伊·洛吉斯特（Guy Logiest）上校被任命为特别官员（résident spécial）。[36] 在军事政权的阴影下，国家被"去卢旺达民族联盟化"[37]，这一行动包括罢免一半的酋长和 500 名副酋长中的 300 名，代之以胡图酋长或镇长。在这种以武力提高族群意识的背景下，胡图解放运动党在 1960 年 6 月的市镇选举中获得了压倒性多数选票。一个由格雷瓜尔·卡伊班达主持的比利时-卢旺达自治政府成立。联合国听之任之。卡伊班达听从比利时社会-基督党（Parti social-chrétien）成员的建议，在洛吉斯特的支持下组织了一场政变：1961 年 1 月 28 日，在吉塔拉马（Gitarama）[38]，市镇代表宣布成立共和国。国王逃到了利奥波德维尔，1961 年 9 月的立法选举确认了政权更迭，[39]胡图解放运动党和卡伊班达获胜，甚至在 1962 年 7 月宣布独立之前卡伊班达就成为共和国总统。正如阿鲁瓦总督自己所说，这是一场"托管下的革命"或"辅助革命"的胜利。

267　　　　然而，胡图解放运动党的种族主义倾向是显而易见的。甚至卢旺达民主联盟和群众社会进步促进会都在 1960 年对其进行了谴责，但无济于事。该党声称要"把国家归还给它的主人"，并且如果图西人不满意就让他们"返回阿比西尼亚"：

　　卢旺达是胡图人（班图人）以及所有那些以摆脱封建-殖

民主义为目标的人的国家，无论是白人还是黑人、图西人、欧

洲人或其他血统的人。[40]

　　因此，在卢旺达引入民主（Demokarasi）[41]在欧洲左派和右派中

都受到高度赞扬，是非常特殊的。它被视为"平民百姓"或"多

数人"的力量，但同时也是"土著"（胡图人）对整体被视为外来

少数民族的占比17%的图西人的合法报复。[42]参与者们经常将其与

1789年的法国大革命相提并论，但那是没有8月4日夜晚的法国大

革命，因为卢旺达大革命非但没有废除"等级"（这里指氏族），

反而强化了等级，将"含米特人"视为二等公民，就好像法国第三

等级以为自己一直拥有"高卢"民众的身份，并决定把贵族后裔关

在"法兰克征服者"的少数群体聚居区里。[43]因此，20世纪30年代

的种族秩序得以维持，只是价值观的排列组合有利于多数人群体。

　　殖民者的宠儿图西人一夜之间变成了只在自己的国家里被容忍

的卢旺达人。此外，有将近15万人，即将近1/3的图西人不得不

逃往邻国。1964年和1973年，又有一批人加入了他们的行列，到

20世纪80年代末，图西难民大约有70万人，主要分布在布隆迪、

乌干达、扎伊尔和坦桑尼亚。[44]这些散居国外的人是第一批来自撒哈

拉沙漠以南非洲的难民，但他们的命运被掩盖了30年，仿佛他们

不过是基加利宣传中描述的"封建领主集团"。事实上，图西人成

了过去所有不堪记忆（包括殖民压迫）的替罪羊，这些记忆不断被

以报复的方式唤起。胡图政权稍遇到麻烦，留在家乡的图西人就会

被先验地视为嫌疑人，因此他们不得不听天由命。在一代人的时间里，地方当局对图西人犯下的任何罪行都会被视为"民众"怨恨的一种可以理解的、自发的表现，任何谋杀行为都不会受到惩罚。[45]因此，非殖民化在这里伴随着一个国家的撕裂。

1959 年至 1961 年的"社会革命"是开启此后 30 年的标志性事件。[46]1963 年圣诞节，比利时士兵在基加利南部阻止了数百名流亡在布隆迪的难民发起的袭击，这给了政权一个机会，使得因内部争斗而被削弱的胡图解放运动党重新团结起来，于 1964 年组织了对图西人的追捕，图西人被集体妖魔化：市长和省长以"人民自卫"和惊恐的胡图人的"集体愤怒"为名，在派往各省的部长的支持下，组织了大屠杀，造成 1 万多人死亡。就在那时，图西人被斥责为"第五纵队"，是到处渗透的"蟑螂"（inyenzi）。留在卢旺达的卢旺达民族联盟和卢旺达民主联盟的图西显要人物被处决，1966 年胡图解放运动党成为单一政党。伯特兰·罗素（Bertrand Russell）当时谴责这些屠杀是"自纳粹灭绝犹太人以来最可怕、最有组织的屠杀"，但当局在天主教会圣统制的庇佑下淡化了这些屠杀。今天，我们怎能不认为这就是 1994 年种族灭绝的先兆，因为我们知道，当时格雷瓜尔·卡伊班达威胁难民说，如果他们袭击基加利，他就会制造混乱，这将意味着"图西种族的彻底而快速的灭亡"。[47]

10 年后，又一次迫害发生。这场运动开始于中学、大学甚至某些教会领域。"救世委员会"（Comités de salut public）谴责学校和行政部门中"图西人过剩"，并制定了要驱逐的人员的名单，甚至包括医院和私营公司中的人员。被怀疑与图西人关系过于密切的胡图人被称为"杂种"或"族群交换者"。这场危机在该国中部导致数百人死亡。事实上,这场危机是在紧张的政治气氛中发生的:两个"地区主义"派系——"吉塔拉马集团"(总统所在省)和北方集团[鲁亨盖里(Ruhengeri)和吉塞尼]——竞争,同时卡伊班达是否开启新的 5 年任期未定。

有组织地唤醒族群主义激情可能是两个阵营的杰作。胡图解放运动党出版了一本教义,[48]其中称"图西人的统治是胡图人自创世以来所遭受的一切罪恶的根源,它就像一个白蚁丘,充满了人性中的一切残酷"。但参与这场运动的国家安全部队(Sûreté nationale)是由来自鲁亨盖里的军人亚历克西·卡尼亚伦圭(Alexis Kanyarengwe)领导的。在种族历史编纂学已被官方认可的令人窒息的氛围中,沉迷于职位竞争的精英们似乎除了诉诸"卢旺达意识形态"这一创始论调外别无出路。但是,像在 1959 年一样,族群主义的毒瘤仍然主要影响着社会上层。最终军队似乎提供了一个解决方案:1973 年 7 月,其领导人朱韦纳尔·哈比亚利马纳将军推翻了卡伊班达的统治。

通过这次政变建立的第二共和国将权力重心从中部转移到了北部,[49]"从恩杜加转移到了鲁基加(Rukiga)",或者更确切地说,从吉塔拉马转移到了吉塞尼,即新总统所在省。正如比利时法学家菲利普·雷因詹斯(Filip Reyntjens)所言,经过 5 年的军事过渡,权力"变得文明"了。[50]1978 年的宪法确立了总统制,由一个新的单一政党,即全国发展革命运动(Mouvement révolutionnaire national

pour le développement, MRND）来管理民众。在接下来的 15 年里，
卢旺达似乎是一个平安无事的国家，正如该党的名称缩写和国民议
会的名称[51]所示，"发展"是唯一的议程。

270　　　这种"农民秩序"依赖于三种支持：外国援助、天主教会和日
常的族群主义。在这片"千名合作者的土地"上，公共和私人援助
蜂拥而至，几乎每个市镇都有自己的"项目"，这片土地被视为
"农村综合发展"的典范。一个勤劳、讲诚信、有道德、正统、懂
得平衡的小国，这就是被孜孜不倦地传播的形象：

> 主要领导人的沉稳、他们的民主选择以及他们的政策中基
> 督教的承诺，给新卢旺达打上了深深的烙印。[52]

与殖民地时期一样，教会与国家携手合作。教会是与"外国友
人"，尤其是佛兰德（Flandre）和莱茵兰（Rhénanie）基督教民主
党（Parti démocrate chrétien, PDC）运动中的友人联系的重要纽带。
教区网络和周日弥撒是对党小组以及每周一次的"社区工作"
（umuganda）和"活动"（即宣传）的补充。除官方喉舌外，仅有
的新闻媒体是天主教的《基尼亚马特卡报》和 1968 年创刊的杂志
《对话》（Dialogue），后者的宗旨是在道德和文化上维持对精英阶
层的权威。1976 年至 1994 年担任基加利大主教的文森特·恩森吉
尤姆瓦（Vincent Nsengiyumva），长期是全国发展革命运动中央委员
会成员。[53]总统夫妇表现出的虔诚让比利时国王博杜安一世
（Baudouin Ⅰ）宫廷里的人感到惊讶。此外，1981 年至 1983 年，

吉孔戈罗省（préfecture de Gikongoro）基贝霍市（Kibeho）的女学生公开在媒体面前与圣母玛利亚"对话"。[54]这种道德秩序让人不禁联想到安东尼奥·萨拉查（António Salazar）统治下的葡萄牙。

"基督教和民主"的价值观与对前卢旺达文化参照的屏蔽甚至压制结合在一起，因为这些文化参照被普遍认为是"封建的"。当然，博物馆学或民俗学都对异常丰富的口头文学、舞蹈和音乐略有涉及，但这些文化在民间的传播遭到清除和审查，因为无论民众是否愿意，王权都是所谓的传统宗教和政治文化的核心。扎伊尔式的音乐"氛围"侵入了这个国家。这个国家的历史被简化为一种种族模式，1959 年之前的一切都被扔进了"旧制度"的垃圾箱，就像大革命后法国所谓的"哥特式"建筑被肆意破坏一样。新卢旺达宣称其民族史是图西人的历史，因此是可憎的。[55]圣林遗产和口述传统直到 20 世纪 70 年代才开始引起新一代历史学家的关注。

对过去的否定越来越多地伴随着对未来的政治上的盲目。20 世纪 80 年代，卢旺达经历了彻底的现代化：金钱、商业和个人主义在社会中扮演着越来越重要的角色，带来或好或坏的影响。但官方的乡村主义言论与这些社会现实之间的矛盾日益凸显。为了解决这一问题，当局采用了与殖民地时期相同的社会工程，通过维持所谓的传统裂痕来寻求"平衡"：由于权力已经掌握在"大多数人"手中，因此"民主"并不需得到改善，他们的利益通过配额制来确保，以避免社会"差异"。图西年轻人入学和进入劳动力市场的机会原则上只有 9%。这种制度的另一个作用是可以在新一代人中

271

保持族群意识。因此，在胡图共和国诞生后，其激进的创始原则在新一代人中仍保留下来，将随时引发冲突。

布隆迪：胡图人–图西人的族群主义陷阱

卢旺达的族群–种族民主意识形态成为整个地区的灯塔或陪衬，就像它的源头——殖民地时期的含米特神话一样令人痴迷。从1965年起，布隆迪在这一逻辑的诱导下陷入暴力的旋涡。然而，即使在比利时的托管之后，该国的社会和政治局势仍与其北方邻国明显不同。人们甚至可以认为，如果卢安达–乌隆迪不是在殖民统治下成为一对异卵双胞胎，而是在德国、英国和比利时瓜分该地区后被单独管理，那么布隆迪的命运将会截然不同。

然而，虽然布隆迪的独立遵循的是同样的体制进程，[56]但它是在一种全新的政治背景下进行的。与卢旺达一样，国家高级委员会是在1952年的改革中成立的，由王子阶层主导，成为一个拥有数百年历史的国家的先锋。1956年，为纪念姆瓦姆布扎统治40周年，国家高级委员会（略有改动地）恢复了王家节日穆加努罗节，该节日一直持续到1964年。[57]随后，该委员会抗议将乌松布拉变成一个与国家其他地区分离的"超习俗中心"（centre extracoutumier）的计划。[58]1959年，它呼吁布隆迪先于刚果实现自决。但布隆迪贵族中很快出现了裂痕：大酋长巴兰扬卡之子让–巴蒂斯特·恩蒂登德雷扎（Jean-Baptiste Ntidendereza）和其他一些人向比利时人示好，并公开表示担忧，称独立会使布隆迪重新陷入中世纪般的落后状态。

这种分裂对于内部自治准备工作所推动的政党创建而言具有决定性意义。[59]第一个倡议来自国王的长子路易·鲁瓦加索雷（Louis Rwagasore）。他在阿斯特里达和比利时学习后，受坦噶尼喀模式的启发成立了一个合作社，帮助农民摆脱希腊商人和巴基斯坦商人的束缚。1958 年，他在王国首都穆拉姆维亚召集布隆迪酋长和神父创建了一个民族主义运动党——争取民族进步统一党（Union pour le Progrès National, Uprona）。该党以独立和社会改革方案为基础，很快在胡图人和图西人、穆斯林和基督徒等各群体中广受欢迎。鉴于鲁瓦加索雷的王储身份，阿鲁瓦总督试图禁止他参与任何政治活动，但徒劳无功。随后，比利时政府鼓励成立一个反对党——基督教民主党，由巴兰扬卡的儿子让-巴蒂斯特·恩蒂登德雷扎和约瑟夫·比罗里（Joseph Birori）领导，其纲领包括推迟独立。20 世纪 60 年代初，人民党（Parti du peuple, PP）成立，该党主要受到卢旺达模式的启发。[60]到 1961 年夏天，共 25 个政党成立，但联合成三个联盟：以争取民族进步统一党为核心的民族主义和保王党集团、以基督教民主党为核心的共同阵线（Front commun）和以人民党为核心的人民政党联盟（Union des partis populaires）。争取民族进步统一党与共同阵线之间的主要矛盾绝非当时在布隆迪政坛上几乎不存在的胡图人与图西人之间的对立，而是两个王子派系，贝齐派和巴塔雷派之间的对立。[61]争取民族进步统一党中央委员会的大多数成员是胡图人，包括鲁瓦加索雷的主要副手、农业助理保罗·米雷雷卡诺（Paul Mirerekano）。

1960 年至 1962 年，布隆迪国内的政治氛围非常紧张，但从未像邻国那样发生大屠杀。像卢旺达民族联盟一样，争取民族进步统一党也因与刚果的卢蒙巴（Lumumba）的刚果民族运动党（Mouvement national congolais, MNC）和尼雷尔的坦噶尼喀非洲民族联盟的联系而被指控同情共产主义，但布隆迪神职人员在基特加和乌松布拉主教——安托万·格罗斯（Antoine Grauls）和米歇尔·恩图亚哈加（Michel Ntuyahaga）——的支持下阻止了这种妖魔化。[62] 1960 年 12 月的市镇选举使共同阵线获得了多数席位，次年 1 月由约瑟夫·辛帕耶（Joseph Cimpaye）组建的自治政府将争取民族进步统一党排除在外，但 1961 年 9 月在联合国监督下举行的立法选举使争取民族进步统一党获得了压倒性多数席位（64 个席位中的 58 个）。[63] 阿鲁瓦总督评论说："我们赢得了卢旺达的选举，却输掉了布隆迪的选举。"[64] 路易·鲁瓦加索雷组建了自己的政府。这是一次短暂的胜利：一个月后，他被一个希腊人暗杀，这个希腊人是巴兰扬卡派系的党羽。[65] 1962 年 7 月 1 日，布隆迪在一片哀悼声中宣布独立。

因此，政治阶层分裂成不同的派别：[66] "阿斯特里达人"（阿斯特里达学院毕业生）与"神学院学生"（穆格拉神学院毕业生）对立；姆瓦姆布扎国王周围的相互敌对的王子家族钩心斗角，他们自称凌驾于党派之上；基于在国际舞台上于"中立进步主义"和"亲西方"阵营之间采取的不同立场，所谓的"卡萨布兰卡集团"（Casablanca）和"蒙罗维亚集团"（Monrovia）在议会中形成；[67] 最后，一个用有限的手段建立起来的国家的管理中，不可避免地存在没完没了的个人争执和失误。

最重要的是，"卢旺达综合征"迅速蔓延到布隆迪统治阶层：在图西人方面，数以万计的卢旺达难民的出现助长了对胡图人的不信任；而在胡图人方面，基加利的"社会革命"则带来了绝对夺取权力的前景。即使卢旺达和布隆迪的图西人和胡图人之间的关系不同，但被描述为"结构性"的社会-族群对立的上演，逐渐使人们的恐惧具体化：基于多数人-少数人的二元对立关系的解决方案，意味着将一方或另一方逐出政治领域。政治学家勒内·勒马尔尚（René Lemarchand）将这一过程称为"创造性预测"或"自我实现的预言"（self-fulfilling prophecy）：

> 这些胡图政客最初对布隆迪局势做出了一个错误的判断，从而在他们自己和图西人中激起了一种新的行为，这些行为使他们最初的错误指控变成了事实。[68]

这种分裂引发的悲剧是由系统性的大规模暴力造成的，给出了要么全有要么全无的选择。我们已经强调过激化"提高族群意识"战略的索雷尔论调，以及将全体人民变成政治对抗的"人盾"的相关挑衅策略。[69]因此，每一个"阵营"都可能成为刽子手或受害者，这使纯粹的"人道主义"评估变得尤为复杂。[70]从1959年11月的卢旺达山丘到1997年年初的扎伊尔森林，对人口密度的政治-军事利用都是一样的。

布隆迪也经历了这种模式。[71]1962年至1964年，每一起政治事件都带有族群色彩：三名基督教工会成员被极端民族主义分子杀害；保罗·米雷雷卡诺被推下争取民族进步统一党主席的宝座，而另一位胡图政治家约瑟夫·巴米纳（Joseph Bamina）胜出；"卡萨布兰卡集团"和"蒙罗维亚集团"之间也发生了争执。外国干涉加速了族群化的螺旋式上升，附近的刚果已经成为冷战的脓疮，卢旺达成为美国中央情报局的基地。[72]每个阵营都利用了当地的族群主义：一方面，"不结盟"的倡导者主要是图西民族主义者，即前卢旺达民族联盟的卢旺达难民和"卡萨布兰卡集团"的领导人，如阿尔班·尼亚莫亚（Albin Nyamoya）；[73]另一方面，胡图领导人保罗·米雷雷卡诺流亡到卢旺达，西方"机构"与他进行了接触。[74]

1964 年，事态加速发展：这一年以卢旺达的杀戮开场，以伞兵空降斯坦利维尔（Stanleyville）和蒙博托将军的部队重新征服基伍地区结束。国王姆瓦姆布扎在农民中的威望依然不减，但他在布琼布拉和欧洲过着奢华的生活，挥霍了他的威望。他试图在不同倾向之间周旋，先后任命了不同的首相：1961 年任命他的堂弟安德烈·穆希尔瓦（André Muhirwa），1963 年任命胡图经济学家皮埃尔·恩根丹杜姆韦（Pierre Ngendandumwe），1964 年任命图西人阿尔班·尼亚莫亚，1965 年 1 月再次任命恩根丹杜姆韦。恩根丹杜姆韦被暗杀后，姆瓦姆布扎与高级行政机构通过法令进行统治。5 月，在高度族群化的选举中，争取民族进步统一党获得了多数票，但2/3的议员是胡图人，他们意识到自己的特殊优势。随后，国王任命了一位自己家族的王子、前酋长莱奥波德·比哈（Léopold Biha）为首相，这令胡图领导人热尔韦·尼安戈马（Gervais Nyangoma）甚为不满。1965 年 10 月 18 日，尼安戈马与宪兵国务秘书安托万·塞鲁克瓦武（Antoine Serukwavu）和一些军官合谋，组织了一场政变。
国王先是逃往刚果，后又逃往瑞士，1977 年在瑞士去世。但接下来
的日子里危机仍在继续，穆拉姆维亚省的图西农民遭到屠杀，这些
屠杀由为议员米雷雷卡诺效力的一群年轻人所为。此时，布隆迪的 276
图西人意识到，他们正在遭受与卢旺达图西人相同的命运：决定性
的分裂。叛乱最终被国防国务秘书米歇尔·米孔贝罗（Michel
Micombero）领导的军队平息，那时米孔贝罗是刚从布鲁塞尔皇家
军事学院（École royale militaire de Bruxelles）毕业的年轻上尉。报
复，尤其是对胡图政治阶层的报复，是毫不留情的。[75]

　　从此，在图西人中形成了一个集团，它决定控制权力和军队，并
执行严格的反胡图人安全政策。为此，君主制分两个阶段被废除：
1966 年 7 月，国王的儿子夏尔·恩迪泽耶（Charles Ndizeye）亲王被
宣布为国家元首，并以恩塔雷五世的名号登基；11 月发生军事政变，
成立了由米孔贝罗上校担任总统的第一共和国。[76]诸多动因和参与者
促成了这一转变：从比利时回国的吉勒·比马祖布特（Gilles
Bimazubute）领导的年轻学生；圣西尔军校（École Spéciale Militaire
de Saint-Cyr）毕业生阿尔贝·希布拉（Albert Shibura）领导的军官；
被提拔担任部长并且非常敌视王子阶层影响力的欧洲大学的年轻毕业
生；利用阴谋的让·恩蒂鲁瓦马（Jean Ntiruhwama），他毕业于穆热
拉神学院，曾任部长，也曾是基特加主教的合作者，他想效仿格雷瓜
尔·卡伊班达，让他所属的希马人小团体掌权（如米孔贝罗所做
的）。但是，在新共和国执政过程中日益起决定性作用的派别——

来自该国南部的"布鲁里省（province de Bururi）集团"[77]——是由其地区起源决定的。这个贫穷地区的受教育机会很少，却培养了许多军人。阿尔泰蒙·辛巴纳尼耶（Arthémon Simbananiye）是这一地区和族群复仇政策的代表人物，他曾是神学院学生，在巴黎获得法律学位，很快成为布隆迪司法部长。胡图官员马丁·恩达亚霍泽（Martin Ndayahoze）是1968年的新闻部长，他很好地描述了由此形成的国家高层的不健康氛围：

277

> 正是某些贪得无厌的领导人，为了实现他们不可告人的野心，把族群分裂变成一种政治策略。因此，如果他们是图西人，他们就会谴责胡图人的威胁，并在必要时用战术阴谋来支持这种谴责；如果他们是胡图人，他们就会揭露要对抗的"图西种族隔离"。这是一场恶魔般的精心策划，令情感战胜理智。[78]

势在必行的"安全"措施首先表现为政治-司法清除：1969年清除胡图军事和文职领导人，1971年清除图西自由派政治家（被称为"保王派"）。接着是1972年被布隆迪人称为"灾难"（ikiza）的事件：由流亡东非的领导人组织的胡图人叛乱于4月底在该国南部爆发，数以千计的图西人被杀；随后在5月和6月进行的镇压在全国范围内变成了一场大规模搜捕行动，对胡图精英进行了名副其实的种族灭绝。在这场危机中，至少有10万人遇害，卢旺达和坦桑尼亚境内的难民人数也翻了一番，[79]军队和行政部门遭到大规模清洗。[80]

布隆迪即将落入圈套：1965 年和 1972 年的危机之后，胡图人和图西人之间的分歧变得和在卢旺达的一样严重，其基础是无处不在的恐惧。"属于胡图人或图西人意味着什么？它不意味着你是班图人或含米特人，也不意味着你是农奴或领主！"有人在 1989 年写道，"这意味着要记住 15 年前是谁杀了你身边的人，或者要知道 10 年后会是谁杀你的孩子，而每一次都会有不同的答案。"[81]

由辛巴纳尼耶集团控制的米孔贝罗政权又持续了 4 年。[82] 1976 年，一场军事政变让另一位来自布鲁里省的上校让-巴蒂斯特·巴加扎（Jean-Baptiste Bagaza）上台执政。巴加扎重新组建了执政团队，但没有强调族群或地区区别，他依靠经济发展来解决胡图人-图西人问题，同时回避了政治层面的问题，经济发展在 10 年间取得了显著成就。从 1983 年起，巴加扎政权陷入了与天主教会的争端，特别是以胡图人民解放党（Parti de libération du peuple hutu, Palipehutu）为代表的海外胡图人反对派则利用了这一争端。1987 年，另一场军事政变推翻了巴加扎政权。次年，同样来自南方的新统治者皮埃尔·布约亚（Pierre Buyoya）少校[83]在东北部的恩特加（Ntega）和马兰加拉（Marangara）遭遇胡图人叛乱，这引发了一系列改革，后面我们还会讨论。

20 世纪 80 年代末，在卢旺达和布隆迪似乎有两个不可避免的老生常谈：[84]基加利胡图"多数人"的"民主"和布琼布拉图西人的具有强烈安全内涵的"民族团结"。然而，社会已经发生变化，两国都有了更多的道路和更多的毕业生。但事实证明，"族群"病

278

毒仍然比以往任何时候都更加致命，殖民重塑、现代政治和大型国际媒体的支持给胡图人-图西人的对抗带来了虚假的永恒味道。尽管该地区的专家评论说，在卡尼亚鲁河中很容易看到与帕斯卡（Pascal）在比利牛斯山脉看到的相同的摩尼教分界线，但最终这种对民主化的挑战将在这条边界河流的北部和南部同样严峻。

20世纪90年代的危机：非洲种族主义的核心

20世纪80年代末以来，大湖地区一直处于动荡之中，谁也说不清楚结果会是如何。布隆迪、卢旺达和刚果东部的悲剧以政治分裂为特点，但其最重要的特点是残暴的流血事件和外国干涉不断发生，这常常使非洲大湖地区成为报纸的头版头条。在这些年里，南非种族隔离制度的瓦解所带来的巨大希望，却因20世纪历史上最黑暗的岁月在撒哈拉沙漠以南的这片非洲大陆上的重现而黯然失色，这滋养了所谓的"非洲悲观主义"。尽管阿尔弗雷德·格罗塞尔（Alfred Grosser）精辟地指出"对非洲人被屠杀的感受与对欧洲人被屠杀的感受并不相同"，[85]但他又补充道：

> 如果一个非洲人将欧洲发生的屠杀视为一个产生过奥斯威辛集中营和凡尔登战役的文明的正常现象，我们难道认为这是合理的吗？

有评论家让我们相信，赤道以南的这些屠杀是自然发生的，可以用人种学、"部落遗传"、人口密度或过去的遗产来解释。面对这些评论家，正如马克·布洛赫所言，历史学家不得不指出，"人更像他们的时代，而不是他们的祖先"。将这些事件放在定居、对环境的掌握、政治结构的形成以及对外联系的管理的漫长历史中来看待固然重要，但不能不了解当前形势的特殊性。笔者认为读者在阅读这样的概述之后，能够获得对当前形势进行思考的参考。然而，面对这个千年文明中出现的混乱，面对威胁到古老国家和全体民众生存的前所未有的撕裂，我们怎能不感受到所有参与者的痛苦呢？这场重大危机所激发的读物已经浩如烟海：自 1994 年以来已出版了 100 多本书和数百篇文章，成立了众多网站，尽管良莠不齐。与其他人一样，笔者也试图对过去 10 年中卢旺达人、布隆迪人和刚果人所遭遇的悲剧进行分析。我们不可能在短短几页纸上了解所有的细节，[86] 但是用刚果问题专家贝努瓦·费尔海根（Benoît Verhaegen）的话来说，仍有必要考虑到这段"即时"历史的连续性和断裂性。[87]

对该地区既有秩序的挑战始于 1986 年，当时穆塞韦尼的支持者进入坎帕拉，标志着乌干达一场尤为血腥的内战结束。扎伊尔的蒙博托政权和卢旺达的哈比亚利马纳政权立即将这位关注建立法治国家的非典型领导人视为危险的竞争对手。但在其他地方，变化以更加悲剧性的形式发生。

首先是在布隆迪，1988 年 8 月 15 日，一群胡图农民在与卢旺达接壤的两个市镇屠杀了图西家庭。[88]策划组织这起事件的胡图人民

280

解放党干部在传单中建议，有必要"抢在图西人前面""开展工作"，铲除布约亚总统的"消灭胡图人计划"。布约亚总统被等同于他的"表兄弟"米孔贝罗，后者是 1972 年发生的冲突的领导者。预料中的挑衅和军事镇压出现了。成千上万的人丧生，5 万多名胡图人逃往卢旺达，国际社会谴责了布琼布拉的图西政权。然而，执政团队很快就找到了治安方案以外的出路，并为澄清和合理处理政治-族群问题开辟了道路：政府由两大"族群"组成，成员各占50%，由胡图人阿德里安·西博马纳（Adrien Sibomana）领导；由一个联合委员会起草并在 1991 年全民公决中通过的《团结宪章》（*Charte de l'unité*）谴责一切"歧视或排斥"行为；1992 年通过的民主宪法规定实行多党制；实行大赦，加强迎回难民的工作。布约亚总统在 1990 年 5 月的一次讲话中总结了这一转折背后的理念：

> 布隆迪并不是胡图人独有的国家，而图西人只是客人。它也不是图西人国家，而胡图人只是二等公民。

1993 年 6 月的选举使布隆迪民主阵线（Front pour la démocratie au Burundi, Frodebu）的候选人梅尔希奥·恩达达耶（Melchior Ndadaye）成为国家元首，他也是布隆迪共和国第一位当选的文职总统。这次选举加上布隆迪民主阵线在议会选举中的成功，[89]被所有人视为胡图人的报复。但新总统宣称他希望根除"族群病"，并组建了一个图西人占 1/3 的政府，由与争取民族进步统一党关系密切的技术官僚西尔维·基尼吉（Sylvie Kinigi）担任主席。尽管双方

281

关系紧张，但这个国家似乎正在翻过其悲惨命运的一页。[90]

卢旺达的变化也是从暴力开始的。[91]1989 年经济和政治局势的恶化使许多比利时观察者谈到"统治终结的气氛"和合作模式的"破镜"。[92]1990 年 10 月 1 日，几千名来自乌干达全国抵抗军[93]的卢旺达士兵袭击了东北部地区。这些游击队员自称"斗士"（inkotanyi）[94]，是卢旺达爱国阵线的武装力量。1987 年，卢旺达爱国阵线从坎帕拉走出地下非法身份，声称与前卢旺达争取民族进步统一党的君主主义传统决裂，其纲领旨在以民族为基础，重建卢旺达国家，并通过一切可能的手段让图西难民返回原籍国。1988 年，这一主张在华盛顿召开的大会上得到卢旺达侨民认可。卢旺达爱国阵线还得到了一些胡图领人的支持，他们对哈比亚利马纳政权的腐败和任人唯亲感到失望，如亚历克西·卡尼亚伦圭上校和国家电力公司前主任巴斯德·比齐蒙古。政权似乎即将崩溃。

但卢旺达武装部队（Forces armées rwandaises，FAR）在法国、比利时和扎伊尔特遣队的支持下迅速粉碎了 10 月的攻势。"斗士"的领导人弗雷德·鲁维吉耶马（Fred Rwigyema）本人也在进攻初期身亡。除了外部支持、依然猖獗的族群主义以及总统的诡计起了作用，基加利的抵抗出人意料。哈比亚利马纳能够迅速获得外国支持，毫不犹豫地利用族群主义宣传反对"图西封建主义者"，甚至进行挑衅：他在 10 月 4 日晚对基加利发动佯攻后，下令逮捕了约8000 名嫌疑人，将他们塞进基加利的监狱和体育场。[95]但卢旺达爱国阵线吸引了许多来自布隆迪、扎伊尔和其他地方的年轻流亡者，以及卢旺达本土的支持者，他们增援第一批来自乌干达的战斗人员。图西难民在大多数国家越来越难以融入社会的现象解释了这种热情，但也不要忘记散居国外的一代人培养的文化和政治民族主义。新领导人保罗·卡加梅（Paul Kagame）[96]将战线转移到火山地区，并在与乌干达的谨慎合谋下在卢旺达北部发展游击战。1991年1月，卢旺达爱国阵线袭击了鲁亨盖里，释放了所有政治犯。

从1991年到1993年，两种逻辑在卢旺达争分夺秒：一种是谈判和政权民主化，另一种是战争和族群动员。哈比亚利马纳政权在弗朗索瓦·密特朗（François Mitterrand）担任总统期间的法国政府坚定的军事支持下，[97]玩了3年的双重游戏。在受到讲英语群体入侵（又一个法绍达事件）威胁的卢旺达法语区捍卫既定秩序，似乎与1990年6月于拉博勒（La Baule）召开的会议建议的民主开放并行不悖。此外，朱韦纳尔·哈比亚利马纳从一开始就暗示，政治混乱将不可避免地导致"族群间"暴力，他既是防止可能发生的过激行为的堡垒，又是"大多数人民"的合法代表。这些论点对弗拉芒基督教社会党成员〔指荷语基督教人民党（CVP）〕和许多法国社会主义者都产生了持久影响，前者在设立于布鲁塞尔的基督教民主国际（Internationale démocrate chrétienne，IDC）中占主导地位，[98]而后者则认为他们发现了一个需要捍卫的非洲的"1789年"。[99]

然而，实际情况却明显不同。事实上，图西人并没有遭到自发的报复。1990年至1993年时有爆发的暴力事件每次都是由当局组织的，并根据政治局势有针对性地进行。另外，内部反对当权派的呼声日益高涨：夫人党（akazu）领导的一个亲北方派系的上位受

到中部和南部精英的谴责，这些精英要么怀念卡伊班达时代，要么 283
对必须克服图西人问题的、更加现代的社会生活持开放态度。

面对困难的经济形势、北部的内战、准备与叛军结盟的胡图新反对派以及国际压力，哈比亚利马纳政权逐渐缓和下来，恢复了新闻自由和结社自由，并于1991年6月进行了宪法改革，允许实行多党制。几个政党出现或重新出现：胡图解放运动党的继承者共和民主运动（Mouvement démocratique républicain, MDR）尤其在吉塔拉马根基深厚；社会民主党（Parti social-démocrate, PSD）在布塔雷大学城拥有强大势力；自由党（Parti libéral, PL）包括许多图西人；如此等等。过去的单一政党更名为全国发展与民主革命运动（Mouvement révolutionnaire national pour le développement et la démocratie, MRNDD）。1992年4月，基加利爆发了声势浩大的示威游行，最终促成了由共和民主运动领导人迪斯马斯·恩森吉亚雷米耶（Dismas Nsengiyaremye）主持的联合政府。从那时起，国家的政治生活——这也是哈比亚利马纳的外国朋友们拒绝看到的——在三个层面上展开，它们是哈比亚利马纳势力范围、胡图人内部反对派和卢旺达爱国阵线的武装反对派。后两者在乌干达和欧洲会面，然后政府与卢旺达爱国阵线在坦桑尼亚阿鲁沙（Arusha）开始谈判，最终于1992年7月达成停火协议，于1993年1月达成政治协议，最后于7月达成军事妥协。

但与此期间，族群极端主义也在蠢蠢欲动：在卢旺达爱国阵线发动进攻之前，1990年5月，来自吉塞尼的默默无闻的公共汽车司机哈桑·恩盖泽（Hassan Ngeze）在政府网络的支持下创办了一份

名为《唤醒》的半月刊，以重新获得的新闻自由为幌子，展开了针
对图西"蟑螂"及其胡图"帮凶"（ibyitso）的仇恨运动。1990 年
12 月，该刊发表了一篇旨在"呼吁胡图人良知"的文章，其中包
含"胡图人十诫"，这是仇恨的"福音"，禁止两个"族群"之间
的一切关系，无论是商业关系还是性关系：[100]

284
　　　　图西人嗜血成性……他们对胡图人使用两种武器：金钱和
　　　女人……胡图人必须停止同情图西人……必须在所有层面上向
　　　全体胡图人传授胡图意识形态。

对于卢旺达人来说，这种意识形态并不新鲜，他们从 20 世纪
50 年代末就已经熟悉，每周的"活动"一直关注这种意识形态。
1993 年 12 月，《唤醒》得以在封面上刊登格雷瓜尔·卡伊班达的
肖像，旁边是一把巨大的砍刀，提醒人们"人民"的可怕力量。然
而从那时起，胡图人的宣传陷入了一种系统性的极端状态：族群对
立被重申为一个不可避免的、首要的和显而易见的种族事实。在实
践中，这一对立就是绝对地排斥他者，直到将其消灭，并将最残酷
的暴力形式合法化，因为对非人道的"敌人"采取任何手段进行
"自卫"都是正常的。只需读一读《唤醒》就能明白：

　　　　重新发现你们的族群……你们来自班图人中的一个重要族
　　　群。国家是人造的，但族群是天然的。（1992 年）

蟑螂生不出蝴蝶。这是真的。一只蟑螂会生下另一只蟑螂。如果有人要质疑这一点，那一定不是我。卢旺达的历史清楚地告诉我们，图西人始终那样，从未改变。我们从我国的历史中看到的是恶意和邪恶。（1993 年 3 月）

我们正在进行的战争是图西人对胡图人的战争。为了在公众舆论和战场上取得胜利，一些人应该走一条路，另一些人应该走另一条路……但继续把不相干的东西混在一起，我们将一事无成。（1991 年 3 月）

图西人在卢旺达找到了我们，他们压迫我们，我们忍了。但现在我们已经摆脱了农奴制，他们却想重新恢复早上的鞭刑，我想任何一个胡图人都不会忍受。加胡图的战争是正义的。这是为共和国而战。（1991 年 5 月）

根据这种思想，所有的历史都被简化为戈比诺式的，甚至是纳粹式的对抗。[101]事实上，许多线索表明反闪米特主义的主导思想在投射至非洲意识形态的过程中转变成了反含米特主义。一个世纪以来，传教士不是一直称图西人为"闪米特 - 含米特人"吗？这显然是一个现代现象，而不是简单的"部落争斗"的死灰复燃。这种宣传通过该杂志的所谓国际版甚至传播到卢旺达境外，主要是布隆迪。其他更官方的喉舌也转发了这种言论，首先是全国发展革命运动的机关报《激进派》（*Murwanashyaka*），它谴责胡图人和图西人之间的任何混淆或妥协：

> ……有些现实你无法逃避，除非你想玩隐瞒游戏，比如改
> 变你的族群。一旦被发现，你就会无所适从，你的兄弟会毫不犹
> 豫地骂你是狗……你可能在证件上属于某个族群，但是从什么
> 血脉里汲取这个你自称所属的族群的血液呢？（1991 年 4 月）

> 敌人就在我们中间，叛党视"斗士"为兄弟。（1992 年）

由此在公众舆论中建立的种族主义仇恨，在特别是由与总统所
在党派关系密切的市长们组织的大屠杀期间实际上演。[102]每当谈判
或政治开放似乎不可避免时，大屠杀就会爆发：1991 年年初，卢旺
达爱国阵线突袭鲁亨盖里后，图西人的戈圭氏族被灭绝；[103]1992 年
3 月，反对派进入政府前夕，布盖塞拉（位于东南部）大屠杀发
生；[104]1992 年 8 月，在阿鲁沙谈判取得进展的同时，大屠杀在基布
耶（Kibuye，位于西部）发生，随后蔓延到该国北部，一直持续到
1993 年 1 月。1992 年成立的全国发展革命运动民兵组织"联攻派"
（interahamwe，意为"共同行动者"）引起的流血事件，导致卢旺
达爱国阵线于 2 月暂时恢复敌对行动，约 100 万人流离失所，从北
方逃亡到基加利。

该国日益紧张的气氛也反映在政治领域。1992 年 11 月，哈比亚
利马纳称第一批在阿鲁沙签署的文件是一纸空文。几天后，其政党的
高级官员、学者莱昂·穆盖塞拉（Léon Mugesera）预言，图西人

（别忘了儿童）的尸体将沿着河流"特快旅行"，回到他们的起源地阿比西尼亚。早在 9 月，总参谋部就发布了一份非常明确的关于"内部敌人"的说明。尽管如此，总统还是通过以下两种方式将自己打造成表面上的裁决者：一方面，1992 年 3 月，他创建了一个名为保卫共和国联盟（Coalition pour la défense de la République, CDR）的极端主义政党，该党实际上是由与夫人党有联系的高级官员领导的；另一方面，1992 年夏至 1993 年夏，他将胡图反对派内部分化，推动了一股名为"胡图力量"（Hutu power）的族群主义潮流，其中包括多纳特·穆雷戈（Donat Murego）、弗鲁杜尔德·卡拉米拉（Froduald Karamira）和让·坎班达（Jean Kambanda），[105] 他们是来自不同地区（鲁亨盖里、吉塔拉马和布塔雷）的共和民主运动的三名领导人，被认为象征着胡图人的"神圣联盟"，以及"恩杜加人和基加人（Bakiga）"之间争端的终结。[106] 1993 年 2 月战火的重燃显然加速了这种分化，严重削弱了福斯坦·图瓦吉拉蒙古（Faustin Twagiramungu）[107] 和阿加特·乌维林吉伊马纳（Agathe Uwilingiyimana）的力量：前者是《阿鲁沙协定》（Accords d'Arusha）指定的过渡机构的未来总理，后者是位勇敢的女性，[108] 1993 年 6 月接替恩森吉亚雷米耶出任联合政府首脑。然而，1993 年 8 月签署《阿鲁沙协定》时，希望在基加利和布琼布拉似乎又重现了。

但很快，卢旺达和布隆迪对变革与和解的管理举步维艰。尽管联卢援助团（Minuar）[109] 的维和人员于 1993 年 11 月抵达基加利，但卢旺达极端立场的支持者远未解除武装。哈比亚利马纳总统是唯

287　一向新机构宣誓的人，随后他竭尽全力阻止议会和过渡政府的成立。[110]根据他的支持者的表述，好像战火很快就会重燃。1994年2月，作为新卢旺达象征的社会民主党领导人费利西安·加塔巴齐（Félicien Gatabazi）被暗杀。作为报复，保卫共和国联盟领导人马丁·布西亚纳（Martin Bucyana）在布塔雷被处以私刑。首都的暴力事件不断增加。早在当年1月，《唤醒》就预言最后的斗争即将发生，"群众"将在这场斗争中流血。一家新的私营广播电视台——千丘自由广播电台（Radiotélevision libre des mille collines, RTLM），由与夫人党关系密切的权贵集团创办和资助，[111]并得到卢旺达广播电台（Radio-Rwanda）的技术支持，它将主要来自扎伊尔的令人兴奋的音乐[112]与尖锐的"热点新闻"评论结合在一起，以一种"互动"、热情甚至幽默的风格，按照最恶毒的极端主义路线引导胡图人的舆论。《唤醒》的印数高达1万份，这已经是很大的数字了，但千丘自由广播电台的听众达到了数十万人。[113]

　　1993年10月20日在布隆迪发生的决定性事件引发了卢旺达胡图人的极端行为。[114]当晚，一个装甲营在其他部队的共谋或静观下袭击了总统府。政变夺去了当选总统梅尔希奥·恩达达耶、他的一些助手和国民议会副议长吉勒·比马祖布特[115]的生命。政府被"斩首"，除了两名试图在哈比亚利马纳的支持下于基加利建立一个"自由政府"的部长外，[116]政府的其他人员都躲进了法国大使馆。他们都徒劳地等待着外国的干预。然而，两天后，态度最妥协的政变者逃往扎伊尔或乌干达，总参谋部声明忠于西尔维·基尼吉总理。

　　作为回应，从10月21日起，通常在布隆迪民主阵线地方权力控制下的整个北半部地区组织了对图西家庭（在家中或聚集在学校、医院、市镇办公室）的大屠杀，造成数以万计的受害者。争取民族进步统一党的一些胡图人也遇害了，这是对总统之死的集体报复。政府一言不发，卢旺达的广播电台播放鼓励这种"抵抗"的信息。之后，军队介入，清理道路，解救被包围的图西人，攻击砍刀部队，反过来又对胡图人进行集体报复。据红十字会称，这场危机造成 10 万人死亡。一些外国记者描述了"这种令人难以忍受的恐怖"，并对将捍卫民主与对平民施以私刑混为一谈的做法表示愤慨。[117]

　　这场灾难为邻国卢旺达提供了一个可怕的反例：胡图人对卢旺达爱国阵线的不信任感与日俱增，认为它与主要由图西人组成的布隆迪军队关系密切，而国际社会无力捍卫法治国家，[118]甚至没有能力捍卫受到种族灭绝威胁的人民的生命，这强化了极端分子最激进的想法。他们中的一些人与仍在卢旺达南部难民营中的由胡图人民解放党领导的布隆迪难民联络，参与了布隆迪北部的屠杀。从那时起，跨国界的族群团结公开形成。回想起来，这些屠杀就像是 6 个月后在卢旺达发生的一切的彩排。

　　在布隆迪，国家重建似乎毫无希望，[119]每个政治-族群阵营都固执己见，胡图人和图西人可谓水火不容。大约 20 万名"流离失所"的图西人（和争取民族进步统一党的胡图成员）身处行政中心或军营附近的临时营地里，而成千上万因害怕军队而"分散开来"的胡图农民则躲在灌木丛中。在布琼布拉，从 1994 年的头几个月开始，居民区出现了真正的族群隔离现象：在北部，卡门盖（Kamenge）

288

成为胡图民兵盘踞的营地；城市的其他大部分地区在"大罢工"（journées ville morte）期间逐渐被图西青年团伙清洗。然而，从

1993 年 12 月起，在撤退到坦噶尼喀湖畔一家酒店的政府周围，各机构逐步重建：前外交部长西尔韦斯特·恩蒂班通加尼亚（Sylvestre Ntibantunganya）担任国民议会议长；1994 年 1 月，前农业部长西普里安·恩塔里亚米拉（Cyprien Ntaryamira）在联合国秘书长的代表、毛里塔尼亚外交官乌尔德·阿卜杜拉（Ould Abdallah）主持下，[120] 根据布隆迪民主阵线和争取民族进步统一党谈判达成的政府妥协方案，被国民议会选为共和国总统。新政府则由来自该国北部的温和派图西人阿纳托尔·卡尼恩基科（Anatole Kanyenkiko）主持。

卢旺达很快重新接过暴力的接力棒。4 月 6 日晚，哈比亚利马纳总统在恩塔里亚米拉总统的陪同下乘坐的从达累斯萨拉姆返回基加利机场的飞机被击落。[121] 因为缺乏对在现场的卢旺达人、比利时人和法国人的真正调查，这次袭击的发起者尚不清楚。人们只能满足于对可能从哈比亚利马纳的消失中获得最大利益的阵营的猜测，或者满足于常常令人生疑的迟来的揭露。[122] 不过，从袭击的组织手段（两枚导弹是从总统卫队控制的一座山丘上发射的）以及比利时情报部门和联合国官员自 1994 年年初以来在现场收集的信息来看，[123] 矛头都指向了在随后几天夺取政权的胡图极端主义派别。4 月 7 日，一个军事委员会掌控了局势，并很快被退役上校、夫人党成员泰奥内斯特·巴戈索拉（Théoneste Bagosora）[124] 控制。4 月 8 日，

一个完全由来自全国发展革命运动、保卫共和国联盟和前反对派的
胡图力量的强硬派组成的政府成立，泰奥多尔·辛迪库布瓦博
(Théodore Sindikubwabo) 任临时总统，让·坎班达[125]任总理。4 月
7 日下午，根据《阿鲁沙协定》驻扎在基加利的卢旺达爱国阵线小
分队遭到炮击；次日，卡加梅少校派出了他驻扎在该国北部的部
队。部队于 4 月 11 日抵达基加利，次日，"政府"迁至吉塔拉马。
直到 7 月 18 日卢旺达爱国阵线抵达扎伊尔边境线附近的吉塞尼，
战争才宣告结束。但也是在 4 月 7 日，10 名比利时维和人员被杀导
致布鲁塞尔派出的特遣队迅速撤离，随后联合国安全理事会决定将
联卢援助团的兵力减少到最低限度，卢旺达政变政府的一名代表也
在安理会中。4 月 9 日至 12 日，法国对基加利进行干预，以疏散欧
洲人。夫人党的高层也被带到安全地带，但法国使馆的图西雇员只
能听天由命。[126]

　　4 月 6 日晚，种族灭绝开始。[127]总统卫队在基加利的主要干道上
设置了路障，联攻派民兵收缴了藏匿的武器。次日清晨，一群群民
兵和士兵手持名单，开始屠杀图西人和被视为"帮凶"的胡图人家
庭，首先遭到袭击的是大多数民主派领导人（特别是阿加特·乌维
林吉伊马纳总理）。与此同时，边境各省展开屠杀，随后民兵设置
了路障，并根据所谓的图西人的面部特征或身份证件展开搜捕。不
情愿的地方当局被清除，到 4 月中旬时，每个省都有数以万计的受
害者倒下，因为屠杀得到了几乎所有市长和省长的支持。4 月 19
日，"总统"辛迪库布瓦博亲自解除了布塔雷省省长（不久后被暗
杀）的职务，并以"公民自卫"[128]为由，鼓吹必须在这个迄今为止

290

幸免于屠杀的南部地区开展"工作"（即杀戮）。

因此，这是一场种族灭绝，而不是"国父"之死激起的"民愤"的无政府主义产物，也不是临时政府试图——但相当成功地——让人们相信的"族群间争斗"[129]的产物。这些屠杀是现代精英的蓄意选择，在某种意义上反映了国家在监督和动员民众方面的能力。组织者包括高级军官，坚信胡图力量的逻辑的政党领袖，负责把受害者聚集在已成为屠宰场的体育场、教堂或学校，然后瓜分他们的财物并挖万人坑的行政官员，以及为配合挥舞砍刀的民兵的屠杀而用枪射杀人类猎物的宪兵。[130]这个权力下放的机器还包括负责甚至在联合国为屠杀辩护的外交官，从一开始就支持"临时政府"或拒绝回应受恐吓学童的求助的主教，[131]召集"安全"会议并管理逐渐被掠夺的群体或放慢受威胁人群的疏散速度的神职人员，准备虚假信息的学者，[132]净化医院的医生，[133]关注恢复学校"秩序"的教师，通过千丘自由广播电台谴责"蟑螂"并为其死亡而欢欣鼓舞的记者：

> 这些人是反基督者，来自一个非常邪恶的种族。我不知道上帝会如何帮助我们消灭他们。……但让我们继续消灭他们吧，这样我们的子孙后代就再也不会听说蟑螂了。……来吧，亲爱的朋友们，让我们祝贺自己！［他唱起来］蟑螂已经被消灭了。来吧，亲爱的朋友们，让我们祝贺自己，上帝是公正的！[134]

这些衣冠楚楚的杀人犯让农民脏了手，而他们只是在后方协调行动。在这种氛围下，最初参加屠杀的几千名民兵逐渐在巡逻队和路障周围的人群中招募群众，这些招募来的人往往身披香蕉叶，将屠杀现场团团围住。屠杀者参与的是一项集体任务，如果一项"工作"（akazi）傍晚没有完成，第二天早上再回来继续。他们消灭"蟑螂"、"蛇"或"老鼠"，"清扫干香蕉叶，然后将其焚烧"。1994 年 6 月，在基布耶附近的比塞塞罗（Bisesero）对伪渗透者进行的最后一次行动中，就连实施"绿松石行动"（opération Turquoise）的法国部队也落入了圈套，他们干预得太晚，或者让那些举着三色旗欢迎他们的刽子手逃脱了。 **292**

这场种族灭绝（这一现实已融入卢旺达语，其动词为 gutsembatsemba，意为"灭绝"）的目的是通过两种方式实现的。首先，约有 80 万人死亡（主要是图西人，也有自由派胡图人），即生活在卢旺达的 3/4 的图西人，也就是一半的卢旺达图西人被有计划地屠杀了，我们在媒体上看到的恩加拉马（Ngarama）、尼亚马塔（Nyamata）和其他许多教区附近尸横遍野的照片就说明了这一点。其次，成千上万没有前途的年轻人变成了刽子手，他们陷入了一种对战争和出色完成工作的歇斯底里，也陷入了对合法掠夺、被鼓励的暴虐行为和蓄意实施的残忍行为的歇斯底里。[135]

关于对这一恐怖事件起源的思考，其复杂程度已经不亚于一代人对纳粹带来的浩劫的争论。功能主义还是意图主义？人口压力、土地缺乏和就业等因素被反复提及。事实上，大多数刽子手是被招募入伍的没有前途的年轻人。[136]但我们已经看到部分胡图资产阶级

在屠杀中扮演的角色，当图西人的房屋被夷为平地，取而代之的是
香蕉种植园时，我们还能说这是一场"社会"暴乱吗？族群主义在
成为农村经验之前就是高层问题，即使在卢旺达文化中也能找到它
的影子。危机前达尼埃尔·德拉梅（Danielle de Lame）在卢旺达南
部的一座山丘上进行了一项杰出的社会学调查，对"第四族群"，
即当地小资产阶级在社会－族群误解中的关键作用进行了鞭辟入里
的分析：

> 在贫困和艰苦奋斗的背景下，一些人对现代化渴望至极，
> 族群主义为因普遍贫困或不完全屈服而产生的怨恨提供了一个
> 简单的发泄途径。它掩盖了三个传统族群的农民与"第四族
> 群"之间根本性的不平等，而"第四族群"部分是在殖民地
> 时期所获利益的基础上形成的。[137]

内战的背景也发挥了作用，特别是通过其对北部人口的影响发
挥作用：许多民兵来自流离失所者的营地。但是，当所有人都在谈
论的"战争"以屠杀邻居家庭（包括儿童、妇女和老人）的形式
出现时，当卢旺达爱国阵线继续推进时，我们怎能不想起纳粹德国
为"供应"奥斯威辛集中营而调配的物资和人员呢？而这些物资和
人员本可以在世界冲突的各条战线上发挥更大的作用。

因此，在这里和在其他地方一样，种族灭绝的核心确实是一种
种族主义，是所谓的胡图人（"真正的公民"）对抗所谓的图西人
（"蟑螂"）的种族主义。但既然所有邻国都存在类似的社会－人类

学遗产，为什么这种种族主义会在卢旺达和布隆迪如此盛行呢？即使有人说这是陈词滥调，我们也不得不思考卢安达－乌隆迪的殖民地时期经历的特殊性，尤其是第一代现代精英是在与世隔绝的环境中成长起来的。在乌干达、坦噶尼喀，甚至刚果，不同的居民不得不比邻而居，天主教和新教之间存在真正的竞争，经济活动有利于独立于行政机构和传教士的小资产阶级的形成，多种形式的结社经历层出不穷。我们已经看到，所有形式的社会流动、城市化、现代社团、批评[138]和想象力是如何被比利时教派家长制的道德秩序所遏制的，以及独立国家又是如何在某种程度上复制这种紧张关系的。殖民秩序在任何地方都既根除了古代参照，又过滤掉了本应与欧洲文明相伴的现代参照。尽管在布隆迪和卢旺达，基督教化的精英至少在数量上占优势，但与这种模棱两可的状况相关的焦虑在这里尤为深刻，而乌干达和坦桑尼亚等国的精英在两种交汇和融合的文化的滋养下，重新定义了自己。在卢旺达和布隆迪，贯穿过去与现在的主线就是这种族群关系，这种关系作为寻求身份认同的全部被不断重复和应用，甚至到了令人痴迷的地步。笔者认为，这种精神禁锢是导致种族灭绝的社会病态的关键所在。与纳粹德国对犹太人的种族灭绝不同，[139]这场种族灭绝是在光天化日之下，而且带着一种"良知"进行的。这是一场普通的"战争"，建立在"善意的种族主义"的基础上，以至于在1994年5月的一次广播中的"显灵"里，连圣母玛利亚都被请来支持这场战争。[140]我们应该相信这场悲剧是被玩世不恭的宣传者演绎成了一场闹剧——就像联攻派民兵在节日里穿着鲜艳制服的形象所展示的，还是应该相信这场悲剧实际上是在深水中上演的——与其说它植根于"邪恶之谜"[141]，不如说它属于精神分析的范畴？

　　幸存者不得不和刽子手生活在一起，尤其是 1994—1996 年各类流亡者（图西散居者和胡图难民）返回后。卢旺达人正在徒劳地寻找一个历史先例，以帮助他们处理这种撕裂与重建国家。或许宗教战争后的法国是可借鉴的先例。[142]1994 年 7 月 19 日在基加利成立的新政府，除了面对一个满目疮痍的国家及数以万计的残废者、寡妇和孤儿之外，还继承了这一道德障碍。本应遵守《阿鲁沙协定》的"民族团结政府"（全国发展革命运动不在其中）由来自卢旺达爱国阵线的胡图人巴斯德·比齐蒙古担任共和国总统，共和民主运动的幸存者福斯坦·图瓦吉拉蒙古任总理。大多数部长是胡图人，但副总统保罗·卡加梅似乎是政权的"强者"，他是卢旺达爱国阵线的分支卢旺达爱国军（Armée patriotique rwandaise，APR）的首领。

　　新政权的矛盾显而易见。它自称卢旺达的国家代表，却引起了大多数胡图人的极度不信任，其中有超过 150 万人逃到扎伊尔，还有一部分人逃到坦桑尼亚和布隆迪。[143]新政权提出了社会进步的目标，尽管起初并没有办法实现它，因为前政府在离开时摧毁或掠夺了一切，[144]而且除了少数几个国家（美国、荷兰和德国）外，卢旺达往常的合作伙伴都对新政权避之唯恐不及。新政权将司法放在首位，在 3 年时间里，10 万名大屠杀嫌疑人被关进监狱，但国家没有足够的手段和人员在合理的时间内对他们进行审判。[145]然而，调查于 1996 年开始，依据的是一项关于种族灭绝的法律，该法对指控做了几类区分，并规定了通过认罪减刑的可能性。[146] 此后进行了数百次审判，1 万名被拘留者于 1998 年获释，但同年有 22 名被判处死刑的人被枪决，其中包括胡图力量的领袖弗鲁杜尔德·卡拉米拉，这在国外引起了抗议。因此，基加利和国际社会之间互不信任，国际社会被认为在种族灭绝后和种族灭绝期间一样不可靠。

事实上，卢旺达政治之所以陷入僵局，很大程度上是因为西方国家和人道主义组织不愿明确承诺反对种族灭绝意识形态，其原因有很多：漠不关心、对意识形态在非洲的地位持怀疑态度、难以与昔日的朋友决裂（哈比亚利马纳政权中有许多这样的朋友）、拒绝承认错误，[147] 轻易提出反对仇恨和支持宽恕的纯粹说教性质的建议。事实上，最普遍使用的话语是"和解"，[148] 而且从 1994 年 7 月起，扎伊尔难民营中支持激进的种族大屠杀否定论的组织接过了这种话语，将种族灭绝的实施者等同于卢旺达爱国阵线：

> 族群间屠杀造成了严重破坏……坎班达政府组织了一场安抚运动……效果仍然非常有限……卢旺达爱国阵线顽固地拒绝承认现有政府，这意味着拒绝任何妥协。[149]

在吉塔拉马为"临时"政府工作后，卢旺达非政府组织领导人在戈马（Goma）和布卡武（Bukavu）这两个"活动中心"周围建立了有组织的网络。大量援助被用于宣传和支持活动，使他们能够以难民代表的身份出现，并有明确的政治路线。1994 年 10 月至

1995 年 4 月，他们在布卡武和位于北基伍省的穆贡加（Mugunga）难民营帮助建立了争取民主和难民回归联盟（Rassemblement pour la démocratie et le retour des réfugiés，RDR），该组织得到了基督教民主国际（主要是弗拉芒荷语基督教人民党）和前卢旺达武装部队总参谋部的积极支持。后者携带武器进入扎伊尔，并在南北基伍两省的营地，特别是穆贡加和潘济（Panzi，位于南基伍省）进行训练。这个被认为是"第三条道路"的势力范围的论据很简单：种族灭绝只是"战争"中屠杀的一个方面，卢旺达爱国阵线造成的受害者人数众多（这并非不正确），[150] 以至于可以认为发生了另一场种族灭绝，而这场种族灭绝是秘密进行的。这种"双重种族灭绝"是胡图人和图西人几个世纪以来的对抗的一部分，甚至有人认为 1994 年的种族灭绝是图西人的狡猾媒体编造出的。从那时起，唯一的出路就是基加利图西政府和胡图难民代表之间的相互宽恕和谈判。否则，复仇将不可避免。事实上，生活在难民营中的人完全处于前武装部队和民兵的控制之下，这些部队和民兵至少从国际援助中征税 10%。[151] 1994 年年底，约 20 个人道主义组织提出抗议，无国界医生组织撤出。一切都徒劳无功。蒙博托政权曾经名誉扫地，但在这次事件中，特别是在法国的支持下，得以恢复名誉。在与蒙博托政权的共谋下，这些营地距离卢旺达边境只有几公里，这就为袭击该国西部种族灭绝的幸存者或目击者提供了便利。[152]

　　欧洲似乎特别想迫使基加利在大赦和基于族群对立的妥协的基础上与这些势力进行谈判。通过"平衡"1994 年种族灭绝的责任，种族大屠杀否定论意识形态实际上旨在让图西人和胡图人这两个

"阵营"都负罪，从而更好地免除所有人——首先是种族灭绝的推动者——的罪责。换句话说，流亡的胡图人在道义上被当作人质，同样在这个层面上，他们也被当作"人盾"；他们没有从政治责任中解脱出来，因为政治责任属于他们之中特定的群体，而且这些群体始终存在。这是支配了整整一代人历史的族群极权主义逻辑的再现。

这一背景有助于我们理解自 1995 年以来卢旺达局势的恶化。政权显然在两种倾向之间徘徊。一方面，政权正在重建一个法治国家（正如我们在司法问题上所看到的那样），它反对族群主义，让包括重要军官在内的数千名前卢旺达武装部队士兵重返军队，并组织了关于和解与"团结营"（camp de solidarité）的辩论，以鼓励重返职务的公务员克服昔日的种族主义；它制定了将房屋或土地归还从流放地返回的胡图人的规则（因为胡图人不在时，这些房屋或土地被图西人占据）；[153] 它还发起了一场建设运动（因为大约有 15 万幢房屋被摧毁）。但与此同时，政权对幸存者，尤其是 1994 年夏季以来大批（超过 60 万人）返回的散居图西人的要求和恐惧也十分敏感。最近的游击战史和对扎伊尔所发生的一切保持警惕的必要性助长了对治安维护的痴迷，这往往会将任何胡图人变成潜在的嫌疑人，从而将其变成二等公民。

这一安全优先事项导致了两种变化。在卢旺达境内，1995 年 4 月，流离失所者营地（特别是基贝霍营地）被粗暴地关闭，这些营地是法国军队 1994 年 6 月至 8 月在卢旺达西部建立的前绿松石行动区；[154] 1995 年 8 月，图瓦吉拉蒙古总理被解职，由皮埃尔-塞莱斯坦·鲁维盖马（Pierre-Célestin Rwigema）接替，鲁维盖马也是共和民主运动的成员，随后，其他胡图上层领导也纷纷离开。与此同时，警察和军队的控制权不断加强，它们尤其由从乌干达而来的军官（卢旺达爱国阵线的第一批领导）主导，随着时间的推移，基加利的新闻媒体也证实了与这种情况相关的职权滥用和腐败现象。在卢旺达境外，从 1996 年起，我们目睹了使整个非洲中部陷入一片火海的卢旺达军事冒险。

与此同时，布隆迪也深陷潜在内战的僵局。[155]然而，布隆迪还是安全度过了 1994 年 4 月的危险时期，在基加利去世的西普里安·恩塔里亚米拉被国民议会议长西尔韦斯特·恩蒂班通加尼亚取代，[156]9 月达成的政府协议确定了布隆迪民主阵线、争取民族进步统一党和一系列要分一杯羹的小党派之间的权力分配，这些小党派一般都比较激进。[157]

但暴力仍在继续：在民兵统治的布琼布拉，种族隔离依然存在，1995 年 3 月，最后一些"混合"街区［特别是布延济（Buyenzi）的穆斯林郊区］遭到"清洗"。1994 年 6 月，由曾是梅尔希奥·恩达达耶在布隆迪民主阵线的对手、以行事粗暴著称的内政部长莱昂纳尔·尼安戈马（Léonard Nyangoma）领导的布隆迪民主阵线中的一派分裂，成立了保卫民主全国委员会（Conseil national pour la défense de la démocratie, CNDD），该委员会的武装力量保卫民主力量（Forces pour la défense de la démocratie, FDD）与极端叛乱组织——北部的胡图人民解放党和南部的全国解放阵线（Front de libération nationale, Frolina）结盟。由于无法再一次在卢旺达建立后方基地，这些叛军在南基伍省组织起来，在那里播放他们的电台"民主之声"（Voix de la démocratie），其灵感来自千丘自由广播电台的模式，他们还努力控制该地区的黄金交易。[158]布琼布拉北部山脊上的基比拉林区成为他们的主要藏身之地，他们从那里控制着英博平原，并试图通过在公路上发动致命袭击来孤立首都。从族群角度看，布隆迪的人口组成犹如豹皮上的斑点，有"流离失所"的图西人、"重新集结"的胡图人和遣返的胡图人（他们逃离了卢旺达），更不用说像在扎伊尔一样被民兵操纵的卢旺达胡图难民营中的人了。[159]1995 年 12 月至 1996 年 7 月，流离失所者的营地遭到致命的袭击，每次袭击都导致数百人死亡。农民处于铁砧和锤子之间，有时自愿或被迫参加叛乱行动，被当作"人盾"，有时遭到以图西人为主的军队的报复。自 1995 年以来，观察者们一直在谈论布隆迪"一次又一次的种族灭绝"或"正在准备"的种族灭绝，却没有具体说明是谁针对谁。实际上，国家本身已经四分五裂，军队和警察各行其是，一些官员住在布琼布拉，另一些住在扎伊尔边境，甚至是乌维拉。1996 年 3 月，该地区的各国在欧盟支持下，任命坦桑尼亚前总统朱利叶斯·尼雷尔担任调停人，尼雷尔曾声援非洲南部的解放运动，因此被视为"非洲智者"（sage de l'Afrique）。[160]尼雷尔或多或少地将布隆迪等同于南非，对布隆迪"民主化"的复杂性把握不足，这在卢旺达刚刚发生的事件之后可能令人不解。他曾考虑让乌干达和坦桑尼亚进行军事干预，1996 年 6 月，在西方国家的支持下，这种干预似乎即将发生。

299

布根达纳（Bugendana）的流离失所者遭到屠杀，这使图西人的愤怒达到顶峰，并显示了当权者的无能，几天后，也就是 7 月 26 日，前总统布约亚在军队的支持下重新掌权。他随即受到该地区各国的禁运制裁，禁运一直持续到 1999 年 1 月。布隆迪出人意料地顶住了这些压力，但代价是极度贫困和地下经济，甚至是黑手党式经济的兴起。该国采取了两个方面的政策：一方面，几个月内在受叛乱影响的地区加强了军事力量，重新集结了人口；另一方面，逐步确定了与布隆迪民主阵线的伙伴关系——标志是 1998 年设立的两个副总统职位分别由胡图人和图西人担任，并参加了尼雷尔主持的在阿鲁沙举行的谈判。

布隆迪政治格局的四分五裂随处可见：在阿鲁沙各派争斗，布隆迪民主阵线和争取民族进步统一党两党内部的温和派与激进派之间也存在分歧。但国际社会将和平建立在所有极端分子达成一致的基础上的选择似乎也很虚幻，因为"伙伴关系"亦十分脆弱。[161]事实上，布隆迪长期以来一直在两种极端主义之间进退维谷，而这两个阵营的参与者都拒绝承认自己的历史错误：布鲁里省的令人不安的图西人仍然控制着军队，并成功地将针对 1993 年 10 月政变责任人的法律诉讼限制在少数几个代人受过的下级官员身上；令人恐慌的胡图人则怀念 20 世纪 60 年代的卢旺达模式，拒绝承认带有种族灭绝性质的计划已使国家陷入僵局。暴力和利益使所谓的族群团结如此固化，以至于许多布隆迪人所共有的疲惫和见解几乎无法在政治上得到表达。

很难否认邻国卢旺达也存在这种矛盾。但是，一场国际公认的种族屠杀所引发的同情有助于理解这个国家。然而，正如我们所看到，这种资本正被浪费在军国主义狂潮中。自 1996 年年底以来，基伍地区一直是这些行动的核心，胡图难民营造成的爆炸性局势与扎伊尔这一地区特有的问题重叠。我们曾多次看到，该地区以前的政治分裂并没有降低其抵御外来入侵的能力。[162]在非殖民化时期，来自哈武人、希人、富里鲁人等的前王国，或来自分散的政治结构——如北部的南德人和洪德人，以及南部的本贝人和雷加人——的群体之间因土地和政治问题而产生的争端成倍增加。[163]此外，殖民边界既切割了社区，又促成了移民。

这尤其关系到卢旺达文化群体，他们在 20 世纪 60 年代占北基伍省人口的一半，占南基伍省人口的 20% 左右。[164]其中当然包括自 1959 年以来抵达的图西难民和 20 世纪 30 年代移民劳工的后裔，也包括在与刚果划定边界之前就在该地区的讲卢旺达语的人，特别是在戈马和鲁丘鲁（Rutshuru）地区、伊托姆博韦山脉，以及乌维拉上方的本贝地区的人。这些人在北部被称为尼亚卢旺达人，（从 20 世纪 70 年代开始）在南部被称为穆伦盖人[165]，他们不仅是前卢旺达君主国的臣民，也是早在 18 世纪就为躲避与尼金亚王朝征服有关的争斗的迁徙者。[166]刚果独立时，只有在刚果领土上出生的人才能获得公民身份；1972 年，所有卢旺达移民都获得了公民身份；1981 年，公民身份再次仅限于 1908 年在比属刚果生活的人。蒙博托政权下的相关政策反复更改，在这之后，与民主化相关的最后选

举日点燃了火药：讲卢旺达语的人被排除在参加 1991 年全国会议
（Conférence nationale）的代表团之外，1995 年在金沙萨成立的过渡
议会通过决议，取消了讲卢旺达语群体的扎伊尔国籍。[167] 当地政客
轻而易举地利用仇外心理和族群社群主义将自己变成地区领导人：
蒙博托的支持者不会对基伍地区民间社会的这一缺陷有什么不满。
直到 1993 年，那些自称为"本地人"的人对尼亚卢旺达"非本地
人"[168] 的敌意涉及胡图人和图西人。但是，源于卢旺达的族群分歧
和幻想逐渐影响了该地区：20 世纪 70 年代，蒙博托最有影响力的
顾问之一、卢旺达图西人巴泰勒米·比森吉马纳（Barthélemy
Bisengimana）占据伊吉维岛的大片土地；20 世纪 80 年代，北基伍
省的维龙加农业互助社（Magrivi）与哈比亚利马纳政权针对图西牧
民的想法不谋而合；1994 年，约 100 万名卢旺达胡图人外逃，与扎
伊尔胡图人结成阵线，目的是通过 1995 年至 1996 年的大屠杀，在
北基伍省建立一个名副其实的胡图领地，他们血洗了马西西
（Masisi）地区，将 4 万名图西难民驱赶回被认为属于他们的家园卢
旺达。1996 年 7 月，南基伍省的穆伦盖人也受到了同样的威胁。

　　随后，出人意料的事情发生了：1996 年 9 月至 10 月，图西叛
军在卢旺达和乌干达军队的支持下，发动闪电战，横扫南基伍省和
北基伍省的难民营。11 月，70 万名难民在短短几天内返回卢旺达。
士兵和民兵没有伪装成爱好和平的平民返回，而是继续在扎伊尔的
森林中作战，并强迫剩余难民同行。最顽强的难民逃到了中非共和
国或布拉柴维尔（Brazzaville），但仍有约 20 万人下落不明：有的
精疲力竭而死，有的流落他乡，也有的被叛军屠杀。这场悲剧吸引

了最多的关注，因为观察者们希望从中看到"第二次种族灭绝"，以"平衡"1994年的种族灭绝，尤其是因为针对那场种族灭绝的所有国际调查都遭到了破坏。

但是，这场战争的另一面也关系到扎伊尔本身，因为叛乱也唤起了对卢蒙巴时代的怀念，1996年10月在乌维拉北部莱梅拉（Lemera）成立的解放刚果民主力量联盟（Alliance des forces démocratiques pour la libération du Congo，AFDL）的发言人洛朗-德西雷·卡比拉（Laurent-Désiré Kabila）[169]率先行动。30年来，这个在地下从事所有反蒙博托主义冒险活动的人，因同时进行多种贩运活动而被人耻笑，却依靠基伍地区的这次叛乱和卢旺达的算计推翻了一个似乎不可动摇的政权。[170]金沙萨于1997年5月被占领，扎伊尔[171]再次成为"民主刚果"。然而，成为总统的卡比拉与其早期盟友之间的信任迅速瓦解。他试图依靠南非，尤其是安哥拉来摆脱局面。穆伦盖人的国籍问题仍未解决。此外，卢旺达西北部再次出现不安全局势，民兵以基伍地区为后方基地，屠杀种族灭绝幸存者、来自马西西的图西难民以及与新政权合作的胡图人。1998年，暴力升级到全面战争的程度，卢旺达爱国军像在布隆迪一样，重新集结民众。在这之后，和平逐渐恢复，但对基加利来说，消除基伍地区的威胁仍是当务之急。这也是1998年夏天刚果爆发新冲突的原因之一：在卢旺达和乌干达的支持下，基伍地区再次爆发叛乱。[172]但这一次，面对安哥拉和津巴布韦，该地区的这两个教父都被孤立了，就连刚果的讲卢旺达语的人也在怀疑自己是这一只会使自身处境变得更糟的重大策略的棋子。[173]

就大湖地区而言，种族灭绝后的一个重大政治失败是令激发这种族灭绝的意识形态延续和扩张。对被视为入侵者的图西人的仇恨蔓延到了刚果：1998 年 8 月，金沙萨发生了根据面貌进行屠杀的事件（甚至马里人也成为受害者），刚果知识分子开始称图西人为"害虫"。中部非洲的每个政权都把图西人视作自己的对手：对布拉柴维尔的德尼·萨苏-恩格索（Denis Sassou-Nguesso）来说，图西人等同于被视作"封建领主"的刚果人（Bakongo）；对哈拉雷（Harare）的罗伯特·穆加贝（Robert Mugabe）来说，图西人等于祖鲁人后裔恩德贝勒人（Ndebele）的兄弟。该地区的刚果、津巴布韦、坦桑尼亚甚至乌干达的新闻媒体都在谈论"希马帝国"，这个话题在 20 世纪 60 年代基伍地区的政治争斗中被提出，然后在 20 世纪80 年代被哈比亚利马纳政权重新提起，从 1990 年 11 月起被《唤醒》的种族主义宣传扩散开来，并被法国新闻界以"黑色高棉"（Khmers noirs）[174] 的说法重提。我们刚看到的复杂局势和通常相互矛盾的政策，[175] 都是根据称得上 20 世纪初的《锡安长老议定书》（Protocoles des Sages de Sion）① 的疯狂阴谋论综合而成的。但这不妨碍这种幻想发挥作用并激发种族主义政治联盟，其中保卫"班图人民"是主要目标。尤其重要的是不同叛乱组织之间的联系，如卢旺达联攻派民兵、布隆迪的保卫民主力量和胡图人民解放党、乌干达叛军。到处是"班图人"针对被邀请"返回埃塞俄比亚"的图西渗透者的

---

① 又称《锡安长老会纪要》，是 1903 年在沙俄首度出版的反犹太主题的书，原始语言为俄语，作者不详，描述了所谓的"犹太人征服世界"阴谋的具体计划。——译注

圣战，到处是在哨声、鼓声和赞美诗中进行的大屠杀（1996 年在布隆迪西部、1998 年在卢旺达西北部等）。因此，20 世纪上半叶非洲学中无处不在的种族意识形态，在大湖地区找到了自己的沃土，之后溢出，成为当代非洲的一种政治意识形态。

结 论

历史的撕裂

　　在东非大湖地区两千多年的历史之旅之后，我们意识到要理解当代危机背后的驱动力是多么困难：既不能以民族学的夸张方式将危机归咎于氏族的遗产，也不能简单化地指责殖民者破坏了田园风光。本书提出两个重大问题：历史的连续性和断裂所起的作用，以及这个显然面临内部崩溃威胁的古老非洲文明的前景。

政治文化的遗产或断裂？

　　这些非洲社会的历史就像它们所处的地理环境一样，显示出不可否认的独特性和特殊性。但这种印象与其说源于对同质性的观察，不如说来自克服复杂性后的感觉。

　　定居点、农牧业实践和语言反映了大湖地区在各种运动和影响的交会点上的长期演变。在成为难以进入的堡垒之前，这些湖泊之间的山地高原曾是刚果盆地热带雨林、尼罗河上游和东非高原之间真正的十字路口，也是覆盖这里的班图语族和仍然分布在该地区北部和东部边缘的尼罗特语族和库希特语族之间的十字路口，还是根 插作物和谷物之间、香蕉酒和高粱酒之间、土地开垦和游牧迁徙之间，以及湖泊、沼泽地生活（捕鱼、狩猎、制盐、制陶）和高地农牧业生活之间的十字路口。这种相遇是无数次人口流动与土地蚕食、接触与模仿、发明与共同采纳的结果。这个气候条件得天独厚的地区拥有丰富多样的土壤和植被，其繁荣是建立在坚实的技术基础之上的：畜牧业和种植业的结合、一千年来香蕉树的推广，以及两千多年来对冶铁技术的掌握。

　　这些多样的活动和利益之间的关系似乎比非洲其他地区的更紧密，因为非洲其他地区的经济更为粗放，渔民、牧民、谷物种植者和铁匠的不同社会在地域上非常独立，有不同的卡斯特体系。[1]大湖地区的这种空间上的融合及其带来的对抗需要文化和政治上的回应。民族学家所称的"湖间"文明的社会想象正是在多重根源的基础上建立起来的。事实上，这些文明不乏共同特征：从东到西、从北到南的氏族结构相互呼应（布干达除外）；牧民、农民和猎人之间的明确划分（布干达也除外）叠加地区差异、社会分级和氏族重叠，扮演了边缘的但起决定性作用的政治角色；反映所有这些活动的口头文学不断完善；存在创始传说的共同世界，包括其万神殿、从一个国家到另一个国家的重复的叙事片段和象征；被称为"契韦齐"或"库班杜瓦"的崇拜使所有人聚集在一起，摆脱令人不安的祖先的影响；圣林网络及其"守护者"是王国的记忆之地，但其影响力可以盖过君主的权威或跨越国界；最后，王权思想超越一切，体现在令人陶醉的鼓乐语言中，体现在对真正的救世神灵的世俗权威的信仰中，体现在对（欣达、比托、尼金亚、甘瓦等）王朝都城高大围墙阴影下的权力的绝对尊崇中，最终体现在统治者的代表调动士　307

兵的盾牌、长矛和弓箭并向所有臣民征收贡赋和令他们服各种徭役的能力中。君主政体和王国、机构和领土的建立至少经历了三个世纪，但它们都是围绕着一种理念建立起来的，这种理念是这些社会的不成文宪法。在这些社会中，对中央权威的需求即使不是集体心理事实，也已成为文化事实。

但我们看不到和谐与一致：这里不乏不满、不公正、叛乱、混乱、暴力、继承权争端、分裂和战争；与其他地方一样，规则的实施也可能带来偏差、违规、失效和破裂；来自国王的权威引起辩论、咨询和仲裁，在这些场合，措辞、阴谋和影响力可以任意发挥，但甚至在异议中也有共同的参照和某种共谋。一种说法总能遭到另一种说法的反对，一面鼓也能敲出不同的节奏。这些社会具有深刻的政治性，这也许是其最持久的遗产。

正是在这个层面上，我们可以看到贵族阶层的出现。他们的存在绝不是基于社会前提，也不是基于神的决定，而是基于与君主的接近——特别是通过联姻，以及掌握这些没有货币的经济的命脉。影响力依赖人与人之间产生的信任、言语以及可利用的资源，正是这些资源使他们可以编织出超越他们居住的山丘或香蕉种植园的关系网。

我们在这一政治空间中发现了最敏感的差异，即湖边的平原地区与山地较多的地区之间的差异。在维多利亚湖附近，尤其是在布干达，独木舟（用于捕鱼、贸易和战争）与最大限度节省时间的香蕉种植园结合，为扩张与提高影响力提供了机会。在爱德华湖、乔治湖和艾伯特湖附近的盐业生产者或坦噶尼喀湖沿岸（从布吉吉到

布隆迪的英博平原）的居民中，也可以找到这种背景，但它没有发　
挥同样的政治作用。在山区，财富和权力的载体是大牲畜，它们提
供食物、生产肥料，最重要的是，它们构成了所有契约的基础，并
承载着一个完整的想象世界。因此，拥有大群牲畜成为提升社会地
位和巩固权力的一种手段，使图西人或希马人等较富裕的牧民受
益。从 18 世纪起，随着西部高地君主制国家的中央集权化，这种
一开始就有利于牧民的等级或"身份"的形成趋势变得更加明显。
然而，需要注意的是，即使财富和权力的来源是种植业以外的活
动，种植业仍然是几乎所有家庭（少数小团体除外）的传统和活动
的一部分。还需注意的是从艾伯特湖到马拉加拉西河的干旱高原地
区逐渐衰落，土壤更肥沃的地区受益，例如，东部有茂密的香蕉种
植园，西部则能够一年两收，特别是在美洲玉米-大豆成对传播之
后。安科莱、卢旺达和布隆迪等王国（尤其是后两个王国）根据对
互补性生态区的控制和农牧业的一体化程度来划分领土势力。总体
而言，当时任何地方的社会辩证关系都不可能仅仅被归结为胡图
人-图西人或希马人-伊鲁人的分裂。

上述活力在 19 世纪暴露出其局限性。成功似乎越来越多地与
向新地区，尤其是向西部的扩张联系在一起，这些地区要么被掠
夺，要么被殖民和吞并。从这个角度看，该地区的两"大"势力就
是布干达和卢旺达。但是，白人到来后以所谓的"殖民和平"和尊
重 1885 年至 1919 年划定的边界为名阻碍了一切扩张。不过，当地
社会的复杂性使得许多博弈成为可能。我们可以看到，到处都出现

309 了合作派和抵抗派，它们都是同一种努力下的不同形式，都是为了适应和应对人数虽少但技术先进、军事上不可战胜并完全控制着更广阔地区的外国势力。

乍一看，欧洲人在非洲这块土地上的统治并无新意。殖民者，无论是英国人、德国人还是比利时人，都在努力拉拢和利用在他们看来最有效的势力，如布干达、卢旺达和布隆迪的君主体制。与此同时，他们还巩固了这些国家，特别是在领土控制方面。在某些情况下，殖民者还为一些规模较小的公国提供了更广泛的基础：德国人统治下的卡希吉的"大基亚穆特瓦拉"如此，英国人统治下的安科莱如此，比利时人统治下的布希也是如此。因此，殖民者会在从王室中遇到的各种贵族里寻求特权盟友：布隆迪的甘瓦、哈亚国家和安科莱的欣达人、卢旺达的埃加氏族酋长和尼金亚氏族酋长、布希的卢济人，等等。

与此同时，殖民地政府引进了用于出口（尤其是咖啡和棉花）的新生产方式，发行货币——征税的首选工具，创办学校——主要是通过新教或天主教传教会，但这些也都不是独创的。因此，欧洲人引入了关于利润、货币、教育、技术、流动性的新思维方式，简而言之就是引入了个人进步的新方式，原则上打破了旧的世系循环。

但是，这一地区经历了不同寻常的"文化适应"。19世纪末，甚至在这些社会真正为人所知之前，人类学就已将其过去牢牢地掌握在手中，并将成见注入其中。政治等级和社会区分都被等同为"黑人本身"与"假黑人"，或与迷失在非洲中部"黑暗之心"的

"闪米特-含米特人"之间的对立。在这里,白人希望在与他们结盟的酋长中找到失散的兄弟,或者至少是法老或祭司王约翰的后裔。在一个世纪中,这种种族模式充斥在有关这一地区的文献中,反映出一种执拗,以至于任何质疑都被视为咄咄怪事。这种等级划分和本质上不平等的观点让人误以为它们在科学地解释了等级制度和基于血缘关系的身份参照的同时,又以征服者无所不知的权威,以几乎生物学的方式改造了这些非洲现实。一种名副其实的科学族群主义,甚至种族主义,植根于这些社会的中心。第一代识字的人就是这样被培养和激励起来的,尤其在"卢安达-乌隆迪",20 世纪上半叶"胡图人"和"图西人"这两个词成为那里所有社会建构的基本词语。20 世纪 60 年代,受过教育的年轻人掌握了这些国家的命运,一些人有多自豪,另一些人就有多沮丧。"族群"身份意识如此被固定化和合法化,如乌干达的干达人相对尼奥罗人或尼安科莱人、班图人相对尼罗特人、安科莱的希马人相对伊鲁人,尤其是比利时殖民地中的图西含米特人相对胡图班图人。这些身份意识使社会撕裂具体化,远非带有异国情调的装饰物。心理结构可以像经济结构一样坚固。与此同时,一个根本性的矛盾塑造了"现代性":当新的价值观为个人的希望敞开大门时,官方的做法却将这些希望禁锢在所谓的传统种族框架之中。

关于这个尤其封闭的地区与外界接触的实际情况,我们还应该补充一点今天仍然有效的发现。几十年间,这个地区只接触到数量有限的行政人员、传教士、技术人员和士兵(最初只有几十人,非殖民化前夕只有几百人)。在殖民帝国的这些遥远且边缘性地带,

强人绝无仅有，或许乌干达除外。此外，普遍流行的观点并不是最

311 接近现实的和最开放的观察者的观点。相反，在这个狭小的世界
里，占上风的观点通过惯常的民族学的镜像效应和"间接统治"的
明显成功，[2]似乎一劳永逸地厘清了这个"文化区域"。至于那些来
自当地社会的"文化中间人"，在作为殖民模式（权威和真理总是
来自白人）特征的"学科和神学"框架内，[3]他们致力于使对话与胜
利者的观点保持一致。在殖民秩序的夹缝中，他们通过狡猾和迂回
来实现自由，后来民族心理学家将其描述为典型的班图人手段或典
型的图西人手段。[4]殖民者和被殖民者都有各自的策略和目的，但从
长远来看，他们处理关系的基本逻辑是相同的。

走向一个历史空间的内部崩溃还是重组？

这种充满误解的对话并没有随着独立而结束。南部新的执政官
僚机构一直在寻求"发展"援助，它们经常与一些官员接触，这些
官员短暂逗留，做出专业鉴定、报道、正式访问或人道主义行动，
但最终还是会回到我们谈到的那些包含种族圣经的文件中去。[5]在大
湖地区，20 世纪 60 年代的断裂是相对的。伴随着经济和政治联系
而来的文化依赖并没有神奇地消失。科学性和真实性的保证仍然来
自外部信息，尽管这可能会引起情绪化的反应或私下争议。

尽管如此，让-弗朗索瓦·巴亚尔（Jean-François Bayart）写
道，"枷锁理论"（théorie du joug）可能是将非洲统治阶层的责任
简化为便于应用的抽象概念的另一种方式：[6]美国中央情报局、爱丽

舍宫或基督教民主国际都可能是托词。欧洲殖民期间和之后，精英们的举措无论新旧（从来都不是全新的），都是至关重要的。从这个角度来看，一些参与者自己也看到了整整一代人的失败，这代人不知道如何从古今遗产中建立或重建真正的国家。从 20 世纪 60 年代中期起建立的各个共和国的领导人似乎只满足于没收殖民者留下的国家机器，无论其言论是保守的还是革命的。"革命"、"民主"、"民族"和"进步"这些标签似乎都有双重标准，因为首都的政治手段与农村地区的经验之间存在鸿沟，而农村地区生产了大部分财富，并且是所有冲突的核心，遭受了巨大的不幸。除坦桑尼亚外，从 20 世纪 60 年代中期到末期，总共有数百万人丧生。该地区从未经历过这样的悲剧，从未像 1994 年在卢旺达那样，一个政权蓄谋消灭内部的某个群体。

　　跃升至旧王国领导层的一代人错过了独立带来的机会。他们在很大程度上延续了致命的族群划分，深信能从中找到旧君主制国家鼎盛时期的分类逻辑。在布隆迪进行的历时几十年的历史调查（笔者参与了调查）揭示了一条巨大的社会文化鸿沟：一方面，来自农民阶层的见证人对过去的分裂、斗争和冲突了如指掌，但也对其国家的古老存在深信不疑，而且不无怀旧之情；另一方面，城市的领导层被对自己所在族群的优势或生存的激情所困扰——这种激情或被表现出来，或被隐藏——他们在自愿或被迫的情况下将其置于国家经验之上，并利用我们看到的已经实现或设想的社会排斥手段。

　　"族群原教旨主义"从三个角度看是合理的：首先是设想对被描述为绕不过去的并得到（殖民）文本支持的传统的忠诚，正如列

312

维-斯特劳斯所说，这是一种"值得思考"的新神话，导致了笔者
313 所说的"合法化的自相残杀"；[7]其次，设想通过诉诸对世系的效忠
和仇恨，尤其是恐惧等强烈情感，可以轻而易举地动员群众参加选
举或暴力行动；最后，设想通过不断升级的交替屠杀和有意识的血
腥法则，实现族群主义的"预言"。独立后的一代人是在独立后出
生的，占总人口的 2/3。在这一代人中，祖辈口述文化越来越少，
广播文化越来越多（我们已经看到了千丘自由广播电台的作用），
他们深信自己成长过程中的斗争是永恒的。将干达人和尼罗特人、
图西人和胡图人、讲卢旺达语的人和基伍地区"土著"对立起来的
族群主义已经成为一种新的天性。

我们看到了结果。大湖地区面临内部崩溃的威胁，撕裂具有传
染性。面对目前的局势，该地区有两条路可走。要么当前的政治、
经济和人类动荡将导致国家解体，"军阀"地带持久存在，这里或
多或少会受到外部地区势力的控制或大规模国际干预（可能性不
大）；要么出现积极因素。我们的确观察到，在坎帕拉、基加利和
布琼布拉的新政权，以及试图构建市民社会的运动（人权或互助协
会、知识分子或/和宗教团体）都显示出抵制种族主义倾向的迹象，
给人们带来了实施新举措的希望。许多基伍人相信，他们的未来不
是在金沙萨、基加利或布鲁塞尔决定的，而是由他们自己决定的。
卢旺达学会独自面对极端的危险。布隆迪出人意料地成功度过了地
区禁运危机。乌干达摆脱了看似无休止的内战。该地区面临的历史
性挑战是摆脱"非洲学"命运似乎强加给它的自我隔离，以便在当

今非洲重新定义自己。但是，这种向新的地区经验的过渡不可能从一个国家到另一个国家地持续进行。这显然需要在人口流动、经济发展、安全、环境管理和真正的民主实践等方面协调一致，整体重组。这种联盟的体制形式有待创建，它跨越现有边界，但不一定需要重新划定边界。欧洲不是一天建成的。但在非洲这个地区，联合是当务之急。

314

　　最后一点发现涉及历史的书写。一家周报最近援引一个希腊人关于土耳其人的话："我们喜欢同样的食物、同样的音乐……如果我们两国人民要像兄弟一样相爱，就需要烧掉我们的历史书。"[8] 每个人都会想到许多类似的情况。大湖地区并非异类。但是，在任何地方，遗忘都不是解决办法。对清晰历史的吁求曾经动员了德国和法国的历史学家。今天，联合国教科文组织正在非洲这一地区采取这方面的措施。这是一项艰巨的挑战，因为在纷争中，每个阵营中的重要人物都希望确立抗争的编年史，将他们复仇的源头上溯到远古。但是，历史学家的任务并不是讨价还价，而是使用一种方法，通过开启对长时段历史和过去的断裂的思考，挑战固化的记忆。非洲也需要这种变革教育。

注 释

※ 前 言 在非洲书写历史

315   1. Milley (Jacques), *Afrique des Grands Lacs*, Paris, 1968, p.5.

2. 灵感来自一本英国小说，见 Haggard (Rider), *King Salomon's Mines*, Londres, 1885。该小说将这次冒险安排在赞比西河畔。还有较近期的另一部同主题小说，见 Del Perugia (Paul), *Les derniers rois mages*, Paris, 1970。

3. 见 1988 年布隆迪危机时的国际新闻摘录。

4. McCullum (Hugh), *Dieu était-il au Rwanda ? La faillite des Églises*, trad., Paris, 1996.

5. 关于一份非洲历史研究的优秀综述，见 Iliffe (John), *Les Africains. Histoire d'un continent*, trad., Paris, 1997。但是，非洲研究领域仍然充斥着传统民族志的观点，非洲大陆的过去被简化为酋长战争、移民和部落分裂的编年史，丛书《我知道什么？》(*Que-sais-je ?*) 提供了一个很说明问题的例子，见 Stamm (Anne), *Histoire de l'Afrique précoloniale*, Paris, 1997。

6. 关于更多细节，参见 Chrétien (Jean-Pierre), « L'Afrique des Grands Lacs existe-t-elle ? », *Revue Tiers-Monde*, 1986, n° 106, p. 253–270。

7. 湖泊几次更名：维多利亚湖被来自东海岸的斯瓦希里商队称为尼安扎湖；艾伯特湖、爱德华湖和乔治湖分别被沿岸人民称为 Rwitanzige 或 Rwicanzige（意为"蝗虫的杀手"）、Rweru（意为"明亮的表面"）和 Masyoro。蒙博托和伊迪·阿明想在前两个湖泊中分别留下他们的名字，这个提议一直未被采纳。19 世纪的"英国王室更长寿"……本书保留地图册普遍使用的名称，揭露其欧洲中心主义的一面。

8. Par exemple Czekanowski (Jan), *Forschungen im Nil-Kongo-Zwischengebiet. T. 1. Ethnographie; Zwischenseengebiet: Mpororo, Ruanda,* Leipzig, 1917.

9. Chilver (E.M.), « Feudalism in the interlacustrine kingdoms », 316 in Richards (Audrey), *East African chiefs,* Londres, 1960, p. 378–393; D'Hertefelt (Marcel), Trouwborst (Albert. A.) et Scherer (J.H.), *Les anciens royaumes de la zone interlacustre méridionale,* Tervuren, 1962; Maquet (Jacques-Jérôme), « Institutionnalisation féodale des relations de dépendance dans quatre cultures interlacustres », *Cahiers d'études africaines,* 1969, 3, p. 402–414.

10. *La civilisation ancienne des peuples des Grands Lacs. Colloque de Bujumbura (4–10 septembre 1979),* Paris, 1981.

11. 这是相对于更东边的东非大裂谷肯尼亚段和坦桑尼亚段而言。

12. Gourou (Pierre), *L'Afrique,* Paris, 1970; Id., *La densité de la population du Ruanda-Urundi,* Bruxelles, 1953; Morgan (W.T.W.), *East Africa,* Londres, 1973; Raison (Jean-Pierre), *L'Afrique des Hautes Terres,* Paris, 1974; Chrétien (Jean-Pierre) *et al., Histoire rurale de l'Afrique des Grands Lacs. Guide de recherches,* Paris, 1983.

13. D'Hertefelt (Marcel) *et al., op. cit.,* p. 4.

14. "班图"这个词在人类学中使用且带有种族意味时被拼写为 bantou，而在基本语言学中使用时被拼写为 bantu。

15. Maquet (Jacques-J.), *Le système des relations sociales dans le Ruanda ancien,* Tervuren, 1954. 1961 年，该书被翻译成英文，这进一步巩固了该书在关于非洲这一地区的研究中的地位。

16. Fallers (Lloyd), *A Bantu bureaucracy,* Cambridge, 1956; Id. *et al., The king's men,* Londres, 1964.

17. Fortes (Meyer) et Evans-Pritchard (Edward E.), *Systèmes politiques africains, trad. française,* Paris, 1964, p. 107–140.

18. Balandier (Georges), *Anthropologie politique,* Paris, 1967; Maquet (Jacques-J.), *op. cit.,* 1969; Vidal (Claudine), « Économie de la société féodale rwandaise », *Cahiers d'études africaines,* 1974, 1, p. 52–74.

19. Maquet (Jacques-J.), *Pouvoir et société en Afrique,* Paris, 1970.

20. 这一方向尤其影响了后来克洛迪娜·维达尔关于卢旺达的研究。

21. 例如，一本直到 1966 年才重新发行的教科书（1935 年被翻译成法语），见 Seligman (Charles), *Races of Africa,* Londres, 1930, p. 96。该书作者写道：“非洲的文明是……含米特入侵者的文明，是高加索牧民的文明，他们一拨又一拨地来到这里，他们的武器比黑人农民的武器更精良，他们的头脑更灵活。”再如一位民族学家的著作，见 Erny (Pierre), *Rwanda 1994,* Paris, 1994, p.36。该书作者写道：“种族学是被我们正经历的真正的知识恐怖主义摧残的领域之一。如果在生物学层面上……种族因素似乎并不重要，那么从社会角度来看显然不是这样的。”又如一位历史学家的著作，见 Lugan (Bemard), *Histoire du Rwanda,* Paris, 1997, p. 27。该书作者写道：“在非洲像在世界上其他地方一样，‘种族’在族群之前，甚至先于族群而存在。”

22. 关于定义，参见 Herskovits (Melville), « The cattle complex in East Africa », *American anthropologist,* 1926, vol. 28, p. 230–272, 361–388, 494–528, 633–664。该作者启发了雅克－热罗姆·马凯的著作，见 Maquet (Jacques-J.), *Afrique. Les civilisations noires,* Paris, 1962，尤其见第 141–168 页。

23. Ankermann (Berard), « Kulturkreise und Kulturschichten in Afrika »,

Zeitschrift für Ethnologie, 1905, p. 54–84; Stuhlmann (Franz), *Handwerk und Industrie in Ostafrika*, Hambourg, 1910. 施图尔曼是一名自然学家和 317 东非的高级公务员，他在职业生涯结束时担任德国殖民研究所（Institut colonial allemand）所长。他在该书第 77 页中写道："人们要始终问自己，非洲的每一个文明特征是否都来自外部，即来自亚洲。"又见 Chrétien (Jean-Pierre), « Ethnologie et économie. Les productions de l'Afrique des Grands Lacs dans le miroir de la colonisation allemande (1890–1918) », *Journal des africanistes*, 1988, 1, p. 51–73。

24. 例如，1951 年至 1955 年人类学家约翰·贝蒂对布尼奥罗所做的研究。他提供了关于研究成果的综述，见 Beattie (John), *The Nyoro state*, Oxford, 1971。

25. Botte (Roger), « Processus de formation d'une classe sociale dans une société précapitaliste », *Cahiers d'études africaines*, 14, 4, 1974, p. 605–626; Vidal (Claudine), « De la contradiction sauvage », *L'homme*, 1974, XIV, 3–4, p. 5–58.

26. De Heusch (Luc), *Rois nés d'un cœur de vache*, Paris, 1982. Critique par Vansina (Jan), « Is elegance proof? Structuralism and African history », *History in Africa*, 10, 1983, p. 307–348.

27. Rotberg (Robert I.) *et al.*, *Africa and its explorers*, Cambridge (Mass.), 1970. 关于对东非进行的探险活动，见 Langlands (Bryan W.), « Early travellers in Uganda », *Uganda journal*, mars 1962, p. 55–71; Roberts (Andrew D.), « A bibliography of primary sources for Tanzania, 1799–1899 », *Tanzania notes and records*, 1974, p. 65–92。

28. Cooley (William D.), *Inner Africa laid open*, Londres, 1852.

29. Oliver (Roland), *The missionary factor in East Africa*, Londres,

1965; Renault (François), *Lavigerie, l'esclavage africain et l' Europe* (t. 1, *Afrique centrale*), Paris, 1971.

　　30. Matthews (Daniel) et Wainwright (M. Doreen), *A guide to manuscripts and documents in the British Isles relating to Africa*, Londres 1971; Harlow (Vincent) *et al.*, *History of East Africa*, vol. II, Oxford, 1965, p. 701–705; Van Grieken-Taverniers (Madeleine), *La colonisation belge en Afrique centrale. Guide des Archives africaines du ministère des Affaires étrangères, 1885–1962*, Bruxelles, 1981; Franz (Eckhart) et Geissler (Peter), *Das Deutsch-Ostafrika-Archiv*, Marburg, 1973; Lamey (René), *Archives des Pères blancs*, Maison généralice, Rome, 1970.

　　31. 关于比利时的例子，参见 Deslaurier (Christine), « Du nouveau pour l'histoire politique du Burundi à la veille de l'indépendance. La documentation secrète de la Sûreté (1958–1961) » in *Autres sources, nouveaux regards sur l'histoire africaine, Cahiers du C.R.A.*, n° 9, Paris, 1998, p. 36–69。

　　32. 除了联合国教科文组织的《非洲通史》(*Histoire générale de l'Afrique*) 和《剑桥非洲史》(*Cambridge history of Africa*) 的书目外，还可参考 Chrétien (Jean-Pierre) *et al.*, *op. cit.*, 1983; Mworoha (Émile), *Peuples et rois de l'Afrique des lacs*, Dakar, 1977; Iliffe (John), *A modern history of Tanganyika*, Cambridge, 1979; Prunier (Gérard), Calas (Bernard) *et al.*, *L'Ouganda contemporain*, Paris, 1994; Mworoha (Émile) *et al.*, *Histoire du Burundi, des origines à la fin du XIXe siècle*, Paris, 1987; Rodegem (François M.), *Documentation bibliographique sur le Burundi*, Bologne, 1978; D'Hertefelt (Marcel) et De Lame (Danielle), *Société, culture et histoire du Rwanda. Encyclopédie bibliographique, 1863–1980/87*, Tervuren, 1987, 2 tomes; Vellut (Jean-Luc), *Guide de l'étudiant en histoire du Zaïre*,

Kinshasa, 1974; Id. *et al.*, *Bibliographie historique du Zaïre de l'époque coloniale (1880–1960) : travaux publiés en 1960–1996*, Louvain-la-Neuve/ Tervuren, 1996; Bishikwabo (Chubaka) et Newbury (David), « Recent historical research in the area of Lake Kivu: Rwanda and Zaïre », *History in Africa*, VII, 1980, p. 23–45。

33. Coupland (Reginald), *East Africa and its invaders*, 1938, p. 14.

34. Vansina (Jan), *De la tradition orale. Essai de méthode historique*, Tervuren, 1961; Id., *Oral tradition as history*, Londres/Nairobi, 1985; Perrot (Claude-Hélène) *et al.*, *Sources orales de l'histoire de l'Afrique*, Paris, 1989.

35. 将以口述传统的形式出现的故事与书面资料相对照，既揭示了许多事实的惊人的准确性，也显示出关于地方政治的原始资料的精确性，以及对新情况的解释的怀古情感，尴尬由此而来。参见 Chrétien (Jean-Pierre), *Burundi. L'histoire retrouvée*, Paris, 1993, p. 107–119; Id., « Le passage de l'expédition d'Oscar Baumann au Burundi (septembre-octobre 1892) », *Cahiers d'études africaines*, 1968, VIII, 1, p. 48–95。

36. 布隆迪农民明确区分了 imigani（即传说、格言、想象的故事）和 amakuru（即新闻、信息）。

37. "口述传统中的大多数情况似乎是对一般性事件的概括"，见 Vansina (Jan), *op. cit.*, 1985, p.31。又见 Chrétien (Jean-Pierre), « Le mwami Ntare dans l'histoire du Burundi », in Guillet (Claude) et Ndayishinguje (Pascal), *Légendes historiques du Burundi*, Paris, 1987, p. 273–282。

38. Cohen (David W.), « A survey of interlacustrine chronology », *Journal of African history*, 1970, 2, p. 177–201. 关于这些王朝表的不确定性，参见 Henige (David), *The chronology of oral tradition. Quest for a chimera*, Oxford, 1974。

关于卢旺达的例子，参见 Nkuríkiyimfura (Jean-Népomucène), « La révision d'une chronologie: le cas du royaume du Rwanda », in Perrot (Claude-Hélène), *op. cit.*, 1989, p.149–180; Newbury (David), « Trick cyclists? Recontextualizing Rwanda dynastic chronology », *History in Africa*, 1994, p. 191–217。

39. Gray (Richard), « Eclipses maps » et « Annular eclipse maps », *Journal of African history*, 1965, 3, p. 251–262, et 1968, 1, p. 147–157.

40. Wesbter (J.B.) *et al.*, *Chronology, migration and drought in interlacustrine Africa*, Londres, 1979.

41. Chrétien (Jean-Pierre) et Bahenduzi (Michel), « Ntare Rushatsi est-il passé à Magamba en mars 1680 ou en août 1701 ?», *Culture et société. Revue de civilisation burundaise*, vol. XI, Bujumbura, 1990, p. 38–55.

42. Chrétien (Jean-Pierre), « Confronting the unequal exchange of the oral and the written », in Jewsiewicki (Bogumil) et Newbury (David) éds., *African historiographies. What history for which Africa?* Beverly Hills, 1985, p.75–90; Id., « Les traditionnistes lettrés du Burundi à l'école des bibliothèques missionnaires (1940–1960) », *History in Africa*, 1988, p. 407–430.

43. Vidal (Claudine), *Sociologie des passions*, Paris, 1991, p. 45–61.

44. De Lacger (Louis), *Ruanda*, Namur, 1939; rééd. Kabgayi, 1961.

45. Chrétien (Jean-Pierre), « Du Hirsute au Hamite. Les variations du cycle de Ntare Rushatsi, fondateur du royaume du Burundi », *History in Africa*, 1981, p. 3–41; Id., « Nouvelles hypothèses sur les origines du Burundi. Les traditions du Nord », in Ndoricimpa (Léonidas) et Guillet (Claude) éds., *L'arbre-mémoire. Traditions orales du Burundi*, Paris, 1984, p. 11–52. 就这样，"已知"王朝表突然从包含 4 位国王的 2 个周期变成了 4 个周期，因此当时的姆瓦姆布扎国王的名字后面加上了"四世"。重要的是，

319

不要输给拥有 20 多个统治期的卢旺达劲敌！

46. Detienne (Marcel), *L'invention de la mythologie*, Paris, 1981, p. 153–154.

47. Twaddle (Michael), « On Ganda historiography », *History in Africa*, 1974, p. 85–100. Voir aussi: Smith (Pierre), « Personnages de légende », in *La civilisation ancienne des peuples des Grands Lacs*, *op. cit.*, 1981, p. 244–253.

48. Chrétien (Jean-Pierre), « Les arbres et les rois: sites historiques du Burundi », *Culture et société*. *Revue de civilisation burundaise*, vol. I, 1978, p. 35–47.

49. Schmidt (Peter), *Historical archaeology*, Westport, 1978.

50. Sutton (John), « The antecedents of the interlacustrine kingdoms », *Journal of African history*, 1993, 1, p. 33–64; Chrétien (Jean-Pierre), « L'empire des Bacwezi. La construction d'un imaginaire géopolitique », *Annales E.S.C.*, 1985, 6, p. 1335–1377.

51. 关于非洲南部这些巨型石墙的神话，参见 Summers (Roger), *Zimbabwe, mystère rhodésien*, trad., Paris, 1971。

52. Chrétien (Jean-Pierre), « Les refus et les perspectives d'une "histoire rurale" en Afrique des Grands Lacs », in Id. *et al.*, *op. cit.*, 1983, p.11–27; Vellut (Jean-Luc), « Pour une histoire sociale de l'Afrique centrale », *Cultures et développement*, Louvain, 1974, 1, p. 61–86.

53. 例如，在 1994 年 6 月 21 日的非官方日报《新视野》(*New Vision*) 中，它成为恢复该国君主制运动的一部分。

54. 关于一份受卡加梅神父的启发，由法国合作组织（Coopération française）出版的地图，见 Prioul (Christian) et Sirven (Pierre) *et al.*, *Atlas du Rwanda*, Kigali/Paris, 1981, planche XII。

55. 在 1993 年 10 月的布隆迪和 1994 年 4 — 6 月的卢旺达，胡图民兵杀害图西人，指责他们没有返回埃及。1992 年 11 月，一位卢旺达学者预言，图西人的尸体将通过尼罗河支流被送回埃塞俄比亚！

320

56. Malkki (Liisa), *Purity and exile. Violence, memory and national cosmology among Hutu refugees in Tanzania*, Chicago,1995; Chrétien (Jean-Pierre), *Le défi de l'ethnisme*, Paris, 1997 (notamment « L'immatriculation ethnique, vocation de l'africanisme interlacustre ? », p. 11–28).

57. Malkki (Liisa), *op. cit.*, p. 104. 关于历史编纂学辩论，参见 Schoenbrun (David), « A past whose time has come: historical context and history in Eastern Africa's Great Lakes », in *History making in Africa, History and theory. Studies in the philosophy of history, cahier* 32, Middletown, 1993, p. 32–56；Carbone (Carlo), « Etnie, storiografia e storia del Burundi e del Rwanda contemporanei », *Africa*, Rome, 1997, 2, p. 397–406。

58. Bloch (Marc), *La société féodale*, 1939, p. 141–142. Voir: Chrétien (Jean-Pierre), Triaud (Jean-Louis) *et al.*, *Histoire d'Afrique. Enjeux de mémoire*, Paris, 1998.

59. Vidal-Naquet (Pierre), « L'Atlantide et les nations », dans son ouvrage: *La démocratie grecque vue d'ailleurs*, Paris, 1990, p. 139–159.

60. Anonyme, *Essai d'histoire*, Usumbura, vers 1958.

61. 参见一名医生、前部长的著作: Debré (Bernard), *Le retour du mwami*, Paris, 1998。

※ 第一章　一个古老的定居点及其谜团

1. 关于"班图人迁徙"，参见 Vansina (Jan), « New linguistic evidence and the "Bantu expansion" », *Journal of African history*, 1995, 2, p. 191。

2. Chrétien (Jean-Pierre), « L'alibi ethnique dans les politiques africaines », *Esprit*, juillet 1981, p. 109–115; Id., « Ethnies et ethnisme », *Larousse annuel 95*, Paris, 1995, p. 168–170.

3. 分别为对湖泊沉积物的研究和对在泥炭中发现的花粉化石的研究。

4. Schoenbrun (David), « The contours of vegetation change and human agency in Eastern Africa's Great Lakes region: ca. 2 000 BC to ca. AD 1 000 », *History in Africa*, n° 21, 1994, p. 269–392. Voir aussi: Roche (Émile) *et. al.*, « Évolution du paléoenvironnement quaternaire au Rwanda et au Burundi », *Actes du Xe symposium de l'Association des palynologues de langue française*, 1988, p. 105–123; Bonnefille (Raymonde) et Riollet (Guy), « L'histoire forestière du Burundi d'après l'étude des tourbières », *Cahiers d'histoire*, n° 2 (*Histoire rurale*), Bujumbura/Paris, 1984, p. 71–83; Livingstone (D.A.), « Environmental changes in the Nile headwaters », in Williams (M.A.J.), et Faure (H.), *The Sahara and the Nile*, Rotterdam, 1980, p. 339–359; Vincens (A.), « Paléoenvironnements du bassin Nord-Tanganyika (Zaïre, Burundi, Tanzanie) au cours des 13 derniers mille ans: apport de la palynologie », *Review of palaeobotany and palynology*, 1989, p. 69–88.

5. Sutton (John), « The aquatic civilization of Middle Africa », *Journal of African history*, 1974, 4, p. 527–546.

6. Chrétien (Jean-Pierre), « Les peuples et leur histoire avant la colonisation » in Calas (Bernard) et Prunier (Gérard), *op. cit.*, 1994, p. 21–26; Mworoha (Émile) *et. al.*, *op. cit.*, 1987, p. 102–103 et 187–188 (cartes).

7. Coupez (André) *et. al.*, « Classification d'un échantillon de langues bantoues d'après la lexicostatistique », *Africana linguistica*, VI, Tervuren, 1975, p. 152; Guthrie (Malcolm), *The classification of the Bantu languages*,

Londres, rééd., 1967. D 区和 E 区的分界线与讲法语和讲英语的殖民地的分界线吻合！

8. 指语言的词根带有前缀，有时是 ru-（或 lu-），有时是 ki-（或 gi-），有时是 ma-。相应国家的名称前一般都有前缀 Bu-（布干达、布隆迪、布津扎、布希……），但有例外，如卢旺达、安科莱。

9. Chrétien (Jean-Pierre), « Les Bantous, de la philologie allemande à l'authenticité africaine », *Vingtième siècle,* oct.-déc.1985, p. 43–66.

10. Bleek (Wilhelm), *Über den Ursprung der Sprache*, Weimar, 1868, p. XXIL.

11. Meinhof (Carl), *Grundzüge einer vergleichenden Grammatik der Bantusprachen*, Hambourg, 1906 (rééditée en 1948).

12. Seligman (Charles), *Races of Africa*, Londres, 1930, trad. Française: *Les races de l'Afrique*, Paris, 1935, p. 159–160.

13. 赞同这一观点的有法国学者、殖民地官员莫里斯·德拉福斯（Maurice Delafosse），以及卢旺达的传教士和历史学家，参见 Pagès (A.), *Un royaume hamite au centre de l'Afrique*, Bruxelles, 1933, p. 11–13；De Lacger (Louis), *Ruanda*, Namur, 1939, p. 49。

14. Van Bulck (C.), « Les langues bantoues », in Meillet (A.) et Cohen (M.) éds., *Les langues du monde*, Paris, 1952, p. 847–848.

15. Johnston (Harry), « A survey of the ethnography of Africa », *Journal of the Royal anthropological institute,* 1913, p. 413. 同样的看法见 Stuhlmann (Franz), *Handwerk und Industrie in Ostafrika*, Hambourg, 1910。

16. 关于 1919—1920 年来到该地区的美国观察者的例子，参见 Shantz (H.L.), « Agricultural regions of Africa », *Economic geography*, oct. 1942, p. 347。同样的偏见在很长一段时间内使人们把位于班图语国家中间的大津

巴布韦城墙看作腓尼基人或塞巴人（Sabéen）的作品。

17. Vansina (Jan), « Bantu in the crystal ball », *History in Africa*, 6, 1979, p. 287–333, et 7, 1980, p. 293–325.

18. 关于约翰斯顿绘制的真正的南北循环网络图，见 Chrétien (Jean-Pierre), *op.cit.*, 1985, p. 54。

19. Johnston (Harry), *Comparative study of the Bantu and semi-Bantu languages*, Oxford, 1919.

20. 自那时起，放射性碳定年法提供了一个新的断代来源，其误差范围为 200 年至 400 年。

21. Greenberg (Joseph), *Studies in African linguistic classification*, Bloomington, 1955; Murdock (George), *Africa. Its people and their culture history*, New York, 1959.

22. Hiernaux (Jean) et Maquet (Emma), *Cultures préhistoriques de l'âge des métaux au Ruanda-Urundi et au Kivu*, I: *Bulletin des séances de l'Académie royale des sciences coloniales*, Bruxelles, 1956, 6, p. 1126–1149; II: *Académie royale des sciences d'outre-mer, classe des sciences naturelles*, Bruxelles, 1960, p. 102; Posnansky (Merrick), « Pottery types from archaeological sites in East Africa », *Journal of African history*, 1961, 2, p. 177–198. 关于这些问题的综述与参考书目，参见 Mworoha (Émile) *et. al.*, *op. cit.*, 1987, p. 92–100。

23. Guthrie (Malcolm), *Comparative Bantu*, 4 vol., Farnborough, 1967–1971; Id., « Some developments in the prehistory of the Bantu languages », *Journal of African history*, 1962, p. 273–282.

24. Oliver (Roland), « The problem of the Bantu expansion », *Journal of African history*, 1966, 3, p. 361–376.

322

25. Hiernaux (Jean), « Bantu expansion: the evidence from physical anthropology, confronted with linguistic and archaeological evidence », *Journal of African history*, 1968, 4, p. 505–515.

26. Greenberg (Joseph), « Linguistic evidence regarding bantu origins », *Journal of African history*, 1972, 2, p. 189–216; Ehret (Christopher), « Bantu origins and history: critique and interpretation », *Transafrican journal of history*, Nairobi, 1972, 1, p. 1–9; Heine (Bernd), « Zur genetischen Gliederung der Bantu-Sprachen », *Afrika und Übersee*, 1973, 3, p. 164–185. Synthèses dans: Dalby (David) *et. al.*, *Language and history in Africa*, Londres, 1970; Bouquiaux (Luc) *et. al.*, *L'expansion bantoue*, vol. III, Paris, 1980.

27. Posnansky (Merrick), « Bantu genesis. Archaeological reflexions », *Journal of African history*, 1968, 1, p. 1–11; Soper (Robert), « A general review of the early iron age of the southern half of Africa », *Azania*, 6, 1971, p. 5–37.

28. De Maret (Pierre) et Nsuka (F.), « History of Bantu metallurgy: some linguistic aspects », *History in Africa*, 4, 1977, p. 43–66.

29. Oliver (Roland) et Fagan (B.), « The emergence of Bantu Africa », in *Cambridge history of Africa*, vol. 2, 1978, p. 342–409.

30. Phillipson (D.W.), *The later prehistory of Eastern and Southern Africa*, Londres, 1977.

31. Ki-Zerbo (Joseph), *Histoire de l'Afrique noire*, Paris, 1972, p. 91.

32. Schmidt (Peter), *op. cit.*, 1978.

33. Van Grunderbeek (Marie-Claude) *et. al.*, « L'âge du fer ancien au Rwanda et au Burundi; Archéologie et environnement », *Journal des africanistes*, 1982, 1–2, p. 5–58; Vignati (Élizabeth), *Du fourneau à la fosse*.

Changements techniques dans la métallurgie du fer au Burundi au cours des deux derniers millénaires, thèse, Paris 1, 1995. Synthèses: Chrétien (Jean-Pierre), « Les âges du fer dans la région des Grands Lacs », *Recherche, pédagogie et culture*, n° 55, sept.-déc. 1981, p. 76–80; Vanacker (Claudette), chapitres 3 et 4 de Mworoha (Émile) *et. al., op. cit.*, 1987, p. 57–87.

34. Célis (Georges) et Nzikobanyanka (Emmanuel), *La métallurgie traditionnelle du Burundi. Techniques et croyances*, Tervuren, 1976; Chrétien (Jean-Pierre), « La production du fer au Burundi avant la mainmise coloniale », in Échard (Nicole) éd., *Métallurgies africaines*, Paris, 1983.

35. Van Noten (Francis), *Histoire archéologique du Rwanda*, Tervuren, 1983, p. 29; Posnansky (Francis), « Terminology in the early iron age of Eastern Africa, with particular reference to the dimple-based wares of Lolui island, Uganda », *Congrès panafricain de préhistoire*, Dakar, 1973, p. 577–579.

36. Soper (Robert), « Early iron age pottery from East Africa. Comparative analysis », *Azania*, 1971, p. 39–52; Van Noten (Francis), « The early iron age in the interlacustrine region. The diffusion of iron technology », *Azania*, 1979, p. 61–80.

37. Desmedt (Christiane), « Poteries anciennes décorées à la roulette dans la région des Grands Lacs », *African archaeological review*, 9, 1991, p. 161–196. 关于在卢旺达和布隆迪发现的 A 类（乌雷维）和 B 类（"植物刻花"）陶器，见 Hiernaux (Jean) et Maquet (Emma), *op. cit.*, 1956 et 1960。若干年前，卢旺达胡图共和国的一个宣传者推断，大湖地区的另一个班图津巴布韦发生了尼罗特人的破坏性入侵，参见 Paternoste de la Mairieu (Baudouin), *Le Rwanda*, Bruxelles/Kigali, 1972, p. 24。

38. Sutton (John), *The archaeology of the Western Highlands of Kenya*,

323

Nairobi, 1973, p. 152.

39. Sutton (John), « The antecedents of the interlacustrine kingdoms », *Journal of African history*, 1993, 1, p. 33–64.

40. Twaddle (Michael), « Towards an early history of the East African interior », *History in Africa*, 2, 1975, p. 147–184.

41. Sassoon (Hamo), « Kings, cattle and blacksmiths: royal insignia and religious symbolism in the interlacustrine states », Azania, 18, 1983, p. 93–106; Mturi (A.A.), « Ancient civilization of the peoples of the Great Lakes, the linguistic and archaeological evidence », in *La civilisation ancienne des peuples des Grands Lacs*, Paris, 1981, p. 430– 439.

42. Vansina (Jan), « New linguistic evidence and the Bantu expansion », *Journal of African history*, 1995, 2, p. 173–195 (citation p. 192–193).

43. 长期以来，人们关于古希腊爱奥尼亚人（Ionien）和多里安人（Dorien）的论述都是照本宣科。根据“凯尔特人迁徙”的模式，凯尔特人把文明从多瑙河流域带到英吉利海峡和地中海沿岸。参见 Sergent (B.), « Penser - et mal penser - les Indo-Européens », *Annales ESC*, 1982, 4, p. 669–681；Renfrew (Colin), *L'énigme indoeuropéenne*, Paris, 1990。语言学家约翰内斯·施密特（Johannes Schmidt）早在 1872 年就提出了“波浪”模式，参见 Schmidt (Johannes), *Die Verwandtschaftsverhältnisse des indo-germanischen Sprachen*, Weimar)。最近考古学家科林·伦弗鲁（Colin Renfrew）又针对欧洲发展了这一模式，参见 Renfrew (Colin), *op. cit.*, p. 154–160。

44. 从很多植物地理景观的植物物种的并存也可见一斑。

45. Clark (J. Desmond), « The spread of food production in Subsaharan Africa », *Journal of African history*, 1962, 2, p. 211–218; Harlan (J.R.) *et. al.*, *Origins of African plant domestication*, La Haye, 1976; Id., *Les plantes*

cultivées et l'homme, Paris, 1987; Gwynne (M.D.), « The origin and spread of some domestic food plants of Eastern Africa », in Chittick (H. Neville) et Rotberg (Robert I.) eds., *East Africa and the Orient*, New York, 1975, p. 248–271; Vansina (Jan), « Esquisse historique de l'agriculture en milieu forestier (Afrique équatoriale) », *Muntu*, Libreville, 2, p. 5–34; Chrétien (Jean-Pierre) *et al.*, *op. cit.*, Paris, 1983.

46. 试举几例：在乌干达，参见 Emin Pacha, *Die Tagebücher* (éd. par Franz Stuhlmann), 4 vol., Hambourg, 1919–1927; Johnston (Harry), *The Uganda Protectorate*, 2 vol., Londres, 1902。在维多利亚湖西部，参见 Grant (J.A.), « Summary of observations on the geography, climate and natural history of the Lake region of Equatorial Africa », *Journal of the Royal geographical society*, 1872, vol. 42, p. 243–342; Richter (Franz), « Einige weitere ethnographische Notizen über den Bezirk Bukoba » et « Notizen über Lebensweise, Zeitrechnung, Industrie und Handwerk der Bewohner des Bezirks Bukoba », *Mitteilungen... aus den deutschen Schutzgebieten*, XIII, 1900, p. 61–85 et p. 115–126。在卢旺达，参见 Czekanowski (Jan), Forschungen im Nil-Kongo-Zwischengebiet, *I. Ethnographie: Zwischenseengebiet, Mpororo, Rwanda*, Leipzig, 1917; Pagès (A.), « Flore domestique du Rwanda, I. Les plantes alimentaires », *Bulletin agricole du Congo belge*, 1928, p. 116–131。在布隆迪，参见 Meyer (Hans), *Les Barundi* (trad. de l'allemand), Paris, 1984。关于整体农业景观，参见 Heremans (Roger) et Bart (François), « Agriculture et paysages rwandais à travers les sources missionnaires (1900–1950) », *Cultures et développement*, 1982, 1, p. 3–39; Chrétien (Jean-Pierre), « Agronomie, consommation et travail dans l'agriculture du Burundi du XVIIIe au XXe siècle », in Cartier (Michel) éd., *Le travail et ses*

représentations, Paris, 1984, p. 123-178。

47. 原名为 Coleus dazo，更准确地说是 Plectranthus esculentus 或 Solenostemon rotundifolius。

48. 最初的观察者有时称其为"阿拉比卡"，有时称其为"罗布斯塔"（Robusta），参见 Jervis (T.S.), « A history of "Robusta" coffee in Bukoba », *Tanganyika notes and records*, déc. 1939, p. 47-58。关于更准确的介绍，参见 Pernès *et. al.*, *Gestion des ressources génétiques des plantes*, t. I, Paris, 1984。其种子可咀嚼或吮吸，被用作兴奋剂或在某些社会仪式上被使用。

49. Schoenbrun (David), *Early history in Eastern Africa's Great Lakes region: linguistic, ecological and archaeological approaches, ca. 500 B.C. to ca. A.D. 1000*, thèse, Los Angeles, 1990. 关于这一研究的综述，见 « We are what we eat: ancient agriculture between the Great Lakes », *Journal of African history*, 1993, 1, p. 1-31。

50. 语言图表见 Calas (Bernard) et Prunier (Gérard) éds., *op. cit.*, 1994, p. 22。地图见 Chrétien (Jean-Pierre), « Afrique noire. Histoire précoloniale. I. L'Afrique orientale », *Encyclopaedia universalis*, supplément, 1, Paris, 1980, p. 108。中部苏丹语群体是乌干达西北部卢格巴拉人（Lugbara）的远祖；原型尼罗特语群体是今乌干达、肯尼亚和坦桑尼亚边界的卢奥人、卡拉莫琼人、卡伦金人等的远祖；南库希特语群体是东非大裂谷坦桑尼亚段的伊拉库人（Iraqw）的远祖。

51. Schoenbrun (David), *op. cit.*, *Journal of African history*, 1993, p. 26. 他的推论基于对专业词汇以及它们在相关语言年表中的位置（无论是新创词还是外来词）的比较研究。又见 Ehret (Christopher), « Agricultural history in Central and Southern Africa, c. 1000 B.C.to A.D. 500 », *Transafrican journal of history*, 1974, 1/2, p. 1-26。

52. Chrétien (Jean-Pierre), « Anciens haricots et anciens tubercules dans la région des Grands Lacs », in Chastanet (Monique), éd., *Plantes, paysages d'Afrique, Une histoire à explorer*, Paris, 1998, p. 213–229.

53. AAA 三倍体组合香蕉（Musa sapientium AAA）非常特殊，与该地区所有语言中的词根 -toke 对应，参见 Mc Master (D.N.), « Speculations on the coming of the banana to Uganda », *Uganda journal*, 1963, 2, p. 163–175。关于语言学和农业，参见 De Langhe (E.) *et. al.*, « Plantain in the early Bantu world »; Philippson (Gérard) et Bahuchet (Serge), « Cultivated crops and Bantu migrations in central and Eastern Africa », *Azania*, 29–30, Nairobi, 1996 (numéro spécial « The growth of farming communities in Africa from Equator southwards »), p. 147–160 et 103–120。

54. Schoenbrun (David), « Cattle herds and banana gardens: the historical geography of the western Great Lakes region, ca. AD 800–1500 », *African archaeological review*, 1993, p. 39–72.

55. Kottak (C.P.), « Ecological variables in the origin and evolution of African States: the Buganda example », *Comparative studies in society and history*, 1972, p. 351–380.

56. Chrétien (Jean-Pierre), « Les années de l'éleusine, du sorgho et du haricot. Écologie et idéologie », *African economic history*, 7, printemps 1979, p. 75–92 (et *Burundi. l'histoire retrouvée*, 1993, p. 79– 103); Id., in Chastanet (Monique), *op. cit.*, 1998.

57. Rodegem (François-Marie), *Sagesse kirundi (proverbes)*, Tervuren, 1961; Dion (Marius), *Devinettes du Rwanda*, Tervuren, 1971; cf. Chrétien (Jean-Pierre), *op. cit.*, in Cartier (Michel) éd., 1984, p. 149–153.

58. Chrétien (Jean-Pierre), *ibid.*, p. 157–160. 让·范西纳在非洲中部也

有类似的发现。

59. Sutton (John), « L'Afrique orientale avant le VIIe siècle », in *Histoire générale de l'Afrique de l'Unesco*, t. II, Paris, 1980, p. 621–625; Phillipson (D.W.), *op. cit.*, 1977; Denbow (J.), « A new look at the later prehistory of the Kalahari », *Journal of African history*, 1986, 1, p. 3–28. Synthèse dans: Nkurikiyimfura (Jean-Népomucène), *Le gros bétail et la société rwandaise. Évolution historique: des XIIe-XIVe siècles à 1958*, Paris, 1994, p. 21–32.

326

60. Gautier (A.), in Van Noten (Francis), *Histoire archéologique du Rwanda*, Tervuren, 1983, p. 104–120; Van Grunderbeek (Marie-Claude) *et. al.*, *op. cit.*, 1982.

61. Epstein (H.), *The origin of the domestic animals in Africa*, 2 vol., New York, 1971.

62. Schoenbrun (David), *op. cit.*, *Journal of African history*, 1993, p. 1–31; Ehret (Christopher), « Cattle-keeping and milking in Eastern and Southern African history: the linguistic evidence », *Journal of African history*, 1986, 1, p. 3–28; Wrigley (Christopher), « Cattle and language between the lakes », *Sprache und Geschichte in Afrika*, 1987, p. 247–280.

63. Schoenbrun (David), *op. cit.*, *African archaeological review*, 1993, p. 39–72.

64. Reid (Andrew), *The role of cattle in the later iron age communities of Southern Uganda*, thèse, Cambridge, 1991.

65. Sutton (John), *op. cit.*, *Journal of African history*, 1993.

66. Sutton (John), *ibid*; Steinhart (Edward I.), « Herders and farmers: the tributary mode of production in Western Uganda », in Crummey (Donald) et Stewart (C.) eds., *Modes of production in Africa*, Beverley Hills, 1981,

p. 114–155. 关于非洲东部古代生态危机的另一个例子，参见 Sutton (John),
« Irrigation and soil conservation in African agricultural history », *Journal of African history*, 1984, 1, p. 25–41。

67. 高粱与畜牧业之间的互补关系是持久的，参见 Chrétien (Jean-Pierre), « Le sorgho dans l'agriculture, la culture et l'histoire du Burundi », *Journal des africanistes*, 1982, 1–2, p. 145–162。

68. Speke (John H.), *Les sources du Nil*, trad., Paris, 1865, p. 176.

69. Von Götzen (Gustav Adolf), *Durch Afrika von Ost nach West*, Berlin, 1895, p. 180, 187, 188, 190–191.

70. Van der Burgt (Johannes-Michael), *Dictionnaire français-kirundi*, Bois-le-Duc, 1903, p. LXXV; Césard (Edmond), « Le Muhaya », *Anthropos*, XXX, 1935, p. 94; Sasserath (Jules), *Le Ruanda-Urundi, étrange royaume féodal*, Bruxelles, 1948, p. 27–28; *Le Point*, 4.9.1988; *The Economiste*, 27.8.1988.

71. Czekanowski (Jan), *op. cit.*, 1917, p. 49; Gille (Albert), « Notes sur l'organisation des Barundi », *Bulletin des juridictions indigènes et du droit coutumier congolais*, Élisabethville, 1, fév. 1937, p. 75; Posnansky (Merrick), « Kingship, archaeology and historical myth », *Uganda journal*, 1966, p. 6.

72. 关于照片，参见 Johnston (Harry), *The Uganda protectorate*, I, 1902, p. 249。

73. Hiernaux (Jean), *Les caractères physiques des populations du Ruanda et de l'Urundi*, Bruxelles, 1954.

74. Deschamps (Hubert) *et. al.*, *Histoire générale de l'Afrique*, 1, Paris, 1970, p. 65.

75. Synthèses de Lainé (Agnès), *Génétique des populations et histoire*

du peuplement de l'Afrique. Essai d'historiographie et d'épistémologie, thèse, Paris 1, 1998. 尤其见第三章中关于"非洲多态性的地缘政治"的叙述。

327   76. Hubinont (P.O.), Hiernaux (Jean) et Massart-Guiot (Th.), « Blood groups of the ABO, MN and CDE-cde systems in the native populations of Ruanda-Urundi territories », *Annals of Eugenics*, 18, 1953, p. 13–21; Hiernaux (Jean), « Données génétiques sur six populations de la République du Congo », *Annales de la société belge de médecine tropicale*, 2, 1962, p. 145–174; Id., « Le début de l'âge des métaux dans la région des Grands Lacs », in Mortelmans (G.) et Nenquin (Jacques) éds., *Actes du IVe Congrès panafricain de préhistoire et de l'étude du quaternaire*, Tervuren, 1962; Id., *Découvertes récentes sur les origines de l'homme*, Paris, 1968, p. 32.

77. Ssebabi (E.C.T.) et Nzaro (E.), « Distribution of ABO and Rh (D) phenotypes in Uganda », *Vox sanguinis* (Suisse), 1974, p. 74–82.

78. Cavalli-Sforza (Francesco), *Chi siamo. La storia della diversita umana*, Milan, 1993: trad. française: *Qui sommes-nous ?*, Paris, 1997.

79. Hiernaux (Jean), *The people of Africa*, Londres, 1974; Langaney (André), *Les hommes. Passé, présent, conditionnel*, Paris, 1988, p. 159–184.

80. Lainé (Agnès), *op. cit.* 20 世纪 80 年代初在布琼布拉进行的一项研究显示了布隆迪和卢旺达的图西人之间的亲缘关系，并将其与布隆迪的胡图人和扎伊尔的"班图人"之间的亲缘关系进行对比。这项研究的依据是主要在城市进行的抽样调查，并以耶尔诺在 1954 论述的班图人 / 含米特人模式中的历史合理性为前提，参见 Le Gall (J.Y.), Le Gall (M.), Godin (Y.) et Serre (J.L.), « A study of genetic markers of the blood in four central African population groups », *Human heredity*, Bâle, 1982, 32, p. 418–442。此外，对作为所谓的种族标志物的乳酸酶的存在或缺乏进行观察也可得到类似发现。

81. Chrétien (Jean-Pierre), « Mythes et stratégies autour des origines du Rwanda (XIXᵉ-XXᵉ siècles) Kigwa et Gihanga, entre le ciel, les collines et l'Ethiopie », in Id. et Triaud (Jean-Louis) éds., *Histoire d'Afrique. Enjeux de mémoire*, Paris, 1999, p. 305–307; Mworoha (Émile), *Peuples et rois de l'Afrique des lacs*, Dakar, 1977, p. 66–67; Beattie (John), *The Nyoro state*, Oxford, 1971, p. 36–37. -hanga 这个词根也指地位更高的神。

82. 从现在起，在谈论这些社会的内部时，本书也尊重语言，特别是前缀的使用，见"关于班图语前缀的说明"。

83. 例如，Vansina (Jan), *La légende du passé. Traditions orales du Burundi*, Tervuren, 1972, p. 113。

84. Elam (Y.), *The social and sexual role of Hima women. A study of nomadic cattle breeders in Nyabushozi country, Ankole, Uganda,* Manchester, 1973.

85. 可参考埃塞俄比亚南部或南美印加人（Inca）的例子等。

86. Maquet (Jacques-J.), *Le système des relations sociales dans le Ruanda ancien*, Terren, 1954.

87. De Heusch (Luc), *Le Rwanda et la civilisation interlacustre*, Bruxelles, 1966, p. 364–374.

88. Desmarais (Jean-Claude), « Le Rwanda des anthropologues: l'archéologie de l'idéologie raciale », *Anthropologie et sociétés*, 1978, 1, p. 71–93.

89. D'Hertefelt (Marcel), Trouwborst (Albert. A.) et Scherer (J.H.), *Les anciens royaumes de la zone interlacustre méridionale. Rwanda, Burundi, Buha*, Tervuren, 1962, notamment p. 17, 23, 120, 121, 178, 184.

90. Anacleti (A.O.), « The cattle complex in the ancient West Lakes

kingdoms », in *La civilisation ancienne des peuples des Grands Lacs, op. cit.*, p. 158.

91. Cochet (Hubert), « Burundi: quelques questions sur l'origine et la différenciation d'un système agraire », *African economic history*, 1998, n° 26, p. 15–62.

92. Karugire (Samwiri R.), *A history of the kingdom of Nkore in western Uganda to 1896*, Oxford, 1971, p. 41 et 66. 关于交换逻辑和占据支配地位的过程的可能的结合，参见 Chrétien (Jean-Pierre), « Échanges et hiérarchies dans les royaumes des Grands Lacs de l'Est africain », *Annales E.S.C.*, 1974, 6, p. 1327–1337; Id. « Agronomie, consommation et travail dans l'agriculture du Burundi du XVIIIe au XXe siècle », in Cartier (Michel), éd., *op. cit.*, 1984, p. 157–170。

93. Botte (Roger), « Agriculteurs/éleveurs et domination du groupe pastoral », in Équipe Écologie et anthropologie des sociétés pastorales, *Pastoral production and society*, Paris-Cambridge, 1979, p. 399–418.

94. Vidal (Claudine), « Le Rwanda des anthropologues et le fétichisme de la vache », *Cahiers d'études africaines*, 1969, 3, p. 384–401; Id., « Économie de la société féodale rwandaise », *ibid.*, 1974, 1, p. 52–74. 请注意，该作者最初将"牛拜物教"归因于马凯等人类学家，而不是卢旺达社会。

95. Czekanowski (Jan), *op. cit.*, 1917, p. 261–263.

96. Chrétien (Jean-Pierre), « Les identités hutu et tutsi. Perspectives historiques et manipulations politiques », in *Burundi. L'histoire retrouvée*, 1993, p. 316–319.

97. Newbury (Catherine), « Ethnicity in Rwanda. The case of Kinyaga », *Africa*, 1978, 1, p. 17–29.

98. Ndikuriyo (Adrien), « Contrats de bétail, contrats de clientèle et pouvoir politique dans le Bututsi du XIXᵉ siècle », *Études d'histoire africaine*, VII, 1975, p. 59–76.

99. Johnston (Harry), *op. cit.*, 1902, II, p. 600–602; Rehse (Hermann), *Kiziba. Land und Leute*, Stuttgart, 1910, p. 105–110.

100. Ntezimana (Emmanuel), « Histoire, culture et conscience nationale: le cas du Rwanda des origines à 1900 », *Études rwandaises*, I, 4, 1987, p. 462–497, particulièrement p. 488–489.

※ 第二章　王权的出现：权力与宗教

1. Stanley (Henry M.), *À travers le continent mystérieux*, trad., Paris, 1879, p. 370–373.

2. Kandt (Richard), *Caput Nili*, t. Ⅱ, Berlin, 1919, p. 12–15. 文章也发表在 Mworoha (Émile), *op. cit.*, 1977, p. 311–312。应该指出的是，坎特在那一天并没有真正见到国王本人，而是见到一个接见外国访客的替身，这样做是出于谨慎，因为外国人被认为是恶魔。

3. 这个词起源于苏格兰，自 19 世纪 60 年代末以来被盎格鲁－撒克逊人类学家采用。

4. Sundkler (Bengt), *Bara Bukoba*, Londres, 1980, p. 15.

5. Mworoha (Émile), *op. cit.*, 1977, p. 30–46. 关于乌干达西部的类似情况，参见 Buchanan (Carole), « Perceptions of ethnic interactions in the East African interior: the Kitara complex », *International journal of African historical studies*, 1978, 3, p. 410–428。

6. 比雷梅失去了父亲，在说出了氏族名字后被王室收留。关于比雷梅的生平，参见 Mworoha (Émile), *op. cit.*, 1977, p. 175–177。

7. Rodegem (François-Marie), *Onomastique rundi*, Bujumbura, 1965, p. 77–95.

8. Cory (Hans) et Hartnoll (M.), *Customary law of the Haya tribe*, Londres, 1945, p. 263–284.

9. Newbury (David), *Kings and clans*, Madison, 1991.

10. Van Sambeek (J.), *Croyances et coutumes des Baha*, t. Ⅱ, Kabanga, 1950, p. 26–30.

11. Nsimbi (M.B.), « The clan system in Buganda », *Uganda journal*, 1964, 1, p. 25–30; Fallers (Lloyd), *The King's men*, Londres, 1964, p. 71–92. 氏族分支的名称在干达语中的字面意思分别是炉石、榕树和线条。

12. Beattie (John), *op. cit.*, 1971, p. 249–256; Roscoe (John), *The Bakitara or Banyoro*, Cambridge, 1923, p. 14–18.

13. D'Hertefelt (Marcel), *Les clans du Rwanda ancien. Éléments d'ethnosociologie et d'ethnohistoire*, Tervuren, 1971; Karugire (Samwiri), *op. cit.*, 1971, p. 71–78.

14. Nyagahene (Antoine), *Histoire et peuplement. Ethnies, clans et lignages dans le Rwanda ancien et contemporain*, thèse, Paris 7, 1997.

15. Buchanan (Carole), *The Kitara Complex: the historical tradition of Western Uganda to the XVIth century*, thèse, Indiana University, 1974.

16. ubwoko 的复数。

17. Delmas (Léon), *Généalogies de la noblesse (les Batutsi) du Ruanda*, Kabgayi, 1950; Pagès (Albert), *Au Ruanda. Sur les bords du lac Kivu, Congo belge. Un royaume hamite au centre de l'Afrique*, Bruxelles, 1933.

18. 从 20 世纪 50 年代和这一现实的政治化开始，ubwoko 这个词才被用来指"族群"。参见 Nyagahene (Antoine), *op. cit.*。

19. Géraud (Félix), « The settlement of the Bakiga », in Denoon (Donald) et al., *A history of Kigezi*, Kampala, s.d., p. 23–55; D'Hertefelt (Marcel), *op. cit.*, 1971, p. 6; Mworoha (Émile), *op. cit.*, 1977, p. 35–38; Newbury (David), *op. cit.*, 1991, p. 120–125. 330

20. Jervis (T.S.), *op. cit.*,1939, p. 56.

21. Cité par Mworoha (Émile), 1977, p. 37.

22. Newbury (David), « The clans of Rwanda: a historical hypothesis », in *La civilisation ancienne…*, *op. cit.*, 1981, p. 186–197.

23. 完整的图表见 Mworoha (Émile), *op. cit.*, 1977, p. 44–45。

24. Beattie (John), *op. cit.*, 1971, p. 167.

25. Karugire (Samwiri), *op. cit.*, 1971, p. 71.

26. Fallers (Lloyd), *op. cit.*, 1964, p. 88–89.

27. Nahimana (Ferdinand), « Les principautés hutu du Rwanda septentrional », in *La civilisation ancienne…*, *op. cit.*, 1981, p. 115–128; Id., *Le Rwanda. Émergence d'un État*, Paris, 1993 (thèse sur le Bushiru).

28. Chrétien (Jean-Pierre), « Roi, religion, lignages en Afrique orientale précoloniale », Le Roy Ladurie (Emmanuel) éd., *Les monarchies*, Paris, 1986, p. 115–133.

29. Were (Gideon), « The western Bantu peoples from AD 1300 to 1800 », in Ogot (Bethwell A.) et Kieran (J.A.) eds., *Zamani*, Nairobi, 1968, p. 178–181; Oliver (Roland), « L'Afrique orientale », in Deschamps (Hubert) éd., *Histoire générale de l'Afrique noire*, I, Paris, 1970, p. 434–436; Fage (J.D.), *An Atlas of African history*, Londres, 1968, p. 21–22.

30. Wrigley (Christopher), « Some thoughts about the Bachwezi »,

Uganda journal, 1958, 1, p. 11–17; Id., « The story of Rukidi », *Africa*, 1973, 3, p. 219–235.

31. Chrétien (Jean-Pierre), *op. cit.*, 1985, p. 1335–1377.

32. Fisher (Ruth), *Twilight tales of the Black Baganda. The traditional history of Bunyoro-Kitara*, Londres, 1911 (rééd. Londres, 1970); Roscoe (John), *op. cit.*, Cambridge, 1923, p. 323–327; Gorju (Julien), *Entre le Victoria, l'Albert et l'Édouard*, Rennes, 1920, p. 38–55; Nicolet (J.), « Essai historique de l'ancien royaume du Kitara de l'Uganda », *Annali del pontificio museo missionario etnologico*, Le Vatican, 1972, p. 165–222.

33. Rehse (Hermann), *op. cit.*, 1910, p. 37–39; Césard (Edmond), « Comment les Bahaya interprètent leurs origines », *Anthropos*, 1927, p. 440–465.

34. Lanning (Eric), « Masaka hill. An ancient center of worship », *Uganda journal*, 1954, 1, p. 24–30.

35. Chrétien (Jean-Pierre), *op. cit.*, 1985, p. 1342 et 1353.

36. Welbourn (Frederick B.), « Some aspects of Kiganda religion », *Uganda journal*, 1962, 2, p. 171–182; Zuure (Bernard), *Croyances et pratiques religieuses des Barundi*, Bruxelles, 1929; Van Sambeek (J.), *op. cit.*, 1949, p. 49–53.

37. Kiwanuka (Semakula), *A history of Buganda from the foundation of the kingdom to 1900*, Londres, 1971, p. 35–43.

38. Berger (Iris), « Deities, dynasties and oral traditions: the history and legend of the Abacwezi », in Miller (J.C.) ed., *The African past speaks*, Folkestone, 1980, p. 61–81.

39. Webster (B.) et Herring (R.), « Labongo », *Kenya historical review*,

331

1975, 1, p. 97–107.

40. 该区域南部的一个古老地名，20 世纪被用来描述契韦齐王朝统治下的布尼奥罗。

41. Wrigley (Christopher), *op. cit.*, 1973; Nicolet (J.), *op. cit.*, 1972, p. 194–292; Mworoha (Émile), *op. cit.*, 1977, p. 76–77.

42. K.W. [Winyi (Tito), roi du Bunyoro], « The kings of Bunyoro-Kitara », *Uganda journal*, 1935, 2, p. 155–160; Nyakatura (John), *Abakama ba Bunyoro-Kitara, Saint-Justin* (Québec), 1947, trad. en anglais: *The anatomy of an African kingdom*, New York, 1973, p.26– 27. Déjà dans: Johnston, *op. cit.*, 1902, p. 595.

43. 除了颜色的基本象征意义外，还应该注意到，这些非洲人看到第一批欧洲人时，并不认为他们在生理上是白色的，而是"红色"的。

44. Speke (John H.), *Journey of the discovery of the source of the Nile*, Edimbourg, 1863: trad. française, *op. cit.*, Paris, 1865, p. 214–218. 更确切地说，盖拉人是埃塞俄比亚的奥罗莫人（Oromo），"盖拉"一词只是一个绰号。

45. Baker Samuel, *The Albert Nyanza*, Londres, 1866, p. 107, 187–188.

46. Emin Pacha (alias Eduard Schnitzer), « Zur Ethnologie des Albert-Sees », *Das Ausland*, 1891, 18, p. 351–355; Stuhlmann (Franz), *Mit Emin Pascha ins Herz von Afrika*, Berlin, 1894, p. 651, 713–715.

47. Johnston (Harry), *op. cit.*, 1902, II, p. 594–596 et 600–602. 他显然采纳了新教传教士非常赞同的想法。

48. Czekanowski (Jan), *op. cit.*, 1917, p. 55.

49. Gorju, *op. cit.*, 1920, p. 50.

50. Fisher (Ruth), *op. cit.*, [1911], 1979, p. 39–40.

51. Nicolet (J.), *Mucondozi*, Mbarara, 1953, p. 1–2.

52. Nyakatura (John), *op. cit.*, 1973, p. 17, 27.

53. 关于发掘的历史及其诠释，参见 Chrétien (Jean-Pierre), *op. cit.*, 1985, p. 1345–1350。该问题的现状前文已提及，参见 Sutton (John), *op. cit.*, *Journal of African history*, 1993。见地图"大湖地区北部考古和传说"。

54. Oliver (Roland), « The East African Interior », in *The Cambridge history of Africa*, II , 1977, p. 632; « A question about the Bachwezi », *Uganda journal*, 1953, 2, p. 135–137; « The Interior c. 1500–1840 », in Oliver (Roland) et Mathew (Gervase), *History of East Africa*, I, Oxford, 1963, p. 169–211.

55. 德国自然学家弗朗茨·施图尔曼同意后者，参见 Stuhlmann (Franz), *op. cit.*, 1894。最近一些作者重新对这一问题进行了研究，他们在契韦齐崇拜中看到希马人征服之前的一种文化的表现，并认为这种文化与之对立，参见 Berger (Iris), *The kubandwa religious complex of Interlacustrine East Africa: an historical study, ca. 1500–1900*, thèse Madison, 1973。

56. Sutton (John), *op. cit.*,1993, p. 58.

57. Roscoe (John), *The Banyankole*, Cambridge, 1923, p. 24; Chrétien (Jean-Pierre), *Burundi. L'histoire retrouvée*, Paris, 1993, p. 356.

58. Nicolet (J.), « Régions qui se détachèrent du Kitara et devinrent des royaumes indépendants », *Annali del pontificio museo missionario etnologico*, Le Vatican, 1972, p. 227–287; Lapioche (R.P.), *Notes sur le Buhaya*, 1917, *Archives des Pères blancs*, Rome, document n° 850; Mors (Otto), *Geschichte der Bahaya,* microfilm*, Anthropos*, Fribourg, 1957, p. 13–21; Van Thiel (R.P.), « Buzinza unter der Dynastie der Bahinda », *Anthropos*, 1911, 6, p. 497–520; Rehse (Hermann), *op. cit.*, 1910, p. 285–288; *District Book de Bukoba*, Archives S.O.A.S. Londres, p. 19–21. Synthèse: De Heusch (Luc), *op. cit.*, 1966, p. 29–35; Mworoha (Émile), *op. cit.*, 1977, p. 83–87; Berger (Iris), *op. cit.*, 1973,

332

p. 49–54.

59. Césard (Edmond), « Histoires des rois du Kyamtwara d'après l'ensemble des traditions des familles régnantes », *Anthropos*, 1931, p. 533–543.

60. Chrétien (Jean-Pierre), *op. cit.*, 1985, p. 1362. 甚至在布隆迪，白衣神父也试图证明鲁欣达是王朝的祖先。

61. Kakaira (D.), *Histoire d'Uzinza*, Mwanza, 1948, Archives des Pères blancs Rome, doc. n°851. Cité dans: Mworoha (Émile), *op. cit.*, 1977, p. 74.

62. Crazzolara (J.P.), *The Lwoo*, 3 vol., Vérone, 1950–1954.

63. 除了布科巴的传教士和英国行政人员的一些文字记载外，主要是已经提到的吕克·德豪胥的专著（1966）提到这一理论。他基于对语言的某种误解发展了这个假设——这让人想起斯皮克关于"维图人"的假设：据说扬戈人的长尾猴图腾被欣达人的猴图腾（tumbili）取代。实际上，这两个图腾指向同一种动物，分别用该地区的哈亚语和斯瓦希里语（行政辅助人员在殖民调查中使用的通用语言）指代。

64. 关于布干达神话及其解释，见 Ray (Benjamin), *Myth, ritual and kingship in Buganda*, Oxford, 1991, p. 54–103。

65. Cohen (David W.), *The historical tradition of Busoga. Mukama and Kintu*, Oxford, 1972.

66. Chrétien (Jean-Pierre), « Mythes et stratégies autour des origines du Rwanda (XIXe-XXe siècles): Kigwa et Gihanga, entre le ciel, les collines et l'Ethiopie », in Id. et Triaud (Jean-Louis) éds., *op. cit.*, 1999, p. 281–320. Voir aussi: Vansina (Jan), *Histoire du royaume rwanda des origines à 1900*, Bruxelles, 1962, p. 42–48; Smith (Pierre), « La forge de l'intelligence », *L'homme*, 1970, 2, p. 5–21.

67. Rennie (J.K.), « The precolonial kingdom of Rwanda: a reinterpreta-

tion», *Transafrican journal of history*, 1972, 2, p. 11–53. 见地图。

68. Vansina (Jan), *La légende du passé*, Tervuren, 1972, p. 55–117. Chrétien (Jean-Pierre), «Du Hirsute au Hamite. Les variations du cycle de Ntare Rushatsi, fondateur du royaume du Burundi», *History in Africa*, VII, 333 1981, p. 3–41; Id., «Les variantes dans les sources orales: un exemple dans les récits d'origine du royaume du Burundi», *Culture et société. Revue de civilisation burundaise*, IV, 1981, p. 21–33; Id., «Nouvelles hypothèses sur les origines du Burundi. Les traditions du Nord», in Ndoricimpa (Léonidas) et Guillet (Claude) éds., *op. cit.*, 1984, p. 11–52. Voir aussi Id., *op. cit.*, 1993, p. 33–43 et 343–377.

69. Gorju (Julien), *Face au royaume hamite du Ruanda. Le royaume frère de l'Urundi*, Bruxelles, 1938. 文题《面对卢旺达的含米特王国：布隆迪的兄弟王国》本身就很说明问题。

70. Chrétien (Jean-Pierre), «Le Buha à la fin du XIXe siècle: un peuple, six royaumes», *Études d'histoire africaine*, VII, 1975, p. 9–38.

71. Newbury (David), *op. cit.*, 1991; Bishikwabo (Chubaka), «L'origine des chefferies de l'ouest de la Rusizi: Bufulero, Buvira et Burundi au XIXe-XXe siècle», *Culture et société*, Bujumbura, IV, 1981, p. 107–121; Id., *Histoire d'un État Shi en Afrique des Grands Lacs: Kaziba au Zaïre (c. 1850–1940)*, thèse, Louvain-la-Neuve, 1982; Bishikwabo (Chubaka) et Newbury (David), *op. cit.*, 1980, p.23–45; Depelchin (Jacques), *From precapitalism to imperialism. A history of social and economic formations in Eastern Zaïre* (Uvira Zone, c. 1800–1965), thèse, Stanford, 1974（尽管标题充满学术术语，但本书很有用）。

72. Sigwalt (Richard), *The early history of Bushi. An essay in the*

historical use of Genesis traditions, thèse, université du Wisconsin, 1975.

73. Nahimana (Ferdinand), *op. cit.*, 1981, p. 115–127; Willis (Justin), « Kinyonyi and Kateizi: the contested origins of pastoralist dominance in south-western Uganda », in Chrétien (Jean-Pierre) et Triaud (Jean Louis) éds., *op. cit.*, 1999, p. 119–136.

74. 关于布隆迪英雄基兰加的例子，参见 Smith (Pierre), « Personnages de légende », in *La civilisation ancienne...*, *op. cit.*, 1981, p. 244–253。

75. Moeller de Laddersous (A.), *Les grandes lignes des migrations des Bantous de la Province orientale au Congo belge*, Bruxelles, 1936.

76. Mworoha (Émile), *op. cit.*, 1977, p. 103–105.

77. De Heusch (Luc), *Essais sur le symbolisme de l'inceste royal en Afrique*, Bruxelles, 1958.

78. Newbury (David), *op. cit.*, 1991, p. 164.

79. Chrétien (Jean-Pierre), « Le mwami Ntare. Le héros fondateur d'une protonation », in Id., *op. cit.*, 1993, p. 57–56; Nizigiyimana (Domitien), *Les contes d'ogres (ibisizimwe): contribution à l'analyse des textes narratifs de littérature orale du Burundi*, thèse, Paris 3, 1985.

80. Willis (Justin), *op. cit.*, 1999.

81. Mworoha (Émile), *op. cit.*, 1977, p. 282–291; Chrétien (Jean-Pierre) et Mworoha (Émile), « Les tombeaux des *bami* du Burundi: un aspect de la monarchie sacrée en Afrique orientale », *Cahiers d'études africaines*, 1970, 1, p. 40–79; Gahama (Amélie), *La reine mère et ses prêtres*, Nanterre, 1980; Coupez (André) et D'Hertefelt (Marcel), *La royauté de l'ancien Rwanda*, Tervuren, 1964, p. 203–219; Chrétien (Jean-Pierre), « Le Buha... », *op. cit.*, 1975, p. 18–19; Bishikwabo (Chubaka), *op. cit.*, 1982, p. 219–226; Ingham

334 (Kenneth), « The amagasani of the Abakama of Bunyoro », *Uganda journal*, 1953, 2, p. 138–145; Oliver (Roland), « The royal tombs of Buganda », *Uganda journal*, 1959, 2, p. 124–133.

82. Mworoha (Émile), *op. cit.*, 1977, p. 265–281; Ndayishinguje (Pascal), *L'intronisation d'un mwami*, Nanterre, 1977; Coupez (André) et D'Hertefelt (Marcel), *op. cit.*, Tervuren, 1964, p.221–279; Bishikwabo (Chubaka), *op. cit.*, 1982, p. 219–226; Mors (Otto), *op. cit.*, 1957.

83. 参见驻布隆迪高级官员冯·朗根（von langenn）少校于 1916 年 1 月 4 日给东非总督的报告，转引自 Ndayishinguje (Pascal), *op. cit.*, 1977, p. 53–56。

84. 来自印度洋的小贝壳，在 19 世纪具有货币功能前被认为有魔力。

85. Evans-Pritchard (Edward), *The divine kingship of the Shilluk of the Nilotic Sudan*, Londres, 1946.

86. 扎沙里耶·恩蒂巴基瓦约（Zacharie Ntibakivayo）收集了一首布隆迪赞美诗，参见 *Culture et société*, Bujumbura, II, 1979, p.92–97。

87. 图片及评论见 Ndoricimpa (Léonidas) et Guillet (Claude), *Les tambours du Burundi*, Bujumbura, 1983。

88. Lapioche (Jean-Baptiste), *Le Buhaya et son histoire*, 1938, Archives des Pères blancs, Rome.

89. Ray (Benjamin), *op. cit.*, 1991, p. 74–103.

90. Bahenduzi (Michel), *Le rituel du Muganuro dans l'histoire du Burundi, des origines au XXᵉ siècle*, thèse, Paris 1, 1991; Id., « Kirwa: un jalon sur l'itinéraire de l'*isugi* », in *Ndoricimpa* (Léonidas) et Guillet (Claude) éds., *op. cit.*, 1984, p. 147–167; Chrétien (Jean-Pierrre), *op. cit.*, 1979; Id., « Le sorgho dans l'agriculture, la culture et l'histoire du Burundi »,

Journal des africanistes, 1982, 1–2, p. 145–162.

91. Newbury (David), « What role has kingship? An analysis of the *Umuganura* ritual of Rwanda », *Africa-Tervuren*, 1981, 4, p. 89–101.

92. Mworoha (Émile), *op. cit.*, 1977, p. 253–264; Newbury (David), *op. cit.*, 1991, p.200–226; Bishikwabo (Chubaka), *op. cit.*, 1982, p. 235–238.

93. Chrétien (Jean-Pierre), *op. cit.*, 1979, repris dans Id., *op. cit.*, 1993, p. 79–103.

94. Newbury (David), *op. cit.*, 1991, p. 56–58.

95. 在其他地方也存在这种说法,参见 Kantorowicz (Ernst), *The king's two bodies,* Princeton, 1957。

96. Mworoha (Émile), *op. cit.*, 1977, p. 128–130 et 150–162; Id., « La cour du roi Mwezi Gisabo (1852–1908) du Burundi à la fin du XIXᵉ siècle », *Études d'histoire africaine*, VII, 1975, p. 39–58. 另见乔治·斯梅茨(Georges Smets)的调查文章,由奈梅亨大学(Université de Nimègue)的阿尔贝特·特劳夫博斯特收集。

97. 在其他王宫也可以看到类似的情形:卢旺达有一只圣猴;在哈亚国家,是一个小丑(mushegu)用笛声唤醒国王等。

98. 地图见 Mworoha (Émile) *et al.*, *Histoire du Burundi...*, *op. cit.*, 1987, p. 215。

99. Chrétien (Jean-Pierre), « La religion des Grands Lacs... », in Lenoir (F.) et Tardan-Masquelier (Y.) éds., *Encyclopédie des religions*, Paris, 1997, p. 1192–1196.

100. Zuure (Bernard), *op. cit.*, 1929, p. 5–6 (préface de Mgr Gorju).

101. Arnoux (Alexandre), « Le culte de la société secrète des Imandwa au Ruanda », *Anthropos*, 1912, p. 273–295, 529–558, 870–875, et 1913,

335

p. 110–134, 754–774; Struck (B.), « Bermerkungen über die "Mbandwa" des Zwischenseengebiets », *Zeitschrift für Ethnologie*, 1911, 3–4, p. 516–521; Vix (A.), « Beitrag zur Ethnologie des Zwischenseengebietes von Deutsch Ostafrika", *ibid.*, p. 502–515.

102. Grant (C.H.B.), « Uha in Tanganyika Territory », *Geographical Journal*, nov. 1925, p. 420–421.

103. Vidal (Claudine), « Anthropologie et histoire: le cas du Rwanda », *Cahiers internationaux de sociologie*, 1967, p. 143–157. 有关对立的观点，参见 De Heusch (Luc), « Mythe et société féodale. Le culte du kubandwa dans le Rwanda traditionnel », *Archives de sociologie des religions,* 1964, p. 133–146; Id., *op. cit.*, 1966。

104. Freedman (Jim), *Nyabingi: the social history of an African deity*, Tervuren, 1984.

105. Chrétien (Jean-Pierre), « Roi, religion, lignages en Afrique orientale précoloniale », in Le Roy Ladurie (Emmanuel) éd., *op. cit.*, 1986, repris in Id., *op. cit.*, 1993, p. 59–78.

106. Berger (Iris), *Religion and resistance: East African kingdoms in precolonial period*, Tervuren, 1981 (tiré de *op. cit.*, 1973); Id., *op. cit.*, 1980; Id., « Rebels or status-seekens? Women as spirit mediums in East Africa », in Mafkin (N.J.) et Bay (E.G.) eds., *Women in Africa*, Stanford, 1980, p. 157–181.

107. Detienne (Marcel), *Dionysos mis à mort*, Paris, 1978; Vidal-Naquet (Pierre), « Bêtes, hommes et dieux chez Grecs », in Poliakov (Léon) *et al.*, *Hommes et bêtes*, Paris, 1975, p. 129–142.

108. Kenny (Michael), « Mutesa's crime: hubris and the control of African kings », *Comparative studies of society and history*, 1988, p. 595–612.

109. Biebuyck (Daniel), *Lega culture*, Berkeley, 1973; Bishikwabo (Chubaka), « Notes sur l'origine de l'institution du bwami et fondements du pouvoir politique au Kivu oriental », *Cahiers du Cedaf*, Bruxelles, n° 8, 1979.

110. Newbury (David), *op. cit.*, 1991, p. 331–332.

※ 第三章 君主制国家的建立

1. 见附录中"王朝表"。王朝表基于现有研究，不过 1700 年之前的内容未有定论。

2. Gray (John), *op. cit.*, *Journal of African history*, 1965 et 1968; Sykes (J.), « The eclips at Biharwe », *Uganda journal*, 1959, 1, p. 44–56.

3. Voir déjà Hérodote, vol. III, 122.

4. Kagame (Alexis), *La notion de génération appliquée à la généalogie*   336 *dynastique et à l'histoire du Rwanda des Xe-XIe siècles à nos jours*, Bruxelles, 1959.

5. Cohen (David W.), « A survey of interlacustrine chronology », *Journal of African history*, 1970, 2, p. 177–201. 让·范西纳认为是 20 年，参见 Vansina (Jan), *L'évolution du royaume rwanda des origines à 1900*, Bruxelles, 1962。又见 Henige (David), « Reflections on early interlacustrine chronology: an essay in source criticism », *Journal of African history*, 1974, 1, p. 27–46。

6. Kagame (Alexis), *Inganji Kalinga*, 1943 et 1947, rééd., Kabgayi, 1959; Smith (Pierre), *op. cit.*, *L'homme*, 1970, 2, p. 5–21. 可参考以下专著进行对照：Delmas (Léon), *Les généalogies de la noblesse (Batutsi) du Rwanda*, Kabgayi, 1950。

7. Chrétien (Jean-Pierre), *op. cit.*,1993, p. 52.

8. Person (Yves), « Tradition orale et chronologie », *Cahiers d'études africaines*, 1962, n° 7, p. 462–476.

9. Newbury (David), « Trick cyclists? Recontextualizing Rwandan dynastic chronology », *History in Africa*, 21, 1994, p. 191–217. 一份尤其出色的分析见 Nkurikiyimfura (Jean-Népomucène), « La révision d'une chronologie: le cas du royaume du Rwanda », in Perrot (Claude-Héléne) éd., *Sources orales de l'histoire de l'Afrique*, Paris, 1989, p. 149–180。

10. Chrétien (Jean-Pierre) et Bahenduzi (Michel), *op. cit.*, 1990, p. 38–55.

11. Parrot (André), « Sumer », *Encyclopaedia universalis*, vol. 15, p. 543 (tablette WB 62).

12. Webster (J.B.), « Noi! Noi! Famine as an aid to interlacustrine chronology » et Herring (Ralph), « Hydrology and chronology: the Rodah nilometer as an aid in dating interlacustrine history », in Webster (J.B.) et al., *Chronology, migration and drought in interlacustrine Africa*, Londres, 1979, p. 1–86. 关于方法论，见前言。

13. Chrétien (Jean-Pierre), « Les "années" de l'éleusine, du sorgho et du haricot », *op. cit.*, 1979, repris in Id., *op. cit.*, 1993, p. 79–103; Cochet (Hubert), *op. cit.*, 1993.

14. Sassoon (Hamo), *op. cit.*, Azania, 1983, p. 93–106.

15. Chrétien (Jean-Pierre), *op. cit.*, 1982.

16. 对这些群体的描述可以在 19 世纪下半叶的许多探险叙事中找到。他们的原始方言已被确认，参见 Dahl (E.), « Termini technici der Rinderzucht treibenden Watusi in Deutsch-Ostafrika », *Mitteilungen des Seminars für orientalische Sprachen*, Berlin, 1907, p. 84–89。

17. 南基伍省讲卢旺达语的刚果人源自早期迁徙，他们这些年来被称为

"穆伦盖人"。

18. Steinhart (Edward I.), in Crummey (Donald) et Steward (C.), *op. cit.*, 1981, p. 115–155; Id., « Food production in pre-colonial Ankole », contribution au Congrès international d'anthropologie d'Amsterdam, 1981.

19. Rwabukumba (Joseph) et Mudandagizi (Vincent), « Les formes historiques de la dépendance personnelle dans l'État rwandais », *Cahiers d'études africaines*, 1974, 1, p. 10 (numéro spécial sur « le problème de la domination étatique au Rwanda », dirigé par Claudine Vidal).

20. 该作者应进一步更系统地展开这一假设。见 Vidal (Claudine), « Enquêtes sur l'histoire et l'au-delà: Rwanda, 1800–1970 », *L'homme*, XXIV, 3–4, 1984, p. 61–82。定居化始于 1725 年，参见 Id., « La désinformation en histoire: données historiques sur les relations entre Hutu, Tutsi et Twa durant la période précoloniale », *Dialogue* (revue catholique belgo-rwandaise de vulgarisation militante), n° 200, Bruxelles, sept.-oct. 1997, p. 18。拓荒发生在 18 世纪和 19 世纪之交，参见 Moniot (Henri), « Nouvelles recherches sur histoire sociale du Rwanda », *Annales E.S.C.*, 1977, 2, p. 341。

21. Cochet (Hubert), *op. cit.*, 1998; Gahama (Joseph) et Thibon (Christian) éds., *Les régions orientales du Burundi. Une périphérie a l'épreuve du développement*, Paris, 1994.

22. Trouwborst (Albert), « Kinship and geographical mobility in Burundi », *International journal of comparative sociology*, 1965, 1, p. 161–182.

23. 参见附录中的地图"18 世纪初大湖地区的政治形势"和"19 世纪末大湖地区的王国"，其中显示了 18 世纪初和 19 世纪末该地区的情况。主要资料来源：Czekanowski (Jan), *op. cit.*, 1917；Posnansky (Merrick), « Towards an historical geography of Uganda », *East African geographical review*, 1963,

p. 7–20; Chrétien (Jean-Pierre), cartographie in Mworoha (Émile) éd., *op. cit.*, 1987, p. 118, et in *Histoire générale de l'Afrique de l'Unesco*, t. IV, p. 816。

24. Kagame (Alexis), *Un abrégé de l'ethnohistoire du Rwanda*, Butare 1972, p. 71–78; Mors (Otto), *op. cit.*, 1957, p. 25–110; Karugire (Samwiri), *A history of the kingdom of Nkore in Western Uganda to 1896*, Oxford, 1971, p. 158–160.

25. Dunbar (A.R.), *A history of Bunyoro-Kitara*, Nairobi, 1968; Beattie (John), *op. cit.*, 1971; Nyakatura (John), *Anatomy of an African kingdom. A history of Bunyoro-Kitara* (trad. éd. par G.N. Uzoigwe), New York, 1973.

26. Ingham (Kenneth), *The kingdom of Toro in Uganda*, Londres, 1975.

27. Freedman (Jim), *op. cit.*, 1984.

28. Karugire (Samwiri), *op. cit.*, 1971; Katate (A.G.) et Kamugungunu (L.), *Abagabe b'Ankole*, Kampala, 1955.

29. Mors (Otto), *op. cit.*, 1957; Ford (John) et Hall (Z.), « The history of Karagwe (Bukoba District) », *Tanganyika notes and records*, 1947, p. 3–27; Katoke (Israël), *The Karagwe kingdom*, Nairobi, 1975.

30. Vansina (Jan), *op. cit.*, 1962, p. 51.

31. D'Arianoff (Alexandre), *Histoire des Bagesera, souverains du Gisaka*, Bruxelles, 1952.

32. Kagame (Alexis), *op. cit.*, 1972, p. 81–82, 105–106, 111–113; Vansina (Jan), *op. cit.*, 1962, p. 84–86; D'Hertefelt (Marcel), *op. cit.*, 1971, p. 31–45; Chrétien (Jean-Pierre), « Nouvelles hypothèses sur les origines du Burundi. Les traditions du Nord », in Guillet (Claude) et Ndoricimpa (Léonidas) éds., *op. cit.*, 1984, p. 21–26; Nkurikiyimfura (Jean-Népomucéne), *op. cit.*, 1994, p. 141–154.

338

33. Chrétien (Jean-Pierre), « Le Buha à la fin du XIXᵉ siècle: un peuple, six royaumes », *Études d'histoire africaine*, Lubumbashi, Tervuren, 1975, VII, p. 9–38.

34. 关于这些今天仍然在运转的盐场的古老历史和殖民地时期的活动，见 Sutton (John) et Roberts (Andrew), « Uvinza and its salt industry », *Azania*, III, 1968, p. 45–86；Chrétien (Jean-Pierre), « Le commerce du sel de l'Uvinza au XIXᵉ siècle: de la cueillette au monopole capitaliste », in *Burundi. L'histoire retrouvée*, Paris, 1993, p. 163–187。

35. Mors (Otto), *op. cit.*, 1957, p. 83–84; Van Thiel (H.), *op. cit.*, Anthropos, 1911, 6, p. 497–520; Betbéder (Paul), « The kingdom of Buzinza », *Cahiers d'histoire mondiale*, n°13, 1971, p. 736–760.

36. 不要将鲁苏比与小王国布舒比混为一谈。布舒比人口混杂，受到各个邻国的觊觎，这无疑使它能够生存到殖民地时期。

37. Mors (Otto), *op. cit.*, 1957; Rehse (Hermann), *Kiziba. Land und Leute*, Stuttgart, 1910; Richter (Franz), « Der Bezirk Bukoba », *Mitteilungen aus den deutschen Schutzgebieten*, 1899, p. 67–105; Césard (Edmond), *op. cit.*, Anthropos, 1935, p. 75–106 et 451–462, 1936, p. 97–114, 489–508 et 821–849, 1937, p. 15–60; *District book de Bukoba* (Archives S.O.A.S., Londres); Cory (Hans), *History of the Bukoba district*, Mwanza, s.d. [ca. 1960]; Schmidt (Peter), *op. cit.*, 1978.

38. 面积太小，无法在地图"19世纪末大湖地区的王国"中显示。

39. Wrigley (Christopher), *Kingship and State: the Buganda dynasty*, Cambridge, 1996; Reid (Richard), « The reign of kabaka Nakibinge: myth or watershed », *History in Africa*, 24, 1997, p. 287–297.

40. Kagwa (Apolo), *The kings of Buganda* (traduction de *Ekitabo kya*

Basekabaka be Buganda, Kampala, 1900, par S. Kiwanuka), Nairobi, 1971; Kiwanuka (Semakula), *op. cit.*, 1971; Karugire (Samwiri), *A political history of Uganda*, Nairobi/Londres, 1980, p. 34–40; Chrétien (Jean-Pierre), « Les peuples et leur histoire avant la colonisation », in Prunier (Gérard) et Calas (Bernard), *op. cit.*, 1994, p. 41–42.

41. Hartwig (G.W.), *The art of survival in East Africa: the Kerebe and long distance trade, 1800–1895*, Londres, 1976. 事实上，斯兰加王朝（dynastie des Silanga）在 17 世纪来自伊汉吉罗。

42. Kottak (C.P.), *op. cit.*, 1972.

43. De Lacger (Louis), *Ruanda*, Kabgayi, 1959 (rééd. de Namur, 1939); Kagame (Alexis), *op. cit.*, 1972; Id., *Un abrégé de l'histoire du Rwanda, de 1853 à 1972*, Butare, 1975; Coupez (André) et Kamanzi (Thomas), *Récits historiques Rwanda*, Tervuren, 1962; Vansina (Jan), *op. cit.*, 1962; Heremans (Roger), *Introduction à histoire du Rwanda*, Kigali, 1971.

44. Newbury (David), *op. cit.*, 1994.

45. Coupez (André) et D'Hertefelt (Marcel), *op. cit.*, 1964, p. 478–479.

46. Rennie (J.K.), *op. cit.*, 1972, 2, p. 11–53.

47. 1969 年考古学家范诺顿发掘的鲁塔雷（Rutare）王室陵墓中有一具尸体。尸体在 1931 年前后存放于此，尸体主人可追溯至 17 世纪的头 30 年。因此，与这位作者提出的相反，尸体主人不可能是契里马·鲁居吉拉，参见 Van Noten (Francis), *Les tombes du roi Cyirima Rujugira et de la reine mère Nyirayuhi Kanjogera. Description archéologique*, Tervuren, 1972。相关报告参见 Chrétien (Jean-Pierre), *Revue française d'histoire d'outre-mer*, 1974, 2, p. 327–328 et Vidal (Claudine), *Cahiers d'études africaines*, 1985, 4, p. 583–584。

48. Kagame (Alexis), *Les milices du Rwanda précolonial*, Bruxelles, 1963;

Id., *L'histoire des armées bovines de l'ancien Rwanda*, Bruxelles, 1961.

49. Newbury (David), *op. cit.*, 1994, p. 210; Nkurikiyimfura (Jean-Népomucène), *op. cit.*, 1994, p. 52–60.

50. Newbury (David), « Bunyabungo: the Western Rwandan frontier, c. 1750–1850 », in Kopytoff (Igor) *et al.*, *The African frontier*, Bloomington, 1988, p. 164–192; Schumacher (Peter), *Die physische und soziale Umwelt der Kivu-Pygmden (Twiden)*, Bruxelles, 1949, p. 17–18.

51. Mworoha (Émile) *et al.*, *op. cit.*, Paris, 1987, p. 105–163 et 207–253.

52. 罗杰·博特（Roger Botte）系统地解释了当时的状况，参见 Botte (Roger), « La guerre interne au Burundi », in Bazin (Jean) et Terray (Emmanuel) éds., *Guerres de lignages et guerres d'États*, Paris, 1982, p. 269–317。

53. Bishikwabo (Chubaka) et Newbury (David), *op. cit.*, 1980, p. 23–45; Depelchin (Jacques), *op. cit.*, 1974, p. 43–52 et 100–106; Bishikwabo (Chubaka), *op. cit.*, 1981; Id., « Le Bushi au XIXᵉ siècle: un peuple, sept royaumes », *Revue française d'histoire d'outre-mer*, 1980, p. 89–98; Id., *op. cit.*, 1982; Newbury (David), *op. cit.*, 1991 (carte p. 148).

54. Mworoha (Émile), *op. cit.*, 1977, p. 239–240.

55. 与卡特琳·科克里－维德罗维希（Catherine Coquery-Vidrovitch）所认为的相反，参见 Coquery-Vidrovitch (Catherine), *Histoire des villes d'Afrique noire*, Paris, 1993, p. 85–90。

56. Diaire de Rubaga, 24.7.1885, *Archives des Pères blancs*, Rome.

57. Mworoha (Émile), *op. cit.*, 1977, p. 117–132 (Burundi), 211–214 (Bunyoro), 217–220 (Buhaya), 224 (Rwanda), 237–240 (Buganda); Id., « La Cour du roi Mwezi Gisabo (1852–1908) du Burundi à fa fin du XIXᵉ siècle », *Études d'histoire africaine*, VII, Lubumbashi, 1975, p. 39–58; Nsanze (Augustin), *Un*

domaine royal au Burundi. Mbuye (env. 1850–1945), Paris, 1980; Lugan (Bernard), « Nyanza. Une capitale royale du Rwanda ancien », *Africa-Tervuren*, 1980, 4, p. 98–112; Mors (Otto), *op. cit.*, 1957, p. 133–149; Gutkind (Peter), *The royal capital of Buganda*, La Haye, 1963; Kiwanuka (Semakula), *op. cit.*, 1971[位于纳布拉加拉（Nabulagala）的穆特萨的王宫草图见第 160–161 页]; Bishikwabo (Chubaka), *op. cit.*, 1982, p. 251–266。

58. Mworoha (Émile), *op. cit.*, 1977, p. 122 et 224.

59. Acquier (Jean-Louis), *Le Burundi* (Collection « Architectures traditionnelles »), Paris, 1986.

340   60. 殖民统治有时会干扰对所谓的"传统"情况的描述，这一影响不应被忽视，如布隆迪的例子，见 Botte (Roger), « De quoi vivait l'État ? », *Cahiers d'études africaines*, 1982, 3/4, p. 277–324，该研究主要基于 1927 — 1929 年的行政调查所提供的资料。

61. Wilson (C.T.) et Felkin (R.W.), *Uganda and the Egyptian Sudan*, Londres, 1882, p. 193.

62. Von Nordeck zu Rabenau, Usumbura, 11.3.1905, *Archives africaines de Bruxelles,* Fonds allemands, microfilm 160.

63. Ménard (François), *Barundi (mœurs et coutumes)*, 1918, manuscrit, *Archives des Pères blancs*, Rome, p. 117.

64. Van der Burgt (Johannes-Michael), Diaire de Saint-Antoine, 25.7.1896, *ibid.*

65. Vidal (Claudine), *Cahiers d'études africaines*, n° 53, 1974, 1, p. 5 et 52–74.

66. Id., « Le Rwanda des anthropologues ou le fétichisme de la vache », *ibid.*, 1969, 3, p. 384–401.

67. Rodney (Walter), *How Europe underdeveloped Africa*, Oxford, 1972, p. 139–140. 当时，这位来自圭亚那的革命知识分子是达累斯萨拉姆的一名教授。

68. Beattie (John), « Bunyoro: an African feudality? », *Journal of African history*, 1964,1, p. 25–36.

69. Smets (Georges), « Les institutions féodales de l'Urundi », *Revue de l'université Libre de Bruxelles*, 1949, 2, p. 1–12. Voir: Trouwborst (Albert), « L'ethnographie du Burundi pendant l'occupation belge... L'œuvre de Georges Smets (1881–1961) », in *La civilisation ancienne des peuples des Grands Lacs*, Paris, 1981, p. 283–294. 来自奈梅亨大学的人类学家阿尔贝特·特劳夫博斯特的功绩是使得乔治·斯梅茨的研究成果可以被查阅。

70. Goody (Jack), « Feudalism in Africa? », *Journal of African history,* 1963, 1, p. 1–18; Steinhart (Edward), « Vassal and fief in three interlacustrine kingdoms », *Cahiers d'études africaines*, 1967, 4, p. 606–623; Chrétien (Jean-Pierre), « Vocabulaire et concepts tirés de la féodalité occidentale et administration indirecte en Afrique orientale », in Nordman (Daniel) et Raison (Jean-Pierre) éds., *Sciences de l'homme et conquête coloniale, XIXe-XXe siècles*, Paris, 1980, p. 47–63.

71. Chrétien (Jean-Pierre), *op. cit.*, *Annales E.S.C.*, 1974, 6, p. 1327–1337 (numéro spécial sur « histoire anthropologique » et « notion de réciprocité »).

72. Tardits (Claude), *Princes et serviteurs du royaume*, Paris, 1987.

73. Mworoha (Émile), *op. cit.*, 1977, p. 132–150 et 213–251.

74. Beattie (John), *op. cit.*, 1971, p. 119–125; Steinhart (Edward),

« From "Empire" to State: the emergence of the kingdom of Bunyoro-Kitara, c. 1350–1890 », in Claessen (H.J.M.) et Skalnik (Peter) eds., *The study of the State*, La Haye, 1981, p. 362–367.

75. Mukasa (Ham), « The rule of the kings of Buganda », *Uganda journal*, 1946, 2, p. 136–143.

76. 关于相关概念，参见 Pourtier (Roland), « Nommer l'espace. L'émergence de l'État territorial en Afrique noire », *L'espace géographique*, 1983,4, p. 293–304。

77. Trouwborst (Albert), « La base territoriale de l'État du Burundi ancien », *Revue de l'université du Burundi*, 1973, p. 245–254.

78. 保罗·富克斯（Paul Fuchs）根据高级官员理查德·坎特在 1906 年 8 月的报告写了一篇文章，参见 Fuchs (Paul), « Urundi und Ruanda », *Deutsch ostafrikanische Zeitung*, Dar es-Salaam, 14.9.1907。关于金亚加，参见 Newbury (Catharine), *The cohesion of oppression. Clientship and ethnicity in Rwanda, 1860– 1960*, New York, 1988。

79. *District book* de Kasulu, « Historical note » de l'administrateur Leakey, 1929 (Archives S.O.A.S., Londres); Bishikwabo (Chubaka), *op. cit.*, 1982, p. 264–286.

80. kwatirwa 指"山丘法官就职"，该词与库班杜瓦宗教崇拜中指"成为通灵者"的词相同。关于这种制度，参见 Delacauw (A.), « Féodalité ou démocratie en Urundi », *Temps nouveaux d'Afrique*, Usumbura, 2.9.1956；Laely (Thomas), *Autorität und Staat in Burundi*, Berlin, 1995, p. 141–176。

81. Steinhart (Edward), « Ankole: pastoral hegemony », in Claessen (H.J.M.) et Skalnik (Peter) eds., *The early State*, La Haye, 1978, p. 142–144.

82. Kiwanuka (Semakula), *op .cit.*, p. 111–126; Fallers (Lloyd), *op. cit.*, 1964.

83. Steinhart (Edward), *op. cit.*, 1967.

341

84. Werner (Karl Ferdinand), *Naissance de la noblesse*, Paris, 1998.

85. Mors (Otto), *op. cit.*, 1957, p. 136–137.

86. Mworoha (Émile), « Redevances et prestations dans les domaines royaux du Burundi précolonial », in Mélanges Raymond Mauny, *Le sol, la parole et l'écrit*, Paris, 1981, p. 751–768; Nsanze (Augustin), *op. cit.*, 1980; Id., *Les bases économiques des pouvoirs au Burundi de 1875 à 1920*, thèse, Paris 1, 1987; Botte (Roger), *op. cit.*, 1982; Chrétien (Jean-Pierre), in Cartier (Michel), *op. cit.*, 1984. 关于布希的卡齐巴的许多相同细节，参见 Bishikwabo (Chubaka), *op. cit.*, 1982, p. 278–289。

87. Newbury (Catharine), *op. cit.*, 1988.

88. Rwabukumba (Joseph) et Mudandagizi (Vincent), *op. cit.*, 1974, p. 21–22; Vidal (Claudine), *op. cit.*, 1974, p. 59; Mworoha (Émile), *op. cit.*, 1977, p. 232–233.

89. 关于这个经常被讨论的话题，详细书目见 Chrétien (Jean-Pierre) éd., *op. cit.*, 1983, p. 155–162 (avec introduction de Charles de Lespinay)。关于卢旺达的具体研究，见 Reisdorff (Ivan), *Enquêtes foncières au Ruanda*, multigraphié, s.l., 1952。

90. 关于布隆迪的有关研究，参见 Chrétien (Jean-Pierre), in Cartier (Michel), *op. cit.*, 1984, p. 157–170; Kayondi (Cyprien), « Murunga, colline du Burundi: étude géographique », *Cahiers d'outre-mer*, avril-juin 1972, p. 164–204。

91. Botte (Roger), *op. cit.*, 1974; Vidal (Claudine), *op. cit.*, 1974; Reining (Priscilla), « Haya land tenure: landholding and tenancy », *Anthropological quaterly*, 1962, 2, p. 58–73.

92. Gravel (Peter), *Remera: a community in Eastern Rwanda*, La Haye, 1968.

93. Nsanze (Augustin), *op. cit.*, 1980 et 1987.

342 94. Vidal (Claudine), *op. cit.*, 1974, p. 55; Mworoha (Émile), *op. cit.*, 1981, p.765.

95. Czekanowski (Jan), *op. cit.*, 1917, p. 263.

96. Maquet (Jacques-J.), *op. cit.*, 1954.

97. De Lacger (Louis), *op. cit.*, 1959, p. 116–117; Nkurikiyimfura (Jean-Népomucène), *op. cit.*, 1994, p. 126.

98. Elam (Y), *op. cit.*, 1973; Nkurikiyimfura (Jean-Népomucène), *op. cit.*, p. 102–118; Morris (Henry), *The heroic recitations of the Bahima of Ankole*, Oxford, 1964; Coupez (André) et Kamanzi (Thomas), *Littérature de cour au Rwanda*, Oxford, 1970; Rodegem (Firmin M.), *Anthologie rundi*, Paris, 1973, p.39–61; Ndimurukundo (Nicéphore), « Les âges et les espaces de l'enfance dans le Burundi traditionnel », *Journal des africanistes*, Paris, 1981, 1/2, p. 217–234.

99. 这种唯美主义的非常重要的作品是：Maquet (Jacques J.), *Ruanda. Essai photographique sur une société africaine en transition*, Bruxelles, 1957。又见 Vidal (Claudine), *op. cit.*, 1969。

100. Mbwiliza (J.F.), « The hoe and the stick: a political economy of the Heru kingdom, c. 1750–1900 », in *La civilisation ancienne des peuples des Grands Lacs*, 1981, Paris, p. 100–114; Bishikwabo (Chubaka), *op. cit.*, 1982, p. 270–277.

101. Mworoha (Émile) *et al.*, *op. cit.*, 1987, p. 125–163.

102. Steinhart (Edward), « The kingdoms of the march: speculations on social and political change », in Webster (J.F.), *op. cit.*, 1979, p. 189–213; Nkurikiyimfura (Jean-Népomucène), *op. cit.*, 1994, p. 58–99 et 124–140.

103. 他和他的家人是 1994 年种族大屠杀的受害者。

104. Reining (Priscilla), *op. cit.*, 1962. Voir aussi: Meschi (Lydia), « Évolution des structures foncières au Rwanda: le cas d'un lignage hutu », *Cahiers d'études africaines*, 1974, 1, p. 39–51.

105. 例如，在布隆迪，将 biturire 用于 amarari。又见 Trouwborst (Albert), « L'organisation politique en tant que système d'échanges au Burundi », *Anthropologica*, 1961, 3, p.65–81。

106. Newbury (Catharine), *op. cit.*, *Africa*, 1978, 1, p. 21; Id., « Deux lignages au Kinyaga », *Cahiers d'études africaines*, 1974, 1, p. 37 et *op. cit.*, 1975.

107. Mworoha, *op. cit.*, 1977, p. 186–192; Ndikuriyo (Adrien), *op. cit.*, 1975, p. 59–76; Trouwborst (Albert), « Quelques aspects symboliques des échanges de bière au Burundi (Afrique centrale) », *Anniversary contribution to anthropology. Twelve essays published on the occasion of the 40th anniversary of the Leiden Ethnological society*, Leiden, 1970, p. 143–152; Tawney (J.J.), « Ugabire, a feudal custom amongst the Waha », *Tanganyika notes and records*, juin 1944, p. 6–9.

108. Meyer (Hans), *Die Barundi*, Leipzig, 1916, p. 96.

109. Vidal (Claudine), *op. cit.*, 1974, p. 56–62.

110. Gravel (Peter), *op. cit.*, 1968, p. 53–54.

111. Par exemple: diaire de Buhonga, *Archives des Pères blancs*, Rome, 24.10.1904.

112. Steinhart (Edward), *op. cit.*, 1981, p. 142; Id., *op. cit.*,1978, p. 145.

113. 他们中的大多数是 1991 年大屠杀的受害者。

343

114. Nyagahene (Antoine), *op. cit.*, 1977.

115. Chrétien (Jean-Pierre), « Hutu et Tutsi au Ruanda et au Burundi », in Amselle (Jean-Loup) et M' bokolo (Élikia) éds., *Au cœur de l'ethnie*, Paris, 1985, p. 141.

116. Desmarais (Jean-Claude), *op. cit.*, 1978.

117. Cohen (David W.), « Food production and food exchange in the precolonial Lakes plateau region », in Rotberg (Robert I.) ed., *Imperialism, colonialism and hunger: East and Central Africa*, Lexington, 1983, p. 1–18; Id., « Peuples et États de la région des Grands Lacs », in *Histoire générale de l'Afrique* de l'Unesco, t. VI, Paris, 1996, p. 313–327; « East Africa 1870–1905 », in *Cambridge history of Africa*, vol. 6, p. 539–561; Tosh (John), « The Northern Lacustrine region », in Gray (Richard) et Birmingham (David) eds., *Precolonial African trade. Essays on trade in Central and Eastern Africa before 1900*, Londres 1970, p. 102–118; Roberts (Andrew), « Nyamwezi trade », *ibid.*, p. 39–74; Chrétien (Jean-Pierre) in Prunier (Gérard) et Calas (Bernard) éds., *op. cit.*, 1994, p. 46–49 (carte).

118. Chrétien (Jean-Pierre) *et al.*, « Technologie et économie du sel végétal dans l'ancien Burundi », in *La civilisation ancienne des peuples des Grands Lacs*, 1981, p. 408–419.

119. 一个世纪以来，根据斯瓦希里语的用法，表示地点的前缀 U– 被用于布温扎，同样的情况还可见于"乌干达"（而不是布干达）和"乌隆迪"（而不是布隆迪）。

120. Chrétien (Jean-Pierre), *op. cit.*, 1993, p. 163–187; Lugan (Bernard) et Mutombo (Raphaël), « Le sel dans le Rwanda ancien », *Cahiers d'outre-mer*, oct.-déc. 1981, p. 361–384; Kabanda (Marcel), *Technologie et économie du sel dans la région des Grands Lacs d'Afrique de l'Est (1850–1920)*, thèse,

Paris 1,1991; Kamuhangire (Ephraim), *The precolonial history of the salt.*

Lakes region of South-Western Uganda, c. 1000–1900 AD, thèse, Makerere, 1993;

Id., « The pre-colonial economic and social history of East Africa, with special

reference to South-Western Uganda Salt lakes region », in Ogot (Bethwell) ed.,

Hadith, n° 5 (*Economic and social history of East Africa*), Nairobi, 1975,

p. 66–89.

121. Célis (Georges) et Nzikobanyanka (Emmanuel), *op. cit.*, Tervuren,

1976; Chrétien (Jean-Pierre), in Échard (Nicole), *op. cit.*, 1983, p. 311–325;

Kandt (Richard), « Gewerbe in Ruanda », *Zeitschrift für Ethnologie*, 1904,

p. 1–44.

122. Newbury (David), « Lake Kivu regional trade in the nineteenth

century », *Journal des africanistes*, 1980, 2, p. 6–30.

123. Chrétien (Jean-Pierre), *op. cit.*, 1975, p. 19–24; Mworoha (Émile)

et al., *op. cit.*, 1987, p. 170–171 (carte).

124. Bishikwabo (Chubaka), *op. cit.*, 1982, p. 181–192.

125. Lugan (Bernard), « Échanges et routes commerciales au Rwanda,

1880–1914 », *Africa-Tervuren*, 1976, 2/3/4, p. 33–39; Id., « Les réseaux

commerciaux au Rwanda dans le dernier quart du XIXe siècle », *Études

d'histoire africaine*, IX-X, 1977–78, p. 183–212; Lugan (Bernard) et

Nyagahene (Antoine), « Les activités commerciales du Sud-Kivu au XIXe　344

siècle à travers l'exemple du Kinyaga (Rwanda) », *Cahiers d'outre-mer*,

janv.-mars 1983, p. 19–48 (cartes).

126. Uzoigwe (Godfrey), « Precolonial markets in Bunyoro-Kitara »,

Comparative studies in society and history, 1972, 4, p. 422–455; Kenny

(Michael), « Pre-colonial trade in Eastern Lake Victoria », *Azania*, XIV,

1979, p. 97–107.

127. 后来 icambu 一词被斯瓦希里语的 isoko（源自阿拉伯语的 souk）所取代。贝尔纳·吕冈（Bernard Lucan）指出，iguliro 似乎也是一个新词，它是以 ku-gura（即"交换"）为词根创造的。

128. Roberts (Andrew), « The subimperialism of Buganda », *Journal of African history*, 1962, 3, p. 435–450.

129. Newbury (David), « Les campagnes de Rwabugiri: chronologie et bibliographie », *Cahiers d'études africaines*, 1974, 1, p. 181–191.

130. Chrétien (Jean-Pierre), « Les Banyamwezi au gré de la conjoncture (XIXe-XXe siècles): des "Monts de la Lune" aux faubourgs de Dar es-Salaam », in Chrétien (Jean-Pierre) et Prunier (Gérard) éds., *Les ethnies ont une histoire*, Paris, 1989, p. 176–196.

131. Wrigley (Christopher), « Buganda, an outline economic history », *Economic history review*, 1957, p. 69–80.

132. Von Götzen (Gustav Adolf), *Durch Afrika von Ost nach West*, Berlin, 1895, p. 137–138.

133. 扎扎（Zaza，在吉萨卡）、卡托凯（在鲁苏比）和乌希龙博（在尼亚姆韦齐国家西北部）的传教会的白衣神父在 1894 年至 1905 年观察到了这种交易。关于这个问题，一位卢旺达女历史学家的硕士论文非常精彩，见 Mujawimana (Eugénie), *Le commerce des esclaves au Rwanda*, inédit, Ruhengeri, 1983。

134. *The premise of inequality in Ruanda*, Londres, 1961. 这部著作的成功与 1949 年神父普拉西德·坦普尔（Placide Tempels）发表的著名的《班图哲学》（*Philosophie bantoue*）的成功一样令人不解。

※ 第四章 殖民托管与传统重构

1. Rotberg (Robert) ed., *op. cit*, 1970; Hugon (Anne), *L'Afrique des explorateurs. Vers les sources du Nil*, Paris, 1991.

2. 见第一章关于图西人和希马人定居点的假设（页边码第 56–57 页）和第二章从种族角度重新解释契韦齐传说（页边码第 85–87 页）。

3. Chrétien (Jean-Pierre), « Le passage de l'expédition d'Oscar Baumann au Burundi (septembre-octobre 1892) », *Cahiers d'études africaines*, 1968, 1, p. 48–95; Kandt (Richard), *Caput Nili. Eine empfindsame Reise zu den Quellen des Nils*, Berlin, 1905. 关于基伍湖的发现，参见 Von Götzen (Gustav-Adolf), *op. cit.*, 1895。

4. Dunbar (A.R.), *op. cit.*, 1968, p. 51–80; Kiwanuka (Semakula), *op. cit.*, 1971, p. 154–191; bibliographie de Langlands, *op. cit.*, 1962.

5. H. Bleuchot (Hervé), « Le Soudan au XIXe siècle », in Lavergne (Marc) éd., *Le Soudan contemporain*, Paris, 1989, p. 115–169.

6. 这位在奥斯曼帝国定居的西里西亚（Silésie）医生留下了大量关于 19 世纪乌干达的风景和社会的笔记，见 *Die Tagebücher von Emin Pascha*, édités par Franz Stuhlmann, Hambourg, 4 vol., 1916–1927。 345

7. Sheriff (Abdul), *Slaves, spices and ivory in Zanzibar. Integration of an East African commercial empire into the world economy, 1770–1873*, Londres, 1987.

8. Oliver (Roland), *The missionary factor in East Africa*, Londres, 1965.

9. Renault (François), *Le cardinal Lavigerie*, Paris, 1992; Id., *Lavigerie, l'esclavage africain et l'Europe*, t. I, Paris, 1971.

10. 见 1869 年 10 月给巴黎神学院（Faculté de théologie de Paris）院长

马雷（Maret）的信。

11. 因为这些传教士在北非以阿拉伯人的无袖长衣作为"本土"服装，这种服装后来使得他们看起来是非洲中部的阿拉伯人！

12. 他们通过信件、传教会日志（"日记"），以及在内部期刊——如《季度纪事》（*Chroniques trimestrielles*）和《年度报告》（*Rapports annuels*）——和在比利时、德国等国家发行的杂志——如《非洲传教会》（*Missions d'Afrique*，在阿尔及尔编辑）——上发布的信息通报所有情况。

13. Tourigny (Yves), *So abundant a harvest. The catholic church in Uganda, 1879–1979*, Londres, 1978; Médard (Henri), « Le succès du christianisme en Ouganda (1875–1962) », in Calas (Bernard) et Prunier (Gérard), *op. cit.*,1994, p. 221–239.

14. Peel (John J.), « Conversion and tradition in two African societies: Ijebu and Buganda », *Past and present*, 1977, n° 77, p. 109–141.

15. Médard (Henri), « La naissance et le déclin des partis politico-religieux en Ouganda (1887–1996) », in Maupeu (Hervé) et Delmet (Christian), *Religions et politique en Afrique de l'Est*, Paris.

16. Renault (François), « Réflexion historique sur des martyrs africains », *Revue française d'histoire d'outre-mer*, 1986, 3, p. 266–280.

17. Voir Wright (Michael), *Buganda in the heroic age*, Oxford, 1971.

18. Wolf (James B.), *Missionary to Tanganyika, 1877–1888. The writings of Edward Coode Hore, master mariner*, Londres, 1970.

19. Voir Renault (François), *op. cit.*, 1971. 1879 年至 1891 年，该地区发生了 3000 起"救赎"。

20. 关于地图和统计数据，见 Heremans (Roger), *L'éducation dans les missions des Pères blancs en Afrique centrale (1879–1914)*, Bruxelles, 1983,

p. 456–460。

21. Chrétien (Jean-Pierre), « Conversions et crise de légitimité politique: Muyaga, poste missionnaire catholique et la société de l'est du Burundi (1896–1916) », in Id. *et al.* éds., *L'invention religieuse en Afrique*, Paris, 1993, p. 347–371; Linden (Ian), *Christianisme et pouvoirs au Rwanda (1900–1990)*, Paris, 1999, [1ʳᵉ éd., Manchester, 1977], p. 49–74.

22. 关于这个问题，在德国、比利时和英国的外交部的档案中有许多资料，这里对其内容进行了概述。又见 Louis (Roger W.), *Ruanda-Urundi, 1884–1919*, Oxford, 1963。 346

23. 该片由美国人约翰·休斯顿（John Huston）于 1951 年执导，在《所罗门王宝藏》之后一年上映。后者是另一部让人们对大湖地区充满想象的电影。

24. 只有维龙加火山以北讲卢旺达语的布丰比拉原则上归属英国，斯坦利称之为"姆芬比罗高地"（massif du Mfumbiro）。

25. Marissal (Jacques), « Mohammed ben Khalfan, ou la fin de la puissance arabe sur le Tanganyika », in Julien (Charles-André) éd., *Les Africains*, t. XI, Paris, 1978, p. 49–71.

26. Kjekshus (Helge), *Ecology control and economic development in East African history. The case of Tanganyika, 1850–1950*, Londres, 1977; Chrétien (Jean-Pierre), « Démographie et écologie en Afrique orientale à la fin du XIXᵉ siècle: une crise exceptionnelle ? », *Cahiers d'études africaines*, 1987,1–2, p. 43–59.

27. 冈比亚锥虫病由来自西非的须蝇属的采采蝇传播，而病媒是莫西坦采采蝇的罗得西亚锥虫病则从非洲南部传播而来。参见 Ford (John), *The role of the Trynamosomiases in African ecology. A study of the tsetse fly problem*, Oxford, 1971; Chrétien (Jean-Pierre), *op. cit.*, 1993, p. 121–161; Langlands

(Bryan W.), *The sleeping sickness epidemic in Uganda, 1900–1920. A study in historical geography*, Kampala, 1967。

28. 来自 kwegeka 一词，意思是"拉伸铁、金属拉丝"，可能指饥荒把人变成铁丝，也可能指饥荒迫使他们卖掉铁手镯。

29. Lugan (Bernard), « Famines et disettes au Rwanda », *Cahiers d'outre-mer*, 1985, p. 151–174; Kavakure (Laurent), *Famines et disettes au Burundi (fin du XXᵉ siècle – 1ʳᵉ moitié du XXᵉ siècle)*, mémoire, Bujumbura, 1982; Newbury (David), « The "Rwakayihura" famine of 1928–1929. A nexus of colonial rule in Rwanda », in Collectif, *Histoire sociale de l'Afrique de Est (XIXᵉ-XXᵉ siècle)*, Paris, 1991, p. 269–285; Feltz (Gaëtan) et Bidou (Jean-Etienne), « La famine manori au Burundi », *Revue française d'histoire d'outremer*, 1994, 3, p. 265–304.

30. Thibon (Christian), « Un siècle de croissance démographique au Burundi (1850–1950) », *Cahiers d'études africaines*, 1987, 1–2, p. 61– 81; Id., « Crise démographique et mise en dépendance au Burundi et dans la région des Grands Lacs, 1880–1910 », *Cahiers du C.R.A.* (Paris), 4/*Cahiers d'histoire* (Bujumbura), 2, p. 19–40.

31. Kuczynski (Robert R.), *Demographic survey of the British colonial empire*, vol. II, Londres, 1948; Hartwig (G.W.), « Demographic considerations in East Africa during the 19th century », *International journal of African historical studies*, 1979, 4, p. 553–672; Boller (Markus), *Kaffee, Kinder, Kolonialismus. Wirtschafts und Bevölkerungsentwicklung in Buhaya (Tansania) in der deutschen Kolonialzeit*, Münster, 1994; Doyle (Shane D.), *An environmental history of the kingdom of Bunyoro in western Uganda, from c. 1860 to 1940*, thèse, Cambridge, 1998.

32. 起初是以对其管辖范围内征收的直接税部分退回的形式。

33. Low (D. Antony), *The mind of Buganda. Documents of the modern history of an African kingdom*, Londres, 1971, p. 39–40.

347

34. 关于这一过渡阶段，参见 Ingham (Kenneth), *A history of East Africa*, Londres 1965; Low (D. Antony), « Uganda: the establisment of the protectorate. 1894–1919 », in Harlow (Vincent) et Chilver (E.M.) eds., *History of East Africa*, t. II, Oxford, 1965, p. 57–120; Low (D. Antony), *Buganda in modern history*, Londres, 1971; Karugire (Samwiri), *op. cit.*, 1980, p. 49–122; Low (D. Antony) et Pratt (Cranford R.), *Buganda and the British overrule*, Londres, 1960; West (H.W.), *Land policy in Buganda*, Londres, 1972; Chrétien (Jean-Pierre), « Vocabulaire et concepts tirés de la féodalité occidentale et administration indirecte en Afrique orientale », in Nordman (Daniel) et Raison (Jean-Pierre) éds., *Sciences de l'homme et conquête coloniale. Constitution et usages des sciences humaines en Afrique (XIXe-XXe siècles)*, Paris, 1980, p. 47–63; Lugard (Frederick), *Diaries*, 3 vol., Londres, 1958。

35. 斯瓦希里语的前缀 U– 取代了干达语的前缀 Bu–。

36. 关于 20 世纪初乌干达西部，参见 Steinhart (Edward I.), *Conflict and collaboration. The kingdoms of western Uganda, 1890–1907*, Princeton, 1977。

37. 我们在第二章看到，受过教育的酋长约翰·尼亚卡图拉是如何将契韦齐传说用于这种民族主义的。在要求收复"失去的郡"时，关于这些传说中的英雄的文本增加（在 20 世纪 30 年代温义·蒂托国王的笔下也是如此）。

38. Karugire (Samwiri), *op. cit.*, 1980, p. 116–121; Lwanga-Lunyiigo (Samwirl), « L'ère coloniale (1894–1962) », in Prunier (Gérard) et Calas (Bernard) éds., *op. cit.*, 1994, p. 73–75.

39. 他认为，这是受到这些术语在第二次世界大战期间所具有的悲剧性意义的影响。

40. 在 19 世纪西非的政治形态中也可观察到此种二元博弈，如在阿散蒂（Ashanti）和达荷美（Dahomey，今贝宁），参见 Barth (Fredrick), « Segmentary opposition and the theory of games », *Journal of royal anthropological institute*, 1959, 1, p. 5–21。

41. Tuma (Tom), « African chiefs and church work in Busoga province of Uganda,1900–1940 », *Kenya historical review*, 1976, 2, p. 283–295, et 1977, 1, p. 93–106.

42. Steinhart (Edward I.), *op. cit.*, 1977, p. 213.

43. 靠近纳加拉比圣丘。

44. Lwanga Lunyiigo (Samwiri), *op. cit.*, 1994, p. 76–81; Ehrlich (Cyril), « The Uganda economy. 1903–1945 » et Pratt (R.C.), « Administration and politics in Uganda. 1919–1945 », in Harlow (Vincent) et Chilver (E.M.) eds., *op. cit.*, 1965, p. 394–541; Roberts (Andrew), « East Africa », in Roberts (Andrew) ed., *The Cambridge history of Africa*, vol. 7 (1905–1940), Cambridge, 1986, p. 649–701.

45. 英属东非在维多利亚湖东北部扩大了领土，最初是乌干达保护国的一部分，1920 年成为肯尼亚殖民地。

46. 1912 年，为了运输棉花，建造了金贾（在布索加）—基奥加湖段。

47. 作为 1947 年启动的"发展计划"（Plan de développement）的一部分，并在 1955—1960 年五年计划期间付诸实施。

48. 一列火车可以运载相当于 15000—20000 个搬运工能运送的货物。

49. 到 1902 年，从伦敦出发，可以在 24 天内到达恩德培，而不是之前的三个半月。参见 Meyer (Hans), *Die Eisenbahnen im tropischen Afrika*,

Leipzig, 1902, p. 140–152。

50. 最初使用的印度卢比, 从 1922 年起被先令所取代。

51. 1911 年, 保护国有超过 2000 个印度人, 而只有 642 个欧洲人。1941 年的这两个群体分别有 18381 人和 2186 人。参见 Prunier (Gérard), *L'Ouganda et la question indienne (1896–1972)*, Paris, 1990; Ramchandani (R.R.), *Uganda Asians. The end of an enterprise*, Bombay, 1976。

52. 还有许多人曾在铁路工地工作, 但并非所有这些苦力都留在了非洲。

53. 这家公司 1916 年抵达乌干达, 在 19 世纪末已经在孟买的棉花行业中闻名。

54. 1905—1910 年担任总督。

55. 一包重量为 181 千克。

56. O'Connor (A.M.), *An economic geography of East Africa*, Londres, 1966, p. 83.

57. 当时, 40% 都流向了孟买。

58. 赫斯基思·贝尔总督本人的表述。

59. 1900 年引入的茅屋税在 1907 年被人头税所取代。

60. 天主教徒 [白衣神父和米尔山神父 (Père de Mill Hill)] 在提拔非洲人方面比新教徒更加谨慎: 1914 年, 只有两名乌干达天主教神父, 而英国圣公会有 33 名乌干达牧师。但当代非洲的第一位黑人主教正是来自布干达, 白衣神父培养的主教基瓦努卡 (Kiwanuka) 于 1939 年被任命为马萨卡主教。

61. 这是一个悲观的愿景, 与任何同化主义或平等主义的理想背道而驰, 正如有人写过的, 这是在美国黑人的状况处于 "低谷" 时期发展起来的。

62. 改革已经在托罗和布索加尝试过, 并得到完善。

63. Taylor (John V.), *The growth of the church in Buganda: an attempt*

at understanding, Londres, 1958, p. 125.

64. Karugire (Samwiri), *op. cit.*, 1980, p. 123–143.

65. Pratt (R.C.), *op. cit.*, 1965, p. 519.

66. 移民劳工被称为"搬运工"（bapakasi 或 porters），即"脚夫、劳工"，带有强烈的贬义。

67. Prunier (Gérard), « Évolution des critères de définition ethnique en Ouganda. Du XVIᵉ siècle à la fin de l'ère coloniale », in Chrétien (Jean-Pierre) et Prunier (Gérard) éds., *Les ethnies ont une histoire*, Paris, 1989, p. 201–211.

68. 这些人与英国人在于东非扩张之初驱遣的印度军队的士兵具有相同的作用。在非洲也有"鲁尔河的德国"和"《莱茵河的黄金》（*Or du Rhin*）的德国"。参见 Gann (Lewis) et Duignan (Peter), *The rulers of German Africa, 1884–1914*, Stanford, 1977；Müller (Friedrich F.), *Deutschland, Zanzibar, Ostafrika. Geschichte einer deutschen Kolonialeroberung, 1884–1890*, Berlin, 1959。又见威廉·兰赫德的回忆录，他是 19 世纪 90 年代布科巴和姆万扎军事站的负责人：Langheld (Wilhelm), *Zwanzig Jahre in deutschen Kolonien*, Berlin, 1909。

69. 也有一些平民，如奥斯卡·鲍曼，参见 Chrétien (Jean-Pierre), *op. cit.*, 1968。

70. 以前的猎象部队已经转变为雇佣兵，用火枪武装起来，即 ruga ruga。

71. 基亚穆特瓦拉尤其受不利影响，其统治者穆科塔尼（来自恩坎戈氏族）最初是友好的，但后来改变了态度。他叛变后，看到自己的国家被掠夺，于 1895 年逃往乌干达。他被他的兄弟蒙图取代。

72. sultan（苏丹）实际上来自斯瓦希里语中的 sultani，沿海地区的翻译通常用它来称呼所有的非洲酋长。

73. 关于德国人对这里的征服，参见 Stuhlmann (Franz), *Mit Emin Pascha ins Herz von Afrika*, Berlin, 1894; Langheld (Wilhelm), *op. cit.*, 1909；*Mitteilungen von Forschungsreisenden und Gelehrten aus den deutschen Schutzgebieten (M.D.S.)*。关于不同王国的历史见第三章。又见 Austen (Ralph A.), *Northwest Tanzania under German and British rule. Colonial policy and tribal politics, 1889–1939*, New Haven, 1968, p. 29–49。

74. Von Götzen (Gustav-Adolf), *op. cit.*, 1895, p. 136–140 (voir chap. Ⅲ , p. 171). 这封"保护函"在达累斯萨拉姆的国家博物馆展出。

75. 自 19 世纪 50 年代起就存在于该地区的恩戈尼人也在 1891 年被控制住了。

76. 在此之前，干预是在塔波拉军事站进行的。

77. Chrétien (Jean-Pierre), *op. cit.*, 1975 et 1978.

78. 1895 年 1 月，爱尔兰商人查尔斯·斯托克斯（与尼亚姆韦齐公主结婚，是德国人的朋友）被一名在爱德华湖以西逮捕他的比利时军官吊死，引起了不小的轰动。在此三个月前，刚果人袭击了斯瓦希里人位于布隆迪南部的鲁蒙盖贸易站。

79. 考虑到大湖地区和沿海地区的价值差异和运输成本，预期利润率为 200% 左右。

80. 受斯瓦希里语影响，"布琼布拉"在当地的发音为（Uzumbura），"乌松布拉"由此而来。独立后再次采用"布琼布拉"这一名称。

81. Ramsay (Hans), « Über seine Expeditionen nach Ruanda und dem Rukwasee », *Verhandlungen der Gesellschaft für Erdkunde zu Berlin*, 1898, p. 303–323.

82. 这次他本人并没有接待欧洲来访者。几年来一直接待欧洲人的是与他相貌相似的人。

83. 伊恩·林登（Ian Linden）所说的"阿斯卡里讲授教理者"（catéchistes askari）。

350 　84. 1900 年，他们在萨韦和扎扎被分配了 700 公顷的土地，在当局的要求下不得不减少面积。但后来的传教据点和第一批一样，都有充足的资金。

85. Mbonimana (Gamaliel) et Ntezimana (Emmanuel), « Pères blancs et missionnaires de Bethel. L'Église catholique », in Honke (Gudrun), *Au plus profond de l'Afrique. Le Rwanda et la colonisation allemande, 1885–1919*, Wuppertal, 1990, p. 127–136; Linden (Ian), *op. cit.*, 1999, p. 49–99; Des Forges (Alison), « Kings without crowns. The White Fathers in Ruanda », in McCall (Daniel) ed., *Eastern Africa history,* New York, 1969, p. 176–207.

86. Honke (Gudrun), « Pour l'empereur et le roi. L'établissement de la domination coloniale allemande », in Id., *op. cit.*, 1990, p. 111–125.

87. 但也有图西人，这与人们经常描述的情况相反。

88. Chrétien (Jean-Pierre), *op. cit.*, 1968; Baumann (Oscar), *Durch Massailand zur Nilquelle*, Berlin, 1894, p. 80, 223.

89. Chrétien (Jean-Pierre), « Le cycle de l'histoire de Maconco (1899–1905): naissance d'un conte et résistance morale », in *op. cit.*, 1993, p. 107–119.

90. 基干达和布克耶是王家领地的两个重要山丘，位于布隆迪中部的穆拉姆维亚省。

91. 关于德国统治下的布隆迪和卢旺达，参见 Ryckmans (Pierre), *Une page d'histoire coloniale. L'occupation allemande dans l'Urundi*, Bruxelles, 1953; Louis (William Roger), *op. cit.*, 1963; Chrétien (Jean-Pierre) et Mworoha (Emile), « Mwezi Gisabo et le maintien d'une fragile indépendance au Burundi », in Julien (Charles-André) éd., *Les Africains*, vol. II, Paris,

1977, p. 251–276。

92. 火枪往往在非洲很普遍（1890 年布哈亚约有 1600 支老式步枪），在技术上已经过时了。

93. Iliffe (John), « The effects of the Maji maji rebellion of 1905–1906 on German occupation policy in East Africa », in Gifford (Peter) et Louis (William Roger) eds., *Britain and Germany in Africa*, Yale, 1967, p. 557–575.

94. 此前，这些殖民地隶属于外交部的一个部门。

95. 1907 年，他本人与德意志帝国议会（Reichstag）的成员一起乘坐列车沿乌干达铁路前往布科巴。

96. Iliffe John, *Tanganyika under German rule, 1905–1912*, Cambridge, 1969.

97. 理查德·坎特来自波兹南（Poznan）的坎托罗维奇（Kantorowicz）家族，参见 Bindseil (Reinhart), *Ruanda und Deutschland seit den Tagen Richard Kandts/ Le Rwanda et l'Allemagne depuis le temps de Richard Kandt*, Berlin, 1988。

98. Austen (Ralph), *op. cit.*, 1968, p. 84–91.

99. Kabagema (Innocent), *Ruanda unter deutscher Kolonialherrschaft, 1899–1916*, Francfort, 1993.

100. 见第三章第 150 页（页边码）。

101. 特别是针对萨韦教区的创始神父阿方斯·布拉尔（Alphonse Brard），他曾把教区作为一个军事哨所来管理，在 1906 年离开。　　351

102. 克拉斯神父被“乡下”同僚，特别是那些在布隆迪的同僚称为“侯爵”，他们从 1912 年起就在他的管辖之下，当时卢旺达和布隆迪在伊尔特主教的理论指导下，在十余年间被合并在基伍宗座代牧区。参见 Mbonimana (Gamaliel) et Ntezimana (Emmanuel), *op. cit.*, 1990, p. 135–136。又见克拉斯神父的传记：Van Overschelde (A.), *Un audacieux pacifique. Monseigneur*

Léon-Paul Classe, apotre du Ruanda, Narnur, 1948。

103. 彼得·舒马赫，极少数德国白衣神父之一，是众多民族学作品的作者，1912 年是卡布加伊的高级官员。

104. Linden (Ian), *op. cit.*, 1999, p. 100–163; Mbonimana (Gamaliel), *L'instauration d'un royaume chrétien au Rwanda (1900–1931)*, thèse, Louvain la-Neuve, 1981. 这并不意味着传教士和酋长之间的争端已经停止，这令驻地官员感到很失望。

105. Chrétien (Jean-Pierre), « Mission, pouvoir colonial et pouvoir africain. Un exemple au Rwanda sous la colonisation allemande: le meurtre du père Loupias en 1910 », in Carrez (Maurice) *et al.*, éds., *Christianisme et pouvoirs politiques*, Lille, 1973, p. 139–154.

106. 即来自王都的人。关于"布莱特瓦"，见第三章第 155 页（页边码）。

107. 见第二章和第三章第 114 页和第 126 页（页边码）。

108. Chrétien (Jean-Pierre), « La révolte de Ndungutse (1912), Forces traditionnelles et pression coloniale au Rwanda allemand », *Revue française d'histoire d'outre-mer*, 1972,4, p. 645–679; Des Forges (Alison), « The drum is greater than the shout: the 1912 rebellion in northern Rwanda », in Crummey (Donald) ed., *Banditry, rebellion and social protest in Africa*, Londres, 1986, p. 311–331.

109. 1886 年为德属东非成立的传教会。1914 年，它已经在卢旺达建立了五个传教所。参见 Johanssen (Ernst), *Ruanda. Kleine Anfänge, grosse Aufgaben der evangelischen Mission im Zwischenseengebiet Deutsch-Ostafrika*, Bethel bei Bielefeld, 1912; Honke (Gudrun), « L'Église évangélique », in Id., *op. cit.*, 1990, p. 136–146。

110. 1908—1909 年的这些对话引起了白衣神父们的极大担忧，也揭示了欧洲人和卢旺达人之间对上帝和权力的误解之深。参见 Kabagema (Innocent), *op. cit.*, 1993, p. 257–261。

111. Kabagema (Innocent), *op. cit.*, 1993, p. 137–142. 该书提到胡图人鲁巴沙（Rubasha），他是鲁亨盖里哨所徭役协调人，所有人，甚至图西酋长都惧怕他。

112. 在尼亚姆韦齐人中，nyampara 一词指商队的领导人，已经有了更广泛的含义。

113. 姆韦齐·吉萨博国王的后裔或他们的表亲恩塔雷·鲁甘巴的后裔，见第三章，第 139–140 页（页边码）。

114. 诺伊基兴传教会（Société de Neukirchen）的新教传教士甚至从 1911 年开始在这里定居。

115. Chrétien (Jean-Pierre), « La colonisation allemande (1896–1916) », *in* 352
Atlas du Burundi (planche cartographique 12, avec commentaire), Bordeaux, 1979; Chrétien (Jean-Pierre), « La crise écologique de la plaine du lac Tanganyika entre 1890 et 1916 », in *op. cit.*, 1993, p. 121–162. 应该指出的是，布科巴驻地的维多利亚湖畔也受到这种流行病的影响。

116. Chrétien (Jean-Pierre), *op. cit.*, 1980, p. 52.

117. 关于这种新经济，参见 Boller (Markus), *op. cit.*, 1994; Kabagema (Innocent), *op. cit.*, 1993, p. 143–151。数据见 1906—1913 年"乌隆迪"和"卢安达"驻地的年度报告，收录于布鲁塞尔的"非洲档案"（Archives africaines）的德国类目中。

118. 每批重达 30 千克。

119. 在布科巴，汉堡的大公司奥斯瓦尔德（O'Swald）是主要的咖啡出口商，该公司自 19 世纪中叶以来一直在桑给巴尔。希腊人主要来自奥斯曼帝国。在乌松布拉殖民据点建立后，希腊人就和德国人一起来到了坦噶尼喀湖。最后，应该指出的是，1913 年，布隆迪有 71 名欧洲人，卢旺达有 96 名。他们中一半是宗教人士，1/3 是士兵。

120. 一艘小型蒸汽船已经下湖。

121. Chrétien (Jean-Pierre), « Le commerce du sel de l'Uvinza au XIXe siècle: de la cueillette au monopole capitaliste », *op. cit.*, 1993; Schloifer (Otto), *Bana Uleia, Ein Lebenswerk in Afrika*, Berlin, 1943.

122. Chrétien (Jean-Pierre), « La fermeture du Burundi et du Rwanda aux commerçants de l'extérieur (1905–1906) » , in Collectif, *Entreprises et entrepreneurs en Afrique, XIXe-XXe siècles,* Paris, 1983, t. II, p. 25–47.

123. 见第三章第 161 页（页边码）。

124. 主要的咖啡生产者包括来自基济巴的国王穆塔汉加鲁瓦和基安加的国王卡希吉。

125. Boller (Markus), *op. cit.*, 1994, p. 118–167.

126. 安苏林德（Insulinde）选择了这个品种，然后殖民地东部的阿玛尼（Amani）军事站也选择了它。

127. 遍布坦噶尼喀河畔的油棕树也吸引了德国人的注意，但昏睡病使计划破产。

128. Chrétien (Jean-Pierre), « Le "désenclavement" de la région des Grands Lacs dans les projets économiques allemands au début du XXe siècle », in Collectif, *Histoire sociale de l'Afrique de l'Est, op. cit.*, 1991, p. 335–362.

129. 这家公司已经建造了巴格达铁路（Bagdadbahn）。

130. "卢旺达铁路"的铁轨以"维修"的名义被比利时人接管，但即使在经过卢旺达和乌干达的连接布琼布拉和蒙巴萨的沥青公路建成后，布隆迪货运仍使用"中央"轴线。

131. 一场发生在布科巴附近的湖面上的伏击战夺去了驻布隆迪的德国高级官员席默尔（Schimmer）的生命。

132. 与1890年一样，卢旺达成为乌干达一部分的可能性出现在1919年的谈判中，自1994年卢旺达爱国阵线在该国说英语人士中取得胜利以来，这一主题在某些被法绍达危机所烦扰的讲法语人士中再次成为时髦话题。 353

133. Louis (William Roger), *Great Britain and Germany's lost colonies (1914–1919)*, Oxford, 1976; Gahama (Joseph), *Le Burundi sous administration belge. La période du mandat, 1919–1939*, Paris, 1983, p. 37–47 (textes fondamentaux p. 410–415); Lugard (Frederick), *The dual mandate in British tropical Africa*, Londres, 1922.

134. Lugan (Bernard), « Causes et effets de la famine "Rumanura" au Rwanda, 1916–1918 », *Revue canadienne des études africaines*, 1976, p. 347–356.

135. 反对鲁瓦扎传教所的运动被称为 Bicubirenga（即"云走了"），见 Linden (Ian), *op. cit.*, 1999, p. 165。反对英国人的运动被称为 Ntokibiri（即"两指"），见 Brazier (F.S.), « The incident at Nyakishenyi, 1917 », *Uganda journal*, 1968, 1, p. 17–27。

136. Gahama (Joseph), « La révolte de Runyota-Kanyarufunzo au Burundi, 1922 », *Cahiers d'histoire*, II, Bujumbura, 1985, p. 23–39; Id., *op. cit.*, 1983, p. 383–388. 需注意的是，与人们长期以来的看法相反，这两个"巫师"不是同一个人。

137. Newbury (Catharine), *op. cit.*, 1988, p. 129–130.

138. 关于这一过渡时期的卢旺达，参见 Rumiya (Jean), *Le Rwanda sous le régime du mandat belge (1916–1931)*, Paris, 1992, p. 25–129。关于这一事件，见该书第48–49页。

139. 两人都很快回来了。巴兰扬卡后来成为比利时人的朋友，他的臣民给他起了个绰号：Musemyi，在斯瓦希里语中的意思是"翻译"。

140. 关于英国管理下的布科巴地区，参见 Austen (Ralph), *op cit.*, 1968, p. 120–129 et 133–138。

141. Rumiya (Jean), *op. cit.*, 1992, p. 29 et 112.

142. 起初用于指斯坦利，林加拉语（lingala）中为"岩石的破坏者"，也指比属刚果当局。本段文字引自 Franck (Louis), *Le Congo belge*, Bruxelles, 1930, I, p. 289。

143. 布隆迪的布古菲仍留在坦噶尼喀，名为布汉加扎（Buhangaza）。1946 年和 1948 年，姆瓦姆布扎国王与联合国进行交涉，以争取其回归，但未获成功。

144. Académie royale des sciences d'outre-mer, *Le Congo belge durant la Seconde Guerre mondiale*, Bruxelles, 1983.

145. 关于当时的坦噶尼喀，参见 Iliffe（John）, *A modern history of Tanganyika*, Cambridge, 1979。该书是约翰·艾利夫最重要的作品。

146. 见英国圣公会主教的回忆录：Sundkler (Bengt), *Bara Bukoba. Church and community in Tanzania*, Londres, 1980。

147. 后来，随着童子军（于 1920 年成为国际性运动）的发展，人们试图对 bandera 运动做出某种回应。童子军创始人巴登·鲍威尔（Baden Powell）将军因其与非洲英语国家的联系而闻名，这种联系从布尔战争开始，延续到 1941 年他在肯尼亚的涅里（Nyeri）去世。

148. 有几个人是基济巴王子的后裔，如赫伯特·鲁加齐布瓦（Herbert Rugazibwa）和卢德维科·卡佐亚（Ludviko Kazoya）。

354   149. 试举一例，见 Chrétien (Jean-Pierre), « Les Banyamwezi... », *op. cit.*, 1989, p. 191–193。

150. Cité par Linden (Ian), *op. cit.*, p.190.

151. *Rapport annuel* de 1925, p. 63. Voir aussi Ryckmans (Pierre), *Dominer pour servir*, Bruxelles, 1931, p. 153–168. 关于其传记, 参见 Vanderlinden (Jacques), *Pierre Ryckmans, 1891–1959. Coloniser dans Uhonneur*, Bruxelles, 1994。

152. 关于比利时在布隆迪的殖民时期, 参见 Gahama (Joseph), *op. cit.*, 1983; Chrétien (Jean-Pierre), « Féodalité ou féodalisation sous le mandat belge », in *op. cit.*, 1993, p. 189–217。

153. 这个人在 1920 年前后去世, 他的整个家族被驱逐到刚果。

154. 巴兰扬卡以皮埃尔的名字受洗, 这是他多种意义上的教父的名字。

155. 关于 1929 年、1933 年、1937 年和 1945 年的酋长领地分布图, 参见 Gahama (Joseph), *op. cit.*, 1983, p. 105–108。1954 年, 甘瓦占 74%, 参见 Chrétien (Jean-Pierre), *op. cit.*, 1993, p. 197。

156. *Rapport annuel*, 1933, p. 75. Voir Chrétien (Jean-Pierre), *op. cit.*, 1980, p. 54.

157. 见第三章第 150–151 页（页边码）。20 世纪在金钱和政治的压力下, 山丘法官的职权被破坏, 参见 Laely (Thomas), *op. cit.*, 1995, p. 327–332。

158. Chrétien (Jean-Pierre), « Une révolte au Burundi en 1934. Les racines traditionalistes de l'hostilité à la colonisation », *Annales ESC*, 1970, 6, p. 1678–1717 (repris in Id., *op. cit.*, 1993, p. 219–274).

159. 1943 年逐渐固定下来的行政地图, 直到 20 世纪 80 年代一直是独立的布隆迪的省份的行政地图。

160. Stengers (Jean), *Congo: mythes et réalités. 100 ans d'histoire*, Paris-Louvain-la Neuve, 1989; Jewsiewicki (Bogumil), « Belgian Africa », in *Cambridge history of Africa*, vol. 7, 1986, p. 460–493.

161. Chrétien (Jean-Pierre), « Église et État au Burundi », *Cultures et développement*, Louvain, 1975, 1, p. 3–32; Mvuyekure (Augustin), *Approche historique des conversions au catholicisme au Burundi (1922–1962)*, thèse, Paris 1, 1988. 新教徒像在被比利时殖民的其他国家一样被边缘化。至于穆斯林，他们主要是湖岸边的几千名斯瓦希里人，在德国人的统治下相对受到尊重，但他们和"阿拉伯化"的人有一样的耻辱地位，被贬低为奴隶主的儿子。basirimu（"开化人"，musirimu 的复数）一词保留了他们在 20 世纪初的影响的痕迹。

162.《大湖》发行于那慕尔（Namur），是《生命宇宙》（*Vivant Univers*）的前身。尤其见 1936 年 3 月和 1949 年 2 月的特刊。

163. Chrétien (Jean-Pierre), *op. cit.*, Paris, 1993, p. 347–371; Bahimanga (Antoine), « Une mission dans l'est du Burundi: Saint-Joseph de Rusengo (1924–1949) », in Gahama (Joseph) et Thibon (Christian) éds., *op. cit.*, 1994, p. 492–509. 到 1959 年，布隆迪有大约 60 个这样的教区，卢旺达有大约 50 个。

164. 圣体节（Fête-Dieu）期间，在布隆迪鲁舒比传教所前拍摄的一张照片表明，就像 20 世纪 80 年代的波兰一样，这种信徒的涌入具有胜利意义。参见 Delacroix (S.), *Histoire universelle des missions*, III, Paris, 1957, p. 54–55。

165. 这种拒绝被称为 kunena，是斥责和歧视的标志。

166. 见第三章第 108–109 页（页边码）。关于废除这一节日，参见 Bahenduzi (Michel), *op. cit.*, 1991, p. 301–394；Gahama (Joseph), « La disparition du Muganuro », in Guillet (Claude) et Ndoricimpa (Léonidas), *op. cit.*, 1984, p. 169–194。

167. Gahama (Joseph), « Les hauts lieux d'inscription des traditions et

de la modernité au Burundi », in Chrétien (Jean-Pierre) et Triaud (Jean-Louis)
éds., *op. cit.*, 1999, p. 197–210.

168. Monnens (J.), « Les grandes heures de l'Afrique », *Grands Lacs*,
mars 1936, p. 274.

169. 关于改革，参见 Rutembesa (Faustin), « La réorganisation administrative
et ses conséquences au Rwanda entre 1926 et 1931 », *Cahiers d'histoire*,
n° 2/ *Cahiers du C.R.A.* n° 4, Bujumbura-Paris, 1984, p. 211–256。

170. 1948 年，这两个氏族的图西人控制了一半以上的酋长和副酋长职位。

171. Newbury (Catharine), *op. cit.*, 1988, p. 63.

172. 见 1938 的宣言，转引自 Reyntjens (Filip), *Pouvoir et droit au Rwanda.*
Droit public et évolution politique, 1916–1973, Tervuren, 1985, p. 201。

173. 关于这种演变，参见 Newbury (Catharine), *op. cit.*, 1988, p. 131–
140；Nkurikiyimfura (Jean-Népomucène), *op. cit.*, 1994, p. 234–244；Vidal
(Claudine), *op. cit.*, 1974；Id., « Situations ethniques au Rwanda », in Amselle
(Jean-Loup) et M'bokolo (Elikia) éds., *Au cœur de l'ethnie*, Paris, 1985,
p. 182–183。

174. Classe (Léon), « Pour moderniser le Ruanda. Le probléme des
Batutsi », *L'essor colonial et maritime*, 7.12.1930, p. 7.

175. Des Forges (Alison), *Defeat is the only bad news: Rwanda under*
Musiinga, 1896–1931, thèse, Yale, 1972, p. 337–342; Mbonimana (Gamaliel),
« Christianisation indirecte et cristallisation des clivages ethniques au
Rwanda (1925–1931) », *Enquêtes et documents d'histoire africaine*, Louvain,
1978, p. 129–131.

176. 特别是前国王鲁瓦布吉里的一个儿子和酋长卡巴雷的一个儿子。

177. Markovitz (Marvin D.), *Cross and sword: the political role of*

christian missions in the Belgian Congo (1908–1960), Stanford, 1973. Citation extraite de *Grands Lacs*, février 1949, p. 130. Voir Chrétien (Jean-Pierre), « Église, pouvoir et culture. L'itinéraire d'une chrétienté africaine », *Les quatre fleuves*, n° 10, 1979, 2, p. 33–55. 1916 年比利时的胜利有时被描述为天赐良机。它是"天主教和拉丁民族的胜利"，法国教廷历史学家路易·德拉克杰如此写道，参见 De Lacger (Louis), in *Rwanda*, Kabgayi, 1939, rééd. 1961, p.463。我们还可以想到查理大帝统治下撒克逊人的洗礼……

178. Vidal (Claudine), « De la religion subie au modernisme refusé.
"Théophagie", ancêtres clandestins et résistance populaire au Rwanda », *Archives des sciences sociales des religions*, n° 38, juillet-décembre 1974, p. 80.

179. Rutayisire (Paul), *La christianisation du Rwanda (1900–1945). Méthode missionnaire et politique selon Mgr Classe*, Fribourg, 1987, Mbonimana (Gamaliel), *op. cit.*, 1981; Linden (Ian), *op. cit.*, 1999, p. 201–283.

180. 1927 年 7 月 16 日的牧函，转引自 Linden (Ian), *op. cit.*, 1999, p. 219。

181. 1927 年 9 月 21 日给高级官员莫尔特汉的信，转引自 De Lacger (Louis), *op. cit.*, 1961, p. 523–524。

182. *L'Essor colonial et maritime*, 11.12.1930, p. 9.

183. Témoignage de Rwakarenga, in Vidal (Claudine), *op. cit.*, 1974, p. 81.

184. 见《大湖》福音传教 50 周年特刊。

185. Extrait de *Servir*, Astrida, 1940, 1, p. 8–10. 可查看更多有关该机构的信息。

186. 基特加在比利时占领时期的拼写方式为 Kitega。

187. 现在被称为布塔雷，曾经被认为是卢安达 – 乌隆迪的未来的首都。

188. Ministère des Colonies (Belgique), *Plan décennal pour le*

développement économique et social du Ruanda-Urundi, Bruxelles, 1951. Voir aussi: Harroy (Jean-Paul), *Burundi. 1955–1962*, Bruxelles, 1987, p. 113–180. 关于 19 世纪二三十年代的布隆迪，参见 Gahama (Joseph), *op. cit.*, 1983, p. 145–213。关于先后提交给国际联盟和联合国的年度报告中的统计跟踪，参 见 Ministère des Colonies, *Rapport d'administration belge du Ruanda-Urundi pendant l'année... [de 1921 à 1961]*。

189. 农民将这些土地称为 bipimo，该词源自斯瓦希里语动词 gupima（测量）。

190. 完整形式为 Institut national pour les études agronomiques au Congo。

191. 关于这些"农民"，见 Gahama (Joseph), « Une innovation agricole grandiose: l'exemple de l'aménagement de la plaine de la Rusizi », in Université du Burundi, *Questions sur la paysannerie au Burundi*, Bujumbura, 1987, p. 101–120。

192. Hatungimana (Alexandre), *La caféiculture au Burundi. Économie et société des débuts à l'indépendance, 1920–1962*, thèse, Paris 1, 1999. 笔者相关叙述的要点源自这篇出色的研究。

193. Leplae (Edmond), *Les plantations de café au Congo belge, leur histoire (1881–1935), leur importance actuelle*, Bruxelles, 1938.

194. Nkurikiyimfura (Jean-Népomucène), *op. cit.*, 1994, p. 226–227.

195. 酋长和副酋长从 1930 年起不得不分别种植 1000 棵和 250 棵咖啡树。

196. 见 1933 年 8 月 1 日的通知。请注意，传教所本身有几公顷的种植园。

197. 完整形式为 Office des cultures industrielles du Ruanda-Urundi。

198. 如在布哈亚，斯瓦希里语的 wacuruzi 指这些商人。还有一些高利贷合同是以提前出售未来收成的形式签订的。

199. Citations de 1948–1949, in Sasserath (Jules), *op. cit.*, 1948, p.74;   357

et Gahama (Joseph), *op. cit.*, 1983, p. 185.

200. « La culture du café par les indigènes du Ruanda-Urundi », Archives africaines de Bruxelles, cité par Hatungimana (Alexandre), *op. cit.*, 1999, p. 198.

201. Chrétien (Jean-Pierre) (en collaboration avec Émile Mworoha), « Les migrations du XXe siècle en Afrique orientale. Le cas de l'émigration des Banyarwanda et des Barundi vers l'Uganda », in Commission internationale d'histoire des mouvements sociaux, *Les migrations internationales de la fin du XVIIIe siècle à nos jours*, Paris, 1980, p. 643–680 (nombreuses cartes et courbes); Id., « Des sédentaires devenus migrants. Les départs des Burundais et des Rwandais vers l'Ouganda (1920–1960) », in *op. cit.*, 1993, p. 275–310; Id., « *Kurobera*, l'émigration en Ouganda et en "Manamba" dans la première moitié du XXe siècle », in Gahama (Joseph) et Thibon (Christian), *op. cit.*, 1994, p. 427–436; Richards (Audrey), *Economic development and tribal change. A study of migrant labour in Buganda*, Cambridge, 1956. 见地图 "20 世纪中期的东非"。

202. 20 世纪初，布干达因昏睡病而人口锐减，急需棉花工人。

203. 这里最好用动词 kwambuka 表示，即 "渡河"。

204. 健康成年男性，即纳税单位。

205. 见页边码第 209 页。关于比利时占领时期的徭役，参见 Chrétien (Jean-Pierre), *op. cit.*, 1984, p. 171–175。斯瓦希里语单词 akazi 意为 "工作"，最初指这种劳务：对安的列斯群岛的居民来说，这是一种与奴隶制一样的社会经验！

206. 埃米尔·姆沃罗哈在布隆迪西北部进行了一项调查，见 Chrétien (Jean-Pierre), *op. cit.*, 1980, p. 659–660。关于卢旺达东部，参见 Gravel

(Peter), *op. cit.*, 1968, p. 107–117。

207. Chrétien (Jean-Pierre), « L'immatriculation ethnique... », *op. cit.*, 1997, p. 11–28.

208. 见第一章探险家和传教士的言论，即第56—58页（页边码）。1879年，一些白衣神父确信他们在乌干达发现了"含的坟墓"，认为这可以解释金图的圣林，参见 Chrétien (Jean-Pierre), « Les deux visages de Cham », in Guiral (Pierre) et Témime (Émile) éds., *L'idée de race dans la pensée politique française contemporaine*, Paris, 1977, p. 195。

209. Chrétien (Jean-Pierre), *ibid.*, p. 171–199; Id., « Hutu et Tutsi au Rwanda et au Burundi », in Amselle (Jean-Loup) et M'bokolo (Elikia), *op. cit.*, 1985, p. 129–165; Id., « Les identités hutu et tutsi. Perspectives historiques et manipulations politiques », in *op. cit.*,1993, p. 313–334.

210. 有人不顾真相，称一些人的浅肤色与另一些人的深肤色形成鲜明对比。

211. 本章所引用的摘录来自1902年到1939年，是克拉斯、戈尔瑞、梅纳尔（Ménard）、帕热斯、德拉克杰等传教士的描述。大段引文见 Chrétien (Jean-Pierre), *op. cit.*, 1985, p. 136–139 et Id., *op. cit.*, *Les quatre fleuves*, 1979, p. 43。

212. Piron (M.), « Les migrations hamitiques », *Servir*, 1948, 6, p. 280–283.

213. Vidal (Claudine), in *ibid.*, 1985, p. 176.

214. 根据用该形象描述胡图人的议事司铎德拉克杰的说法，"含米特"一词来自阿拉伯语，意为"红棕色"（原文如此）。

215. Aminade, *Aux sources du Nil...*, cité par Mvuyekure (Augustin), « Idéologie missionnaire et classifications ethniques en Afrique centrale », in Chrétien (Jean-Pierre) et Prunier (Gérard) éds., *op. cit.*, 1989, p. 323–324. 第一章第58页（页边码）的引语一脉相承，见 Sasserath (Jules), *op. cit.*,

358

1949。又见来自当时的报道，转引自 De Heusch (Luc), *La République devenue folle*, film, Bruxelles, 1995。在前言中，我们已经看出这些奇想依然存在。

216. Poliakov (Léon), *Le mythe aryen*, Paris, 1971, p. 215. 族群主义者与有利可图的"提供信息者"合谋操纵起源叙事，关于这一点，参见 Chrétien (Jean-Pierre), *op. cit.*, 1984, p. 12–15, et 1999, p. 299–315, et Servaes (Sylvia), « L'étude ethnographique du Rwanda », in Honke (Gudrun) éd., *op. cit.*, 1990, p. 106。

217. 1950 年，电影《所罗门王宝藏》使欧洲人异想天开。

218. Furet (François), « Féodalité » in Id. et Ozouf (Mona) éds., *Dictionnaire critique de la Révolution française*, Paris, 1988, p. 721–730. 关于卢旺达和布隆迪的这一方面，见 Chrétien (Jean-Pierre), *op. cit.*, 1977, p. 196 ; et surtout Franche (Dominique), « Généalogie du génocide rwandais. Hutu et Tutsi: Gaulois et Francs ? », *Temps modernes*, mai-juin 1995, p. 1–58。又见 Chrétien (Jean-Pierre), in Nordman (Daniel) et Raison (Jean-Pierre) éds., *op. cit.*, 1980, p. 47–64。

219. Ryckmans (Pierre), *op. cit.*, 1931, p. 26.

220. Neesen (Victor), « Aspects de l'économie démographique du Ruanda-Urundi », *Bulletin de l'Institut de recherches économiques et sociales*, Louvain, 1956, 5, p. 473–504.

221. 1914 年临时官员温特根斯（Wintgens）写道，"统治阶层"占人口的 3%，转引自 Honke (Gudrun), *op. cit.*, 1990, p. 125。

222. Chrétien (Jean-Pierre), *op. cit.*, 1993, p. 324–326 (avec courbes).

223. Mbonimana (Gamalie), *op. cit.*, 1978, p. 138–145.

224. Vidal (Claudine), *op. cit.*, 1991, p. 28.

225. Voir les biographies du « fleuron de la mission de Save », Siméon Rutare, in Vidal (Claudine), *op. cit.*, 1974, p. 74–78, ou du maître maçon de Muyaga, Joseph Burashahu, in Chrétien (Jean-Pierre), *op. cit.*, 1993, p. 367–369.

226. D'après Mgr Hirth: voir Linden (Ian), *op. cit.*, 1999, p. 191.

227. 在卢旺达，天主教报纸《基尼亚马特卡报》创刊于 1933 年；在布隆迪，《鲁西济拉马雷姆贝报》(*Rusiziramarembe*) 创刊于 1940 年。

228. 关于"民族学国家"(État ethnographe)，见 Chauveau (Jean-Pierre) et Dozon (Jean-Pierre), « Au cœur des ethnies ivoiriennes… l'État », in Terray (Emmanuel) éd., *L'État contemporain en Afrique*, Paris, 1987, p. 221–296。

229. 有意思的是，弗兰克与社会主义者关系密切，而卡梅伦则是由工党大臣任命的。

230. Arendt (Hanna), *L'impérialisme*, trad., Paris, 1982. 类似的分析见 Jewsiewicki (Bogumil), « African peasants and totalitarian colonial society in the Belgian Congo, 1917–1960 », in Klein (Martin) ed., *Peasants in Africa*, Los Angeles, 1980, p. 47–75。

231. "废除图西人卡斯特……将使国家走向仇恨的、反欧洲的共产主义。" 见 *L'essor colonial et maritime*, 4.12.1930, cité dans De Lacger, *op. cit.*, 1961, p. 524。

232. Linden (Ian), *op. cit.*, 1999, p. 300–301. 遗憾的是，作者对这种民族主义的看法过于简单化，坚持当时少数白衣神父的族群主义观点。需要指出的是，当时数量最多的知识分子是中世纪意义上的神职人员：来自卢旺达的天主教教士比来自欧洲的教士还要多。第一名黑人主教于 1952 年才被祝圣，比乌干达晚了 13 年。来自古老的吉萨卡王室的阿洛伊斯·比吉鲁姆瓦米

359

（Aloïs Bigirumwami）出席了仪式。

233. 关于希人，参见 Bishikwabo (Chubaka), *op. cit.*, 1982, p. 328–486；Id., « Deux chefs du Bushi sous le régime colonial: Kabare et Ngweshe (1912–1960) », *Études d'histoire africaine*, VII, 1975, p. 89–111。关于哈武人，见 Newbury (David et Catharine), « King and chief: colonial politics on Ijwi island (Zaire) », *International journal of African historical studies*, 1982, 2, p. 221–246。

234. 关于这一时期的精辟总结，参见 Ndaywel è Nziem (Isidore), *Histoire du Zaïre*, Louvain-la-Neuve, 1997, rééd. 1999, *Histoire du Congo*, p. 309–423。

235. 在卢安达 – 乌隆迪，丹麦人和瑞典人较多。

236. 1939 年，仅在基伍地区（科斯特曼斯维尔地区，即未来的布卡武）就有近 2000 名白人，而早在 1928 年，卡巴雷的酋长领地就有 5000 公顷土地被转让。

237. 20 世纪 50 年代初有近 3 万名卢旺达移民。

238. 1945 年，即加丹加"开化人"反抗后不久，神父普拉西德·坦普尔在利奥波德维尔出版了他的《班图哲学》（巴黎，1949），他正是沿着这一逻辑写成此书。该书灵感来自圣托马斯（Saint Thomas）、列维 – 布吕尔（Lévy-Bruhl）和亚历克西·卡雷尔（Alexis Carrel）。他提醒刚果人注意他们的"传统"思想，这一思想被开赛（Kassaï）的卢巴人（Baluba）遵守。参见 Chrétien (Jean-Pierre), *op. cit.*, 1985, p. 64–65, et Eboussi (Fabien), « Le Bantou problématique », *Présence africaine*, n° 66, 1986, p. 4–40。

※　第五章　恢复独立与种族灭绝的顽念

1. 关于乌干达非殖民化，参见 Prunier (Gérard), « Le "roi gentleman

et le président terroriste". Mythes et réalités de deux décolonisations comparées: l'Ouganda et le Kenya », in Ageron (Charles Robert) et Michel (Marc), *L'ère des décolonisations*, Paris, 1995, p. 239–250; Karugire (Samwiri), *op. cit.*, 1980, p. 144–198; Welbourn (F.B.), *Religion and politics in Uganda, 1952–1962*, Nairobi, 1965; Médard (Henri), *op. cit.*, 1999; Pirouet (Marie-Louise), *Historical dictionary of Uganda*, Metuchen, 1995。 360

2. 创建该党也是在冷战的背景下发生的：天主教行动（Action Catholique）和白衣神父谴责乌干达国民大会党同情共产主义者。见 Gertzel (Chetry), « Kingdoms, districts and the unitary state: Uganda. 1945–1962 », in Low (D. Antony) et Smith (Alison), *History of East Africa*, Oxford, 1976, p. 87。

3. Cité par Prunier (Gérard), *op. cit.*, 1995, p. 249.

4. 布干达的"卢基科"议会将选择联邦代表。

5. 特别是穆本德的契韦齐遗址。参见第四章第 199 页（页边码）。

6. 从 1962 年至今的历史，参见 Prunier (Gérard) et Calas (Bernard) éds., *op. cit.*, 1994, p. 89–158。

7. 爱德华·弗雷德里克·穆特萨（Edward Frederick Mutesa），绰号弗雷迪国王（King Freddy），在穷困潦倒中结束了自己的一生，尽管他在布干达享有不衰的声望。

8. 这位殖民地步枪手是尼罗特语群体的卡克瓦人（Kakwa），曾参与镇压茅茅运动，后来负责奥博特的肮脏事务。

9. 当时，印度人控制了 3/4 的工业和商业企业。

10. 包括 1977 年英国圣公会大主教贾尼·卢武姆（Jani Luwum）被谋杀。

11. 就连进步知识分子也被伊迪·阿明的"反帝国主义"滑稽表演折服，认为他是个天才，却从未问过任何一个乌干达人的意见。参见 Chesneaux

(Jean), *Du passé faisons table rase ?*, Paris, 1976, p. 57。

12. 在大多数情况下，赢得选举的是受天主教启发的民主党，而不是乌干达人民大会党。

13. Frelimo 是葡萄牙语首字母缩合词，全称为 Frente de Libertação Moçambique。

14. 请注意，这两名当权的粗野军人都是天主教徒。

15. 20 世纪 80 年代，卢旺达和布隆迪再次出现了这种对独裁统治的选择，但当时的情况没有在乌干达的那么夸张。在国外，奥博特身着三件套西装，以"国际货币基金组织的好学生"自居。

16. 还有凶手留下的涂鸦，如"好干达人即死干达人"，这句话与其说是来自当地传统，不如说是来自西方。关于其图片，参见 Kasozi (A.B.K.), *The social origins of violence in Uganda, 1964–1986*, Montréal, 1994, p. XVII。

17. 全国抵抗军是全国抵抗运动的武装力量。

18. Prunier (Gérard), « Les lieux de la mémoire royale au Buganda », in Chrétien (Jean-Pierre) et Triaud (Jean-Louis) éds., *op. cit.*, 1999, p. 321–339.

19. Articles du quotidien officieux *New Vision,* 7 avril et 14 juillet 1999.

20. 我们可以将这种政治动态颠覆或超越族群限制的情况与 1994 年的南非大选进行比较，当时曼德拉领导的非洲人国民大会（African National Congress）甚至在祖鲁人的地盘战胜了来自因卡塔自由党（Inkatha Freedom Party）的对手。

21. 他们离开的原因见下文。

361　22. Prunier (Gérard), « Éléments pour une histoire du Front patriotique rwandais », *Politique africaine*, n° 51, octobre 1993, p. 121–138.

23. 分别为 4249 法郎和 4439 法郎，参见 Leurquin (Philippe), *Le niveau de vie des populations rurales du Ruanda-Urundi*, Louvain, 1960, p. 250。

24. Chrétien (Jean-Pierre), « Échanges et hiérarchies dans les royaumes des Grands Lacs de l'Est africain », *Annales E.S.C.*, 1974, 6, p. 1327–1337.

25. Maquet (Jacques-Jérôme) et D'Hertefelt (Marcel), *Élections en société féodale. Une étude sur l'introduction du vote populaire au Ruanda-Urundi*, Bruxelles, 1959. Voir aussi Newbury (Catharine), *op. cit.*, 1988, p. 180–206.

26. 击退英国人后，穆特萨二世于 1957 年前往尼安扎，庆祝穆塔拉统治二十五周年。

27. Harroy (Jean-Paul), *Rwanda. De la féodalité à la démocratie. 1955–1962*, Bruxelles, 1984, p. 241. 阿鲁瓦自 1955 年起担任总督。具有讽刺意味的是，这位共济会成员将执行教会所期望的政策。

28. 关于操纵口述传统，见 Chrétien (Jean-Pierre), « Mythes et stratégies autour des origines du Rwanda (XIXe-XXe siècles)... », in Chrétien (Jean-Pierre) et Triaud (Jean-Louis) éds., *op. cit.*, 1999, p. 309–315。

29. 这些文章收集在如下两部集子中：Nkundabagenzi (Fidèle), *Rwanda politique,1958–1960*, Bruxelles, 1962；« Décolonisation et indépendance du Rwanda et du Burundi », *Chronique de politique étrangère*, XVI, 4–6, Bruxelles, juillet-novembre 1963。关于卢旺达的非殖民化，参见 Lemarchand (René), *Rwanda and Burundi*, New York, 1970, p. 93–196；Chrétien (Jean-Pierre), « La "révolution assistée" au Rwanda », in Ageron (Charles-Robert) et Michel (Marc) éds., *op. cit.*, 1995, p. 233–238。

30. Bragard (Lucie), « Vers l'indépendance du Ruanda-Urundi. Les problèmes essentiels », *Dossiers de l'action sociale catholique*, octobre 1959, p. 643–676. 教会的社会教义强调"班图人种和含米特牧民之间的……体貌区别"。又见 Linden (Ian), *op. cit.*, 1999, p. 299–360。

31. 1955 年发行量达到 2.5 万册。

32. 全称是 Travail, fidélité, progrès。该合作社是受瑞士模式启发而成立的消费合作社。

33. 勿将他与未来的总统朱韦纳尔·哈比亚利马纳混淆。

34. 1960 年 7 月帕特里斯·卢蒙巴（Patrice Lumunba）在利奥波德维尔上台，1961 年 1 月遇刺身亡，这在基督教国家卢安达 – 乌隆迪产生了能想象得到的影响：有些人害怕共产主义，有些人则充满民族主义激情。

35. Hubert (Jean R.), *La Toussaint rwandaise et sa répression*, Bruxelles, 1965; Willame (Jean-Claude), « Le *muyaga* ou la "révolution" rwandaise revisitée », *Revue française d'histoire d'outre-mer*, 1994, 3, p. 305–320.

36. Logiest (Guy), *Mission au Rwanda. Un Blanc dans la bagarre tutsi-hutu*, Bruxelles, 1988.

37. 指对卢旺达民族联盟的清洗。

38. 位于该国中部，距离卡布加伊传教所仅一步之遥。

362　39. 伴随着选举的君主制全民公决给了基盖里致命一击，这次公决甚至被称为"结束争论之公决"（Kamarampaka）。基盖里随后前往乌干达，然后前往北京和纽约。

40. 胡图解放运动党中央委员会 1960 年 5 月的宣言，见 Chrétien (Jean-Pierre), « La crise politique rwandaise », *Genève-Afrique*, 1992, 2, p. 124–126。

41. 该词按卢旺达语转写。

42. 总督让 - 保罗·阿鲁瓦在其回忆录中指出，"大量受害者是图西小人物，他们理应幸免于难"，但他总结道，"这是必须付出的代价"。参见 Harroy (Jean-Paul), *op. cit.*, 1984, p. 506–507.

43. 假设布兰维利耶式的种族意识形态在法国大革命中会压倒阶级意识。

44. 由于政治原因，相关数字引起很多争议，也因为许多流亡者离开时没有被联合国难民署（United Nations High Commissioner for Refugees）登

记，他们与邻国居民融合，其中一些人（在乌干达的基盖济和基伍地区）讲

卢旺达语。见 Guichaoua (André), *Le problème des réfugiés rwandais et des*

populations banyarwanda dans la région des Grands Lacs africains, Genéve,

1992；Prunier (Gérard), *Rwanda. 1959–1996*, Paris, 1997, p. 81–95。

45. 一些图西人偶尔取得的成功（尤其是在商业和教会方面）得到当局

的容忍，但这只能掩盖图西人的真实日常生活。即使在今天，许多不熟悉山

丘实际情况的作者在回顾过去时仍然认为这种情况令人满意。

46. Chrétien (Jean-Pierre), « Ethnicité et politique: les crises du Rwanda

et du Burundi depuis l'indépendance », *Guerres mondiales et conflits*

contemporains, n° 181, printemps 1996, p. 111–124.

47. Segal (Aaron), *Massacre in Rwanda*, Londres, 1964; De Heusch

(Luc), « Massacres collectifs au Rwanda ? » *Synthèses*, Bruxelles, octobre

1964, p. 418–426; Willame (Jean-Claude), *Aux sources de l'hécatombe*

rwandaise, Bruxelles, 1995, p. 64–90.

48. 参见在 1972 年 7 月纪念卢旺达独立十周年之际发表的作品：*Ingingo*

z'ingenzi mu mateka y'u Rwanda, « Principes fondamentaux de l'histoire du

Rwanda »。

49. Chrétien (Jean-Pierre), *op. cit.*, 1992, p .126–132.

50. Reyntjens (Filip), « La nouvelle Constitution rwandaise du 20

décembre 1978 », *Penant*, n° 768, 1980, p.117–134; Id, « La deuxième

République rwandaise: évolution, bilan et perspectives », *Afrika Focus*,

1986, 3–4, p. 273–298. 作者是哈比亚利马纳任命的负责起草该宪法初稿的特

设委员会的三名法学家之一。根据《宪法》第 7 条，每个卢旺达公民都是单

一政党的"战士"。

51. 即全国发展议会（Conseil national de développement）。

52. Paternostre de la Mairieu (Baudouin), *A la source du Nil, les mille collines du Rwanda*, Paris, 1985, p. 31. 作者曾长期担任卡伊班达总统的顾问，但"新"政权很快导致他的死亡……

363　　53. 约翰·保罗二世（Jean-Paul Ⅱ）令他于 1990 年退出。

54. Maindron (Gabriel), *Des apparitions à Kibeho*, Paris, 1984. 除了围绕这一现象的各种操纵之外，被记录的一些"信息"揭示了这个社会中"平衡"表象背后的不安和潜在的痛苦。

55. 很少有卢旺达知识分子像历史学家埃马纽埃尔·恩泰齐马纳（见第一章）或 1994 年遇害的西普里安·鲁甘巴（Cyprien Rugamba）那样，效仿朱尔·米舍莱（Jules Michelet）或马克·布洛赫，能够既尊重巴士底狱的陷落又尊重兰斯国王加冕礼，参见 « Préalables à l'interprétation de la tradition orale », in C.C.B. éd., *La civilisation ancienne des peuples des Grands Lacs*, Paris, 1981, p. 331-348。至于亚历克西·卡加梅，这位杰出的学者不幸为含米特意识形态所困，我们在前言中看到他在卢旺达共和国含混不清的立场。

56. Gahama (Joseph), « Les options d'une indépendance sous tutelle au Rwanda et au Burundi: nationalismes ou révolutions internes », in Ageron (Charles-Robert) et Michel (Marc) éds., *op. cit.*, 1995, p. 221-232; Id., « Les partis politiques et la recherche de l'indépendance au Burundi », in Collectif, *Histoire sociale de l'Afrique de l'Est, op. cit.*, 1991, p. 135-158; Deslaurier (Christine), « La vie politique à la veille de l'indépendance: les élections de 1960 et 1961 en territoire de Rutana », in Gahama (Joseph) et Thibon (Christian) éds., *op. cit.*, 1994, p. 543-577; Id., *op. cit.*, 1998; Ghislain (Jean), « Souvenirs de la territoriale au Burundi: le brouillard sur la Kibira », *Enquêtes et documents d'histoire africaine,* n° 11, Louvain-la-Neuve, 1992.

57. Bahenduzi (Michel), *op. cit.*, 1991, p. 395-416.

58. 自 1941 年起，只有被称为"比利时营地"和"斯瓦希里居住区"的城镇拥有这一地位。

59. Lechat (Michel), *Le Burundi politique*, Usumbura, 1961.

60. 该党得到了欧洲定居者领袖阿尔贝·莫斯（Albert Maus）的支持，他是前圣母圣心会（Scheut Missions）神父，后来成为法老阿肯那顿（Akhenaten）太阳神崇拜的追随者。

61. 这其中也有细微的差别：巴塔雷家族王子与鲁瓦加索雷为伍［如来自东北部的酋长穆希尔瓦（Muhirwa）］，贝齐家族王子与共同阵线为伍［如国王的近亲酋长比加因蓬齐（Bigayimpunzi）］。

62. 在这里，天主教报纸 *Ndongozi* 与民族主义者关系很近。

63. 声称代表胡图人的人民党在 1960 年赢得的选票不到 8%，1961 年不到 1%。20 世纪 90 年代，胡图族群主义政客改写了"历史"，他们要么说自己的"族群"被鲁瓦加索雷"欺骗"了，要么说争取民族进步统一党最初是一个"胡图政党"（因为它占多数），而后来改变了立场。

64. Harroy (Jean-Paul), *Burundi (1955–1962). Souvenirs d'un combattant d'une guerre perdue*, Bruxelles, 1987.

65. 基督教民主党的两名领导人在独立后被绞死。布隆迪民族主义者将鲁瓦加索雷视为英雄，他是继卢蒙巴和穆塔拉之后比利时人的第三个牺牲品。

66. Lemarchand (René), *op. cit.*, 1970, p. 343–401.

67. 这两个集团根据 1963 年非洲统一组织成立之前非洲新独立国家相对立集团的会议地点命名。

68. Lemarchand (René), *op. cit.*, 1970, p. 344. 这位法裔美国专家在 1970 年对卢旺达意识形态的模糊性提出过严厉批评，后来却转向了接近胡图人"族群原教旨主义"的立场，见 « Burundian glaasnost or falsification of history? », *Burundi newsletter*, n° 2. (périodique du parti Palipehutu), Svendborg

(Danemark), 1989, p. 6–13, et *Burundi. Ethnocide as discourse and practice*, Cambridge, 1994。

69. Chrétien (Jean-Pierre), « Ethnicité et violence. La conscientisation par la peur », in Id., *Le défi de l'ethnisme. Rwanda et Burundi, 1990–1996*, Paris, 1997, p. 29–46.

70. 在这里，我们进入了谣言四起的"即时史"领域。引发该地区每一次暴力危机的策略是如何制定的，暗含许多秘密。然而，我们很难不看到政客们玩世不恭和伪善的算计所起的决定性作用，他们深信"大多数人"将仅凭数量取胜，无论代价是什么：这是一种野蛮的算计，却是一种非常现代的算计！

71. 关于 1965 年以来布隆迪的危机，参见 Chrétien (Jean-Pierre), « La tragédie hutu-tutsi. Une dette de sens contemporaine », in Id., *op. cit.*, 1993, p. 415–492; Id., « Burund: l'autodestruction assistée d'une nation », in Id, *op. cit.*, 1997, p. 145–198; Id., *op. cit.*, 1996。

72. 反卡斯特罗的古巴人和支持切·格瓦拉的古巴人也参与了 1963–1965 年的刚果叛乱［又称"穆莱勒起义"（rébellion muléliste）］，关于这些行动，见 Weiss (Herbert) et Verhaegen (Benoît) éds., *Les rébellions dans l'est du Zaïre, 1964–1967*, Bruxelles, 1986。在北京，周恩来提出了积极的第三世界政策。全国解放委员会（Conseil national de la libération）成员加斯东·苏米亚洛特（Gaston Soumialot）曾在布琼布拉居住过一段时间。就在那时，切·格瓦拉在乌维拉以南遇到了洛朗－德西雷·卡比拉。

73. 还应该指出的是，这种划分并不是自动形成的：胡图人皮埃尔·恩根丹杜姆韦来自"卡萨布兰卡集团"，而图西人塔代·西里乌尤蒙西（Thaddée Siryuyumunsi）来自"蒙罗维亚集团"。见 Manirakiza (Marc), *La fin de la monarchie burundaise, 1962–1966*, Bruxelles, 1990。

74. Lemarchand (René), « The CIA in Africa. How central? How intelligent? », *Journal of modern African studies*, septembre 1976, p. 401–426.

75. 据估计，穆拉姆维亚省的屠杀和镇压受害者总数在 2500 至 5000 人之间。80 名胡图知名人士被枪杀，其中包括争取民族进步统一党主席约瑟夫·巴米纳。

76. 随后，争取民族进步统一党成为单一政党，直到 1992 年。

77. 可以将"布鲁里省集团"比作卢旺达哈比利马纳政权中的"北方"派。

78. 见 1968 年 11 月发表的声明（个人档案）。

79. Maikki (Liisa), *op. cit.*, 1995.

80. 秘密返回布隆迪的前国王恩塔雷五世在基特加遭到暗杀。

81. 笔者自 1964 年起就开始了解布隆迪，并密切关注其变化。见 Chrétien (Jean-Pierre), Guichaoua (André) et Le Jeune (Gabriel), « La crise d'août 1988 au Burundi », *Cahiers du C.R.A.*, n° 6, Paris, 1989, p. 39–57。

82. 由于人们只借钱给富人，流亡的胡图领导人声称有一个"辛巴纳尼耶计划"（plan Simbananiye）来实现布隆迪各族群的平等。这是一个充满所能想象到的仇恨的谣言······

83. 三位相继掌权的军方总统都来自布鲁里省的同一个市镇（鲁图武），分属希马人的两个氏族。在媒体上，"希马权力"的说法不胫而走，但南部的大多数图西人（和"布鲁里省集团"成员）不是希马人。

84. Chrétien (Jean-Pierre), « La démocratisation face aux intégrismes ethniques au Rwanda et au Burundi », in Id., *op. cit.*, 1993, p. 481–492, déjà paru dans Guichaoua (André) éd., *Enjeux nationaux et dynamiques régionales dans l'Afrique des Grands Lacs*, Lille, 1992, p. 31–58.

85. Grosser (Alfred), *Le crime et la mémoire*, Paris, 1989, p. 20.

86. Chrétien (Jean-Pierre), *op. cit.*, 1997. 又见《布鲁塞尔晚报》（*Soir*

365

de Bruxelles）记者科莱特·布赖克曼（Colette Braeckman）的综述：Braeckman (Colette), *Terreurs africaines. Burundi, Rwanda, Zaïre, les racines de la violence*, Paris, 1996；*L'enjeu congolais. L'Afrique centrale après Mobutu*, Paris, 1999。又见 Reyntjens (Filip), *L'Afrique des Grands Lacs en crise. Rwanda, Burundi, 1988–1994*, Paris, 1994；Guichaoua (André) éd., *Les crises politiques au Burundi et au Rwanda (1993–1994)*, Lille, 1995，其中的文章和附录非常有用。

87. Verhaegen (Benoît), *Introduction à l'histoire immédiate*, Gembloux, 1974.

88. Chrétien (Jean-Pierre), Guichaoua (André) et Le Jeune (Gabriel), *op. cit.*, 1989, p. 91–152，见 1988 年 9 月两个市镇的图西农民和胡图农民的证词档案。

89. 布隆迪民主阵线在这连续两次选举中分别赢得了 2/3 和 3/4 的选票。

90. Chrétien (Jean-Pierre), « Tournant historique au Burundi et au Rwanda », *Marchés tropicaux et méditerranéens*, octobre 1993, p. 2420–2422, repris dans Id., *op. cit.*, 1997, p. 47–54.

91. Prunier (Gérard), *op. cit*, 1997 (1ʳᵉ éd. en anglais, Londres, 1995)；Chrétien (Jean-Pierre), *Genève-Afrique, op. cit.*, 1992, p. 121–140; Id., *op. cit.*, 1997, notamment p. 61–144, « Rwanda, la résistible maturation du génocide ».

92.《自由比利时报》（*La Libre Belgique*）在 1989 年 10 月 31 日发表署名为玛丽–弗朗斯·克罗（Marie-France Cros）的文章，作者后来强烈谴责在卢旺达盛行的"地地道道的种族主义"。Willame (Jean-Claude), « La panne rwandaise », *Revue nouvelle*, décembre 1990, p. 59–66. 请注意，咖啡价格在 1986 年后暴跌，外债自 1970 年以来增加了 200 多倍。

93. 关于 1982 年后许多在乌干达的卢旺达青年加入穆塞韦尼的全国抵抗 366
军的原因，见上文第 262 页（页边码）。

94. 这也是 19 世纪末在基伍湖南部作战的鲁瓦布吉里国王的一支军队的
名称，哈比亚利马纳政权的捍卫者因此谴责卢旺达爱国阵线是"君主主义"
和"封建"运动党。

95. 然而，尽管他在国王博杜安的宫廷和基督教社会党团体中得到同情，
但还是招致了比利时舆论的敌视，比利时特遣队在万圣节就撤离了。

96. 他是鲁维吉耶马儿时的朋友，和鲁维吉耶马一样，也是穆塞韦尼最
早的游击队战友之一。

97. 法国军队，即执行诺罗瓦行动（opération Noroît）的部队和援助分
遣队有几百人，直到 1993 年 12 月才撤离。

98. 参见 Saur (Léon), *Influences parallèles. L'Internationale démocrate chrétienne
au Rwanda*, Bruxelles, 1998, 作者是法语区基督教社会党的负责人。

99. Franche (Dominique), *Rwanda. Généalogie d'un génocide,* Paris,
1997; Gouteux (Jean-Paul), *Un génocide secret d'État. La France et le
Rwanda, 1990–1997*, Paris, 1998.

100. Chrétien (Jean-Pierre), Dupaquier (Jean-François), Kabanda
(Marcel) et Ngarambe (Joseph), *Rwanda. Les médias du génocide*, Paris,
1995; Chrétien (Jean-Pierre), « "Presse libre" et propagande raciste
au Rwanda. *Kangura* et "les 10 commandements du Hutu" », *Politique
africaine*, n° 42, juin 1991, p. 109–120. 这份"呼吁书"显然是在比利时的全
国发展革命运动的知识分子炮制的。

101. Chrétien (Jean-Pierre), « Un "nazisme tropical" au Rwanda ? Image
ou logique d'un génocide », *Vingtième siècle*, octobre 1995, p. 131–142.

102. F.I.D.H. et autres organisations, *Commission internationale*

d'enquête sur les violations des Droits de l'homme au Rwanda depuis le 1er octobre 1990. Rapport final, Paris, New York, Quagadougou, Montréal, mars 1993. 卢旺达致力于保卫人权的协会和反对党在1992—1993年编写的文件也非常明确地指出了这一倾向。

103. 这些来自卢旺达北部的牧民从未扮演过政治角色，因此被杀害完全是由于种族主义。见第三章第163页（页边码）。

104. 国家广播电台宣读了一份"透露"暗杀所有胡图知名人士计划的所谓的文件，从而引发了大屠杀。

105. 他们分别是胡图解放运动党的前理论家、成为胡图力量民权保卫者的商人和"人民银行"的经理。关于共和民主运动的演变，参见 Bertrand (Jordane)，*Le Mouvement démocratique Républicain (M.D.R.) from 1990 to 1994*。

106. 这种优先考虑"族群团结"的逻辑（夫人党和卢旺达爱国阵线之外的"第三条道路"）得到了布鲁塞尔基督教民主国际和巴黎爱丽舍宫的明确支持。参见 Saur (Léon), *op. cit.*, 1898, p. 57–95, et Prunier (Gérard), *op. cit.*, 1997, p. 216–217。

107. 卡伊班达的女婿。即使在共和国时期，亲属关系也发挥作用！

108. 她在上届政府中担任教育部长期间敢于抨击学校中的族群配额制度，因此遭到民兵的殴打，并遭到极端主义报刊的漫画家的诽谤。

109. 全称为 Mission des Nations Unies pour l'Assistance au Rwanda。

110. 特别是他要求在和平协议中整合保卫共和国联盟。

111. 电台的推动者是与总统关系密切的历史学家费迪南·纳希马纳（Ferdinand Nahimana），他曾担任国家广播电台台长，当时该电台播放了引发布盖塞拉大屠杀（1992年3月）的虚假新闻，声名狼藉。关于这个学者的专著，见第二章注释27。

112. 还有西蒙·比金迪（Simon Bikindi）创作的关于卢旺达历史的歌曲，特别是《贝内·塞巴欣齐》（*Bene Sebahinzi*，即"拓荒者之子"）。这些歌曲重新审视卢旺达的历史，动员"胡图人民"。

113. 当时大约每十个居民有一台收音机。参见 Chrétien (Jean-Pierre) et al., *op. cit.*, 1995; Id., « Rwanda. La médiatisation d'un génocide », in D'Almeida (Fabrice) éd., *La question médiatique. Les enjeux historiques et sociaux de la critique des médias*, Paris, 1997, p. 53–64。

114. Reyntjens (Filip), *Rwanda, trois jours qui ont fait basculer l'histoire*, Bruxelles/Paris, 1995, p. 93–115，见该书关于 1993 年 10 月的布隆迪的一章。

115. 他是布隆迪民主阵线为数不多的图西人之一，曾在 20 世纪 60 年代担任学生领袖，在米孔贝罗时代担任部长。

116. 特别是卫生部长让·米纳尼（Jean Minani），基督教民主国际将其视为恩达达耶的继任者。

117. Chrétien (Jean-Pierre), « Burundi. Pogromes sur les collines », *Esprit*, juillet 1994, p. 16–30（根据笔者收集的证词和大量未发表的文件写成）。

118. 尽管自 1989 年以来，伴随着卢旺达的民主化进程，西方国家在公共和私人领域采取了多种举措。

119. Chrétien (Jean-Pierre), « Burundi: the obsession with genocide », *Current history*, mai 1996, p. 206–210. Voir aussi Id., *op. cit.*, 1997, p. 183–198.

120. Ould Abdallah (Ahmedou), *La diplomatie pyromane*, Paris, 1996.

121. 在达累斯萨拉姆举行了一次地区会议，以推动《阿鲁沙协定》的执行。布隆迪总统乘坐这架飞机出席会议是在最后一刻临时决定的。

122. 法国军方援助人员当时仍在现场，他们是第一批前来观察飞机残骸的人。更糟糕的是，与爱丽舍宫和哈比亚利马纳阵营关系密切的前宪兵保罗·巴里（Paul Barril）上尉于 1994 年 5 月发布了虚假信息，起到了烟幕弹的作用。关于这一争论，参见 Reyntjens (Filip), *op. cit.*, 1995, p. 21–50；Prunier (Gérard), *op. cit.*, 1997, p. 257–275；Assemblée nationale, *Rapport de la Mission parlementaire d'information sur le Rwanda*, Paris, 1998。

123. 1994 年 1 月，联卢援助团指挥官、加拿大将军罗密欧·达赖尔（Roméo Dallaire）给联合国秘书处的一封电报描述了一名叛逃者透露的种族灭绝的准备情况。又见 Sénat de Belgique, *Rapport de la Commission d'enquête parlementaire concernant les événements du Rwanda*, Bruxelles, 1997。

124. 他曾任国防部长，在阿鲁沙谈判时宣布他将"为世界末日做准备"。

125. 其支持者将该政府称为"救世主"（batabazi）。

126. 巴黎一直与坎班达政府保持联系，直到 1994 年 7 月，甚至于 4 月 27 日接见了其外交部长热罗姆·比卡蒙帕卡（Jérôme Bicamumpaka），参见 Verschave (François Xavier), *Complicité de genocide ? La politique de la France au Rwanda*, Paris, 1994；Chrétien (Jean-Pierre), « Les responsabilités politiques du génocide, vues de Bruxelles et de Paris », *Politique africaine*, n° 73, mars 1999, p. 159–164。

127. 关于这场种族灭绝已经有大量参考书目，参见 Braeckman (Colette), *Rwanda. Histoire d'un génocide,* Paris, 1994；Prunier (Gérard), *op. cit.*, 1997, p. 275–334；Willame (Jean-Claude), *op. cit.*, 1995；Vidal (Claudine) éd., « Les politiques de la haine. Rwanda, Burundi. 1994–1995 », *Les Temps modernes*, numéro spécial, juillet-août 1995；Verdier (Raymond), Decaux (Emmanuel) et Chrétien (Jean-Pierre) éds., *Rwanda. Un génocide du XXᵉ siècle*, Paris, 1995；Brauman (Rony), *Devant le mal. Rwanda. Un génocide en direct*, Paris, 1994；Destexhe (Alain), *Rwanda. Essai sur le génocide*, Bruxelles, 1994；Bührer (Michel), *Rwanda. Mémoire d'un génocide*, Paris, 1996；Mukagasana (Yolande), *La mort ne veut pas de moi*. Document, Paris,

1997；Blam (Wolfgang), « Témoignage à Kibuye. Le génocide comme instrument politique "moderne" », traduit de l'allemand in Chrétien (Jean-Pierre), *op. cit.*, 1997, p. 101–121。有两份综述以其丰富的证词和准确的分析而引人注目：African rights (sous la direction de Rakiya Omaar), *Rwanda: death, despair and defiance*, Londres, 1994, rééd. 1995；*Human rights watch, Fédération internationale des Droits de l'homme* (rédigé par l'historienne Alison Des Forges). *Aucun témoin ne doit survivre. Le génocide au Rwanda*, Paris, 1999。一份详尽但过时的参考书目见 Chrétien (Jean-Pierre), « Interprétations du génocide de 1994 dans l'histoire contemporaine du Rwanda », *Clio en Afrique*, juin 1997, http://www. up. univ-mrs.fr/~wclio-af.。

128. 自 1993 年以来，"公民自卫"在巴戈索拉的推动下组织起来，正如非洲观察协会（Africa Watch）在调查期间发现的他的日记所证明的。

129. 这是西方媒体在三个月中采用的主要解释模式。

130. 除了直到种族灭绝高潮期运送的武器之外，1993 年 1 月至 1994 年 3 月，国家还以购买农业设备的名义，利用世界银行和其他外国出资者提供的信贷，购买了 60 万把砍刀。所有这些现在都成了卢旺达债务的一部分。

131. 基贝霍的吉孔戈罗的主教显然就属于这种情况，参见 African rights, *op. cit.*, 1995, p. 299–315。

132. 阿利松·德福尔热（Alison des Forges）撰写的调查报告证明了布塔雷知识分子有条不紊地进行虚假宣传，包括通过"镜子效应"，向"敌人"提供为他们准备的东西。

133. 参见本章注释 127 引用的基布耶医生布拉姆（Blam）的证词。

134. R.T.L.M., Kantano Habimana, le 2 juillet 1994.

135. 人被肢解，婴儿在母亲面前被杀害，胡图人丈夫被迫处死图西人妻子等。无论我们删节多少类似的暴行的细节，我们也绝不能认为历史学家的客观性就意味着对极端事件和被蔑视的价值观无动于衷。除非你赞同所谓的"历史煎蛋"（omelette de l'histoire）理论，否则唤起对大屠杀的净化过的回忆就是一种简单化。对刽子手行为的人类学研究意味着我们不能睁一只眼闭一只眼，我们不能只充当关注他们的挫败感的"社会学家"。参见 Vidal (Claudine), « Le génocide des Rwandais Tutsi: cruauté délibérée et logiques de haine », in Héritier (Francoise), ed., *De la violence*, Paris, 1996, p. 325–366；et aussi Corbin (Alain), *Le village des "cannibales"*, Paris, 1990。

136. 关于人口压力、阶层跃升无望以及将受挫感转嫁给替罪羊的固有风险，参见 Guichaoua (André), *Destins paysans et politiques agraires en Afrique centrale*, t. I: *L'ordre paysan des Hautes Terres centrales du Burundi et du Rwanda*, Paris, 1989；Cochet (Hubert), *Burundi: la paysannerie dans la tourmente. Éléments d'analyse sur les origines du conflit politico-ethnique*, Paris, 1996；Imbs (Françoise), Bart (François) et Bart (Annie), « Le Rwanda: les données sociogéographiques », *Hérodote. Revue de géographie et de géopolitique*, n° 72/73, Paris, janvier-juin 1994, p. 246–269。

137. De Lame (Danielle), *Une colline entre mille ou le calme avant la tempête. Transformations et blocages du Rwanda rural*, Tervuren 1996, p. 74.

138. 早在 1987 年，上文引用的《对话》杂志的领军人物居伊·特尼斯（Guy Theunis）神父拒绝了批评，转而支持"通过迹象进行确认"，也就是系统地强调某种情况下所有积极方面。参见 Theunis (Guy), « Une philosophie pour Dialogue », *Dialogue*, n° 121, mars-août 1987, p. 21–31。

139. 尽管丹尼尔·戈尔德哈根（Daniel Goldhagen）表明，德国社会随时准备迫害犹太人，参见 Goldhagen (Daniel), *Les bourreaux volontaires de Hitler*, Paris, 1997。

140. 见记者多米尼克·马凯利（Dominique Makeli）录制的占卜者瓦伦丁·尼拉穆基扎（Valentine Nyiramukiza）与圣母玛利亚的所谓的"对话"。

141. 这是一种虔诚的说法，如主教埃切加赖（Etchegaray）代表教皇对卢旺达进行实地考察后返回时就使用过。一些传教士毫不犹豫地将大屠杀归咎于撒旦，参见 Chrétien (Jean-Pierre), *op. cit.*, 1997, p. 236–237。

370

142. 这种对比促使米歇尔·罗卡尔（Michel Rocard）在卢旺达之行的第二天为《南特敕令》（*Édit de Nantes*）的再版作序，当时正值该敕令颁布 400 周年，参见 Rocard (Michel), L'édit de Nantes ou l'art de la paix, Biarritz, 1997, p. 7–97。

143. 关于流动难民数量的估计，见 Guichaoua (André), « Mobilité forcée dans la région des Grands Lacs », in Lassailly-Jacob (Véronique) *et al.* éds., *Déplacés et réfugiés. La mobilité sous contrainte*, Paris, 1999, p. 303–340。

144. 1994 年秋天，笔者在基加利。在那里不难看出，即使最小的西方非政府组织，也比遭到破坏的公共服务机构得到更好的补给保障。

145. 联合国创建的卢旺达问题国际刑事法庭（Tribunal pénal international pour le Rwanda）于 1995 年在阿鲁沙成立，到 1999 年夏天，法庭对陆续在非洲成功逮捕的 30 名左右的高级罪犯中的 5 名做出了判决。

146. 根据美国的辩诉交易（plea bargaining）模式。

147. 比利时议会委员会在 3 年后才调查 1994 年发生的事件，法国观望了 4 年，而非洲统一组织和联合国秘书处则观望了 5 年。1998 年，美国总统克林顿在经过基加利机场时表示，美国对 1994 年 4 月至 5 月联合国安全理事会表现出的应受谴责的冷漠感到遗憾。

148. 国际组织在面对非洲冲突，甚至是最无理和最残暴的冲突［如 1999 年在塞拉利昂（Sierra Leone）发生的冲突］时都爱用这种说法。

149. 1994 年 7 月 26 日戈马非政府组织团体（得到比利时和法国非政府组织的支持）的表述。关于其他很多例子和参考资料，参见 Chrétien (Jean-Pierre), *op. cit.*, 1997, p. 199–388 (« La négation dans tous ses états »)。

150. 争论的焦点是数字（1994 年 4 月至 1995 年年底之间的差距在 1 万人到 10 万人之间）和原因：报复，还是恐吓？这些数据往往是匿名提供的、间接的或带有作者和媒体的先入之见，因此数据的不足给问题的答案蒙上了阴影。大规模招募种族灭绝杀手也是一个原因：卢旺达爱国阵线的武装士兵面对成堆的亲人的尸体，很容易在他们抵达后遇到的每一个胡图人身上看到挥舞大砍刀的人的影子。对此做道德评估尤为微妙，类比也是不合时宜的：我们该如何看待第二次世界大战末期对汉堡或德累斯顿的大规模轰炸这种毫无军事意义的暴行？关于这一问题，参见 Prunier (Gérard), *op. cit.*, 1997, p. 426–431, 尤其见 Human rights watch *et al*, *op. cit.*, 1999, p. 817–853。

151. 据估计，1996 年每天的国际援助为 100 万美元。

152. Médecins sans frontières, *Deadlock in the Rwandan refugee crisis: virtual standstill or repatriation*, Paris, juillet 1995; African rights, *Rwanda. La preuve assassinée*, Londres, avril 1996.

153. 在一个家族所有制意识早已根深蒂固且空间稀缺的国家，这是个令人头疼的问题。

154. 这种代表联合国进行的"人道主义"干预可能是为了在该国制造一种临时分治的局面，并为许多对种族灭绝负有责任的人挽回了局面。1995 年，这个"人道主义安全区"内的大多数流离失所者营地被顺利关闭，但在基贝霍营地，数量众多的前民兵的挑衅行为导致了一场大屠杀，有数千人惨遭杀害（一名前联合国观察员提供了证词）。

155. Chrétien (Jean-Pierre), *op. cit.*, 1997, p. 186–198; Braeckman (Colette), *op. cit.*, 1996, p. 127–201, et 1999, p. 191–202; rapports de

l'International crisis group, Bruxelles, depuis 1998.

156. 参见西尔韦斯特·恩蒂班通加尼亚的回忆录：Ntibantunganya (Sylvestre), *Une démocratie pour tous les Burundais*, vol. 2: *La guerre « ethno »-civile s'installe, 1993–1996*, Paris, 1999。

157. 1995 年 3 月，安托万·恩杜瓦约（Antoine Nduwayo）接替阿纳托尔·卡尼恩基科担任政府首脑，他来自南方，在最强硬的图西党派中受到尊敬。

158. 从 20 世纪 60 年代的刚果危机到 20 世纪 90 年代的刚果内战，该地区的黄金一直是战争的重要因素。恩达达耶总统遇刺前夕，黄金出口也成为布隆迪政治和经济上的关键因素之一（尚不明晰）。

159. 1994 年夏天以来，大批卢旺达图西侨民返回家园。

160. 尼雷尔在坦桑尼亚的绰号是 mwalimu，即"老师"。

161. 国际社会希望根据莫桑比克的和平模式推动布隆迪各派达成一致，但忘记了莫桑比克并没有因为同样的种族主义选择而四分五裂。

162. 见第三章第 140–141 页（页边码）和第四章第 252–254 页（页边码）。

163. Voir Young (Crawford), *Introduction à la politique congolaise*, Bruxelles, 1968, p. 157–159 et 320–346.

164. 关于这个问题，参见 Lacoste (Yves) éd., « Géopolitique d'une Afrique médiane », *Hérodote*, n° 86/87, 1997, 3–4，尤其见 Pourtier (Roland), « Congo-Zaïre-Congo: un itinéraire géopolitique au cœur de l'Afrique », p. 6–41, et Prunier (Gérard), « La crise du Kivu et ses conséquences dans la région des Grands Lacs », p. 42–56；Willame (Jean-Claude), *Banyarwanda et Banyamulenge. Violences ethniques et gestion de l'identitaire au Kivu*, Bruxelles, 1997；Chajmowiecz (Monique), « Kivu: Les Banyamulenge enfin à l'honneur ! », *Politique africaine*, n° 64, décembre 1996, p. 115–120。

165. 以乌维拉上方的穆伦盖山丘命名，据说那里是这些卢旺达牧民最初定居的地方。

166. 见第三章第 123–124 页（页边码）和第 137–138 页（页边码），第四章第 244 页（页边码）。

167. 决议是由过渡议会的副主席安祖卢尼·本贝（Anzuluni Bembe）起草的，他是一名来自乌维拉的政客，对穆伦盖人非常敌视。

168. "非本地人"的法语为 allochtone，是一个奇怪的新词。在其他地方，我们说"异族人"（allogène）。

169. 他本人就是来自北加丹加的卢巴人。

372 170. Willame (Jean-Claude), *Zaïre: l'automne d'un despotisme*, Paris, 1992. 解释这个政权的来龙去脉会让我们偏离本书的主题。

171. 刚果（金）在 1971 年至 1997 年的所谓的"正宗"名称"扎伊尔"沿用了 15 世纪葡萄牙人给刚果河起的名字（实际上是刚果语中的 nzadi）。

172. 乌干达对在刚果北部肆虐的两场叛乱所获得的支持表示担忧，这两场叛乱分别是被称为"上帝抵抗军"（Résistance du Seigneur）的救世主和恐怖主义运动，以及由西部的"民主力量联盟"（Alliance des forces démocratiques）组织的叛乱，该联盟汇集了激进的穆斯林、孔乔人中的传统异见人士（见第三章页边码第 160 页）和卢旺达联攻派民兵。

173. Braeckman (Colette), *op. cit.*, 1999. 布隆迪则趁机击溃了驻扎在乌维拉附近的保卫民主力量游击队，后者撤退到了坦桑尼亚的基戈马。

174. 该说法又出现在一位医生、前部长的书中，参见 Debré (Bernard), *Le retour du mwami*, Paris, 1999。

175. 穆塞韦尼对布约亚的敌意就是一个很好的例子，而这两个人都来自各自国家（乌干达和布隆迪）的希马人群体，且他们的政策对许多其他因素做出了回应。

※ 结　论　历史的撕裂

1. 例如，在萨赫勒地带的西非，参见 Gallais (Jean), *Hommes du Sahel*, Paris, 1984。

2. Ray (Benjamin), *Myth, ritual and kingship in Buganda*, Oxford, 1991. 该专著展示了詹姆斯·弗雷泽的理论与牧师罗斯科的调查之间的反馈；扬·切卡诺夫斯基用德文撰写的有关卢旺达的著作逐渐被人们遗忘，而封建主义理论化则在雅克－热罗姆·马凯的综合研究中登峰造极；20 世纪 30 年代有关布隆迪的最佳历史研究，即比利时历史学家乔治·斯梅茨的研究，却被戈尔瑞主教领导的白衣神父们的谬论所掩盖。

3. Mbembe (Achille), *Afrigues indociles*, Paris, 1988.

4. Voir: Ruytinx (Jacques), *La morale bantoue et le problème de l'éducation morale au Congo,* Bruxelles, 1960, p. 20–22 et 39–44; Rodegem (Firmin-Marie), « La fonction hyperphatique du langage », *Cultures et développement*, 1974, 2, p. 277–303.

5. 介绍西方国家首脑访问备忘录、国际经济和社会评估，以及人道主义非政府组织报告的"历史记录"值得进行研究，其结果也许会令人沮丧。当然，这并不意味着各种形式的"合作"没有产生有效的方法，但它们产生了什么影响呢？

6. Bayart (Jean-François), *L'État en Afrique*, Paris, 1989.

7. In *Esprit*, décembre 1976, repris dans Chrétien (Jean-Pierre), *op.cit.*, 1993, p. 433–445.

8. *Courrier international*, n° 463, 16.9.1999, p. 29.

附 录

人口统计表

1900 年前后的人口状况

王　国	人　口(人)	面　积(平方米)	密　度(人/平方米)
布干达	1000000	28700	35
布尼奥罗	110000	13800	8
安科莱	400000	9200	45
卢旺达	1500000	26000	58
布隆迪	1500000	27000	55
布　哈	200000	25000	8
布　希	250000	20000	12
布舒比	10000	2000	5
基济巴	35000	1100	32
基亚穆特瓦拉	23000	350	66
基安加	80000	2200	36
布加博	16000	250	64
卡拉圭	26000	8700	3
伊汉吉罗	60000	3000	20
鲁苏比	300000	7800	38

地　图*

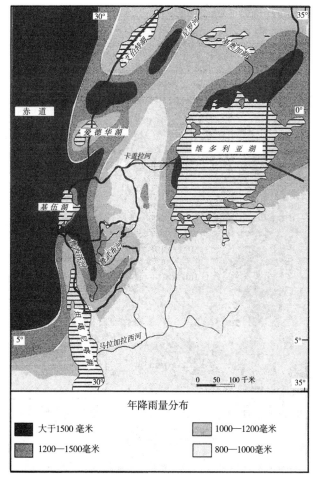

年降雨量分布

| ■ 大于1500毫米 | 1000—1200毫米 |
| ■ 1200—1500毫米 | 800—1000毫米 |

大湖地区的气候与水文

* 这些地图均由康斯坦丁·比津达维（Constantin Bizindavyi）绘制。

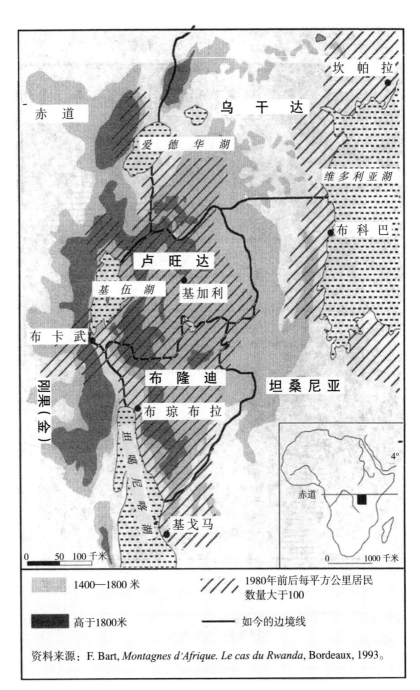

赤道

乌干达

坎帕拉

爱德华湖

维多利亚湖

布科巴

卢旺达

基伍湖 　基加利

布卡武

布隆迪

坦桑尼亚

刚果（金）

布琼布拉

坦噶尼喀湖

基戈马

0　50　100 千米

4°

赤道

0　　1000 千米

| | 1400—1800 米 | /// | 1980年前后每平方公里居民数量大于100 |
| | 高于1800米 | —— | 如今的边境线 |

资料来源：F. Bart, *Montagnes d'Afrique. Le cas du Rwanda*, Bordeaux, 1993。

地形与人口

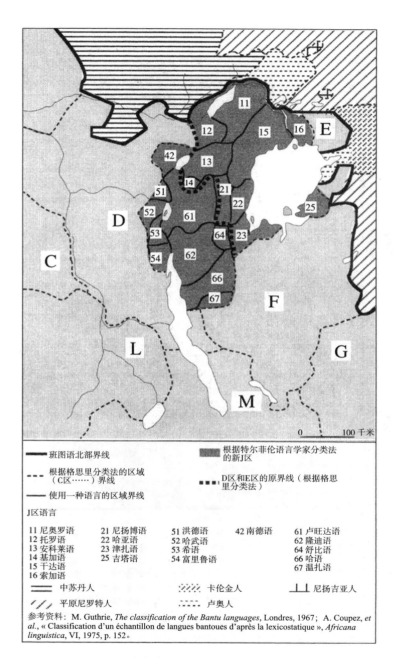

大湖地区班图语各语言界线

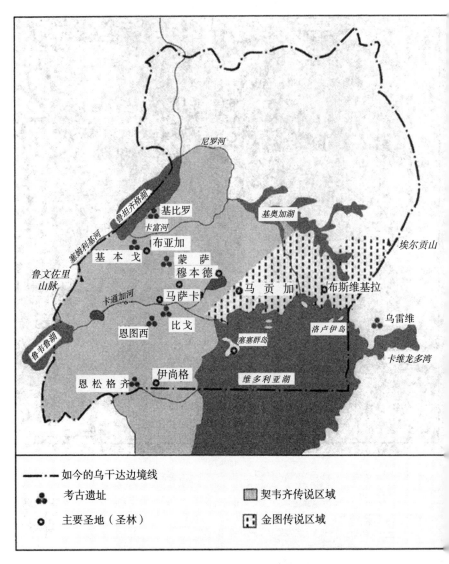

—·—·—　如今的乌干达边境线

⚘　考古遗址

◉　主要圣地（圣林）

▨　契韦齐传说区域

🏠　金图传说区域

大湖地区北部考古与传说

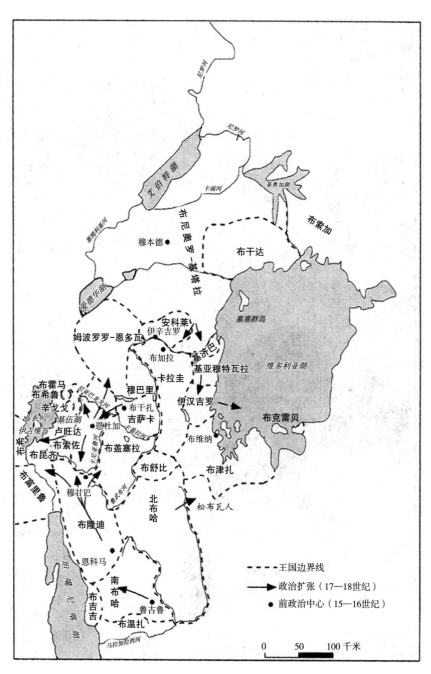

18 世纪初大湖地区的政治形势

19 世纪末大湖地区的王国

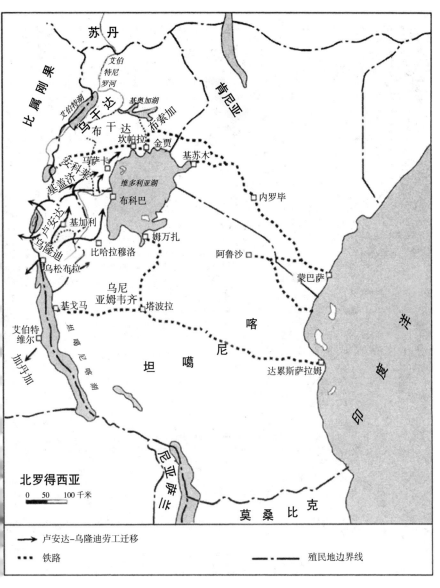

20 世纪中期的东非

图例：

→ 卢安达–乌隆迪劳工迁移

⋯⋯⋯ 铁路

—·—·— 殖民地边界线

参考文献选目

1.一般性文献

AGERON (Charles-Robert) et MICHEL (Marc) éds., *L'ère des décolonisations*, Paris, Karthala, 1995, 516 p.

AMSELLE (Jean-Loup) et M'BOKOLO (Élikia) éds., *Au cœur de l'ethnie*, Paris, La Découverte, 1985 (rééd. 1999), 227 p.

BOUQUIAUX (Luc) *et al.*, *L'expansion bantoue*, vol. III, Paris, Selaf, 1980, p. 605-848.

BRAECKMAN (Colette), *L'enjeu congolais. L'Afrique centrale après Mobutu*, Paris, Fayard, 1999, 428 p.

CHASTANET (Monique) éd., *Plantes, paysages d'Afrique, Une histoire à explorer*, Paris, Karthala, 1998, 587 p.

CHRÉTIEN (Jean-Pierre) dir., *L'invention religieuse en Afrique. Histoire et religion en Afrique noire*, Paris, Karthala, 1993, 479 p.

CHRÉTIEN (Jean-Pierre) et PRUNIER (Gérard) éds., *Les ethnies ont une histoire*, Paris, Karthala, 1989, 437 p.

CHRÉTIEN (Jean-Pierre) et TRIAUD (Jean-Louis) éds., *Histoire d'Afrique. Les enjeux de mémoire*, Paris, Karthala, 1999, 503 p.

Collectif, *History of East Africa*, 3 vol., Oxford, Clarendon press, 1963-1976.

Département d'histoire de l'université du Burundi, *Histoire sociale de l'Afrique de l'Est (XIXᵉ-XXᵉ siècle)*, Paris, Karthala, 1991, 523 p.

FAGE (J.D.) et OLIVER (Roland), *The Cambridge history of Africa*, 8 vol., Cambridge university press, 1975-1986.

FORD (John), *The role of the trynamosomiases in African ecology. A study of the tsetse fly problem*, Oxford, Clarendon press, 1971, 568 p.

GRAY (Richard) et BIRMINGHAM (David) eds., *Precolonial African trade. Essays on trade in Central and Eastern Africa before 1900*, Londres, Oxford university press, 1970, 308 p.

HENIGE (David), *The chronology of oral tradition. Quest for a chimera*, Oxford, Clarendon press, 1974, 265 p.

ILIFFE (John), *Les Africains. Histoire d'un continent*, trad., Paris, Flammarion, 1997, 459 p.

LACOSTE (Yves) éd., « Géopolitique d'une Afrique médiane », *Héro-dote*, n° 86/87, 1997, 3-4, 233 p.

LASSAILLY-JACOB (Véronique) *et al.* éds., *Déplacés et réfugiés. La mobilité sous contrainte*, Paris, I.R.D. éditions, 1999, 504 p.

LOUIS (William Roger), *Great Britain and Germany's lost colonies (1914-1919)*, Oxford, Clarendon press, 1967, 167 p.

OLIVER (Roland), *The missionary factor in East Africa*, Londres, Long-mans, 1965, 302 p.

PERROT (Claude-Hélène) *et al.*, *Sources orales de l'histoire de l'Afri-que*, Paris, C.N.R.S., 1989 (rééd. 1993), 228 p.

PERROT (Claude-Hélène) éd., « Démographie historique », numéro spécial des *Cahiers d'études africaines*, n° 105-106, Paris, 1987, p. 7-211.

PHILLIPSON (D.W.), *The later prehistory of Eastern and Southern Africa*, Londres, Heinemann, 1977, 323 p.

RENAULT (François), *Lavigerie, l'esclavage africain et l'Europe* (t. 1, *Afrique centrale*), Paris, De Boccard, 1971, 430 p.

ROTBERG (Robert) ed., *Africa and its explorers. Motives, methods and impact* Cambridge (Mass.), Harvard university press, 1970, 349 p.

ROTBERG (Robert) ed., *Imperialism, colonialism and hunger : East and Central Africa*, Lexington/Toronto, D.C. Heath, 1983, 270 p.

SHERIFF (Abdul), *Slaves, spices and ivory in Zanzibar. Integration of an East African commercial empire into the world economy, 1770-1873*, Londres, James Currey, 1987, 297 p.

SUTTON (John) ed., « The growth of farming communities in Africa from Equator southwards », numéro spécial de *Azania*, vol. XXIX-XXX, Nairobi, British institute in East Africa, 1996, 338 p.

Unesco, *Histoire générale de l'Afrique*, 8 vol., Paris, Unesco/Stock/ N.E.A., 1980-1996.

VANSINA (Jan), « Bantu in the crystal ball », *History in Africa*, 6, 1979, p. 287-333, et 7, 1980, p. 293-325.

VANSINA (Jan), *De la tradition orale. Essai de méthode historique*, Ter-vuren, Musée royal d'Afrique centrale, 1961, 179 p.

VANSINA (Jan), *Oral tradition as history*, Nairobi, East African educa-tional publishers, 1985, 258 p.

2.关于大湖地区

BERGER (Iris), *Religion and resistance : East African kingdoms in pre-colonial period*, Tervuren, Musée royal de l'Afrique centrale, 1981, 191 p.

Centre de civilisation burundaise, *La civilisation ancienne des peuples des Grands Lacs*, Paris, Karthala, 1981, 495 p.

CHRÉTIEN (Jean-Pierre) *et al.*, *Histoire rurale de l'Afrique des Grands Lacs. Guide de recherches*, Paris, Afera/Karthala, 1983, 285 p.

COHEN (David W.), « A survey of interlacustrine chronology », *Journal of African history*, 1970, 2, p. 177-201.

DE HEUSCH (Luc), *Le Rwanda et la civilisation interlacustre*, Bruxel-les, U.L.B., 1966, 471 p.

GUICHAOUA (André) dir., « L'Afrique des Grands Lacs », numéro spécial de la *Revue Tiers-Monde*, n° 106, Paris, P.U.F., avril-juin 1986, p. 241-469.

HEREMANS (Roger), *L'éducation dans les missions des Pères blancs en Afrique centrale (1879-1914)*, Bruxelles, Nauwelaerts, 1983, 479 p.

MWOROHA (E.), *Peuples et rois de l'Afrique des lacs*, Dakar, N.E.A., 1977, 352 p.

SCHOENBRUN (David), *The historical reconstruction of Great Lakes Bantu cultural vocabulary : etymologies and distributions*, Cologne, 1997, 351 p.

SCHOENBRUN (David), « We are what we eat : ancient agriculture between the Great Lakes », *Journal of African history*, 1993, 1, p. 1-31.

VELLUT (Jean-Luc) éd., « L'Afrique des Grands Lacs », numéro spécial de *Études d'histoire africaine*, vol. VII, Lubumbashi, 1975, 213 p.

WEBSTER (J.B.) *et al.*, *Chronology, migration and drought in interlacustrine Africa*, Londres, Longman and Dalhousie university press, 1979, 345 p.

3.关于乌干达所在空间

BEATTIE (John), *The Nyoro State*, Oxford university press, 1971, 280 p.

CHRÉTIEN (Jean-Pierre), « L'empire des Bacwezi. La construction d'un imaginaire géopolitique », *Annales E.S.C.*, 1985, 6, p. 1335-1377.

COHEN (David W.), *The historical tradition of Busoga. Mukama and Kintu*, Oxford university press, 1972, 218 p.

DENOON (Donald) *et al.*, *A history of Kigezi*, Kampala, Adult education centre, s.d., 302 p.

DUNBAR (A.R.), *A history of Bunyoro-Kitara*, Nairobi, Oxford university press, 1968, 265 p.

FALLERS (Lloyd), *A Bantu bureaucracy : a study of integration and conflict in the political institutions of an East African people*, Cambridge, 1956, 283 p.

FISHER (Ruth), *Twilight tales of the Black Baganda. The traditional history of Bunyoro-Kitara*, Londres, 1911, rééd. Londres, Franck Cass, 1970, 198 p.

GORJU (Julien), *Entre le Victoria, l'Albert et l'Édouard*, Rennes, Procure des Pères blancs, 1920, 372 p.

INGHAM (Kenneth), *The kingdom of Toro in Uganda*, Londres, Methuen, 1975, 186 p.

JOHNSTON (Harry), *The Uganda Protectorate*, 2 vol., Londres, Hutchinson, 1902, 1018 p.

KAGWA (Apolo), *The Kings of Buganda* (traduction de *Ekitabo kya Basekabaka be Buganda*, Kampala, 1900, par S. Kiwanuka), Nairobi, East African publishing house, 1971, 256 p.

KARUGIRE (Samwiri R.), *A history of the kingdom of Nkore in western Uganda to 1896*, Oxford, Clarendon press, 1971, 291 p.

KARUGIRE (Samwiri R.), *A political history of Uganda*, Nairobi, Londres, Heinemann, 1980, 247 p.

KASOZI (A.B.K.), *The Social origins of violence in Uganda, 1964-1985*, Montréal, McGill-Queen's, University press, 1994, 347 p.

KIWANUKA (Semakula), *A History of Buganda from the foundation of the kingdom to 1900*, Londres, Longman, 1971, 322 p.

LANGLANDS (Bryan W.), « Early travellers in Uganda », *Uganda journal*, mars 1962, p. 55-71.

LOW (D. Antony), *Buganda in modern history*, Londres, Weidenfeld et Nicholson, 1971, 284 p.

LOW (D. Antony), *The mind of Buganda. Documents of the modern history of an African kingdom*, Londres, Heinemann, 1971, 234 p.

PRUNIER (Gérard) et CALAS (Bernard) éds., *L'Ouganda contemporain*, Paris, Karthala, 1994, 306 p.

PRUNIER (Gérard), *L'Ouganda et la question indienne (1896-1972)*, Paris, Éditions Recherche sur les civilisations, 1990, 256 p.

RAY (Benjamin), *Myth, ritual and kingship in Buganda*, Oxford university press, 1991, 239 p.

RICHARDS (Audrey), *Economic development and tribal change. A study of migrant labour in Buganda*, Cambridge, 1956, 301 p.

STEINHART (Edward I.), *Conflict and collaboration. The kingdoms of western Uganda, 1890-1907*, Princeton university press, 1977, 311 p.

WRIGHT (Michael), *Buganda in the heroic age*, Londres, Oxford university press, 1971, 244 p.

WRIGLEY (Christopher), *Kingship and State : the Buganda dynasty*, Cambridge university press, 1996, 293 p.

4.关于卢旺达和布隆迪

African rights (Rakiya Omaar dir.), *Rwanda : death, despair and defiance*, Londres, 1994, 742 p., rééd. 1995, 1201 p.

BRAECKMAN (Colette), *Rwanda. Histoire d'un génocide*, Paris, Fayard, 1994, 343 p.

CHRÉTIEN (Jean-Pierre), « La révolte de Ndungutse (1912). Forces traditionnelles et pression coloniale au Rwanda allemand », *Revue française d'histoire d'outre-mer*, 1972, 4, p. 645-679.

CHRÉTIEN (Jean-Pierre), *Burundi. L'histoire retrouvée*, Paris, Karthala, 1993, 509 p.

CHRÉTIEN (Jean-Pierre), *Le défi de l'ethnisme. Rwanda et Burundi : 1990-1996*, Paris, Karthala, 1997, 400 p.

CHRÉTIEN (Jean-Pierre), DUPAQUIER (Jean-François), KABANDA (Marcel), NGARAMBE (Joseph), *Rwanda. Les médias du génocide*, Paris, Karthala, 1995, 397 p.

CHRÉTIEN (Jean-Pierre), GUICHAOUA (André) et LE JEUNE (Gabriel), *La crise d'août 1988 au Burundi*, Cahiers du C.R.A., n° 6, Paris, Afera-Karthala, 1989, 213 p.

COUPEZ (André) et D'HERTEFELT (Marcel), *La royauté de l'ancien Rwanda*, Tervuren, Musée royal d'Afrique centrale, 1964, 516 p.

CZEKANOWSKI (Jan), *Forschungen im Nil-Kongo-Zwischengebiet, I. Ethnographie : Zwischenseengebiet, Mpororo, Rwanda*, Leipzig, Klinkhardt et Biermann, 1917, 426 p.

D'Arianoff (Alexandre), *Histoire des Bagesera, souverains du Gisaka*, Bruxelles, I.R.C.B., 1952, 138 p.

Des Forges (Alison), « "The drum is greater than the shout » : the 1912 rebellion in northern Rwanda », in Crummey (Donald) ed., *Banditry, rebellion and social protest in Africa*, Londres, 1986, p. 311-331.

D'Hertefelt (Marcel), *Les clans du Rwanda ancien. Éléments d'ethnosociologie et d'ethnohistoire*, Tervuren, Musée royal d'Afrique centrale, 1971, 90 p.

D'Hertefelt Marcel et De Lame Danielle, *Société, culture et histoire du Rwanda. Encyclopédie bibliographique, 1863-1980/87*, Tervuren, Musée royal d'Afrique centrale, 2 vol., 1987, 1849 p.

D'Hertefelt (Marcel), Trouwborst (Albert A.) et Scherer (J.H.), *Les anciens royaumes de la zone interlacustre méridionale. Rwanda, Burundi, Buha*, Tervuren, Musée royal d'Afrique centrale, 1962, 247 p.

De Lacger (Louis), *Le Ruanda*, Namur, Grands Lacs, 1939, 323 + 303 p., rééd. 2ᵉ éd., Kabgayi, 1959, 729 p.

De Lame (Danielle), *Une colline entre mille ou le calme avant la tempête. Transformations et blocages du Rwanda rural*, Tervuren, Musée royal d'Afrique centrale, 1996, 358 p.

Franche (Dominique), *Rwanda. Généalogie d'un génocide*, Paris, Mille et Une Nuits, 1997, 94 p.

Freedman (Jim), *Nyabingi : the social history of an African deity*, Tervuren, Musée royal d'Afrique centrale, 1984, 119 p.

Gahama, Joseph, *Le Burundi sous administration belge. La période du mandat, 1919-1939*, Paris, Karthala, 1983, 465 p.

Gahama (Joseph) et Thibon (Christian) éds., *Les régions orientales du Burundi. Une périphérie à l'épreuve du développement*, Paris, Karthala, 1994, 638 p.

Gorju (Julien), *Face au royaume hamite du Ruanda. Le royaume frère de l'Urundi*, Bruxelles, Vromant, 1938, 118 p.

Gourou (Pierre), *La densité de la population au Ruanda-Urundi*, Bruxelles, I.R.C.B., 1953, 239 p.

Gravel (Peter), *Remera : a community in Eastern Rwanda*, La Haye, Mouton, 1968, 226 p.

Guichaoua (André) éd., *Les crises politiques au Burundi et au Rwanda (1993-1994)*, Lille, Karthala, 1995, 790 p.

Guillet (Claude) et Ndayishinguje (Pascal), *Légendes historiques du Burundi*, Paris, Karthala, 1987, 289 p.

Hiernaux (Jean), *Les caractères physiques des populations du Ruanda et de l'Urundi*, Bruxelles, Institut royal des sciences naturelles de Belgique, 1954, 114 p.

Honke (Gudrun) *et al.*, *Au plus profond de l'Afrique. Le Rwanda et la colonisation allemande, 1885-1919*, Wuppertal, Peter Hammer, 1990, 163 p.

Human rights watch, Fédération internationale des Droits de l'homme (rédigé par Alison Des Forges), *Aucun témoin ne doit survivre. Le génocide au Rwanda*, Paris, Karthala, 1999, 928 p.

KABAGEMA (Innocent), *Ruanda unter deutscher Kolonialherrschaft, 1899-1916*, Francfort, Peter Lang, 1993, 342 p.

KAGAME (Alexis), *La notion de génération appliquée à la généalogie dynastique et à l'histoire du Rwanda des Xe-XIe siècles à nos jours*, Bruxelles, A.R.S.C., 1959, 117 p.

KAGAME (Alexis), *Un abrégé de l'ethnohistoire du Rwanda*, Butare, Éditions universitaires du Rwanda, 1972, 286 p.

KAGAME (Alexis), *Un abrégé de l'histoire du Rwanda de 1853 à 1972*, Butare, Éditions universitaires du Rwanda, 1975, 543 p.

LASSERRE (Guy) éd., *Atlas du Burundi*, Bujumbura/Bordeaux, 1979, 30 pl.

LEMARCHAND (René), *Rwanda and Burundi*, New York, Praeger, 1970, 562 p.

LEURQUIN (Philippe), *Le niveau de vie des populations rurales du Ruanda-Urundi*, Louvain, Nauwelaerts, 1960, 420 p.

LINDEN (Ian), *Christianisme et pouvoirs au Rwanda (1900-1990)*, Paris, Karthala, 1999 (1re éd., Manchester, 1977), 438 p.

LOGIEST (Guy), *Mission au Rwanda. Un Blanc dans la bagarre tutsi-hutu*, Bruxelles, Didier-Hatier, 1988, 224 p.

LOUIS (William Roger), *Ruanda-Urundi, 1884-1919*, Oxford, Clarendon press, 1963, 290 p.

LUGAN (Bernard), *Histoire du Rwanda. De la préhistoire à nos jours*, s.l., Bartillat, 1997, 606 p.

MALKKI (Liisa), *Purity and exile. Violence, memory and national cosmology among Hutu refugees in Tanzania*, University of Chicago press, 1995, 352 p.

MAQUET (Jacques-J.), *Le système des relations sociales dans le Ruanda ancien*, Tervuren, Musée royal de l'Afrique centrale, 1954, 221 p.

MEYER (Hans), *Les Barundi* (trad. de *Die Barundi*, Leipzig, 1916), Paris, Société française d'histoire d'outre-mer, 1984, 275 p.

MWOROHA (Émile) éd., *Histoire du Burundi des origines à la fin du XIXe siècle*, Paris, Hatier, 1987, 272 p.

NDORICIMPA (Léonidas) et GUILLET (Claude) éds., *L'arbre-mémoire. Traditions orales du Burundi*, Paris, Karthala, 1984, 251 p.

NEWBURY (Catharine), *The cohesion of oppression. Clientship and ethnicity in Rwanda, 1860-1960*, New York, Columbia university press, 1988, 322 p.

NKUNDABAGENZI (Fidèle) éd., *Rwanda politique, 1958-1960*, Bruxelles, C.R.I.S.P., 1962, 422 p.

NKURIKIYIMFURA (Jean-Népomucène), *Le gros bétail et la société rwandaise. Évolution historique : des XIIe-XIVe siècles à 1958*, Paris, L'Harmattan, 1994, 315 p.

NSANZE (Augustin), *Un domaine royal au Burundi. Mbuye (env. 1850-1945)*, Paris, Société française d'histoire d'outre-mer, 1980, 93 p.

PAGÈS (Albert), *Au Ruanda. Sur les bords du lac Kivu, Congo belge. Un royaume hamite au centre de l'Afrique*, Bruxelles, I.R.C.B., 1933, 703 p.

PRIOUL (Christian), SIRVEN (Pierre) *et al.*, *Atlas du Rwanda*, Kigali/Paris/Nantes, 1981, 31 pl.

PRUNIER (Gérard), *Rwanda. 1959-1996*, Paris, Dagorno, 1997 (1ʳᵉ éd. en anglais, Londres, Hurst, 1995), 514 p.

REYNTJENS (Filip), *Pouvoir et droit au Rwanda. Droit public et évolution politique, 1916-1973*, Tervuren, Musée royal d'Afrique centrale, 1985, 584 p.

REYNTJENS (Filip), *L'Afrique des Grands Lacs en crise. Rwanda, Burundi, 1988-1994*, Paris, Karthala, 1994, 326 p.

RODEGEM (Firmin M.), *Anthologie rundi*, Paris, Colin, 1973, 417 p.

RODEGEM (Firmin M.), *Documentation bibliographique sur le Burundi*, Bologne, Emi, 1978, 345 p.

RUMIYA, (Jean), *Le Rwanda sous le régime du mandat belge (1916-1931)*, Paris, L'Harmattan, 1992, 249 p.

SAUR (Léon), *Influences parallèles. L'Internationale démocrate chrétienne au Rwanda*, Bruxelles, Luc Pire, 1998, 222 p.

SMITH (Pierre), *Le récit populaire au Rwanda*, Paris, Colin, 1975, 432 p.

Université du Burundi, *Questions sur la paysannerie au Burundi*, Bujumbura, 1987, 450 p.

VAN NOTEN (Francis), *Histoire archéologique du Rwanda*, Tervuren, Musée royal de l'Afrique centrale, 1983, 174 p.

VANSINA (Jan), *Histoire du royaume rwanda des origines à 1900*, Bruxelles, A.R.S.O.M., 1962, 101 p.

VANSINA (Jan), *La légende du passé. Traditions orales du Burundi*, Tervuren, Musée royal de l'Afrique centrale, 1972, 257 p.

VERSCHAVE (François-Xavier), *Complicité de génocide ? La politique de la France au Rwanda*, Paris, La Découverte, 1994, 178 p.

VIDAL (Claudine) éd., « Le problème de la domination étatique au Rwanda. Histoire et économie », numéro spécial des *Cahiers d'études des africaines*, n° 53, 1974, 1, p. 1-191.

VIDAL (Claudine), « Les politiques de la haine. Rwanda, Burundi. 1994-1995 », numéro spécial des *Temps modernes*, n° 583, juillet-août 1995, 315 p.

VIDAL (Claudine), *Sociologie des passions*, Paris, Karthala, 1991, 181 p.

WILLAME (Jean-Claude), *Aux sources de l'hécatombe rwandaise*, Bruxelles, Cedaf, 1995, 175 p.

5.关于基伍地区

BISHIKWABO (Chubaka) et NEWBURY (David), « Recent historical research in the area of lake Kivu : Rwanda and Zaïre », *History in Africa*, VII, 1980, p. 23-45.

BISHIKWABO (Chubaka), « Le Bushi au XIXᵉ siècle : un peuple, sept royaumes », *Revue française d'histoire d'outre-mer*, 1980, p. 89-98.

NDAYWEL È NZIEM (Isidore), *Histoire du Zaïre. De l'héritage ancien à l'âge contemporain*, Louvain-la-Neuve, Duculot, 1997 (rééd. 1999, *Histoire du Congo*), 918 p.

NEWBURY, David, *Kings and clans. Ijwi island and the Lake Kivu rift, 1780-1840*, Madison, University of Wisconsin press, 1991, 371 p.

WEISS (Herbert) et VERHAEGEN (Benoît) éds., *Les rébellions dans l'est du Zaïre, 1964-1967*, Bruxelles, Cedaf, 1986, 187 p.

WILLAME (Jean-Claude), *Banyarwanda et Banyamulenge. Violences ethniques et gestion de l'identitaire au Kivu*, Bruxelles, Cedaf, 1997, 156 p.

6.关于坦桑尼亚西北部

AUSTEN (Ralph A.), *Northwest Tanzania under German and British rule. Colonial policy and tribal politics, 1889-1939*, New Haven, Yale university press, 1968, 307 p.

BOLLER (Markus), *Kaffee, Kinder, Kolonialismus. Wirtschafts- und Bevölkerungsentwicklung in Buhaya (Tansania) in der deutschen Kolonialzeit*, Münster, Lit Verlag, 1994, 232 p.

HARTWIG (G.W.), *The art of survival in East Africa : the Kerebe and long distance trade, 1800-1895*, Londres/New York, Africana, 1976, 253 p.

ILIFFE (John), *A modern history of Tanganyika*, Cambridge university press, 1979, 616 p.

KATOKE (Israel) ed., « The precolonial states of North-West Tanzania », *Cahiers d'histoire mondiale*, Neuchâtel, Unesco/Éditions de la Baconnière, 1971-1972, vol. XIII, 3, p. 511-574, XIII, 4, p. 699-760 et XIV, 2, p. 352-376.

KJEKSHUS (Helge), *Ecology control and economic development in East African history. The case of Tanganyika, 1850-1950*, Londres, Heinemann, 1977, 215 p.

MORS (Otto), *Geschichte der Bahaya*, microfilm *Anthropos*, Fribourg, 1957, 207 p.

ROBERTS (Andrew D.), « A bibliography of primary sources for Tanzania, 1799-1899 », *Tanzania notes and records*, 1974, p. 65-92.

SCHMIDT, Peter, *Historical archeology : a structural approach in an African culture*, Westport, Greenwood press, 1978, 363 p.

7.专业期刊

法国期刊: *Cahiers d'études africaines, Journal des africanistes, Revue française d'histoire d'outre-mer, Clio en Afrique* (revue informatique, http ://www. up. univ-mrs.fr/~wclio-af)。

其他国家的期刊: Africa-Tervuren, Anthropos, Culture et société (Bujumbura), Enquêtes et documents d'histoire (Louvain-la-Neuve), Études rwandaises (Butare), Journal of African history (Londres), History in Africa (Madison), International journal of African historical studies (Boston), Mitteilungen von Forschungsreisenden und Gelehrten aus den deutschen Schutzgebieten (Berlin), Revue canadienne des études africaines/Canadian journal of African studies, Uganda Journal (Kampala)。

人名索引

地名索引

图书在版编目（CIP）数据

尼罗河的源头：非洲大湖地区两千年/（法）让-皮
埃尔·克雷蒂安著；晨枫译 . --北京：社会科学文献
出版社，2025.9. --ISBN 978-7-5228-5229-4

Ⅰ. K400.7

中国国家版本馆 CIP 数据核字第 2025QL3988 号

审图号：GS（2025）2159 号。本书地图系原书插附地图。

尼罗河的源头：非洲大湖地区两千年

著　　者／〔法〕让-皮埃尔·克雷蒂安（Jean-Pierre Chrétien）
译　　者／晨　枫

出 版 人／冀祥德
组稿编辑／董风云
责任编辑／沈　艺
文稿编辑／赵梦寒
责任印制／岳　阳

出　　版／社会科学文献出版社·大众学术出版中心（010）59366527
　　　　　地址：北京市北三环中路甲 29 号院华龙大厦　邮编：100029
　　　　　网址：www.ssap.com.cn
发　　行／社会科学文献出版社（010）59367028
印　　装／三河市东方印刷有限公司

规　　格／开　本：889mm×1194mm　1/32
　　　　　印　张：15.625　插　页：0.25　字　数：340 千字
版　　次／2025 年 9 月第 1 版　2025 年 9 月第 1 次印刷
书　　号／ISBN 978-7-5228-5229-4
著作权合同
登 记 号／图字 01-2022-4088 号
定　　价／98.00 元

读者服务电话：4008918866